Band 638

Andrea Liesner
Ingrid Lohmann (Hrsg.)

Gesellschaftliche Bedingungen von Bildung und Erziehung

Eine Einführung

Verlag W. Kohlhammer

Dieses Werk einschließlich aller seiner Teile ist urheberrechtlich geschützt. Jede Verwendung außerhalb der engen Grenzen des Urheberrechts ist ohne Zustimmung des Verlags unzulässig und strafbar. Das gilt insbesondere für Vervielfältigungen, Übersetzungen, Mikroverfilmungen und für die Einspeicherung und Verarbeitung in elektronischen Systemen.

Alle Rechte vorbehalten
© 2010 W. Kohlhammer GmbH
Gesamtherstellung:
W. Kohlhammer Druckerei GmbH + Co. KG, Stuttgart
Printed in Germany

ISBN 978-3-17-021211-4

Inhalt

Einleitung 9

1 Sozialisation, Geschlecht und Generationen . . . 17

   Hannelore Faulstich-Wieland
   Sozialisation, Habitus, Geschlecht 19

   Christine Mayer
   **Bildung – Beruf – Geschlecht: Historische
   und aktuelle Entwicklungsprozesse**. 31

   Karl-Josef Pazzini
   **Bildung von Gesellschaft als Bildung
   von Generationen**. 43

2 Benachteiligungen, Behinderungen
   und soziale Ungleichheiten 61

   Iris Beck
   **Lebenslagen und Bildungschancen
   behinderter und benachteiligter Kinder
   und Jugendlicher** 63

   Birgit Herz
   Armut und Bildungsbenachteiligung 75

   Vera King, Anke Wischmann & Janina Zölch
   **Bildung, Sozialisation und soziale
   Ungleichheiten** 86

3 Migration und multikulturelle Gesellschaft 99

   Sabine Bertram & İnci Dirim
   **Auswirkungen von Einwanderung und
   Auswanderung auf das Bildungssystem** 101

Ingrid Gogolin
**Kulturelle und sprachliche Heterogenität
in der Schülerschaft**.......................... 113

Ursula Günther
**Religiöse Bildung in der multikulturellen
Gesellschaft** 126

4 **Medien und Ästhetik**....................... 139

Torsten Meyer
**Mediologische Bedingungen von Bildung
und Erziehung**............................... 141

Renate Luca
Medien – Sozialisation – Geschlecht........... 152

Andrea Sabisch
**Bedingungen von Bildung als ästhetischem
Prozess**..................................... 165

5 **Frühkindliche, außerschulische und
berufliche Bildung**.......................... 177

Anja Tervooren
Bildung in der frühen Kindheit............... 179

Ursula Peukert
**Eine neue Kultur des Aufwachsens
für Kinder. Zur Sicherung frühkindlicher
Bildungsprozesse**............................ 192

Benedikt Sturzenhecker & Elisabeth Richter
**Kinder- und Jugendarbeit zwischen
Aktivierung und Bildung** 204

Jens Siemon
Berufsausbildung in der Wissensgesellschaft.... 216

6 **Bildungsinstitutionen** 229

Ingrid Lohmann
Schule im Prozess der Ökonomisierung....... 231

Andrea Liesner
**Universitäre Bildung und wirtschaftlicher
Strukturwandel**............................. 245

Lutz R. Reuter
**Politisch-rechtliche Rahmenbedingungen
von Erziehung und Bildung** 259

7 Bildungsforschung 273

Knut Schwippert
**Internationale Vergleichsuntersuchungen oder:
Was wir von anderen lernen können –
und was nicht**............................... 275

Hans-Christoph Koller
**Grundzüge einer Theorie transformatorischer
Bildungsprozesse** 288

Peter Faulstich
Lernen und Bildung 301

Michael Wimmer
**Autorität als soziokulturelle Bedingung
des Aufwachsens**........................... 314

Einleitung

Andrea Liesner & Ingrid Lohmann

Kaum ein erziehungswissenschaftliches Thema ist so vielgestaltig wie das der gesellschaftlichen Bedingungen von Bildung und Erziehung. Denn Bildung und Erziehung können zwar von anderen pädagogischen Begriffen und Praktiken unterschieden werden. Gleichzeitig gibt es aber keine auf Erziehung und Bildung gerichteten Handlungen und Prozesse, die *nicht* von gesellschaftlichen Bedingungen gerahmt, durchformt, strukturiert und auf verschiedenste Weise beeinflusst wären.

Auf Erziehung und Bildung ›an sich‹ lässt sich also nicht schauen. Sie existieren nicht außerhalb gesellschaftlicher Bedingungen, sondern bestehen gerade wegen ihrer Funktionen für die Gesellschaften, zu deren Fortbestand sie mittels Tradierung von Wissen, Wertvorstellungen, Einstellungen, Haltungen, Kenntnissen und Fähigkeiten an die nachwachsenden Generationen beitragen. Das gilt selbst für Bildungs- und Erziehungskonzepte, die sich ausdrücklich gegen bisherige Traditionen richten und auf eine Überwindung bestehender gesellschaftlicher Verhältnisse zielen: Auch sie tragen in ihren Theorien und in ihren Praktiken, bis hin zur Architektur z.B. der Schulgebäude (vgl. Burke/Grosvenor 2008), doch unverkennbar die Züge der historisch-gesellschaftlichen Epoche, der sie angehören, und deren jeweiliger Diskurse.

Wie Gesellschaftlichkeit mit Bildung und Erziehung verwoben ist, hängt von vielen Momenten ab: vom jeweiligen historischen und kulturellen Kontext, vom Stand der Wissenschaften und Technologie, vom Grad der gesellschaftlichen Arbeitsteilung, von je unterschiedlichen moralischen und religiösen Überzeugungen der Bevölkerungen, von zwischen den verschiedenen sozialen Gruppen divergierenden politischen und ökonomischen Zielsetzungen, ja sogar vom Maß an Vertrauen oder Misstrauen der Generationen zueinander, das mit dem je zugrunde liegenden

Welt- und Menschenbild zusammenhängt. Für wissenschaftliche Untersuchungen wird außerdem nach Faktoren wie Alter, Geschlecht, Behinderung, Arbeitsmarkt und Berufsstruktur, Schicht/Klasse/Milieu usw. differenziert. Vor allem sozialtheoretische und bildungshistorische Studien verweisen nachdrücklich auf die gesellschaftliche Bedingtheit von Bildung und Erziehung (vgl. etwa Blankertz 1982, Handbuch der deutschen Bildungsgeschichte 1987 ff, Petrat 1987, Herrlitz u. a. 2005, Mayer/Lohmann 2009, Mayer u. a. 2009).

Ob es beispielsweise als normal gilt, dass die Mutter zuhause bleibt und sich der Erziehung der Kinder widmet, oder dass sie berufstätig ist und die Kinder möglichst früh pädagogische Förderung im Kindergarten erfahren, ist ein augenfälliges Exempel dafür, wie sich mit der Änderung des gesellschaftlichen Umfelds auch Bildungs- und Erziehungspraktiken und damit verbundene Wertvorstellungen grundlegend ändern können (vgl. Ecarius/ Malmede 2009). Ähnliches wird sichtbar beim Blick auf andere Epochen und Kulturen. Selbst als im 19. Jahrhundert, in den Anfängen modernen Erziehungs- und Bildungsdenkens, nach vermeintlich allgemein und überzeitlich gültigen Grundstrukturen von Bildung und Erziehung gesucht wurde, wusste man doch andererseits auch um deren Veränderlichkeit und Vielgestaltigkeit in Abhängigkeit vom jeweiligen historisch-kulturellen Kontext.

Dennoch war lange umstritten, ob und inwiefern Analysen der gesellschaftlichen Bedingungen von Bildung und Erziehung mit zum Fach gehören oder nicht: »Die Frage nach der sinnbestimmten Einrichtung der Erziehung« sei *eine* Sache, »sozialwissenschaftliche Analysen des Bedingungsgefüges der Erziehungswirklichkeit« eine andere. Es sei falsch, diese »als Erziehungswissenschaft auszugeben« (Benner 1973, 122). Mit Blick auf die vielrezipierte Schrift *Die Illusion der Chancengleichheit* (Bourdieu/Passeron 1971) bezeichnen ähnlich Luhmann/Schorr (1979, 19) die Hereinnahme gesellschaftskritischer Untersuchungen in die Pädagogik als fatal und wenig hilfreich.

Bei der Kontroverse, die Anlass für solche Positionierungen gab, ging es zum einen um die Frage nach der Eigenlogik von Erziehung und Bildung gegenüber anderen Handlungsformen (wie z.B. politischen, ökonomischen, künstlerischen oder rituellen). Zum anderen ging es um den wissenschaftlichen Status der Pädagogik: Wie lässt sich die Wissenschaft von Bildung und Erziehung von anderen Wissenschaften, z. B. der Psychologie oder der Soziologie, unterscheiden, wenn sie deren Aussagen über Bildung und Erziehung *als pädagogische* rezipiert? Und wie kann Pädagogik als Wissenschaft *von* und gleichzeitig *für* Bildung und Erziehung begründet werden, ohne sich mit dieser besonderen Struktur zum Spielball der jeweils geschichtlich vorherrschenden gesellschaftlichen Interessen zu machen?

Siegfried Bernfeld hatte Fragen wie diese schon nach dem ersten Weltkrieg provoziert, als er in seiner Streitschrift *Sisyphos oder die Grenzen der Erziehung* (vgl. 1925, 67) gegen die damals vorherrschende geisteswissenschaftliche Pädagogik die These vertrat, dass gesellschaftskritische Analysen für die Pädagogik unerlässlich sind. Anderenfalls verkenne sie ihre ideologischen Funktionen und damit ihre eigene Beteiligung an der Stabilisierung von Herrschaft.

In den 1960er und 1970er Jahren lebte diese Diskussion wieder auf: Sozialkritische Ansätze problematisierten die restaurativen Tendenzen der Nachkriegszeit und wurden von der Studentenbewegung aufgegriffen. Die Rezeption von Bernfelds *Sisyphos* war dabei eine wichtige Wegmarke in der Auseinandersetzung mit den Ursachen des Zweiten Weltkriegs und der Verstrickung der Elterngenerationen in den Nationalsozialismus (vgl. Jahrbuch für Pädagogik 2008, Horn/Ritzi 2001). In neuer Schärfe wurde die Funktionalität vorgeblich ideologiefreier Erziehung und Bildung für ideologische Zwecke und kriegerische Aggression zum Thema gemacht. Wissenschaftlich stellten die Freudsche Psychoanalyse und die Kritische Theorie der Frankfurter Schule (Adorno, Horkheimer, Marcuse u.a.) die Möglichkeit in Aussicht, hinter die gesellschaftlichen Kulissen blicken zu können; es ging darum, Aufschluss zu erhalten über die verborgenen Seiten der Wirklichkeit, auch des Erziehungsgeschehens.

Dieser Impetus war weit verbreitet. In Gestalt der Etablierung von Psychologie und Soziologie als verpflichtenden Nebenfächern fand er 1969 sogar Eingang in die Rahmenordnung des damals neu entstehenden Diplomstudiengangs Pädagogik. Allerdings verhärteten sich in diesem Kontext auch die wissenschaftlichen Fronten: Nicht nur in der Pädagogik warfen sich nun Vertreter der ›traditionellen‹ und der ›kritischen‹ Wissenschaft gegenseitig Ideologisierungen vor: Die einen, weil sie mit ihrem Festhalten an Objektivität und Werturteilsfreiheit die bestehenden gesellschaftliche Machtverhältnisse verschleierten, die anderen, weil sie unter Berufung auf Emanzipation, Mündigkeit und Autonomie ihre eigenen normativen Ansprüche an Bildung und Erziehung durchzusetzen versuchten.

Seit den 1980er Jahren ebbt diese Auseinandersetzung ab. Das liegt jedoch nicht daran, dass die Frage nach den gesellschaftlichen Bedingungen von Bildung und Erziehung an Brisanz verloren hätte, im Gegenteil: Der Anspruch auf Selbstbestimmung nimmt nicht deshalb ab, weil er in unserer Gesellschaft zunehmend realisiert wäre. Er verliert vielmehr deshalb an provokativer Kraft, weil Fremdbestimmungen in vielen Bereichen unsichtbarer und zum Teil sogar mit Aufforderungen zur Selbstbestimmung verbunden werden (vgl. Meyer-Drawe 2000, Bröckling 2007).

Anstöße für kritische Untersuchungen, die sich auf diese komplexer werdenden gesellschaftlichen Bedingungen von Bildung und Erziehung richten, ergaben sich in jüngerer Zeit aus der Rezeption der Schriften Michel Foucaults: Wichtig sind hier insbesondere seine Untersuchungen zu den Verflechtungen von Macht und Wissen in komplexen historischen Formationen sowie zur Gouvernementalität, d. h. zum Regieren und zur Machtausübung mit Einverständnis der Beherrschten (vgl. Weber/Maurer 2006, Bröckling u. a. 2000). Hinzu kommen jüngst Studien, die sich mit den Wirkungsweisen der neuen Steuerungsformen in Bildungsinstitutionen beschäftigen (vgl. Altrichter u. a. 2007).

Aus solchen Entwicklungen heraus zählt das Thema des vorliegenden Buchs zu jenem Fundus an Kenntnissen, Denkweisen und Reflexionen, der für grundständige erziehungswissenschaftliche Studiengänge wie für die entsprechenden Teile des Lehramtsstudiums als grundlegend angesehen wird. Daher führt die Deutsche Gesellschaft für Erziehungswissenschaft (DGfE), die Vereinigung der in Forschung und Lehre tätigen FachwissenschaftlerInnen, in ihren *Empfehlungen für das Kerncurriculum* die Studieneinheit »Gesellschaftliche, politische und rechtliche Bedingungen von Bildung, Ausbildung und Erziehung in schulischen und nicht-schulischen Einrichtungen unter Einschluss internationaler Aspekte« gleichrangig neben der Studieneinheit »Grundlagen der Erziehungswissenschaft« auf.

Die Aufgaben werden wie folgt umrissen: »Einführung in empirische und sozialhistorische Bedingungen pädagogischen Handelns und erziehungswissenschaftlicher Fragestellungen in nationaler und internationaler Perspektive; Befähigung zur kritischen Auseinandersetzung mit erziehungswissenschaftlicher Forschung und pädagogischen Aufgabenstellungen im Hinblick auf ihre historischen, kulturellen, politischen und rechtlichen Rahmenbedingungen; Befähigung zur Beurteilung und Entwicklung von Handlungskonzepten« (DGfE 2008, 25 und passim). Weiterhin gemäß den *Empfehlungen* zählen zu der Studieneinheit »Gesellschaftliche Bedingungen«:
- Theorien, Funktionen und geschichtliche Aspekte von Bildungs-, Erziehungs- und Hilfeinstitutionen sowie von Sozialisationsinstanzen;
- Bildungspolitik, Bildungsrecht und Bildungsorganisation sowie Systeme der sozialen Sicherung unter Einschluss international vergleichender Fragestellungen;
- Differenz und Gleichheit, kulturelle, soziale und sprachliche Heterogenität (vgl. ebd., 26 und passim).

Unterstrichen wird der zentrale Stellenwert dieser Studieneinheit dadurch, dass sie, zusammen mit der Studieneinheit »Grundlagen« (vgl. dazu etwa Koller 2006), für alle erziehungswissenschaftlichen und Lehramtsstudiengänge gleichermaßen empfohlen wird. Die Studienordnungen vieler Universitäten enthalten daran orientierte Umsetzungen, die für die jeweiligen Lehr- und Studienbedingungen vor Ort konkretisiert sind.

Unsere Bitte an die hier versammelten AutorInnen, als wir sie für unser Buchprojekt zu gewinnen hofften, lautete: einen Beitrag zu verfassen, wie man ihn selber immer schon gern zur Verfügung gehabt hätte, wenn man Lehre zum Thema *Gesellschaftliche Bedingungen von Bildung und Erziehung* anbietet. (Ansonsten gab es nur wenige weitere Vorgaben: Abstract des Beitrags und kurze Autorenangabe; keine Fuß- und Endnoten; ggf. historischer Rückblick auf das jeweilige Teilthema; Eingehen auf Forschungsstand, Kontroversen, offene Fragen; gute Lesbarkeit des Textes; Angabe weiterführender Literaturhinweise). Alle Autorinnen und Autoren haben vielfältige Forschungserfahrung und meist auch langjährige Lehrerfahrung im in Rede stehenden Themenbereich. Da sie jedoch unterschiedliche theoretische Perspektiven, methodische Herangehensweisen und auch verschiedene Schreibstile einbringen, bilden die Beiträge gemeinsam nicht nur eine sachlich breit gefächerte, sondern auch eine spannungsreiche und lebendige Einführung. Dies entspricht, wie wir finden, sehr gut dem in ständiger Bewegung befindlichen Thema dieses Buches.

Wir danken den Autorinnen und Autoren für ihre Bereitschaft, daran mitzuwirken, sowie Dr. Klaus-Peter Burkarth für seine verlegerische Betreuung und hoffen, dass das Buch Studierenden im Grundstudium zahlreiche Anstöße für weitere Lektüre und vielfältige Anregungen fürs Studium gibt!

Literatur

Altrichter, H./Brüsemeister, Th./Clement, U. u. a. (Hg.) (2007 ff): Educational Governance. (Buchreihe) Wiesbaden.
Benner, D. (1973): Hauptströmungen der Erziehungswissenschaft. Eine Systematik traditioneller und moderner Theorien. München.
Bernfeld, S. (1925): Sisyphos oder die Grenzen der Erziehung. Frankfurt a. M. 1967.
Blankertz, H. (1982): Die Geschichte der Pädagogik. Von der Aufklärung bis zur Gegenwart. Wetzlar.
Bourdieu, P./Passeron, J.-Cl. (1971): Die Illusion der Chancengleichheit. Untersuchungen zur Soziologie des Bildungswesens am Beispiel Frankreichs. Stuttgart. (Teil I in neuer Übersetzung unter dem Titel: Die Erben. Studenten, Bildung und Kultur. Konstanz 2007).
Bröckling, U. (2007): Das unternehmerische Selbst. Soziologie einer Subjektivierungsform. Frankfurt a. M.
Bröckling, U./Krasmann, S./Lemke, Th. (Hg.) (2000): Gouvernementalität der Gegenwart. Studien zur Ökonomisierung des Sozialen. Frankfurt a. M.
Burke, C./Grosvenor, I. (2008): School. London.
DGfE, Deutsche Gesellschaft für Erziehungswissenschaft (2008): Kerncurriculum Erziehungswissenschaft. Empfehlungen der DGfE. Opladen (2., erweiterte Aufl. 2010).
Ecarius, J./Malmede, H. (Hg.) (2009): Familie und öffentliche Erziehung. Theoretische Zugänge, historische Analysen, aktuelle Perspektiven. Wiesbaden.

Handbuch der deutschen Bildungsgeschichte (1987 ff). 6 Bde., Berg, C. u. a. (Hg.). München.

Herrlitz, H.-G./Hopf, W./Titze, H./Cloer, E. (2005): Deutsche Schulgeschichte von 1800 bis zur Gegenwart. Eine Einführung. Weinheim, München.

Herrmann, U. (Hg.) (1977): Schule und Gesellschaft im 19. Jahrhundert. Sozialgeschichte der Schule im Übergang zur Industriegesellschaft. Weinheim, Basel.

Horn, K.-P./Ritzi, Ch. (Hg.) (2001): Klassiker und Außenseiter. Pädagogische Veröffentlichungen des 20. Jahrhunderts. Baltmannsweiler.

Jahrbuch für Pädagogik 2008: 1968 und die neue Restauration. Bernhard, A./Keim, W. (Hg.). Frankfurt a. M. 2009.

Koller, H.-Ch. (2006): Grundbegriffe, Theorien und Methoden der Erziehungswissenschaft. Eine Einführung. 2009. 4. Aufl. Stuttgart.

Luhmann, N./Schorr, K.-E. (1979): Reflexionsprobleme im Erziehungssystem. Stuttgart.

Mayer, C./Lohmann, I. (Hg.) (2009): Children and Youth at Risk. Paedagogica Historica, International Journal of the History of Education, Jg. 45, H. 1&2, Special Issue. London.

Mayer, C./Lohmann, I./Grosvenor, I. (Hg.) (2009): Children and Youth at Risk. Historical and International Perspectives. Frankfurt a. M.

Meyer-Drawe, K. (2000): Illusionen von Autonomie. Diesseits von Ohnmacht und Allmacht des Ich. (1990) 2. Aufl., München.

Petrat, G. (1987): Schulerziehung. Ihre Sozialgeschichte in Deutschland bis 1945. München.

Weber, S./Maurer, S. (Hg.) (2006) : Gouvernementalität und Erziehungswissenschaft. Wissen – Macht – Transformation. Wiesbaden.

1 Sozialisation, Geschlecht und Generationen

Sozialisation, Habitus, Geschlecht

*Hannelore Faulstich-Wieland**

Illustriert am Beispiel von »Kleidungsvorschriften« für Professoren und Professorinnen werden die zentralen Begriffe Sozialisation, Habitus und Geschlecht erläutert und in ihrer historischen und theoretischen Entwicklung aufgezeigt. Das Habituskonzept ermöglicht, sowohl seine Gewordenheit durch Sozialisation aufzuzeigen wie auch seine unterschiedliche Ausformung – in diesem Fall durch Geschlecht – zu verdeutlichen. Die pädagogische Relevanz der Begriffe wird am Beitrag, den sie an der Ermöglichung oder Verhinderung von Chancengleichheit haben, analysiert.

Kann man auf einem Campus erkennen, wer die Studierenden und wer die Professoren und Professorinnen sind? Ginge es nach den Bekleidungsempfehlungen eines Universitätsfotografen, so wären die Lehrenden leicht zu erkennen. Er schlägt vor, »Herren nur Schlips und Anzug auf jeden Fall«, und begründet diese Empfehlung mit einem Hinweis auf den früheren Außenminister Joschka Fischer, der gesagt habe: »›ich vertret' ja nicht mich, ich vertret' ja die Bundesrepublik Deutschland. Da muss man natürlich Weste und Anzug und Schlips haben.‹ [...] Und wenn Joschka Fischer das schon sagt, der eingefleischte Turnschuhminister, das heißt schon was. [...] Ja, so seh' ich das, und da is' man immer auf der sicheren Seite. Auch bei Frauen.« Für Frauen allerdings empfiehlt er: »am besten weiße Bluse, dunklen Blazer, ein Halstuch. Passt immer, so wie Sekretärinnen, also Chefsekretärinnen. Also nicht die Tippsen, [...] aber die im Vorzimmer sind, [...] die ham dann nur Blazer und Schal und Bluse, toll!« Und der Pressesprecher der gleichen Universität meint: »Wenn Wissen-

---

* Hannelore Faulstich-Wieland, Dr. phil., ist Professorin am Fachbereich Erziehungswissenschaft der Universität Hamburg im Bereich Schulpädagogik und schulische Sozialisation. Ihre Forschungsschwerpunkte sind: Sozialisationsforschung, Genderforschung.

schaftlerinnen wie 'ne gute Tante wirken, dann ist das nicht gut«
(zit. nach Stegmann 2005, 78 f).

Diese Zitate stammen aus Interviews im Rahmen von Stefanie Stegmanns Untersuchung zu *Effekten von Habitus, Fachkultur und Geschlecht: ›– got the Look!‹ Wissenschaft und ihr Outfit*. Sie machen auf Vorschriften aufmerksam, die von Hochschullehrenden befolgt werden sollten. Zugleich weiß man, dass keineswegs alle Professoren und Professorinnen sich so kleiden, wie hier empfohlen wird – es also zumindest im Blick auf die Kleidung nicht ganz so einfach ist, sie von den Studierenden zu unterscheiden.

Was hat dieses Beispiel mit dem Thema ›Sozialisation, Habitus, Geschlecht‹ zu tun? Es soll zunächst einmal exemplarisch genutzt werden, um die Bedeutung der drei Begriffe zu illustrieren. Von Hochschullehrenden wird ein bestimmter Habitus erwartet – hier vermittelt durch die Art der Kleidung, die sie tragen sollen. Joschka Fischer steht zugleich für einen Lernprozess, da er als Hessischer Umweltminister zu seiner Vereidigung in Turnschuhen kam und später offenbar eingesehen hat, dass man sich als Repräsentant – in seinem Fall: des Landes – ›angemessen‹ verhalten muss. Die Unangemessenheit der Turnschuhe in diesem Fall war so deutlich, dass sich viele an dieses Ereignis erinnern.

Der Begriff Habitus bezieht sich auf »Gewohnheiten, Routinen, Denk-, Wahrnehmungs-, Urteils- und Handlungsmuster, die, wiewohl biographisch durch Lernen erworben, durch die Konstellation von Bedingungen und Lebenspraxis selbst zur Selbstverständlichkeit, zu kulturellem Unbewussten werden« (Liebau 1988, 160). Zur Konstellation von Bedingungen und Lebenspraxis gehört in unserem Beispiel die Bekleidungsregelung. Sie soll es ermöglichen, Hochschullehrende von anderen Mitgliedern der Universität zu unterscheiden. Früher trugen die Professoren zumindest zu besonderen Gelegenheiten einen Talar. Dessen Farbe und Ausstattung war nach Fachbereichen festgelegt. An der Hamburger Universität wurde 1968 bei der Immatrikulationsfeier das berühmte Spruchband »Unter den Talaren der Muff von 1000 Jahren« vor den Professoren hergetragen. Seitdem tragen die Professoren ›normale‹ Anzüge, und in einigen Fächern, zu denen auch die Erziehungswissenschaft gehört, auch diese nur zu besonderen Anlässen.

Bekleidungsvorschriften sind zugleich nach Geschlecht differenziert. Während für die Männer eine Ähnlichkeit zwischen Professoren und Ministern herangezogen wird, sollen Professorinnen sich abgrenzen von »guten Tanten«, während ihre Unterscheidbarkeit von Sekretärinnen – zumindest Chefsekretärinnen – anscheinend als nicht notwendig erachtet wird. Die Talare gab es zwar als Unisex-Bekleidungsstücke auch für Frauen, allerdings waren vor 1968 nur wenige Frauen überhaupt als Professorinnen tätig. Auch heute sind sie weit von einer paritätischen Beteiligung an Professuren entfernt, aber doch deutlich selbstverständlicher im Hochschulalltag geworden. Dennoch spielt die Geschlechtszugehörigkeit offenbar eine so wichtige Rolle, dass man Vorschriften benötigt.

Das Zitat von Eckart Liebau verweist auf den biografischen Lernprozess, der notwendig ist, um den angemessenen Habitus zu erwerben. Zugleich charakterisiert Liebau den Habitus als »kulturell unbewusst«. Diese Verbindung von individuellem Lernen und gesellschaftlichen Bedingungen wird mit dem Begriff der Sozialisation gefasst. Die Tatsache, dass wir keineswegs nur mit Anzug bekleidete Professoren oder mit Blazer, Bluse und Halstuch uniformierte Professorinnen finden, zeigt, dass die theoretische Fassung der Begriffe Sozialisation, Habitus und Geschlecht die individuelle Ausgestaltung berücksichtigen muss.

Wenden wir uns im Folgenden diesen Begriffen gesondert zu und fragen, was sie zu einer differenzierten Wahrnehmung der gesellschaftlichen Bedingungen von Bildung und Erziehung beitragen.

Sozialisation

Der Begriff der Sozialisation wurde erstmals 1828 im Oxford Dictionary verwendet: »To socialize« wurde erläutert als »to render social, to make fit for living in society« (zit. nach Hurrelmann/Ulich 1991, 3). Wissenschaftlich waren es zunächst Soziologen wie Emile Durkheim (1858–1917) und Georg Simmel (1858–1918), die sich der Frage widmeten, wie es gelingen könne, Menschen zu angepassten Mitgliedern der Gesellschaft zu machen. In Europa war diese Frage in der Aufklärungsepoche und verstärkt im Zuge der Industrialisierung dringlich geworden. Der aufkommende Kapitalismus machte es notwendig, dass Menschen, die bisher als Bauern oder Leibeigene tätig waren, zu Lohnarbeitern wurden. Karl Marx hat diesen Prozess eingehend analysiert und plastisch beschrieben; zugleich macht er darauf aufmerksam, dass den Zwangsmaßnahmen eine Phase folgen musste, in der die neuen Gesellschaftsverhältnisse als selbstverständlich akzeptiert wurden: »So wurde das von Grund und Boden gewaltsam expropriierte, verjagte und zum Vagabunden gemachte Landvolk durch grotesk-terroristische Gesetze in eine dem System der Lohnarbeit notwendige Disziplin hineingepeitscht, -gebrandmarkt, -gefoltert. Es ist nicht genug, daß die Arbeitsbedingungen auf den einen Pol als Kapital treten und auf den anderen Pol Menschen, welche nichts zu verkaufen haben als ihre Arbeitskraft. Es genügt auch nicht, sie zu zwingen, sich freiwillig zu verkaufen. Im Fortgang der kapitalistischen Produktion entwickelt sich eine Arbeiterklasse, die aus Erziehung, Tradition, Gewohnheit die Anforderungen jener Produktionsweise als selbstverständliche Naturgesetze anerkennt« (Marx 1867, 765).

In den USA, wo erste Theorien der Sozialisation entstanden, ging es zudem vor allem darum, die Menschen, die aus ganz unterschiedlichen Nationen kamen, im ›Schmelztiegel der Nationen‹ zu Amerikanern zu machen, d. h. einen Sozialisationsprozess in Gang zu bringen, der die sehr verschiedenen biografischen Erfahrungen so veränderte, dass man eine neue Identität entwickeln konnte. Soziologische Sozialisationstheorien waren folglich daran interessiert, die Prozesse des Mitgliedwerdens einer Gesellschaft bzw. eines Teils der Gesellschaft zu verstehen und zu erklären.

Darüber hinaus ging es spätestens im 20. Jahrhundert auch darum, steuernd Einfluss zu nehmen: Psychologische Theorien, insbesondere die behavioristischen Lerntheorien, vertraten den Anspruch, Instrumente zu liefern, mit denen Menschen sozialisiert werden konnten. John B. Watson (1878–1958) z. B., der Begründer des Behaviorismus, glaubte an die Allmacht wissenschaftlicher Manipulationen: »Gebt mir ein Dutzend gesunder, wohlgebildeter Kinder und meine eigene Umwelt, in der ich sie erziehe, und ich garantiere, dass ich jedes nach dem Zufall auswähle und es zu einem Spezialisten in irgendeinem Beruf erziehe, zum Arzt, Richter, Künstler, Kaufmann oder zum Bettler und Dieb, ohne Rücksicht auf seine Begabungen, Neigungen, Fähigkeiten, Anlagen und die Herkunft seiner Vorfahren« (Watson 1930, 123).

Das zentrale Anliegen der Sozialisationstheorien besteht darin, zu verstehen, wie Individuum und Gesellschaft miteinander verbunden sind. Hans Rudolf Leu nennt als hierbei wichtigste Fragestellung, wie es möglich ist, »dass Individuen im Laufe ihres Lebens ihre Besonderheit und Eigenständigkeit entfalten und sich dabei zugleich auch an gesellschaftlichen Gegebenheiten und Vorgaben orientieren« (Leu 1997, 6). Man kann die Anforderungen an Sozialisationstheorien in folgenden Fragen bündeln: Wie begreifen sie das Verhältnis von Individuum und Gesellschaft? Berücksichtigen sie die Tatsache von Freiheit menschlichen Handelns? Können sie Unterschiede in der Entwicklung von Individuen erklären? Berücksichtigen sie den historischen Aspekt von Individualität? Aus pädagogischer Sicht sind zudem noch Möglichkeiten von Bildung auszuloten.

Die verschiedenen, im weiteren Sinne als Sozialisationstheorien zu begreifenden Ansätze wurden hauptsächlich in der Soziologie und in der Psychologie entwickelt. Je nach wissenschaftlicher Herkunft fokussieren sie stärker auf das Individuum oder auf die Gesellschaft. Die auf Konditionierung, d. h. der Erklärung des Lernens als Erlernen von Reiz-Reaktions-Schemata aufbauenden, behavioristischen Lerntheorien begreifen das Individuum eher als Marionette, die von denjenigen, die über das entsprechende Wissen verfügen, konditioniert wird. Gesellschaft kann in diesem Modell nur als autoritäre Institution begriffen werden; Freiheit des Handelns wird eher geleugnet oder ignoriert. Unterschiede zwischen Menschen werden als Folge der je individuellen Konditionierungen begriffen und Bildungsprozesse vor allem als Erweiterung des Wissens. Zwar werden durch Weiterentwicklungen der psychologischen Lerntheorien Aspekte individueller Freiheit und Gestaltungsmöglichkeit einbezogen – wie z. B. bei Albert Bandura, der zunächst das Lernen am Modell als zentral ansah, mittlerweile jedoch Selbstregulationsmechanismen in den Vordergrund stellt; der gesellschaftliche Hintergrund bleibt jedoch stets unterbeleuchtet. Strukturfunktionalistische Ansätze hingegen, insbesondere die soziologische Theorie Talcott Parsons' (1902–1979), stellen die Gesellschaft in den Mittelpunkt und begreifen Sozialisation als Anpassung an die normativen Ansprüche bzw. als Abweichung davon.

Die *Verbindung* von Individuum und Gesellschaft stellt in interaktionstheoretischen Ansätzen den Ausgangspunkt der Analyse dar. Exemplarisch hierfür ist der symbolische Interaktionismus von George Herbert Mead (1863–1931), der das Moment individueller Freiheit im Handeln betont. Meads Unterscheidung von ›I‹ und ›Me‹ (engl.) bildet hierfür ein wichtiges Theorieelement: ›I‹ (ich) ist der ursprüngliche Organismus, der unkalkuliert, spontan, nicht bewusst handelt. Unmittelbar nach einer Handlung allerdings reflektiert ›Me‹ die Erfahrung mit dem, was ›I‹ gerade getan hat. Diese Reflexion erfolgt auf der Basis bisheriger Erfahrungen von Perspektiven oder Rollenübernahmen, also als gesellschaftlich *vermittelte* Haltung, als vergesellschaftetes ›Me‹. Die Reaktion bzw. die nächste Handlung wird dann zwar von ›Me‹ veranlasst, aber von einem ›I‹ durchgeführt – einem ›I‹, das im Moment der Handlung ›frei‹ agiert und insofern mit der Erwartung von ›Me‹ keineswegs konform sein muss. Solche Vorgänge laufen im Allgemeinen nicht als geschlossene Kreisläufe in einem Individuum ab. Vielmehr gehen in die Reflexion seitens ›Me‹ auch die jeweils aktuellen Erfahrungen, die Reaktionen der anderen Interaktionspartner auf die Handlung des ›I‹ ein, die zugleich zur Komponente des ›Me‹ gehören.

Trotz der Unterschiede, die zwischen den skizzierten theoretischen Ansätzen bestehen, verbindet sie die Tatsache, dass Individuum und Gesellschaft als zwei Pole angesehen werden, zwischen denen *Sozialisation* als Verbindungs- und Vermittlungsglied auftritt. Die Untersuchung von Sozialisationsprozessen beschränkt sich nicht auf die Analyse der Entwicklung nur eines der beiden Pole. Die zentrale Herausforderung für die Sozialisationsforschung besteht vielmehr darin, eine Theorie zu entwickeln, der die Analyse der Verbindung von Individuum und Gesellschaft quasi aus einem Guss gelingt: eine Theorie, welche die Tatsache, dass Individuen immer Teil von Gesellschaft sind und Gesellschaft sich durch aktiv handelnde Individuen konstituiert – und dennoch beides nicht in einander aufgeht – fassbar macht. Zudem muss sie nicht nur die individuellen Unterschiede, sondern auch die gesellschaftlichen Differenzierungen erfassen können. Das Habituskonzept von Pierre Bourdieu (1930–2002) eignet sich hierfür.

Habitus

Kommen wir zunächst noch einmal auf unser Ausgangsbeispiel zurück: Haben Professoren oder Professorinnen einen spezifischen Habitus, an dem man sie erkennen kann? Spätestens seit Honoré de Balzac (1799–1850) gibt es das Bild des Professors als eines weltfremden, im praktischen Leben und in eleganter Gesellschaft lächerlich wirkenden Menschen (vgl. Klinge 2004, 131 ff). In Hergés Comic-Serie *Tim und Struppi* ist Professor Bienlein eine solche Gestalt. Zwar kann man immer wieder einmal Begegnungen haben, die einen an solche Karikaturen erinnern; in der Realität aber finden wir ein deutlich größeres Spektrum an Hochschullehrenden. Kann man deshalb sagen, es gebe keinen spezifisch professoralen Habitus? Zunächst wäre es für die Beantwortung einer solchen Frage sicherlich notwendig, Differenzierungen zwischen den Fächern vorzunehmen, da die einzelnen Wissenschaften verschiedene Fachkulturen herausbilden. Leichter als bei den Hochschullehrenden lassen sich solche Fächerdifferenzen im Habitus der Studierenden erkennen: Es fällt wohl niemandem schwer, Studierende der Ingenieurwissenschaft oder der Wirtschaftswissenschaft von denen der Erziehungswissenschaft zu unterscheiden. Bei jenen sind Anzug, Schlips und Aktenkoffer häufig anzutreffen, bei diesen eher Jeans, T-Shirt und Rucksack.

Wie dem auch sei: Im Kontext der Sozialisationsforschung zielt der Habitusbegriff stärker auf die Bedeutung der sozialen Herkunft als auf solche äußerlichen Kennzeichen. In den 1970er Jahren ging es darum, die schichtspezifische Sozialisation genauer unter die Lupe zu nehmen. Die Chancenungleichheit im Bildungssystem ließ die Frage aufkommen, warum Kinder aus unterschiedlichen Milieus *mehr* oder *weniger* erfolgreich die Schule besuchten, und die damaligen Bildungsreformanstrengungen zielten auch darauf, solche Ungleichheiten zu verringern. Die international vergleichenden Schulleistungsstudien im Gefolge von PISA 2000 zeigen jedoch, dass die Bildungsbeteiligung nach wie vor von der sozialen Herkunft abhängt. Diese Zusammenhänge lassen sich mit dem Ansatz von Pierre Bourdieu erklären. Bourdieu analysiert als Grundlage für die Erfassung der Sozialisation den *sozialen Raum*. Strukturell finden wir darin zunächst einmal unterschiedliche soziale Positionen. Sie hängen mit den *Ressourcen* einer Familie bzw. einer Person zusammen, d. h. mit der Menge und den Arten des Kapitals, das jemand besitzt. Bourdieu (1992) unterscheidet als drei großen Kapitalsorten das ökonomische, das soziale und das kulturelle Kapital. Unter Verwendung der einschlägigen Sozialstatistiken lassen sich damit die unterschiedlichen sozialen Gruppen identifizieren.

Anders als die früheren Schichtmodelle, die nach Ober-, Mittel- und Unterschicht differenzierten, erlaubt dieses Modell u. a. auch eine Unterscheidung beim ›Oben‹, nämlich nach denen, die über viel ökonomisches Kapital verfügen (den »herrschenden Herrschenden«), und jenen, die über viel kulturelles Kapital verfügen (den Intellektuellen). Weitere Differenzierungen unter Einbezug von Wertorientierungen ermöglichen es, unterschiedliche soziale Milieus zu identifizieren. Der Alltag in den verschiedenen Milieus sieht durchaus unterschiedlich aus: So gehört es z. B. zur sozialen Praxis des gehobenen konservativen Milieus, regelmäßig ins Theater zu gehen, sich besorgt über das Weltgeschehen zu äußern, einen geregelten Tagesablauf zu haben, usw.; junge ›Performer‹ dagegen wollen flexibel sein, beteiligen sich an neuen Sportarten, sind auf der Suche nach ›dem eigenen Ding‹, konsumieren, was als Besonderes gelten kann; ›Konsum-Materialisten‹ mit wenig finanziellem Spielraum wiederum suchen in ihrer Freizeit Möglichkeiten, mit Gleichgesinnten zusammen zu kommen, sei es in Kneipen, beim Fußball oder auf Kurzreisen (vgl. Sinus Sociovision 2004). Der Lebensstil unterscheidet sich zwischen den einzelnen Milieus also zum Teil deutlich.

Der Habitus bildet das Verbindungsglied zwischen dem Raum der sozialen Positionen und dem der Lebensstile. Als gesellschaftlicher Orientierungssinn oder geronnene Erfahrung enthält er die Denk- und Sichtweisen sowie die Wahrnehmungsschemata, die das menschliche Handeln strukturieren und als Einlagerungen des Sozialen im Körper fungieren. Erworben durch die Selbstverständlichkeiten des Alltags und inkorporiert in die Körper bildet der Habitus sowohl strukturierte wie strukturierende Handlungsmuster (vgl. Krais/Gebauer 2002), d. h. er entscheidet darüber, was als gut und richtig wahrgenommen wird, und sorgt dafür, dass entsprechend gehandelt wird. Franz Josef Degenhardts Lied *Spiel nicht mit den Schmuddelkindern, sing nicht ihre Lieder* zum Beispiel verweist auf Distinktionsmaßnahmen, die in der familiären Sozialisation vermittelt werden.

Der Habitus, der in Verbindung mit der jeweiligen sozialen Herkunft erworben wird, passt mehr oder weniger gut zu den Anforderungen des Schulsystems. Pierre Bourdieu und Claude Passeron (1971) haben am Beispiel des französischen Hochschulwesens bereits in den 1960er Jahren untersucht, wie Arbeiterkinder, die sich ihr kulturelles Kapital – ihre Bildung – hart erarbeiten müssen, durch die von den Professoren präferierte Nonchalance und Leichtigkeit, mit der Wissen demgegenüber von Söhnen und Töchtern aus der Bourgeoisie präsentiert wird (wo diese Art des Umgangs mit Wissen sozusagen en passant, am Frühstückstisch, vermittelt wird), auf subtile Weise benachteiligt werden. Professoraler Habitus zeigt sich hier in der Wertschätzung von Ähnlichkeiten mit dem eigenen Lebensstil. Dies kann auch für den Zusammenhang von Habitus und Geschlechtszugehörigkeit gelten.

Geschlecht

Die zu Beginn zitierte ›Bekleidungsvorschrift‹ für Professorinnen steht, dem Fotografen sicher nicht bewusst, in der Tradition, Geschlechterverhältnisse als hierarchische zu sehen. Historisch ist die Hierarchisierung der Geschlechter gerade am Beispiel des Bildungssystems leicht nachzuvollziehen. Bis zu den Bildungsreformen der 1960er und 1970er Jahre waren Mädchen deutlich weniger an weiterführenden Bildungsgängen beteiligt. Seitdem haben sie allerdings so stark aufgeholt, dass mittlerweile eine Benachteiligung von Jungen befürchtet wird.

Parallel zur Entwicklung der schichtspezifischen entstand auch eine geschlechtsspezifische Sozialisation. Beide Entwicklungen waren von ähnlichen Motiven getragen, nämlich zum Abbau von Benachteiligungen beizutragen; beide tendierten jedoch dazu, Differenzen festzuschreiben statt sie aufzuheben. Während die

Analyse sozialer Milieus Präzisierungen erbracht hat, steht die geschlechtsbezogene Pädagogik nach wie vor in der Gefahr, Stereotypisierungen zu verfestigen. Das hängt u. a. damit zusammen, dass es nach wie vor schwer vorstellbar erscheint, Geschlecht nicht als ein biologisch bestimmtes Merkmal zu begreifen, sondern zu erkennen, dass auch Geschlechterdifferenzen *sozial konstruiert* sind. Weder die biologischen noch die sozialen Merkmale machen es notwendig, zwei – und nur zwei – Geschlechter zu unterscheiden (in anderen Kulturen werden zuweilen mehr davon unterschieden). Dennoch ist die Zweigeschlechtlichkeit in unserer Gesellschaft, wie in den meisten Gesellschaften, ein *Grundmerkmal* des sozialen Lebens. Man wird einem von beiden Geschlechtern zugeordnet und muss sich im alltäglichen Leben auch so verhalten, dass diese Zugehörigkeit erkennbar ist.

Mit dem Begriff *doing gender* wird dieser Sachverhalt treffend beschrieben: Man hat nicht ein für alle Mal ein Geschlecht, sondern man muss es immer wieder ›machen‹. Vorstellungen davon, was sich für Mädchen bzw. Jungen ›gehört‹ und was nicht – die Basis unserer Geschlechterstereotype –, helfen in diesem geschlechtsbezogenen Sozialisationsprozess als Orientierung. Zugleich engen sie ein, weil das Verhaltensspektrum je nach Geschlecht begrenzt wird. Historisch waren solche Begrenzungen durchaus mit je spezifischen Verboten versehen. Entscheidender allerdings ist, dass auch hier von einem geschlechtlichen Habitus auszugehen ist: d. h. im Sozialisationsprozess eignen sich die Kinder an, was für sie als legitim und angemessen gilt. Dieses wird selbstverständlich – und damit kulturell unbewusst, wodurch die Einzelnen im *doing gender* auch immer wieder die jeweils geltenden Geschlechterverhältnisse reproduzieren.

Bekleidungsvorschriften gehören, um abschließend auf das Eingangsbeispiel zurückzukommen, zu den wichtigen Erkennungsmerkmalen von Geschlecht. Haartrachten, Schmuck und andere Accessoires helfen, sich als Frau oder Mann zu inszenieren. Pädagogisch relevant sind Verhaltenszuschreibungen, die an Geschlecht gebunden werden: Wird unterstellt, dass Jungen motorisch unruhiger seien, mehr Raum benötigten, während Mädchen mit wenig Platz zufrieden seien und sich im fleißigen Repetieren wohlfühlten, dann hat das Konsequenzen für die Förderung der Einzelnen – bzw. für ihre Behinderungen. Die

Debatte darum, was eine geschlechtergerechte Pädagogik sein könnte, welcher geschlechtsbezogene Habitus existiert, ob und wie er verändert werden soll und kann, ist aktuell und längst nicht zu Ende.

Weiterführende Literaturhinweise

Bourdieu 1992; Faulstich-Wieland 2000; Glaser/Klika/Prengel 2004; Hurrelmann/Grundmann/Walper 2008.

Literatur

Bourdieu, P. (1992): Ökonomisches, kulturelles und soziales Kapital. In: ders · Die verborgenen Mechanismen der Macht. Hamburg, 49–75.
Bourdieu, P./Passeron, J.-C. (1971): Die Illusion der Chancengleichheit. Untersuchungen zur Soziologie des Bildungswesens am Beispiel Frankreichs. Stuttgart [in neuer Übersetzung erschienen unter dem Titel: Die Erben. Studenten, Bildung und Kultur. Konstanz 2007].
Faulstich-Wieland, H. (2000): Individuum und Gesellschaft. Sozialisationstheorien und Sozialisationsforschung. München.
Glaser, E./Klika, D./Prengel, A. (Hg.) (2004): Handbuch Gender und Erziehungswissenschaft. Bad Heilbrunn/Obb.
Hurrelmann, K./Grundmann, M./Walper, S. (Hg.) (2008): Handbuch Sozialisationsforschung. Weinheim.
Hurrelmann, K./Ulich, D. (Hg.) (1991): Handbuch der Sozialisationsforschung. Weinheim.
Klinge, M. (2004): Die Universitätslehrer. In: Rüegg, W. (Hg.): Geschichte der Universität in Europa, Bd. III: Vom 19. Jahrhundert zum zweiten Weltkrieg 1800–1945. München, 113–144.
Krais, B./Gebauer, G. (2002): Habitus. Bielefeld.
Leu, H. R. (1997): Die neue Aktualität der Sozialisationsforschung. In: Diskurs, Jg. 7, H. 1, 4–7.
Liebau, E. (1988): Sozialisationstheorie und Pädagogik. In: Neue Sammlung, 156–167.
Marx, K. (1867/1890): Das Kapital, Bd. 1. In: Marx/Engels: Werke (MEW) Bd. 23. Berlin 1962.
PISA, Programme for International Student Assessment (2000): Lernen für das Leben. Erste Ergebnisse der internationalen Schulleistungsstudie PISA 2000. OECD 2001; online verfügbar:
http://www.pisa.oecd.org/dataoecd/44/31/33691612.pdf.

Sinus Sociovision (2004): Die Sinus-Milieus; online verfügbar: http://www.sociovision.de/loesungen/sinus-milieus.html [13.8.2009].

Stegmann, S. (2005): »…got the look!« – Wissenschaft und ihr Outfit. Eine kulturwissenschaftliche Studie über Effekte von Habitus, Fachkultur und Geschlecht. Münster.

Watson, J. B. (1930): Behaviorismus. Köln 1968.

Bildung – Beruf – Geschlecht: Historische und aktuelle Entwicklungsprozesse

*Christine Mayer**

Im Mittelpunkt der folgenden Analyse stehen Entwicklungen, die sich auf der Grundlage zweier divergierender Berufskonzepte herausgebildet haben. Zunächst wird gezeigt, wie das Berufskonzept, das zuerst für Mädchen und Frauen des bürgerlichen Milieus bestimmend wurde, sich im Verlauf des 19. Jahrhunderts in nicht-bürgerliche Sozialschichten hinein verallgemeinert hat und die Bildungs-Berufsbildungsmöglichkeiten der gesamten weiblichen Jugend prägte. Sodann wird anhand der neueren Entwicklungstendenzen in der Berufsbildung nachgezeichnet, in welcher Form die historischen Entwicklungen in der beruflichen Ausbildung auch heute noch präsent sind und welche geschlechterbezogenen Auswirkungen sich damit verbinden.

Einleitung

Die Segmentierung der Berufsbildungsbereiche nach Geschlecht bildet ein zentrales Strukturmerkmal des beruflichen Bildungswesens. Obwohl in der beruflichen Bildung wie in kaum einem anderen gesellschaftlichen Bereich die Kategorie *Geschlecht* als zentraler Code fungiert, wird das Thema Berufsbildung und Geschlecht in der Forschung wenig beachtet. Trotz schon in den 1970er Jahren einsetzender Bestrebungen zur Angleichung der beruflichen Ausbildungschancen zwischen den Geschlechtern – wie z. B. durch das bundesweite Modellversuchsprogramm zur Erschließung gewerblich-technischer Berufe für Frauen von 1978 bis 1985 – gelang es nicht, das enge berufliche Ausbildungsspek-

---

* Christine Mayer, Dr. phil., ist Professorin für Bildungstheorie und Geschlechterverhältnisse am Fachbereich Erziehungswissenschaft der Universität Hamburg. Ihre Arbeits- und Forschungsschwerpunkte sind: Historische Bildungs- und Geschlechterforschung; Bildungs- und Geschlechtertheorien; Bildung und Geschlechteranthropologie im 18. und 19. Jahrhundert.

trum von Frauen zu erweitern. Zwar besitzen weibliche Jugendliche seit längerem höhere Bildungsabschlüsse und planen eine Berufs- und Erwerbsperspektive in ihrer Lebensplanung fest ein; der Geschlechtercode hat seine Wirksamkeit in der Berufsbildung jedoch nicht verloren.

Die Berufsbildung stellt ein Scharnier zwischen allgemeiner Bildung und Arbeitsmarkt dar. Sie bestimmt die Lebensplanung von Frauen und Männern und strukturiert den Lebenslauf beider Geschlechter – allerdings in unterschiedlicher Weise. Der Berufswahl fällt dabei eine zentrale Rolle zu. Forschungsbefunde verweisen auf geschlechtsspezifische Benachteiligungsmuster im Übergang von der Schule in die Berufsausbildung und von dieser in die Erwerbstätigkeit. Ausgeblendet bleiben in der Forschung allerdings oft die Strukturen des beruflichen Bildungssystems. An ihnen zeigt sich jedoch, dass wir es »zusätzlich zu der Arbeitsmarktsegmentation zwischen den Geschlechtern mit einer Doing-Gender-Struktur zu tun haben, einer Struktur, die männliche und weibliche Jugendliche mit geschlechtsspezifischen Übergangswegen versieht« (Krüger 1991, 142).

Das moderne Verständnis von Beruf war historisch fast ausschließlich auf die Lebenswelt des Mannes ausgerichtet. Für die Frau bildete sich ein anderes Konzept von ›Beruf‹ heraus, das für ihren Lebensentwurf allerdings bis weit in das 20. Jahrhundert hinein leitend wurde und sich für die Gestaltung der materiellen wie der symbolischen Reproduktion der modernen Gesellschaft als äußerst funktional erwies.

Der ›Beruf des Weibes‹ als Bildungsnorm und berufliches Leitbild

Für die Entwicklung der nicht-akademischen Berufsbildung in Deutschland ist das korporativ-handwerkliche Berufskonzept zentral. Es wurde zum Ordnungsfaktor der modernen Berufsbildung. Im Vergleich zu anderen europäischen Staaten ist die Berufsbildung hierzulande stark von der traditionellen Form der Ausbildung – der Handwerkslehre – geprägt, hatte doch das zünftige Handwerk mit seinen Ausbildungsprivilegien in Teilen Deutschlands bis weit ins 19. Jahrhundert hinein Bestand. Trotz

Abschaffung der Zunftprivilegien, Industrialisierung und wirtschaftlicher Liberalisierung bildete das Handwerk die mentalitätsgeschichtliche Basis der Berufserziehung.

Für die Entwicklung der modernen dualen (schulischen und betrieblichen) Berufsbildung in Deutschland waren zwei Faktoren grundlegend: zum einen die Handwerkerschutzgesetzgebung (1897 und 1908), mit der dem Handwerk in Verbindung mit einem selbstverwalteten Kammersystem die Ausbildungsberechtigung übertragen wurde, zum anderen die an der Wende vom 19. zum 20. Jahrhundert einsetzende Umformung der allgemeinen Fortbildungsschule in eine am Berufsprinzip orientierte Berufsschule. Damit avancierte das Handwerk zum Leitbild der deutschen Berufserziehung. Harney (1987) zufolge fand eine Verallgemeinerung des handwerklichen Berufskonzeptes zuerst im Industriebereich statt, welcher traditionell keine korporativ verankerte Beruflichkeit kannte. Der Verberuflichung der Fabrikarbeit folgte sodann die Ausdehnung des Berufskonzeptes auf den landwirtschaftlichen, den hauswirtschaftlichen und den kaufmännischen Bereich. Die Verberuflichung der Lehrlingsausbildung trug zur Verankerung des Berufsprinzips im deutschen Beschäftigungssystem entscheidend bei, und die beruflich organisierte Arbeit wurde in Deutschland zur zentralen Grundlage für die Herausbildung eines berufsspezifischen Arbeitsmarktes.

Von diesem Berufskonzept waren Frauen bis ins 20. Jahrhundert hinein weitgehend ausgeschlossen. Für sie existierte eine über die Tradition der handwerklichen Ausbildung vermittelte Kontinuitätslinie nicht, sondern formierte sich im Zuge der Entstehung der modernen bürgerlichen Gesellschaft ein anderes Verständnis von Beruf. Propagiert wurde eine dreifache Bestimmung der Frau: als »Gattin, Mutter und Vorsteherin des inneren Hauswesens« – so der spätaufklärerische Pädagoge Joachim Heinrich Campe (1789/1796, 16 f) in seiner Erziehungsschrift *Väterlicher Rath für meine Töchter*. Dieses Rollenverständnis bildete den Rahmen für den Lebensentwurf der bürgerlichen Frau in der Moderne (vgl. Mayer 1996, 16 ff).

Die Leitformel vom ›Beruf des Weibes‹ sah eine ›zweckmässige‹ und ›angemessene‹ Erziehung der weiblichen Heranwachsenden zu ihrer künftiger ›Bestimmung‹ vor. Gedacht war hierbei zunächst an die Lebenswelt des bürgerlichen ›Mittelstands‹ – jenes Standes also, von dem erwartet wurde, dass er die angestrebte moderne bürgerliche Gesellschaft herbeiführen und das Denken und Handeln der unteren Bevölkerungsschichten zu diesem Zweck maßgeblich beeinflussen würde. Ausgenommen von dieser engen Zweckgebundenheit des bürgerlich-aufklärerischen Lebenskonzepts waren anfangs sowohl die Frauen des begüterten und gebildeten Bürgertums als auch die der unteren Sozialschichten, da diese aufgrund ihrer Lebenssituation auf Erwerbstätigkeit angewiesen waren. Der ›Beruf des Weibes‹ – als Gattin, Mutter und Hausfrau – lieferte die Begründung für eine geschlechterdifferente Pädagogik und bildete die Grundlage zur Entwicklung unterschiedlicher Bildungswelten für Mädchen und Jungen. Eine reflexive Wende des Bildungsproblems im Rahmen der neuhumanistischen Bildungstheorien, nämlich die Bildung des Menschen unabhängig von den Formen seines späteren Berufsstandes zu denken, hat es im Hinblick auf weibliche Heranwachsende nicht gegeben. Für sie blieb das skizzierte Berufskonzept als Bildungskonzept weiterhin bestimmend.

Im 19. Jahrhundert avancierte dieses ehedem für den bürgerlichen Mittelstand entworfene Bildungs- und Berufskonzept zum Leitbild für die gesamte weibliche Jugend. Damit sich das bürgerliche Familienmodell mit seiner Ausrichtung der Frau auf den häuslichen Arbeitsbereich auch in den unteren Sozialschichten ausbreiten konnte, mussten bestimmte Voraussetzungen gegeben sein: Ein wichtiges Moment der Verbürgerlichung der ›handarbeitenden Klassen‹ war der Anstieg der Reallöhne. Erst das Bild des männlichen Alleinverdieners und Familienernährers machte auch in nicht-bürgerlichen Schichten den Weg frei für den Wandel von der vormaligen familialen Erwerbsgemeinschaft hin zur *nicht* erwerbstätigen, sondern an häuslichen Arbeiten und Sparsamkeit orientierten Hausfrau. Nicht der Erwerb, sondern die »Erhaltung des Erworbenen durch Schonen und Sparen ist des Weibes Bestimmung« (Meier 1826, 205). Auch die 9. Allgemeine Deutsche Lehrer-Versammlung, um nur ein weiteres von zahlreichen Beispielen zu nennen, erklärte den »weiblichen Beruf« für alle Mädchen zum alleinigen Erziehungsziel: »Der Lebensberuf, für den das Mädchen gebildet werden soll, ist für alle Lebensverhältnisse derselbe: Gattin, Mutter und Hausfrau zu seyn«;

Erwerbsarbeit von Frauen galt nunmehr als »Verfehlung des weiblichen Berufes« (Allgemeine Deutsche Lehrer-Versammlung 1857, 40).

Für Georg Kerschensteiner (1902) diente die hauswirtschaftliche Bildungsidee, die sich aus dem modernen – inzwischen längst als naturgegeben geltenden – ›Beruf der Frau‹ ableitete, als Ansatz für eine zeitgemäße Mädchenerziehung. Der ›natürliche Beruf‹ der Frau lieferte ihm die argumentative Basis für eine Reforminitiative, in deren Rahmen sich (analog zur Berufsschule für die männliche Jugend) die Fortbildungsschule für die weibliche Jugend als *Berufsschule* begründen ließ. Nach Ausdehnung der Fortbildungsschulpflicht auf alle aus der Volksschule entlassenen Mädchen entwickelte sich dieses Berufsverständnis in den 1920er Jahren zum dominanten Bildungskonzept für weibliche Jugendliche, die einer un- oder angelernten Tätigkeit nachgingen, erwerbslos waren oder im Elternhaus blieben. Bis in die 1960er Jahre hinein galt das hauswirtschaftliche Bildungskonzept als Dreh- und Angelpunkt der Berufsbildung für die weiblichen Ungelernten.

Auf der anderen Seite wurde das an Erwerbsarbeit orientierte Lebenskonzept der Frauen der unterbürgerlichen Schichten in die bürgerliche Lebenswelt transferiert. Schon zu Campes Zeiten waren Stimmen laut geworden (Elisabeth E. Bernhardi, Betty Gleim), die den einseitigen Erziehungsvorstellungen für die weibliche Jugend entgegentraten und dazu aufriefen, auch Mädchen für einen Beruf außerhalb der Ehe zu erziehen. Während Bernhardi ein breites Berufsspektrum für Mädchen einschließlich Ausbildungsmöglichkeiten im Handwerk vorschlug, sah Gleim die Erwerbsbildung des weiblichen Geschlechts mit ›dem eigentlichen weiblichen Berufe‹ verbunden und schlug Tätigkeiten wie Erzieherin, Lehrerin, Kinderwärterin, Haushälterin oder Krankenpflegerin vor. Konkrete Berufsbildungsansätze (wie z. B. die Ausbildung zur Kindergärtnerin) entstanden für bürgerliche Frauen aber erst im Vorfeld der Märzrevolution (1848). Entsprechende Aktivitäten waren Ausdruck eines neuen weiblichen Selbstverständnisses, das zwar durch die politische Reaktion der 1850er Jahre erhebliche Rückschläge erlitt; aber in der 1865 einsetzenden öffentlichen Debatte um die ›Frauenfrage‹ meldeten sich die Frauen, deren Erfahrungen mit den demokratischen Bewegungen des Vormärz und der Revolutionszeit verbunden waren, wieder zu Wort.

Den sozialhistorischen Hintergrund bildeten damals die inzwischen beschleunigte Industrialisierung und der damit verbundene gesellschaftliche Strukturwandel; er ließ auch die Lebensformen und Lebensbedingungen des Bürgertums nicht unbeeinflusst. Unter dem Druck der sozioökonomischen Verhältnisse war das Modell der ›Versorgungsehe‹ brüchig geworden; auch konnten viele bürgerliche Familien die traditionellen Versorgungsleistungen für ihre erwachsenen Töchter nicht mehr wie gewohnt aufrecht erhalten. Ein entscheidendes Motiv für die Debatte über die Verbesserung der Erwerbslage von Frauen und für die einsetzenden Aktivitäten im Berufsbildungsbereich war die große Zahl unverheirateter und verwitweter, oft in schwieriger materieller Situation lebender Frauen. »Man hat gut sprechen: das Weib gehört der Familie an und soll für dieselbe gebildet werden. Ein großer Theil der Frauenwelt kommt ja gar nicht mehr in die Familie hinein. Die von Jahr zu Jahr zunehmende Ehelosigkeit gehört zu jenen sozialen Uebeln, die sich nicht durch Worte beseitigen lassen. Die Ehelosigkeit hat eine grauenhafte Noth, physische wie moralische im Gefolge. So ein verlassenes Geschöpf nagt am Hungertuche – oder geht ins Bordell oder wird Maitresse. Es fragt sich also: Wie verschaffen wir dem Weibe zureichende Erwerbsquellen und wie haben wir es zu bilden, damit es sich dereinst durch die Welt schlagen kann ohne Hülfe des Mannes und ohne – Lehrerin zu werden, also einen Weg zu betreten, der jetzt fast der einzige ist« (zit. nach Grundig 1875, 232).

Programmatische Grundlage für die beginnenden Berufsbildungsbestrebungen war Louise Ottos Schrift *Das Recht der Frauen auf Erwerb*. Obgleich darin die soziale Situation auch der ›handarbeitenden‹ Frauen thematisiert wurde, stand die Verbesserung der wirtschaftlichen und gesellschaftlichen Stellung der bürgerlichen Frauen im Vordergrund. Otto ging vom Konzept der Selbsthilfe aus: Eine wirkliche Lösung der Frauenfrage könne nur »durch die Frauen selbst, durch ihren eigenen Willen und ihre eigene Kraft« gefunden werden (Otto 1866, 93). Ihr Ziel war, durch bessere Bildungs-, Ausbildungs- und Erwerbsmöglichkeiten die ökonomische Selbständigkeit von Frauen zu fördern und ihnen damit auch das Recht zu individueller Selbstbestimmung zu geben. »Erstens man erziehe die Mädchen so, daß sie noch ein anderes Interesse am Leben haben, als das der Liebe, und zweitens, man gebe ihnen Gelegenheit, auf eigenen Füßen zu stehen, sich selbst zu erhalten« (ebd., 10).

Männliche Angehörige des liberalen Bürgertums und der Arbeiterbewegung unterstützten solche Forderungen. Vertreter des bürgerlich-konservativen Lagers hingegen verwiesen oft und gern auf die »naturgemäße Grenze in der Verschiedenheit der Befähigungen« des männlichen und des weiblichen Geschlechts (Lette 1865/1987, 89). Angesichts der sozialen Verhältnisse wurde es gleichwohl unerlässlich, dem weiblichen Geschlecht Berufsausbildung und Erwerb zu öffnen. Als angemessene Ausbildungs- und Erwerbszweige galten bestimmte Kunstgewerbe, kaufmännische Buchführung, Post- und Telegraphendienst, der Ärztinnenberuf, Tätigkeiten in der Agrarwirtschaft. Meist stießen selbst diese moderaten Bestrebungen in konservativen Kreisen auf Kritik; die herrschenden Vorstellungen vom ›natürlichen Beruf‹ der Frau standen der Einführung eines Erwerbsberufs in die Lebenswelt der bürgerlichen Frauen diametral entgegen. Konservative Vorstellungen blieben zwar einflussreich, konnten jedoch die angebahnte Entwicklung nicht stoppen.

Fortan formte sich das moderne Bildungs- und Berufskonzept für Frauen nach zwei Seiten hin aus: zur familialen und zur erwerbsberuflichen Seite. Das im bürgerlichen Lebensentwurf angelegte Spannungsverhältnis zwischen ›weiblichem Beruf‹ und Erwerbsberuf wurde zwar nicht aufgehoben, aber doch so weit minimiert, dass Frauen nicht von ihrem ›natürlichen Beruf‹ entfremdet würden. Dieser Doppelcharakter ist bis heute der Grund dafür, dass viele Frauenberufe (wie z. B. der der Erzieherin) in Deutschland mit erheblichen Anerkennungs- und Professionalisierungsproblemen zu kämpfen haben.

Heutige Entwicklungstendenzen in der Berufsbildung

In welcher Form sind die skizzierten historischen Entwicklungslinien in der Berufsbildung auch heute noch präsent, und welche geschlechterbezogenen Auswirkungen sind damit verbunden? Schon kurz nach Ende des Zweiten Weltkriegs war eine wachsende Beteiligung weiblicher Jugendlicher an den über die Volksschule hinausgehenden Schulen festzustellen. Es ließ sich folgern, »daß die prinzipiellen Widerstände gegen eine Ausbildung für Mädchen überwunden sind« und die Lehre auch für sie inzwischen als normal angesehen werde (Pross 1970, 19 f). Die Zahl der weiblichen Lehrlinge hatte sich in der Nachkriegszeit mehr als verdoppelt; bis 1963 war der Anteil der weiblichen Lehrlinge und Anlernlinge auf 36,4 Prozent der Auszubildenden gewachsen. Zwar waren Mädchen in der dualen Ausbildung noch in der Minderheit, aber sie dominierten in der schulischen Berufsbildung: 1963 lag ihr Anteil in den Berufsfachschulen bei 65 und in den Fachschulen bei 57 Prozent (Weiß 1965, 23, 85).

Zugleich wurde deutlich, dass weibliche Heranwachsende »im Bann der Tradition« gefangen blieben und sich für Berufe entschieden, die kürzere Ausbildungszeiten erforderten und dem »weiblichen ›Wesen‹« adäquat zu sein schienen (Pross 1970, 24). Zwar gab es einen Rückgang der traditionellen Textilberufe (Schneiderin, Putzmacherin) zugunsten der Büroberufe, aber an der Enge des Berufsspektrums änderte dies für weibliche Jugendliche wenig. 1963 konzentrierten sich 77 Prozent der weiblichen Lehrlinge und Anlernlinge auf nur zehn Berufe, die auch noch Jahrzehnte später den Kern des Ausbildungsspektrums von Frauen bilden: Verkäuferin (32 %), Friseurin (12 %), Industriekauffrau (9 %), Kauffrau im Groß- und Außenhandel, Damenschneiderin, Bürogehilfin, Rechtsanwalts- und Notargehilfin, ländliche Hauswirtschaftsgehilfin, Bürokauffrau und Bankkauffrau. Bei den männlichen Auszubildenden fand in der gleichen Zeit eine Verschiebung von den handwerklichen zu industriellen Lehrberufen statt. Und die zehn am stärksten besetzten Berufe der männlichen Auszubildenden umfassten nur 45 Prozent der Auszubildenden: Kfz-Mechaniker (8 %), Maschinenschlosser (6 %), Elektroinstallateur (5 %), Kaufmann im Groß- und Außenhandel, Industriekaufmann, Einzelhandelskaufmann, Maurer, Werkzeugmacher, Maler und Starkstromelektriker (vgl. Lempert 1966, 76 f). Knapp zwanzig Jahre später hatte sich an der Berufsbildungssituation weiblicher Jugendlicher kaum etwas geändert: 1979 wurden immer noch 61,5 Prozent in nur zehn Berufen ausgebildet, obgleich von den 451 Ausbildungsberufen nur 30 aus rechtlichen Gründen Frauen noch verschlossen waren. Im gleichen Jahr wurden dagegen nur 40 Prozent der männlichen Auszubildenden in zehn Berufen ausgebildet.

Die Strukturprobleme, die in der dualen Berufsausbildung aufgrund der erhöhten Nachfrage weiblicher Jugendlicher nach Ausbildungsplätzen in Erscheinung traten, zeigten sich auf zwei Ebenen: Zum einen stand jungen Frauen das Ausbildungsplatzangebot nicht in gleicher Weise offen wie jungen Männern. 1982 wurden nur 25 Prozent aller Ausbildungsplätze beiden Geschlechtern angeboten, die Hälfte war nur für Männer, ein Viertel nur für Frauen bestimmt. Zum anderen waren junge Frauen wesentlich häufiger als junge Männer in Ausbildungsverhältnissen mit kürzerer Ausbildungsdauer, geringerer Ausbildungsqualität und Vergütung zu finden. Die Berufbildungssituation ließ offensichtlich werden, dass Mädchen und Frauen vornehmlich Ausbildungsberufe mit Sackgassencharakter, hoher Arbeitszeitbelastung und geringen Verdienstmöglichkeiten offen standen. Trotzdem (oder gerade deshalb) waren diese Berufe mit der Suggestion verbunden, dass sie für das weibliche Geschlecht besonders geeignet seien.

Wie in der dualen Ausbildung bildet auch in der schulischen Ausbildung die Geschlechtersegmentierung ein zentrales Strukturelement – allerdings unter umgekehrten Vorzeichen. Hier zeigt sich die besondere Attraktivität der *Berufsfachschulen* für weibliche Jugendliche. Die Zahl der Schülerinnen in diesen Schulen stieg in den 1970er Jahren stetig an; 1982 machte ihr Anteil an der Gesamtzahl (357 000) mehr als zwei Drittel aus. Der starke Zustrom zu mehrjährigen Bildungsgängen verdeutlicht, dass Berufsfachschulen für weibliche Jugendliche auch heute noch eine wichtige Alternative zur betrieblichen Ausbildung darstellen. Sie haben sich für diese zu zentralen Ausbildungsstätten für soziale und personennahe Berufe im Dienstleistungsbereich entwickelt, allerdings Berufe, die als ›Frauenberufe‹ auch heute noch mit spezifischen berufsstrukturellen Problemen zu kämpfen haben. Im Schuljahr 2007/2008 strebten in den Berufsfachschulen zwei Fünftel (40,5 Prozent) der Schülerinnen einen Abschluss als Altenpflegerin, Kinderpflegerin, Sozialassistentin und Kaufmännische Assistentin/Wirtschaftsassistentin an. In den Fachschulen waren es sogar zwei Drittel (65,4 Prozent) der Fachschülerinnen, die eine Ausbildung zur Erzieherin, Sozialarbeiterin/Sozialpädagogin und Heilerziehungspflegerin/Heilerzieherin absolvierten (vgl. Statistisches Bundesamt 2008, 214 f, 296 f).

Durch Verknüpfung mit dem Abschluss- und Berechtigungssystem der allgemein bildenden Schulen haben Berufsfachschulen seit den 1970er Jahren auch eine Funktionserweiterung erfahren. Sie nehmen seither auch komplementäre und kompensatorische Funktionen zum dualen System ein. Dies zeigt sich beim Nachholen allgemein bildender Schulabschlüsse, aber auch am Warteschleifencharakter der ein- und zweijährigen Bildungsgänge. Vor allem in Ausbildungskrisen dienten und dienen Berufsfachschulen als Auffangbecken und Zwischenstation für unvermittelte Bewerber/innen des dualen Ausbildungssystems – vor allem für weibliche Jugendliche, die ihren Wunsch nach einer betrieblichen Ausbildung in einem ersten Anlauf nicht realisieren können und diese Schulen für einen zweiten Anlauf nutzen.

Nach wie vor ist heute das Geschlecht von entscheidender Bedeutung, wenn es um die Beteiligungschancen in der beruflichen Bildung geht. Auch zu Beginn des 21. Jahrhunderts sind Frauen noch nicht vollständig in das System der dualen Berufsbildung integriert. Ihr Anteil an der Gesamtzahl der Auszubildenden lag in den letzten zehn Jahren nahezu unverändert bei 40 Prozent (vgl. Berufsbildungsbericht 2008, 117). Nach wie vor konzentrieren sich 53 Prozent der Frauen auf nur zehn Ausbildungsberufe, während sich die männlichen Auszubildenden mit nur 40 Prozent auf zehn Berufe verteilen. 2008 wurde mehr als die Hälfte der weiblichen Auszubildenden in »überwiegend weiblich dominierten Berufen« ausgebildet (Datenreport 2009, 162). Auch hat sich, von einigen Verschiebungen abgesehen, im Vergleich zu den vergangenen 30 Jahren – trotz weitreichender beruflicher Neuordnungsverfahren und Modernisierungsbestrebungen – kaum etwas am Spektrum der von Frauen am häufigsten gesuchten Ausbildungsberufe geändert. An der Spitze stehen derzeit: Kauffrau im Einzelhandel, Bürokauffrau, Verkäuferin, Friseurin, Medizinische Fachangestellte, Industriekauffrau, Fachverkäuferin im Lebensmittelhandwerk, Zahnmedizinische Fachangestellte, Kauffrau für Bürokommunikation sowie Hotelfachfrau (vgl. Berufsbildungsbericht 2009, 13).

Anhand der aktuellen Berufsbildungssituation lässt sich erkennen, dass die historischen Entwicklungsstränge, die sich auf der Grundlage unterschiedlicher Berufskonzepte herausbildeten, sich bis heute strukturell auswirken. Diese Konzepte haben zur Ausformung der Geschlechterverhältnisse in Deutschland erheblich beigetragen, und sie haben die Bildungs- und Teilhabechancen von Frauen und Männern unterschiedlich bestimmt. Das überkommene Berufskonzept der Frau beeinflusst nicht nur weiterhin die Entwicklung vieler Frauenberufe; es wirkt darüber hinaus bis heute stark auf die Bildungsoptionen und Aspirationen weiblicher Jugendlicher ein und bestimmt die an sie gerichteten gesellschaftlichen Erwartungen.

Weiterführende Literaturhinweise

Berufsbildungsberichte 2008, 2009; Mayer 1996, 1999, 2009; Datenreport 2009.

Literatur

Allgemeine deutsche Lehrer-Versammlung (o. J. [1857]): Die Frage über weibliche Bildung. Frankfurt a. M.
Berufsbildungsbericht (2008, 2009), hg. Ministerium für Bildung und Forschung. Bonn, Berlin.
Campe, J. H. (1796/1988): Väterlicher Rath für meine Tochter. Neudruck der 5. Aufl., Paderborn.
Datenreport zum Berufsbildungsbericht (2009), hg. Bundesinstitut für Berufsbildung. Bielefeld.
Grundig (1875): Zur weiblichen Berufsfrage. In: Rheinische Blätter für Erziehung und Unterricht, 230–250.
Harney, K. (1987): Die Beziehung zwischen Handwerk und Industrie als dynamisierender Faktor in der Entstehung des Berufsbildungssystems. In: W.-D. Greinert/K. Harney/G. Pätzold/K. Stratmann (Hg.): Berufsbildung und Industrie. Berlin, 73–104.
Kerschensteiner, G. (1902): Eine Grundfrage der Mädchenbildung. Leipzig, Berlin.
Krüger, H. (1991). Doing Gender – Geschlecht als Statuszuweisung im Berufsbildungssystem. In: D. Brock/B. Hantsche/G. Kühnlein u. a. (Hg.): Übergänge in den Beruf. München, 139–169.

Lempert, W. (1966): Die Konzentration der Lehrlinge auf Lehrberufe. Berlin.
Lette, W. A. (1865/1987): Denkschrift über die Eröffnung und die Verbesserung bisheriger Erwerbsquellen für das weibliche Geschlecht. In: A. Schlüter (Hg.): Quellen und Dokumente zur Geschichte der gewerblichen Berufsbildung von Mädchen, Serie C, Bd. 1, 89–92. Köln.
Mayer, C. (1996): Zur Kategorie ›Beruf‹ in der Bildungsgeschichte von Frauen im 18. und 19. Jahrhundert. In: E. Kleinau (Hg.): Frauen in pädagogischen Berufen, Bd. 1, Bad Heilbrunn, 14–38.
Mayer, C. (1999): Entstehung und Stellung des Berufs im Berufsbildungssystem. In: Zeitschrift für Pädagogik, 40. Beiheft. Weinheim, Basel, 35–60.
Mayer, C. (2009): Berufsbildung und Geschlecht – Historische Entwicklungslinien und aktuelle Bezüge. In: Enzyklopädie Erziehungswissenschaft Online (EEO), Fachgebiet: Geschlechterforschung, hg. H. Faulstich-Wieland. Weinheim und München; online verfügbar: http://www.erzwissonline.de/, DOI 10.3262/EEO17090015 [20.8.2009].
Meier, J. H. (1826): Ueber weibliche Bildung durch öffentliche Anstalten. Lübeck.
Otto-Peters, L. (1866): Das Recht der Frauen auf Erwerb. Hamburg.
Pross, H. (1970): Über die Bildungschancen von Mädchen in der Bundesrepublik, 3. Aufl. Frankfurt a. M.
Statistisches Bundesamt (2008): Berufliche Schulen. Fachserie 11, Reihe 2. Wiesbaden.

Bildung von Gesellschaft als Bildung von Generationen

Karl-Josef Pazzini[*]

Gesellschaft wird möglich durch das Zusammenleben verschiedener Generationen. Gesellschaft und ihre Bildung können nur gelingen, wenn Generationen sowohl aufeinander bezogen sind als sich auch von einander trennen können. Wie das gemacht wird, ist historisch und gegenwärtig unterschiedlich. Bildung von und in Gesellschaft wird, wie in der Bildung von Generationen, durch einen dauernden Wechsel von Bindung und Entbindung hergestellt. Das ist nicht wenig und unvermeidlich aggressiv. Dabei wird Bildung zur Frage der Kultur. Gezeigt wird dieser Zusammenhang im folgenden Beitrag an der Geschichte von Abraham und Isaak und ihrer Darstellung.

Gesellschaft wird unter anderem möglich und notwendig durch das Zusammenleben verschiedener Generationen. Gesellschaft existiert als strukturierte nur durch Bildung. Bildungsprozesse zwischen den Generationen sind beispielsweise *Transmission* als unbewusste und *Tradition* als bewusst intendierte Weitergabe. Gesellschaft als solche existiert nicht, sie ist ein Abstraktum, der Gegenpart, das Individuum übrigens auch. Sie müssen als wahrnehmbare von Generation zu Generation immer wieder gebildet werden. Wahrnehmbares gehört zum Bereich der Ästhetik, der Lehre von der Wahrnehmung und speziell der Künste. Gesellschaft und mit ihr Bildung kann nur gelingen, wenn Generationen miteinander verbunden sind, sich aber auch von einander trennen können. Trennung und Bindung – und das immer wieder – gehören zu den wichtigen Strukturmerkmalen von Bildung. Trennung und Bindung bilden die Relation von Individuum und Gesellschaft, z. B. der Generationen.

---

[*] Karl-Josef Pazzini, Dr. phil., ist Professor für Bildende Kunst und Erziehungswissenschaft an der Universität Hamburg sowie Psychoanalytiker in eigener Praxis. Seine Arbeitsschwerpunkte sind: Bildung vor Bildern, Psychoanalyse und Lehren, Wahn-Wissen-Institution, psychoanalytisches Setting.

Wie das gemacht wird, ist historisch und gegenwärtig und außerdem in den verschiedenen Ethnien, Religionen und sozialen Schichten unterschiedlich, wird sehr verschiedenartig inszeniert. Heterogenität, z. B. durch unterschiedliche Abstammung, ist Voraussetzung, Notwendigkeit und Gelingensbedingung von differenzierten Gesellschaften *und* Herausforderung für immer wieder neue Bildungsprozesse in und zwischen gesellschaftlichen Gruppen und Schichten. *Wie* Generationen aufeinander bezogen werden, ist Merkmal gesellschaftlicher Transformationsprozesse. Mir kommt es im Folgenden darauf an, einige Merkmale, die überall Gültigkeit zu haben scheinen, aber dennoch je unterschiedliche Ausprägung erfahren, an Beispielen darzustellen.

Gesellschaftliche Transformationen, schon die Bildung einer Beziehung der Generationen zueinander, ist nicht ohne Aggressivität vorstellbar und kippt immer wieder einmal auch in Aggression und Gewalt um. Dass dem so ist, wurde durch zahlreiche Mythen, Märchen und Erzählungen den Menschen wie eine Mahnung zu Gehör gebracht, in Bildern dargestellt und zum Gegenstand von Riten gemacht. Zu denken ist nur an Saturn (Kronos in der griechischen Version), der seine Kinder frisst; Laios, der seinen Sohn Ödipus ermorden lassen will; Schneewittchen; Hänsel und Gretel; Abraham und Isaak (bzw. Ibrahim und Ismael in der muslimischen Version). Es werden deshalb Passage-Riten vollzogen, Lehrlinge freigesprochen von der Bindung an den Meister und die Werkstatt usw.

Bildung

Den Begriff der *Bildung* benutze ich in einem weiten Sinn, der fast gleichbedeutend ist mit *Strukturierung* und *Gestaltung*. In dem engeren Sinne, in dem *Bildung* in der Erziehungswissenschaft verwendet wird, ist er in der Mittelposition zwischen einer eher auf Zukunft ausgerichteten, aktiv gedachten *Erziehung* auf der einen und der aus der Perspektive des Individuums eher passiv erfahrenen, nachträglich begrifflich fassbaren *Sozialisation* auf der anderen Seite. Die ältere Generation erzieht die jüngere in der Gegenwart auf Zukunft hin; beide sozialisieren, d. h. vergesellschaften sich gegenseitig, ohne die Art und Weise des Sozialisierens bewusst steuern zu können. Das einzelne Individuum hat keine Verfügung über die Prozesse der Sozialisation, es erfährt sich vielmehr als schon eingelassen in Gesellschaft, z. B. in eine Sprache, die ihm nicht gehört. Die Einzelnen werden durch diese Prozesse Mitglieder ein und derselben Gesellschaft, aber mit unterschiedlichen Zeitperspektiven. Das Wie der Sozialisation ist nur nachträglich erkennbar. Die Strukturierung von Gesellschaft – deren Bildung – ist ein kollektiver Prozess. Die involvierten Individuen werden dabei gebildet *und* bilden sich.

Der deutsche Begriff der Bildung wurde in einem theologischen Kontext erstmals bei Meister Eckhart (1260–1328) gebraucht und war dort eng verknüpft mit dem Prozess einer gleichzeitigen *Ent*bildung und einer neuerlichen *Ein*bildung (vgl. Lichtenstein 1966, Behse 1976). Bezugspunkt ist dabei das Bild ›Gottes‹, das aber hier nicht mehr nur (wie zuweilen davor) als *Ursache* der Bildung gedacht ist, sondern ebenso als *Wirkung* (vgl. Pazzini 1991). Das uns heute in den meisten Lebensbereichen selbstverständliche lineare Zeitverständnis ist hier eine relationales, gleichzeitiges: Das In-Beziehung-Treten generiert das, was in Beziehung tritt und wird darin wirksam. Insofern ist das Bild ›Gottes‹ nicht zuerst da, sondern es wird wirksam erst, auch wenn Gott ›früher‹ ist, durch das Einbilden des Bildes. Es wird etwas durch eine Art Einwirkungstausch (vgl. Simmel 1917). Hierin kann man den Vorboten einer dann erst in der Psychoanalyse wieder genauer ausgearbeiteten Logik der Nachträglichkeit – einer anderen Zeitqualität – erkennen. Vielleicht gibt es Bildung als erkennbare nur im zweiten Futur: das, was gewesen sein wird, strukturierte die damalige Gegenwart. Und die Vergangenheit kann dabei neu sortiert, eingeordnet und überformt werden, ohne dass sie ungeschehen gemacht wird. Deshalb ist Bildung direkt kaum planbar. Das Sprechen über Bildung und deren Verwirklichung verbindet sich mit einem ›Als ob‹. »Wir tun jetzt so, als ob wir das planen könnten« – aber wir tun es dann tatsächlich. Das hat Fiktionales, Augenzwinkerndes, Ironisches, Kontrafaktisches, deshalb Wirksames (vgl. Meyer-Drawe 1999). Bildung ist ein aktiv-passivisches Geschehen, medial vermittelt, eher ein Prozess und eine immer in Veränderung begriffene Relation denn eine wesensmäßige, so-seiende Substanz. Bildung bedarf daher innerer und äußerer Freiheitsgrade, der Trennung von Bindungen. Sie hat darin eine ethische Dimension, weil sie notwendigerweise das Subjekt jenseits eines Regelvollzugs – der schon festgelegt hätte, wie das Subjekt zu sein habe – erscheinen lässt und es mit einer Forderung nach Gerechtigkeit konfrontiert. Gerechtigkeit ergibt sich nicht aus einer einfachen Gleichbehandlung, sondern aus der Mühe, Einzigartigen gerecht werden zu müssen (vgl. Derrida 1991). Verlangt ist also Urteils- und Einbildungskraft, welche der Nicht-Abschaffbarkeit des Mangels – der Differenzen zwischen den Menschen – Rechnung trägt, welcher fortwährend, und dabei immer wieder neu und anders, aus der Trennung oder Auflösung von Bindungen (z. B. des Kindes an die Mutter; durch Heirat in eine andere Familie; durch den Tod) entsteht.

Zunächst ist der Angehörige der älteren Generation konfrontiert mit dem Bild seiner Macht. »So groß ist das Entsetzen, das sich des Menschen bei der Entdeckung des Bildes seiner Macht bemächtigt, dass er in seinem eigenen Handeln sich von ihm abwendet, sobald dieses Handeln ihm jenes Bild unverstellt zeigt« (Lacan 1973, 78). In den erwähnten Geschichten geht dieses Bild der Macht ins Handeln über (bei Abraham und Isaak wird sie gestoppt). Die Formulierung der Geschichten selber ist ein erster Schritt aus dem Bann dieses Bildes, aus der Versuchung. Die Geschichten nehmen die individuelle Erfahrung auf, wirken wie eine Warnung und realisieren, dass die Generationen aufeinander verwiesen sind. Sprechen, Erzählen, Regeln aufstellen, Riten einsetzen, werden zu Schnitttechniken, die Distanz und Differenz und somit neue Verbindungen ermöglichen. Sie tragen dem Inzesttabu Rechnung, indem sie realisieren: Hier und jetzt ist nicht alles möglich. Der Mensch kann dann dem Bild seiner Macht, ohne vollkommen geängstigt zu sein und sich direkt abwenden zu müssen, gegenübertreten. Das gilt dann auch für den Angehörigen der jüngeren Generation. Es bedarf jedenfalls einer Technik, um sich den auftauchenden Ängsten und den Gefahren des Agierens stellen zu können.

Bindung – Entbindung:
Die Geschichte von Abraham und Isaak

Das Bild der Macht, die Vorstellung des Angewiesenseins aufeinander, die Abhängigkeit der Generationen voneinander sind grausam. Die Möglichkeit einer Verzögerung und Auflösung dieser Aggressivität in gegenseitige Mitteilung, auch unverstandene, bringt Spielraum, Souveränität. Die Auflösung in ein Wechselspiel von Entbindung und Bindung bildet. Die Einbildung, die durch das Besitzergreifen durch ein Bild entsteht, ein Bild von dem, wie es sein soll, wird mit anderer Macht entbildet. So entsteht eine Teilnahme des Imaginären am Symbolischen und umgekehrt.

Die biblische Geschichte von Abraham und Isaak (vgl. 1. Mos. 22) ist eine der ältesten Geschichten der Darstellung des Prozesses von Bindung und Entbindung. Deren Aufnahme in die Geschichte der Bildenden Kunst möchte ich nutzen, um die prekären Übergänge zwischen den Generationen ein wenig mehr zu verdeutlichen. Das mythische Ereignis wird zum Anlass von Festen oder Riten im Judentum, im Christentum und im Islam. Die Äußerung des spätantiken Kirchenlehrers Augustinus (354–430) zu dieser Geschichte steht für viele, immer wieder neu begonnene Auslegungen dieser dichten und verwirrenden Geschichte einer Konfrontation mit dem Bild der Macht im intergenerationellen Verhältnis: »Dennoch, jedes Mal, wenn die Geschichte der Opferung Isaaks verlesen wird, erschüttert sie die Gemüter der Zuhörer unwillkürlich so, als ob sie sich eben erst ereignen würde« (Augustinus 2000, 52 f).

Weniger verwirrend, weil eindeutig, ist eine andere Erzählung, die zumindest logisch, wahrscheinlich auch historisch älter ist, nämlich die einer intergenerationell ausgelebten Aggressivität als Aggression zwischen Saturn und seinen Kindern. Rubens gibt vom Ausgang dieser Erzählung eine gemalte Darstellung.

Die biblische Geschichte von Abraham und Isaak kann gelesen werden als ein Versuch, die Ergreifung durch das Bild der Macht darstellbar, damit wahrnehmbar und bearbeitbar zu machen. Es bleiben merkwürdige Irritationen, auch wenn die Geschichte wie mit einem Happy End ausgeht, weil für den Zuhörer, den Leser

Abb. 1: Peter Paul Rubens 1636–1638: Saturn frisst seine Kinder. El Prado, Madrid.

oder später den Betrachter der diversen Darstellungen in der Kunst die geschilderten Handlungen kaum vereinbar sind mit dem Bild des Vaters und seiner Überhöhung zum Übervater, zu Gott. Dennoch ist sie auch die erste Erwähnung der Liebe des Vaters zum Sohn. Irritiert ist der Leser der Geschichte auch, weil sie nicht mit der vorangegangenen Beziehung von Gott und

Abraham, mit den Versprechungen, mit einer gängigen Moral zusammenpasst. Trotz und wegen dieser Ungereimtheiten und Brüche bleibt die Geschichte interessant.

Ganz knapp schrammt Abraham am Infantizid vorbei: Es wird deutlich, dass er die Macht hat, seinen einzigen Sohn, den Hoffnungsträger, zu opfern. Ihm scheint dieses Bild auf, das Bild seiner Macht. Und doch wird die Geschichte nicht so erzählt, sondern eher als ein Auftrag, wobei aus dem vorangegangenen Geschehen klar geworden ist, dass dieser Auftraggeber auch durchaus als ein Verhandlungspartner erscheinen kann, wenn nämlich Abraham mit Gott um die Rettung einiger Gerechter aus Sodom und Gommorha feilscht. Das Bild der eigenen Möglichkeiten erscheint als fremd – in der Geschichte spricht Gott –, obwohl es das eigene, das Abrahams ist. Diese Doppelung erscheint als das Beunruhigende: Sie macht eine benennbare Ambivalenz auf zwischen dem gegenwärtigen Moment eines einfallendes Bildes der Allmacht – der erfahrenen und erinnerten Vergangenheit, dem Kinderwunsch also, dem Wunsch und Versprechen zahlreicher Nachkommenschaft – und der als Kontinuität der Gegenwart vorgestellten und gewünschten Zukunft. In dieser Ambivalenz, Ambiguität, Paradoxie ist die Generationenfolge impliziert.

Die medialen Eigenschaften eines Gemäldes erfordern die Rückholung jenes eine Verwandlung auslösenden Umschlages, der im ›Spiegelstadium‹ (Lacan) geschieht – d. h. in jener Entwicklungsphase des Kindes, in der dieses sich selbst begegnet, in der es sich als Ich entdeckt und ein Bewusstsein seiner selbst entwickelt.

Erfordert wird die Rückholung des Umschlages der räumlichen Differenz in eine zeitliche und wiederum in eine räumliche Anordnung: Die im Spiegel gesehene, ganze Gestalt ist wegen des Interface, der Spiegelfläche nicht erreichbar, liegt in einem anderen Raum. Diese Differenz schlägt um in eine zeitliche: Irgendwann, irgendwie wird das Ideal einholbar, werde ich so sein wie die Großen, die Ganzen.

Das Medium Malerei erfordert eine Übersetzung dieser vom Räumlichen ins Zeitliche umgeschlagenen Relation wiederum in eine Anordnung auf der Fläche. Es handelt sich um die Inszenierung eines Übergriffs, von Aggressivität – im Beispiel des Rembrandt-Gemäldes und der zugrundeliegenden Erzählung

Abb. 2: Ein Kleinkind betrachtet sich im Spiegel.
http://de.wikipedia.org/wiki/Spiegelstadium

nicht nur strukturell, sondern auch inhaltlich: Der Übergriff geschieht, passiv-aktiv, im Medium (die griechische Sprache kennt interessanterweise zwischen Aktiv und Passiv in der Tat einen weiteren Modus, das Medium). Medium heisst hier, dass etwas in der Beziehung geschieht, ohne dass einer der beteiligten Parteien eindeutig Ursächlichkeit zugeschrieben werden kann. Um das plausibel zu machen, gibt es in der Geschichte von Abraham und Isaak die Figur Gottes, der das Ganze in Gang setzt. Die so hergestellte Beziehung zwischen Vater und Sohn lässt mehrere Differenzen erst deutlich werden. Die unterschiedlichen Plätze in der Generationenfolge, die allmähliche Umkehrung der Kräfteverhältnisse, noch gleichzeitiges Leben, aber bald wird Abraham wahrscheinlich als erster tot sein. Formuliert werden ein Mangel an noch offener Lebenszeit (Abraham), an Erfahrung (Isaak, warum geht er mit auf den Berg?) und ein Zuviel an Verzweiflung, an Angst, an Macht, die von dem einen Individuum auf das andere übergreift, es aus den engen Grenzen heraustreten lässt. In dem

Abraham und Isaak die Grenzen (auch aggressiv) überschreiten, können sie sich als Exemplare der Gattung erleben, der Menschheit, die beide übersteigt. Im einzelnen setzt dies den Versuch von Zuschreibungen in Gang, die nach Gründen für die Differenz suchen lassen und danach, wer sie verursacht habe; es wird ein Feld von Projektionen eröffnet. Lacan fasst das in einer These so: »Die Aggressivität ist die Neigung, die einem Identifizierungsmodus entspricht, welchen wir narzißtisch nennen und der die formale Struktur des Ich des Menschen und das Register des Seienden determiniert, das für seine Welt charakteristisch ist« (Lacan 1948, 110, Übersetzung KJP). Demnach geht die Aggressivität nicht nur, wie es auf den ersten Blick erscheint, von Abraham aus, sondern dieser antizipiert gewissermaßen, dass Isaak sich eines nicht mehr fernen Tages an seine Stelle setzen wird. Er selbst wird dann tot sein. Die Tötung des Isaak ist insofern der vergebliche Versuch, über die eigene narzisstische Neigung die Oberhand zu behalten. Die Aggressivität ist nicht ein zu vermeidendes Übel, sondern das Resultat von mannigfaltigen Differenzen, die aber das Forschen, das Suchen nach Auswegen, das Ringen um Kultivierung am Leben erhalten können. Manchmal geht das schief und wird agierte Gewalt.

Die Darstellung der Konflikte Abrahams mit Jahwe, im Inneren Abrahams selbst und Abrahams mit Isaak – oder allgemeiner zwischen Vater und Sohn, zwischen der älteren und der jüngeren Generation – und die Verwebung von Raum und Zeit, von Vergangenheit und Zukunft, von Spiegelung und Differenz reizen immer wieder zu neuen Formulierungen. Eine der beeindruckendsten Darstellungen der Geschichte von Abraham und Isaak stammt von Rembrandt. Sein Gemälde lässt sich als eine Darstellung eines Momentes der *Struktur der Bildung von Gesellschaft* in der Konfrontation mit unterschiedlichen Momenten von Aggressivität lesen. Man könnte auch behaupten, Rembrandt führe einen Umgang mit der Aggressivität vor, als eine Auslegung der Geschichte. Jede Gesellschaft muss eine solche Auslegung finden, will sie überleben und eine nächste Generation auf der Höhe der erreichten Differenzierung bilden.

Die Macht des Bildes

Formal basiert Rembrandts Darstellung auf den Errungenschaften der symbolischen Form der Zentralperspektive (vgl. Panofsky 1927). Dies hat unter anderem zur Folge, dass übersinnliche Gehalte in einem Rahmen – wie durch ein Fenster blickend – als ein Geschehen im wirklichen Raum erscheinen. Inhaltlich zeigen beide Variationen des Gemäldes, dass Rembrandt den perspektivischen Raum nutzt: als Rahmen für den konflikthaften, ans Paradoxe (vgl. Wimmer 2006) heranführenden Inhalt, z. B. an das Paradox, das darin liegt, dass ein Vater seinen Sohn zu töten beabsichtigt und damit die Möglichkeit auslöschen will, dass das Versprechen Gottes auf zahlreiche Nachkommenschaft sich realisiert, in Gehorsam zu eben diesem Gott, der von ihm die Tötung zu verlangen scheint, gleichzeitig die Liebe zum Sohn aufkom-

Abb. 3: Rembrandt 1635: Die Opferung Isaaks. Eremitage, St. Petersburg

men lässt, aber auch die Rivalität mit ihm. Ein Rahmen – die Fiktion einer Gesellschaft – ist Voraussetzung für eine Deutung der Geschichte. Fiktion, weil Gesellschaft als Substanz einfach so nicht existiert, sondern sich aus lauter solchen paradoxen Bewegungen kombiniert. Die Form zwingt zu Kompositionen bei der Übersetzung des biblischen Textes, die dann ein Bild ergeben, als ob es so hätte gewesen sein können. Diese Übersetzung geht mit Engführungen einher, die wiederum den bekannten Text interpretieren und ihn in einem anderen Licht erscheinen lassen. Solche Darstellungsprobleme hat Wissenschaft ebenso.

Die Unvermitteltheit der von Jahwe auferlegten Handlung (die Aufforderung, ihm den Sohn zu opfern) – eine Anforderung aus einem nicht beherrschbaren *und* nicht eindeutig herrschenden Jenseits, die plötzlich in Abrahams und Isaaks Leben einbricht – führt in der Darstellung zu einer aus heutiger Sicht extrem verzögerten Zeitlupe, bei der man den Eindruck hat, dass sich einzelne Elemente trotz ihrer kompositorischen Einbindung verselbständigen. Das trifft hier insbesondere für das Messer zu. Das raumzeitliche Geschehen kann nur durch eine strukturelle Collage zusammengehalten werden. Dieses Zusammenkleben, Komponieren geschieht auf der Basis einer vorangegangenen Analyse, der Herauslösung von Momenten (was man an den Vorarbeiten zu diesem Bild im einzelnen gut verfolgen könnte). In der Momentaufnahme werden verschiedene Gesichtsausdrücke – Trauer, Entschlossenheit, Passivität, Aktivität, Erleichterung – zu einem zusammengebracht. Durch die gemeinsame Fläche, Farbgebung, Pinselführung und Lichteinfall wird eine zusammenhängende Textur suggeriert.

Inhaltlich wird eine zweite Schicht einer Verwebung vorgenommen: Die ineinander spielenden Hände stellen Kontakte her zwischen den Akteuren, ebenso die Blickrichtungen. Die Wahrnehmung des Zusammenhangs ist bei der Bildgröße des Originals (195 x 132,3 cm) zudem nur möglich, wenn der Betrachter des Bildes von der Darstellung Distanz nimmt. Durch Licht, Farbe und figurative Komposition wird dem Betrachter nahegelegt, die räumliche Anordnung als Chronologie zu lesen, ein Nacheinander im Bild zu erkennen: vom intendierten Opfer, Isaak, zu Abraham, zum Engel. Die Anordnung ist aber nicht zwingend.

Rembrandt hat sich in seiner Darstellung für einen dramatischen Moment entschieden, der gleichsam Stillstand und radikale Wende der geplanten Aktion festhält und den erwartbaren Ausgang verhindert, einen sehr aktionsreichen Stillstand. Das Werkzeug der Trennung, das Messer, schwebt. Die Hand Abrahams ist in beiden Versionen geöffnet, wie befreit. Es gibt kein Nachgreifen, sondern eher ein Fahrenlassen. Man kann diesen Moment vom Bild her auch anders lesen (insbesondere dann, wenn man einmal ausblendet, was man von der dargestellten Geschichte weiß): Man könnte meinen, das Messer schwebe selbsttätig in Richtung auf Isaak und Abraham werde von einem Engel daran gehindert, es zu ergreifen. Das Trennungswerkzeug bekommt eine Eigendynamik, steht nicht in Berührung mit den handelnden Personen, ist losgelöst. Genau das ist der Moment der Entbindung: Das Messer, zuvor von Abraham mitgebracht und ergriffen, um sich zum Herrn über Leben und Tod zu machen, sich vom Bild der Macht ergreifen zu lassen, entschwindet seiner sicheren Führung – mit Erleichterung; vielleicht hat er es nie beherrscht. Dass genau dieser Moment inszeniert wird, daran hat der Engel seinen Anteil: der Bote, der spricht – überhaupt eine Darstellung des Sprechens. Das Sprechen ist das entscheidende Trennungs- und Bindungsmedium. Inszeniert wird die Bedeutung des Symbolischen.

Dieser Bote wird in der Münchner Version, anders als in der St. Petersburger, fast als unlösbar mit der Figur Abrahams verbunden dargestellt, wie eine Art schwebender Verdoppelung Abrahams (in der Petersburger Version kommt der Engel von der Seite ins Bild aus einer anderen Richtung). Deutlich wird aber noch ein weiterer Unterschied der Versionen: In der Petersburger hat man bei der spekulativen Annahme, dass das Messer eigenmächtig schwebt, aufgrund der Flug- und der Greifrichtung des rechten Arms des Engels den Eindruck, das Messer würde in Richtung der Kehle Isaaks weiterfliegen. Bei der Münchner Version könnte man, weil hier der Engel parallel zur Armrichtung Abrahams greift, den Eindruck gewinnen, es fiele in Richtung des Geschlechtsorgans Isaaks. Vielleicht kann man sagen, dass das Petersburger Bild das Wort, das Münchener die Tat (des Engels und damit Gottes) in den Vordergrund des dramatischen Geschehens rückt.

Abb. 4: Rembrandt (und Werkstatt) 1636: Die Opferung Isaaks. Alte Pinakothek, München

Die Entdeckung der Macht des eigenen Bildes der Macht erlöst aus einer Identifikation – einer Identifikation, die ansonsten tödlich wirkte, erlöst aus einer Art Tod, aus einer Depression. »In dem Maße, in dem sich die Identifikation des Lebewesens mit seinem Bild schlechthin vollzieht, ist auch kein Platz mehr für die Veränderung, das heißt für den Tod« (Lacan 1980, 302). D. h. Abraham gelingt es, sich aus der Erstarrung des Überfalls durch das Bild seiner Macht zu befreien, er kann weiterleben, auch sein Sohn und dadurch Abraham in Transmission in seinem Sohn. Die intergenerationelle Konfliktgeschichte geht weiter. In diesem Moment kommt das Gesetz zur Geltung, das die narzisstische Erstarrung durchtrennt. Das Gesetz ist von niemandem zu bemeistern. Ist es das, was Rembrandt mit der Art der Darstellung des losgelösten Messers darstellt? Das auf einen Einspruch hin entgleitende Messer könnte so als Mahnung verstanden werden, die Sprache nicht zum Werkzeug zu machen, und als ein Hinweis darauf, dass das gesprochene Wort, und sei es das Wort Jahwes, in seiner Wirkung und in seinen Folgen schwer oder gar nicht kalkulierbar ist.

Die medialen Eigenschaften der Bildenden Kunst ermöglichen durch ihre formqualitativen Eigenschaften, Unlösbares ansichtig zu machen, Ambivalenzen stehen zu lassen oder überhaupt erst zu konstruieren, sie etwa aus einem zugrunde liegenden Text herauszuschälen. Die Malerei Rembrandts lässt ein Tableau erscheinen, das an den identifikatorischen Blick über die Gestalt der jeweils dargestellten Personen im Nacheinander einer räumlich chiffrierten Chronologie appelliert. Solche Momente findet man sinnlich in keinem gelesenen oder vorgelesenen Text vor. Sie werden zwar beim Lesen und Hören dazugetan (um den Text überhaupt zu verstehen), liegen aber nicht so vor, dass man sie problemlos immer wieder aufsuchen könnte. Erst recht kann man nicht davon ausgehen, dass alle das gleiche Bild vor dem (inneren) Auge haben. In einer sinnennahen Darstellungsform wird eine andere Explikation des Konflikts dargestellt oder festgestellt. Auch die Herstellung *erwartbarer gemeinsamer Vorstellungen*, die den Hintergrund für Differenzen bilden können, die man aber nie tatsächlich sehen kann, ist Inhalt der Bildung von Gesellschaft.

Schon bei der Beschreibung des Bildes fällt auf, dass es nach grammatikalischen Regeln abgesucht wird. Ich sehe ein Messer, und es fällt mir auf, dass das Messer schwebt, es sei denn ich ›sehe‹ über die Distanz zwischen Hand und Ziel hinweg. Wo ist das grammatikalische Subjekt? Das Bild muss wegen seiner besonderen Grenzen der Darstellbarkeit auch Prozesse oder Dinge sichtbar machen, die der Text nicht enthält. Die beim Lesen mitlaufende Imagination erledigt das je individuell. Der Text sagt nichts darüber aus, was genau nach dem Anruf Abrahams geschieht. Die Malerei muss, solange sie figurativ erzählend ist, wählen, wie das ausgesehen haben könnte, was dann passiert. Und hier können Entscheidungen fallen – durch die Übersetzung ins Bild, die Einbildung anderer Aspekte als im Text. Rembrandt hat sich für ein aus heutiger Sicht dekonstruktives Verhältnis zum Text entschieden, d. h. das dargestellte Geschehen hätte auch anders ausgehen können. Er lässt die Frage nach den Handelnden, nach deren

Intentionen auftauchen, positioniert den Engel, die Botschaften in zwei Versionen, lässt verschiedene Blickkonstellationen innerhalb des Bildes spielen, bringt auf andere Lektüren des Textes bzw. zur Ausformulierung seiner imaginären Potentiale beim Lesen und Zuhören (vgl. Pazzini 2008).

Zumindest aus heutiger Perspektive, aber wohl auch schon bei Augustinus und später bei Rembrandt, erscheint die Geschichte von Abraham und Isaak als ein beinahe begangenes Verbrechen, als Akt einer ungeheuren fremd- und selbstzerstörerischen Aggression, einer Aggressivität, die beinahe nicht durch das Gesetz und die ihm nachfolgende Symbolisierung gemildert worden wäre. Das Erschrecken, das durch das Bild der eigenen Macht immer wieder ausgelöst wird, wird gemildert, indem es nicht mehr ganz und gar als die nur bei einem einzigen Menschen vorkommende, eigene Macht erscheint, sondern als eine, die wahrscheinlich bei allen Menschen vorkommt; vor allem dadurch, dass es ausgesprochen, formuliert, geschrieben, analysiert, erforscht und dargestellt wird, wird Kulturarbeit geleistet (Rath 2001), Bildung angestoßen. Eine Institution lebt davon, dass Teile dieser Macht in ihr aufgehoben werden. Sie erscheint dann als gemeinschaftliche, als gemeinsame. Der Umgang mit ihr wird hierin geregelt und moderiert und ermöglicht die Identifikation mit einer gemeinsamen Gestaltungsmöglichkeit. Dass das schief gehen kann, hat die Geschichte gezeigt.

Aggressivität lässt sich nur immer wieder transformieren, jedoch nie ohne Aggressivität selbst. Der Grund hierfür liegt nicht zuletzt darin, dass Aggressivität Produkt und Treibsatz jeglichen Sprechens (auch einer Bildsprache) ist. Aggressivität wird strukturell nie ganz anders, sie wechselt jedoch die Formen. Wenn es ihr gelingt (was auch Wissenschaft und die Künste versuchen), dieses unlösbare Problem durch ein Spielen damit formbar zu machen und formbar zu halten, dann kann eine weitere Generation gebildet werden.

Weiterführende Literaturhinweise

Lacan 1980, Pazzini 1991, Meyer-Drawe 1999, Schroer 2001, Zizek 2008.

Literatur

Augustinus (2000): Sermo 2. De Abraham ubi temptatur a Deo, 2:1. In: Augustinus von Hippo. Predigten zum Buch Genesis (Sermones 1–5). Einleitung, Text, Übersetzung und Anmerkungen von H. R. Drobner. Frankfurt a. M.

Behse, G. (1976): Kompetenz. In: Ritter, J./Gründer, K. (Hg.): Historisches Wörterbuch der Philosophie, Bd. 4. Darmstadt, 922–923.

Derrida, J. (1996): Gesetzeskraft. Der ›mystische Grund der Autorität‹. (1991) Frankfurt a. M.

Flasch, K. (2000): Das Selbstverständnis des historischen Wissens. In: Oexle, O. G. (Hg.): Naturwissenschaft, Geisteswissenschaft, Kulturwissenschaft: Einheit – Gegensatz – Komplementarität? 2. Aufl. Göttingen, 61–78.

Haverkamp, A. (Hg.) (1994): Gewalt und Gerechtigkeit. Derrida – Benjamin. Frankfurt a. M.

Lacan, J. (1948): L'aggressivité en psychanalyse. Rapport théorique présenté au XIe congrès des psychanalystes de langue française, réuni à Bruxelles à la mi-mai 1948. In: ders.: Écrits. Paris 1966, 101–124.

Lacan, J. (1973): Funktion und Feld des Sprechens und der Sprache in der Psychoanalyse. In: Schriften I. Olten, Freiburg, 71–171.

Lacan, J. (1980): Das Ich in der Theorie Freuds und in der Technik der Psychoanalyse. Das Seminar, Buch II. Olten, Freiburg.

Lichtenstein, E. (1966): Zur Entwicklung des Bildungsbegriffs von Meister Eckhardt bis Hegel. Heidelberg.

Meyer-Drawe, K. (1999): Zum metaphorischen Gehalt von ›Bildung‹ und ›Erziehung‹. In: Zeitschrift für Pädagogik Jg. 45, H. 2, 161–175.

Panofsky, E. (1927): Die Perspektive als ›symbolische Form‹. In: Oberer, H./Verheyen, E. (Hg.): Aufsätze zu Grundfragen der Kunstwissenschaft. Berlin 1992, 99–167.

Pazzini, K.-J. (1991): Von Meister Eckharts ›Bildung‹ zu Brunelleschis ›Abbildung‹. In: Rittelmeyer, C. (Hg.): Bild und Bildung. Wiesbaden, 187–214.

Pazzini, K.-J. (2008): Unsagbar. Unsäglich. Zumutungen des Realen. Reize fürs Symbolische. In: Bonz, J./Febel, G./Härtel, I. (Hg.): Verschränkungen von Symbolischem und Realem – Zur Aktualität von Lacans Denken in den Kulturwissenschaften. Berlin, 56–68.

Rath, C. D. (2001): Übertragungsgefahr. Herausforderungen psychoanalytischer Kulturtheorie heute. In: Tholen, G. C./Schmitz, G./Riepe, M. (Hg.): Übertragung – Übersetzung – Überlieferung. Episteme und Sprache in der Psychoanalyse Lacans. Bielefeld, 395–432.

Schroer, M. (2001): Das Individuum der Gesellschaft. Synchrone und diachrone Theorieperspektiven. Frankfurt a. M.

Simmel, G. (1999): Grundfragen der Soziologie. (1917) In: Gesamtausgabe Bd. 16. Frankfurt a. M., 59–150.
Wimmer, M. (2006): Dekonstruktion und Erziehung. Studien zum Paradoxieproblem in der Pädagogik. Bielefeld.
Zizek, Slavoj (2008): Lacan. Eine Einführung, Fischer; Frankfurt a. M.

Bildnachweise

Dekiert, M. (2004): Rembrandt. Die Opferung Isaaks. Monographien der Bayerischen Staatsgemäldesammlungen. München.
Rubens, Pedro Pablo: Saturno devorando a un hijo, http://www.museodelprado.es/enciclopedia/enciclopedia-on-line/voz/rubens-pedro-pablo.

2 Benachteiligungen, Behinderungen und soziale Ungleichheiten

Lebenslagen und Bildungschancen behinderter und benachteiligter Kinder und Jugendlicher

Iris Beck[*]

Der Beitrag gibt einen Einblick in gesellschaftliche Bedingungen der Lebenslagen und Bildungschancen von Kindern und Jugendlichen, die spezielle, behindertenpädagogische Förderung benötigen. Im Mittelpunkt stehen Fragen der sozialen Ungleichheit und der politisch-rechtlichen Steuerung von Lebenslagen, die von hohem Einfluss auf die soziale Genese und die Folgen von Behinderungen und Benachteiligungen sind.

Bildungschancen als Lebenschancen

International wird Behinderung als ein Prozess der Erschwerung von Aktivitäten und der gesellschaftlichen Teilhabe aufgrund negativer Wechselwirkungen zwischen einer Person mit funktionalen Beeinträchtigungen und Faktoren ihrer sozialen und materiellen Umwelt betrachtet. Behinderungen entstehen relativ zu bestimmten Normen, Werten und Einstellungen und Kontexten, sie werden existent als eine gesellschaftliche Positionszuschreibung, indem sich mit bestimmten Merkmalen negative Bewertungsprozesse verbinden. Behinderte Menschen sind keine homogene Gruppe; Ursachen und Folgen von Beeinträchtigungen stellen sich individuell und in Abhängigkeit von sozialen und gesellschaftlichen Faktoren sehr unterschiedlich dar. Was recht-

---

[*] Iris Beck ist Professorin für Allgemeine Behindertenpädagogik und Soziologie der Behinderung am Fachbereich Erziehungswissenschaft der Universität Hamburg, Arbeitsbereich: Allgemeine Behindertenpädagogik – Theorien und Grundlagen der Inklusion und Partizipation. Ihre Arbeits- und Forschungsschwerpunkte sind: Implementation und Evaluation gemeindeorientierter Unterstützungssysteme; Lebenslagen und Lebensbewältigung bei behindernden und benachteiligenden Bedingungen; soziale Ungleichheit und Partizipation; Theorien personenbezogener Dienstleistungen.

fertigt, sie als gesellschaftliche Gruppe, soziologisch als Minderheit, zu charakterisieren, ist ihre erschwerte soziale Teilhabe aufgrund von sozialer Distanz und Ausgrenzung. Die Schwere einer Behinderung oder Benachteiligung bemisst sich an den subjektiven und objektiven Folgen mit Blick auf die Möglichkeiten der Teilhabe. Je höher dabei die Angewiesenheit auf soziale Hilfen und Leistungen ist, desto größer wird die soziale und gesellschaftliche Verantwortung dafür. Dabei beeinflussen insbesondere das Ausmaß der sozialen Ungleichheit in einer Gesellschaft, ihre politisch-rechtliche Verfassung und strukturelle Bedingungen des Bildungs- und Sozialsystems die Chancen auf gleichberechtigte Teilhabe.

Dass die Lage behinderter und benachteiligter Menschen im Sinne der erschwerten Teilhabe sozial bedingt ist und Pflicht der Gesellschaft zur solidarischen Hilfe sowie ein Anspruch auf Leistungen für den gleichberechtigten Zugang zu gesellschaftlichen Bereichen besteht, ist eine relativ junge gesellschaftliche Übereinkunft. Lange Zeit galt ihre Lage als individuelles Schicksal, das in erster Linie vom Einzelnen bzw. der Familie zu bewältigen war. Die Durchsetzung ihres Rechts auf Bildung und soziale Leistungen ist in Deutschland wesentlich erst im modernen Sozialstaat ab den 1960er Jahren erreicht worden, und spezifische Benachteiligungen resultierten und resultieren noch immer aus der jeweiligen Geltung und Interpretation von Kriterien wie ›Schulbildungs‹-, ›Kommunikations‹- oder ›Arbeitsfähigkeit‹, ›Selbstständigkeit‹ (z. B. unabhängig von Pflege sein) und ›Sozialverhalten‹ als Gradmesser für Lebenschancen. Im Nationalsozialismus verband sich mit solchen Kriterien der ›Brauchbarkeit‹ zugleich die Absprache von Rechten, Wert und Würde bis hin zum Lebensrecht mit den Folgen von Zwangssterilisationen, Menschenversuchen und zehntausenden Morden. Dies macht besonders nachdrücklich die Verbindung des uneingeschränkten Rechts auf Bildung mit dem Recht auf Leben deutlich.

Seit den 1950er Jahren wuchs in Deutschland das Bewusstsein für die Rolle der sozialen Bedingungen als Ursachen von Problemlagen und damit für die gesellschaftliche und politische Verantwortung ihrer Steuerung. Die zentrale Frage nach gerechten Teilhabemöglichkeiten am Leben der Gesellschaft wird dabei im Konzept der Lebenslage thematisiert (vgl. Beck/Greving 2010).

Soziologisch wird mit dem Begriff der Lebenslage der äußere, durch sozialstrukturelle Bedingungen konstituierte Handlungsspielraum eines Menschen zur Entfaltung und Befriedigung seiner Interessen und zur Herausbildung seines Lebensstils bezeichnet. Er stellt damit den Inbegriff der sozialen oder Lebenschancen des Einzelnen dar. Lebenslagen werden von sozial-strukturellen Faktoren beeinflusst, wie dem Einkommen, den Wohn-, Arbeits-, oder Freizeitbedingungen, der Infrastruktur an Diensten und Einrichtungen, den Rechten, die einem zustehen, und den sozialen Beziehungen, in die man eingebettet ist. Diese, als externe Ressourcen bezeichneten Bedingungen, bieten per se bessere oder schlechtere Möglichkeiten zur Interessensverfolgung, je nachdem, in welcher Position man sich im Kontrollgefüge der Gesellschaft befindet, die sich über das soziale Ansehen und den Sozialstatus ergibt. Der Begriff der sozialen Ungleichheit bezeichnet hierbei die Verknüpfung von sozialer Anerkennung und den Zugang zu Lebensbedingungen mit der (positiven oder negativen) Bewertung bestimmter Statusmerkmale, und zwar *unabhängig* von der tatsächlichen Leistung oder den Eigenschaften einer Person. Die vertikale Ungleichheit entsteht durch die Bewertung von Einkommens-, Beschäftigungs- und Bildungsstatus. So stellt ein hoher Bildungsabschluss per se eine bessere Zugangschance zum Arbeitsmarkt, zu höherem Einkommen und zu sozialem Ansehen dar. Die horizontale Ungleichheit wird quer dazu durch die Bewertung von Merkmalen wie Geschlecht, Alter, soziale oder ethnische Herkunft und Behinderung ausgelöst.

Externe Ressourcen müssen über Austauschprozesse mit der sozialen und ökologischen Umwelt durch den Einzelnen verfügbar gemacht werden. Art und Qualität der Ressourcen und ihre Zugänglichkeit sind entscheidende Faktoren dafür, ob man sie nutzen kann. Auf der Seite des Individuums sind dafür ebenfalls Bedingungen wichtig wie z. B. die eigenen Ziele und Handlungskompetenzen, aber auch individuelle Belastungen und Beeinträchtigungen. Der Handlungsspielraum muss vom Einzelnen gestaltet werden, und dies geschieht ganz unterschiedlich; auch die Wirkung der verschiedenen Faktoren ist nicht gleichartig und linear-kausal zu denken.

Lebenslagen sind somit das individuell variierende Ergebnis komplexer Prozesse von aufeinander mit unterschiedlichem Einfluss wirkenden individuellen, sozialen und gesellschaftlichen Faktoren. Sie stellen die strukturelle Entsprechung der Art und Weise dar, wie man über vielfältige, mehr oder weniger gleichberechtigte Austauschprozesse in seine Umwelt einbezogen ist. Teilhabe und die Einschluss- und Ausschlusskriterien, die die Teilhabe eröffnen oder begrenzen, sind deshalb zentrale Bedingungen des Handlungsspielraums. Durch die umfassende Betrachtung der Lebensführung entsteht ein breites Bild der Bereiche, die zum Ansatzpunkt für eine Verbesserung der Zugangschancen werden können. Aufgabe der Sozial- und Bildungspolitik ist es entsprechend, für eine gerechte Verteilung von Lebenschancen zu sorgen, was auf der Handlungsebene soziale und pädagogische Angebote und Hilfen erfordert.

Bildung beeinflusst in mehrfacher Weise die individuelle Lebenslage: der Bildungsabschluss ist eine wesentliche Determinante für den sozialen Status. Bildung ist aber mehr als das, was sich in ›klingende Münze‹ wenden lässt: sie eröffnet Optionen für die Lebensgestaltung, und dies bedeutet, die eigene Lebensführung und seine Identität nicht nur schicksalhaft, von außen determiniert zu erleben, sondern auch über Möglichkeiten der Selbstverwirklichung zu verfügen, Zwänge und Grenzen ebenso wie Handlungs- und Veränderungsmöglichkeiten erkennen zu können.

Bildung heißt auch, Kompetenzen vermittelt zu bekommen, um den Alltag und Belastungen oder Krisen, die sich im Lebenslauf stellen, zu meistern. Der Bezug zu Lebenslagen stellt das Wissen bereit, um zu bestimmen, was im Einzelfall an Begleitung und Unterstützung durch pädagogische Konzepte bereitgestellt werden muss. Bildung ermöglicht Teilhabe, z. B. am öffentlichen und sozialen Leben, aber sie ist auch schon Teilhabe, und das Recht auf Bildung sichert somit Lebenschancen.

Politische, rechtliche und strukturelle Aspekte der Steuerung von Lebenschancen

Im Bundessozialhilfegesetz von 1961 wurde erstmals Behinderung als eine neben anderen ›besonderen‹ Lebenslagen aufgenommen und damit als sozial verursacht anerkannt. Entsprechend bezeichnet der rechtliche Behinderungsbegriff nicht den Umstand von Beeinträchtigungen an sich, sondern hebt auf deren Folgen für die Teilhabe ab. In diesem Sinn ist Behinderung eine Benachteiligung; der Begriff der Benachteiligung wird allerdings generell dort verwandt, wo das Verfassungsgebot der Gleichwertigkeit aller Menschen vor dem Gesetz (Art. 3 GG) und der Achtung der Individualität und Menschenwürde verletzt wird. Dies schließt aus, eine Person wegen eines Merkmals wie des Geschlechts, der sozialen oder ethnischen Herkunft, der religiösen oder politischen Überzeugung oder einer Behinderung schlechter zu behandeln. Soziale Benachteiligungen sind also mit ganz unterschiedlichen Problemlagen verknüpft, deshalb wird rechtlich der Behinderungs- neben dem Benachteiligungsbegriff verwandt, um die speziellen Hilfen zu gewährleisten, die im Einzelfall nötig sind.

Der seit den 1970er Jahren intensiv einsetzende Ausbau der Hilfen für behinderte Menschen erfolgte vorrangig als zentralisiertes Sondersystem. Zwar forderte der Deutsche Bildungsrat bereits 1973 schulische Integration, flächendeckende Frühförderung einschließlich präventiver, wohnortnaher Hilfen und Gesamtschulen. Zeitgleich entstanden die ersten Modellversuche zur schulischen Integration.

Doch die Entwicklungen in der Praxis folgen ganz überwiegend den 1972 beschlossenen Empfehlungen der Kultusministerkonferenz für den Ausbau des Sonderschulwesens. Die negativen Folgen der Unterbringung behinderter Menschen in Anstalten war zu dieser Zeit ebenfalls empirisch belegt und anerkannt, aber bis in die 1980er Jahre entstanden noch Großeinrichtungen mit überregionalen Einzugsgebieten.

Seitdem vollzieht sich ein Wandel hin zu integrativen und gemeindenahen Angeboten. Mittlerweile sind zahlreiche Rechtsansprüche auf Selbstbestimmung und Teilhabe gesetzlich verankert. So gilt nach dem Grundgesetz Artikel 3, Absatz 2 seit 1994 ein Diskriminierungsverbot; das 2006 in Kraft getretene Allgemeine Gleichbehandlungsgesetz sucht die gesellschaftliche Realisierung der Anti-Diskriminierung in Politik, Wirtschaft und Gesellschaft umzusetzen. Das Gleichstellungsgesetz des Bundes und der Länder (2002) verlangt den Abbau von Barrieren, die die funktionale Zugänglichkeit, Kommunikation und Nutzung öffentlicher Einrichtungen erschweren. Das Sozialgesetzbuch IX

(Teilhabe behinderter Menschen) schreibt Sozialleistungen fest, die die Selbst- und Mitbestimmung sowie die gleichberechtigte Teilhabe fördern. Für Kinder und Jugendliche, die als sozial benachteiligt gelten und/oder sich in problematischen Lern- und Erziehungssituationen befinden, bestehen Ansprüche auf Hilfen nach den Schul-, Ausbildungs- und Arbeitsgesetzen und dem Kinder- und Jugendhilfegesetz (Sozialgesetzbuch VIII).

1994 hat die Kultusministerkonferenz in ihren Empfehlungen zur sonderpädagogischen Förderung im Schulbereich die Nachrangigkeit von Sonderschulen gegenüber der gemeinsamen Unterrichtung festgestellt; der Begriff der »Sonderschulbedürftigkeit« wurde durch den des »Sonderpädagogischen Förderbedarfs« ersetzt. Sonderpädagogische Förderung erhalten zum einen Kinder und Jugendliche, die nach dem SGB IX oder dem SGB XII infolge körperlicher oder geistiger Beeinträchtigungen Teilhabeerschwerungen erfahren, die sich auf ihr Lernen und ihre Bildungschancen auswirken oder andersherum: deren Lernen und Bildung durch das Regelsystem nicht gewährleistet wird. Nicht alle sozialrechtlich als behindert geltenden Kinder sind gleichzeitig sonderpädagogisch förderbedürftig! Umgekehrt geht es hier auch um Kinder, bei denen kein sozialrechtlicher Behinderungsstatus vorliegt, aber deren Entwicklung im Bereich der Sprache, des Lernens oder des Verhaltens durch soziale Faktoren wesentlich erschwert wird.

Damit ist rechtlich im Schulbereich einzig die Erschwerung der Bildung und Erziehung ausschlaggebend für spezielle Hilfen, die in erster Linie von und in Regeleinrichtungen, auch unter präventiven Aspekten, zu gewährleisten sind. Die sonderpädagogische Förderung selbst ist nicht mehr an eine bestimmte institutionelle Form gebunden. Viele Sonderschulen haben sich zu Förderzentren weiterentwickelt, die neben Sonderunterricht auch ambulante Hilfen für integrative Beschulung bereitstellen. Hinzu kommen vielfältige Formen integrativer Förderung. Mit der von der Bundesregierung beschlossenen Ratifizierung der UNO-Konvention über die Rechte behinderter Menschen von 2008 gehen weit reichende Verpflichtungen zur Umsetzung der Teilhabe auch und vor allem im Bildungssystem einher.

Somit sind zahlreiche Rahmenbedingungen zur Verbesserung der Lebenslagen geschaffen worden. Dennoch ist die Umsetzung nur in Teilbereichen entscheidend vorangekommen. Derzeit leben in der BRD ca. 8,6 Mio. Menschen, die nach dem SGB IX, § 2 als behindert anerkannt sind. Davon sind über 70 % körperlich beeinträchtigt und ca. 50 % älter als 65 Jahre. Gesamtgesellschaftlich ist Behinderung also wesentlich ein Problem des Erwachsenalters und hier zumeist Folge von Krankheiten im Lebensverlauf. Im Kindergartenalter besuchen mehr als 60 % aller nach dem Sozialrecht als behindert geltenden Kinder einen integrativen Kindergarten. Diese ca. 300 000 Kinder weisen erhebliche Beeinträchtigungen in der körperlichen oder geistigen Entwicklung, im Hören oder Sehen auf; für den anspruchsberechtigten Personenkreis sind enge Grenzen gesetzt. Für Kinder, die nicht als ›behindert‹ diagnostiziert sind, aber Störungen oder Beeinträchtigungen in ihrer Entwicklung aufweisen, kommen Hilfen nach dem Kinder- und Jugendhilfegesetz in Frage.

Daneben entstehen immer mehr Angebote zur frühen Förderung der Sprache, Motorik oder Kognition in Kindergärten; diese sind aber derzeit nicht systematisch verankert. Es ist von mangelnder Bedarfsdeckung und erheblichen Unterschieden im quantitativen und qualitativen Ausbaustand zwischen den Ländern auszugehen. Bruchstellen im Teilhabeprozess sind also strukturell bereits vor Schuleintritt vorgezeichnet.

Die Integrationschancen sinken im Schulbereich drastisch und differieren zwischen den Bundesländern erheblich. Integriert wird zudem überwiegend nur im Primarbereich. Die schulische ›Förderquote‹ erfasst den Anteil der als sonderpädagogisch förderbedürftig erfassten Schüler an allen Schülerinnen und Schülern der Klassen 1 bis 10. Insgesamt gelten knapp 500 000 Kinder und Jugendliche der Klassen 1 bis 10 als sonderpädagogisch förderbedürftig. Von ihnen besuchen rund 76 000 (ca. 16 %) eine Integrationsschule oder -klasse (alle Zahlen vgl. Sekretariat 2008). Im europäischen Vergleich ist die Quote sehr niedrig, was u. a. der jeweiligen Politik der Bundesländer und der überaus hohen Zahl von Sonderschülern im Förderschwerpunkt Lernen, damit aber wesentlich Selektions- und Stigmatisierungseffekten des Schulsystems geschuldet ist.

Neben den schulischen Angeboten sind weitere Hilfen nötig, um ein Leben in der Familie zu gewährleisten. Der Ausbaustand der Angebote im Bereich Freizeit, Gesundheit und Therapie,

Wohnen, Berufsausbildung, Familienentlastende Dienste und Beratung ist ebenso disparat und defizitär wie der integrativer Kindergarten- oder Schulangebote. Die Verknüpfung von Hilfen und die Kooperation der Dienste, die im Einzelfall nötig sind, stoßen noch immer auf Grenzen. Der Erhalt eines bedarfsgerechten und möglichst integrierten Angebotes wird somit zur Schicksalsfrage des richtigen Wohnortes und zur Frage der elterlichen Kompetenzen und Belastungsfähigkeit, denn sie sind mit einer Vielzahl von unterschiedlichen Trägern und Zuständigkeiten ebenso konfrontiert wie mit Informations- und Beratungsdefiziten.

Die Ziele der KMK-Empfehlungen von 1994 sind nicht verknüpft worden mit einer Neuordnung des Schulwesens an sich, so dass die sonderpädagogischen Bemühungen um Integration auf ein weiterhin selektives System und finanzielle Beschränkungen treffen. Wer aber erst einmal im Sondersystem platziert wurde, verbleibt in der Regel auch dort. Sonderpädagogische Förderung kann in fünf Bildungsgängen erfolgen, neben der Hochschulreife, dem Real- oder Hauptschulabschluss gibt es den Abschluss der Förderschule Lernen und den der Förderschule geistige Entwicklung. Die Verteilung der Abschlüsse zeigt jedoch, dass die meisten Abgänger nicht den Hauptschulabschluss erreichen. Die eingangs dargestellten Funktionen von Bildung mit Blick auf Sozialstatus, Teilhabechancen und Lebensbewältigung verknüpfen sich dann insbesondere beim Übergang in Ausbildung, Beruf und eigene Lebensführung miteinander, denn die Statusmerkmale ›Abgänger der Sonderschule‹, ›behindert‹, ›ohne Hauptschulabschluss‹ (unabhängig von einem Behinderungs- oder Förderbedarfsstatus) wirken sich hierauf als Zugangsbarrieren aus.

Der Widerspruch zwischen einer fortschrittlichen Gesetzgebung einerseits und praktischen Begrenzungen andererseits resultiert aus gesellschaftlichen Entwicklungen, die zu ansteigenden Problemlagen bei verringerten finanziellen Leistungsmöglichkeiten des Staates geführt haben, aber auch aus Problemen der politisch-rechtlichen Steuerung. Die Vergabe sozialer Rechte allein bewirkt noch keine tatsächliche Zugehörigkeit. Je nach Lebensalter, Lebensbereich und Problemlage sind unterschiedliche Rechtsvorschriften und Leistungserbringer für die im Einzelfall notwendige Hilfe zuständig. Die Feststellung einer

Benachteiligung oder Behinderung dient dazu, individuelle Ansprüche auf Hilfen zu identifizieren und damit Ressourcen zu erhalten. ›Hilfe muss ins System passen‹, die individuelle Bedarfslage also ›klassifizierbar‹ sein.

Andererseits gehen mit der Etikettierung auch Selektionsprozesse und getrennte Zuständigkeiten einher. Dies führt zu strukturell voneinander getrennten Politik- und Rechtsbereichen, getrennten Handlungssystemen, zu für den Einzelnen oft schwer durchschaubaren Angebotsstrukturen und zum Aufeinandertreffen unterschiedlicher Fachkräfte, Qualifikationen, Denkweisen und Handlungsansätze. Schließlich ist auch wichtig, welche Verbindlichkeitsgrad die Regelungen haben. So sind die Empfehlungen der KMK von 1994 (Sekretariat der KMK 1994) Soll- und keine Muss-Vorschriften, Ausnahmen sind zulässig. Aber selbst verbindliche Regelungen laufen ins Leere, wenn die für die Umsetzung erforderlichen Mittel nicht bereitgestellt oder aber die Umsetzung von den davon Betroffenen nicht gewollt ist. Denn so sehr Selektionseffekte z. B. im Schulbereich durch das gegliederte System strukturbedingt wirksam werden können: Sie sind auch Folge entsprechender Denk- und Handlungsweisen der Fach- und Verwaltungskräfte, die die soziale Ungleichheit zugleich bestätigen und produzieren. Solche Selektionseffekte nach ›ungünstigen‹ Merkmalen lassen sich im Übrigen auch im Sondersystem nachweisen.

Ausblick: Faktoren der Verbesserung von Teilhabechancen

Der Teilhabebegriff verkörpert den positiven Gegenbegriff zur Ausgrenzung. Das Wortpaar Inklusion/Exklusion wird dafür von manchen Wissenschaftlern der Lebenslagenforschung bevorzugt. Beide Begriffe heben auf das Einbezogensein des Individuums in gesellschaftliche Lebensbereiche ab, entstammen aber unterschiedlichen Traditionen. Der *Teilhabebegriff* hebt auf die Verteilung von Ressourcen und den Zugang zu ihnen ab (Konzept der Lebenslage). Im politischen Sinn verkörpert er das demokratische Prinzip der aktiven Mitwirkung. Er hat eine lange Tradition als normativer Begriff der Politik und in den Sozial- und Politikwissenschaften. Der *Inklusionsbegriff* ist eher systemtheoretisch vorgeprägt. Bei Niklas Luhmann ist Integration auf der Ebene der gesellschaftlichen Teilsysteme angesiedelt. So stellen Rechts- und politisches System sicher, dass sich andere Systeme wie die der Bildung oder Wirtschaft nicht voneinander entkoppeln, wer als Bürger gilt und welche Rechte ihm zustehen. Die tatsächliche Teilhabe des Individuums aber wird dadurch nicht gewährleistet. Der Begriff Inklusion soll ausdrücken, dass man Zutritt zu diesen Teilsystemen erhalten muss, wenn die Lebensführung die Inanspruchnahme ihrer Funktionen nötig macht. Damit wird kein romantisches, sondern ein Bild sehr komplexer und durchaus konflikthafter Prozesse gezeichnet.

In der Forschung finden sich zahlreiche Stränge der Ungleichheits- und Lebenslagenforschung. Im Mittelpunkt makrosoziologischer Ansätze steht die Analyse und Bewertung von Lebensbedingungen einer Gesellschaft oder einzelner Gruppen. Beispielhaft zu nennen ist hier die Sozialberichterstattung der Bundesregierung, u. a. zur Lage der Kinder und Jugendlichen, der Familien, der behinderten Menschen, zu Migration, Armut und Reichtum in Deutschland sowie die Lebensstil- bzw. Milieu- und Ungleichheitsforschung (u. a. Hradil 2000), die wichtige Einblicke in die objektiven Lebensbedingungen behinderter und benachteiligter Menschen bereitstellen.

Davon zu unterscheiden sind die meso- und mikrotheoretischen Ansätze der Soziologie und (Sozial-)Psychologie, die vom handelnden Subjekt ausgehen und das Wechselspiel externer Faktoren mit internen Ressourcen bzw. mit der individuellen Eingebundenheit und Lebensqualität in den Blick nehmen. Hier sind zu nennen die Forschung zu sozialen Netzwerken und sozialer Unterstützung, wo es um Strukturen und Funktionen sozialer Beziehungen für Identität und Wohlbefinden, die soziale Integration und die Bewältigung alltäglicher Belastungen geht, sowie die Ansätze der Stress-, Krisen- und Belastungsforschung, die die Rolle unterschiedlicher Ressourcen bei der Bewältigung besonderer, kurz- oder langfristiger Belastungen untersucht. Die Betrachtung professioneller Hilfen als externe Ressourcen erlaubt die Analyse der Qualität und Wirkung unterschiedlicher pädagogischer und sozialer Hilfen (z. B. Heckmann 2004; Thimm/Wachtel 2002).

Wenn Teilhabe als Anspruch zu verstehen ist, Menschen ausgehend von ihren Interessen und Ressourcen Verantwortung zu übertragen, so dass sie aktiv Einfluss auf Situationen und Kontrolle über ihr Leben gewinnen können, dann ist die Netzwerk- und Bewältigungsforschung eine zentrale Perspektive für die Forschung und für das pädagogische Handeln. Mittlerweile haben sich hier konsensuelle Ergebnisse mit Blick auf wichtige Einflussfaktoren für Teilhabechancen herausgeschält: ein nachteiliger Sozialstatus muss nicht automatisch auf die Lebensbewältigung und die soziale Integration durchschlagen. Auch in strukturschwachen Regionen und angesichts von Multiproblemlagen ist gelingende Teilhabe möglich, wenn die verschiedenen Bildungs-, Hilfe- und Förderangebote miteinander vernetzt sind; wenn die kommunalen oder regionalen Bedarfslagen ebenso wie die Zugangschancen und -barrieren und die Ressourcen im sozialen Raum erschlossen werden; wenn die sozialen Netzwerke der Adressaten gestützt werden und eine umfassende Förderung der Identität und der Kompetenzen erfolgt (z. B. Appelhans u. a. 1999, Spiess 2003).

Für die individuelle Lebensbewältigung sind Anerkennung und verlässliche Bindungen von großem Einfluss sowie das Gefühl, etwas bewirken zu können, und das der Kontrolle über das Leben anstelle von Abhängigkeit und Fatalismus. Teilhabe wird aktiv durch soziales Handeln verwirklicht. Bei der Beurteilung kommt es darauf an, wie der Einzelne seine Lage bewältigt. Bewältigung ist aber keine individuelle Fähigkeit, sondern es ist ein umweltabhängiger Lern- und Erfahrungsprozess, für den das pädagogische Handeln eine zentrale Ressource darstellt. Lebenschancen entscheiden sich letztlich stärker an dem, was in dieser Hinsicht in Bildungs- und Erziehungsprozessen gelernt wurde als am Statusmerkmal ›behindert‹ oder ›benachteiligt‹.

Pädagogisches Handeln muss dafür auf breiteren Wissensbeständen beruhen, aber auch die notwendige Spezialisierung aufweisen. Dies impliziert heute auch die Frage nach einer allgemeinen Pädagogik, in der die Heterogenität von Lernprozessen wissenschaftlich-konstitutiv und praktisch-institutionell im Bildungsverständnis, in der Bildungsorganisation und in der Ausbildung mit umfasst sind.

Weiterführende Literaturhinweise

Beck 2002; Beck/Greving 2010; Thimm/Wachtel 2002.

Literatur

Appelhans, P./Braband, H./Düe, W./Rath, W. (1999): Berufliche Eingliederung junger Menschen mit Sehschädigungen in Schleswig-Holstein. Hamburg.
Barthelheimer, P. (2007): Politik der Teilhabe. Ein soziologischer Beipackzettel. In: Friedrich-Ebert-Stiftung (Hg.): Projekt Gesellschaftliche Integration. Fachforum Analysen und Kommentare, Arbeitspapier No. 1. Berlin.
Beck, I. (2002): Die Lebenslagen von Kindern und Jugendlichen mit Behinderung und ihrer Familien in Deutschland: soziale und strukturelle Dimensionen. In: Sachverständigenkommission 11. Kinder- und Jugendbericht (Hg.): Gesundheit und Behinderung im Leben von Kindern und Jugendlichen. München, 175–316.
Beck, I./Greving, H. (2010 i. Dr.): Lebenslage, Lebensbewältigung. Enzyklopädisches Handbuch der Behindertenpädagogik Bd. 5. Hg. von Beck, I./Feuser, G./Jantzen, W./Wachtel, P. Stuttgart.
Heckmann, C. (2004): Die Belastungssituation von Familien mit behinderten Kindern. Soziale Netzwerke und professionelle Dienste als Bedingungen für die Bewältigung. Heidelberg.
Hradil, S. (2000): Soziale Ungleichheit, soziale Schichtung, Mobilität. In: Korte, H./Schäfers, B. (Hg.): Einführung in die Hauptbegriffe der Soziologie. Opladen, 193–216.
Sekretariat der Ständigen Konferenz der Kultusminister (1994): Empfehlungen zur sonderpädagogischen Förderung in den Schulen in der BRD. Beschluß der Kultusministerkonferenz vom 6. Mai. Bonn.
Sekretariat der Ständigen Konferenz der Kultusminister (2008): Statistische Veröffentlichungen der KMK. Dokumentation 185: Sonderpädagogische Förderung in Schulen 1997 – 2006. Bonn.
Spiess, I. (2004): Berufliche Lebensverläufe und Entwicklungsperspektiven behinderter Personen. Paderborn.
Thimm, W./Wachtel, G. (2002): Familien mit behinderten Kindern. Wege der Unterstützung und Impulse zur Weiterentwicklung regionaler Hilfesysteme. Weinheim.

Armut und Bildungsbenachteiligung

*Birgit Herz**

Soziale Benachteiligung und Deprivation unter der Lebenslage Armut stehen in einem empirisch vielfach belegten Zusammenhang mit der Entwicklung und Ausprägung von gesundheitlichen Risiken, Verhaltensstörungen, aber auch Lernbeeinträchtigungen und schulischem Versagen. Ausgehend von den soziologischen Kategorien der ›sozialen Exklusion‹ und der ›sozialen Desintegration‹ wird im folgenden Beitrag einerseits Kinderarmut als sozioökonomischer Indikator für Bildungsbenachteiligung problematisiert, andererseits die ambivalente Instrumentalisierung von Bildung als mögliche Ressource zur Armutsbekämpfung.

Armut im erziehungswissenschaftlichen Diskurs

Die kritische Auseinandersetzung mit Armut hat in der Sonderpädagogik eine lange Tradition. Seit den 1970er Jahren wird wiederholt auf den Zusammenhang zwischen sozialer Randständigkeit und Lernbeeinträchtigungen hingewiesen. Diese Forschungsfrage ist heute wieder hochaktuell (vgl. Herz 2008). SchülerInnen an Förderschulen und an Schulen für Erziehungshilfe kommen aus armen Familien. Es ist ein Skandal, dass SchülerInnen dieser Lernhilfeschulen sich zu 80 bis 90 Prozent aus sozial benachteiligten Milieus rekrutieren (vgl. Wocken 2000). Materielle Verelendungsprozesse bedeuten auch seelische Verwahrlosung: Kinder und Jugendliche unter Armutsbedingungen sind oft auch seelisch vernachlässigt. Sie zählen zur Klientel einer

---

* Birgit Herz, Dr. phil., ist Professorin und Abteilungsleiterin für Pädagogik bei Verhaltensstörungen am Institut für Sonderpädagogik der Leibniz Universität Hannover. Ihre Forschungsschwerpunkte sind: Pädagogik bei Verhaltensstörungen, Kooperation zwischen (Sonder-)Schule und Kinder- und Jugendhilfe, Geschlechterdifferenz in der Erziehungshilfe und institutionelle und soziale Desintegrationsprozesse.

Pädagogik bei Verhaltensstörungen: »Die Schule für Lernbehinderte war und ist eine Schule für sozial benachteiligte Schüler, und die Schüler der Schule für Erziehungshilfe kommen vielfach aus sozialen Randgruppen« (Mand 2003, 83). Zu Recht wird festgestellt, dass es der Gesetzgeber – entgegen allen öffentlichen Beteuerungen – seit Bestehen der Bundesrepublik Deutschland nicht geschafft hat, »das Thema Armut zu einem unbedeutenden Problem werden zu lassen« (Merten 2006, 1). Dieses Problem ist also nicht neu. Neu sind allerdings der dramatische Anstieg und die Verfestigung von Armut bei Kindern und Jugendlichen und die damit verbundenen Dimensionen der Entwicklungsgefährdung.

In der öffentlichen und wissenschaftlichen Debatte über Armut sind drei zentrale Entwicklungslinien von Bedeutung für die Sozialisation: 1. der neoliberale Umbau des Sozialstaates, 2. die Infantilisierung von Armut, 3. die massive Bildungsbenachteiligung armer Kinder und Jugendlicher mit Migrationshintergrund.

Die »veränderte Grammatik der wohlfahrtsstaatlichen Versorgung« (Bude/Willich 2006, 11) bedeutet zunächst, dass Staat und Gesellschaft immer weniger bereit sind, Lebensrisiken einzelner oder bestimmter sozialer Gruppen abzufedern. Mit dem Verweis auf globale ökonomische Entwicklungen werden Lohn- und Leistungskürzungen auch im Sozialbereich durchgesetzt. In der Soziologie wird diese Entwicklung als soziale Exklusion bzw. soziale Desintegration erforscht (vgl. Kronauer 2006). »Man spricht nicht mehr von relativer Unterprivilegierung nach Maßgabe allgemein geschätzter Güter wie Einkommen, Bildung und Prestige, sondern von sozialer Exklusion aus den dominanten Anerkennungszusammenhängen und Zugehörigkeitskontexten unserer Gesellschaft« (Bude/Willich 2006, 8). ›Soziale Exklusion‹ ist ein Sammelbegriff für verschiedene Formen gezielter Ausgrenzung, funktionaler Ausschließung, existentieller Überflüssigkeit. Dabei wird nicht nur die Qualität des Konsums, des Wohnens, der Ernährung und der Gesundheitsbedingungen ausgehöhlt, »sondern auch die Qualität der öffentlichen Infrastrukturen des Alltagslebens, insbesondere des Verkehrs, der Bildung, des Gesundheitswesens und der Freizeit« (Vester 2006, 261). Begleiterscheinungen sozialer Exklusion sind außerdem Stagnation der Einkommen und steigende Lebenshaltungskosten.

Im kommunalen Raum zeigt sie sich z. B. in degradierten Quartieren, wo sich die sozialen und oft auch die interethnischen Probleme konzentrieren. Die sozialräumliche Segregation in sogenannten ›Hyperghettos‹ schafft Entsorgungsräume für diejenigen Menschen, für die ›die Gesellschaft‹ keine wirtschaftliche oder politische Verwendung hat (vgl. Baumann 2005, 115). Dies führt zur Verfestigung neuer Unterklassen geringfügig Beschäftigter: zu Jobnomaden, Gelegenheitsarbeitern, Niedriglöhnern, dauerhaft Arbeitslosen (vgl. Vogel 2006, 354), aber auch zu latenter Angst vor Statusverlust und sozialem Abstieg, zu biographischer Verwundbarkeit, sozialer Degradierung und tiefsitzender Verunsicherung. Jedes Kind erfährt angesichts solcher existentieller Unsicherheit seiner Eltern, »dass Tugenden wie Verlässlichkeit, Treue, gar Betriebstreue, Fleiß, gute Ausbildung, Pünktlichkeit und Höflichkeit entwertet sind« (Bergmann 2007, 46). Der Begriff der Exklusion ist also nicht einfach nur ein Synonym für den der Armut oder der multiplen Deprivation.

Sozialisation in Armut

Sozioökonomisch depravierte Kinder und Jugendliche haben bereits bei der Einschulung schlechte Startchancen; ihre Schulprobleme führen oftmals zu einer Rückstellung bzw. zum Ausschluss aus der Regelschule, was in direktem Zusammenhang mit dem Aufwachsen in sozial benachteiligten Quartieren mit hoher Sozialhilfedichte steht (vgl. Seifert 2002, 121). »Für viele Kinder und Jugendliche in benachteiligten Lebenslagen wird [...] der Pflichtschulbesuch zu einem aussichtslosen Kampf um Erfolg und soziale Anerkennung« (Mack 2004, 7). Statt individueller Förderung herrscht Zensurendruck, statt politisch proklamierter Bildungsgerechtigkeit die Aussonderung sozial benachteiligter SchülerInnen, wobei Kinder und Jugendliche mit Migrationshintergrund oft mit einer doppelten Segregation konfrontiert sind. Das Risiko, dass schulische Entwicklung unter Armutsbedingungen scheitert, wird jedoch privatisiert (vgl. Herz u a. 2008).

Die Botschaft lautet: Nicht das von sämtlichen OECD-Studien als »ungerecht« skandalisierte deutsche Bildungssystem, sondern die Schülerinnen und Schüler sind individuell Schuld an ihrer

Misere. Gründe für schulisches Versagen lägen zuerst in der Person des Schulkindes und dann womöglich noch in seinem familiären und sozialen Umfeld (vgl. Herz 2008). Joachim Schroeder bringt es auf den Punkt: »In dieser Perspektive wird Versagen somit als individuelle Schwäche und kognitive Minderbegabung sowie als Folge einer defizitären Sozialisation erklärt« (Schroeder 2004, 10). Diese Zuschreibungsprozesse verstärken die ohnehin desolate Situation armer Kinder. Zu ihrer räumlichen Isolation in sozial degradierten Quartieren kommen schulische Isolation und die durchaus realen Wirkungen symbolischer Stigmatisierungen. Eine Spirale der Stressakkumulation beginnt.

Die Expertise des 11. Kinder- und Jugendberichtes über Gesundheit und Behinderung bei Heranwachsenden belegt den Zusammenhang zwischen sozialer Benachteiligung durch die äußeren Lebensumstände (niedriger Sozialstatus, Armut, unvollständige Familien, schlechte Wohnverhältnisse, Minderheitenstatus usw.), aber auch Unerwünschtheit, Vernachlässigung, Gewalt und Überforderung in der Familie. Defizite in der Ernährung, der Versorgung, Missachtung kindlicher Bedürfnisse, fehlende Anregung und Lernanreize – all dies zählt zur Erfahrungswelt armer Kinder. Kinder aus ökonomisch benachteiligten Familien haben häufiger Sprachstörungen, körperliche Entwicklungsrückstände und psychische Auffälligkeiten (vgl. Hackauf 2002). Kinder und Jugendliche reagieren mit seelischen Erkrankungen auf unterprivilegierte Lebensbedingungen, sie sind häufiger krank und von Behinderung bedroht, sie weisen eine deutlich höhere Auffälligkeit für Unfälle auf. Das Resultat einer Sozialisation des Verzichtenmüssens – wobei unter der Lebenslage Armut die herkömmliche Form der Familie oft gar nicht mehr existiert – begegnet uns nur allzu häufig in den Sonderschulen (vgl. Herz 2008).

Soziale Ungleichheit führt zu schlechteren Startchancen im Bildungssystem und zu negativen Konsequenzen bezüglich ihrer Teilhabe am Erwerbsleben. »Die sozialen Inklusions- und Exklusionsprozesse, denen schon kleine Kinder in modernen Gesellschaften ausgesetzt sind, realisieren sich vor allem entlang des Kriteriums relativer Armut und in diesem Zusammenhang des familiär verfügbaren sozialen Kapitals« (Opp 2008, 68). Schule »ist für die Kinder und Jugendlichen am sozialen und kulturellen

Rande ein ständiges Auslesen und eine ständige Demütigung durch das Nichterreichen von Leistungsnormen, die außerhalb ihres Horizonts liegen« (Schuck 2003, 52). Schulische Misserfolge und schulisches Versagen zeigen sich aber nicht nur nach den sogenannten ›objektiven Maßstäben‹, d. h. in Noten und in schlechten Leistungen. Auf der subjektiv-sozialen Seite kommt es zudem zu einem ungeheuren Konkurrenzdruck mit leistungsstarken MitschülerInnen: Leistung bildet die soziale Bezugsnorm in der Klasse.

Leistungsversagen wird durch die sozialen Beziehungen der Kinder untereinander zusätzlich sanktioniert. So entstehen mit Versagensängsten auch Ängste vor sozialer Stigmatisierung und Ausgrenzung. Interaktive Prozesse der Demütigung, der sozialen und emotionalen Ablehnung führen – zusammen mit institutionellen Selektionsprozessen im Bildungssystem – zu einem Teufelskreis, der sich demotivierend auf schulisches Lernen auswirkt. Dieser Teufelskreis zeigt sich in Unterrichtsphobien und Schulabsentismus, in diffuser Unlust und abnehmender Neugier, in Versagens- und Verlustängsten sowie in allgemeiner Desillusionierung: Die erstrebten schulischen Bildungszertifikate rücken in unerreichbare Ferne.

Viele SchülerInnen verlassen die Schule ohne Abschluss oder werden auf der hierarchischen Bildungsleiter von oben nach unten durchgereicht. Förderschüler und Hauptschüler ohne Abschluss haben kaum eine Chance, sich in ›normale‹ Arbeitsverhältnisse zu integrieren. Bestehende biographische Verwundbarkeiten werden verstärkt, weil diesen Kindern konstante Energie ebenso fehlt wie ein sozialer Puffer zur Abfederung von stigmatisierenden Zuschreibungen. Es sind vor allem diese Jugendlichen, »die pejorativ als ›Ausbildungsunwillige‹, ›Lerngeschädigte‹, ›Verhaltensauffällige‹ oder ›Betriebunfähige‹ bezeichnet werden – sachlich angemessener dürfte der Begriff Sozialbenachteiligte sein« (Schroeder 2004, 13). Ihre fehlenden Ausbildungszertifikate gelten als Signal, dass sie bestimmte berufs- und arbeitsbezogene Leistungen nicht erbringen können, ihre Persönlichkeitsstruktur nicht die notwendige Stabilität aufweist und sie demzufolge den beruflichen Anforderungen nicht gerecht werden können (vgl. Solga 2006, 130).

Helga Solga spricht von einer Ghettobildung im unteren Schulsegment (vgl. ebd., 138) – eine zutreffende Beschreibung für Förder- und Sonderschüler und zunehmend auch für Hauptschüler. Die Überrepräsentanz von Heranwachsenden mit Migrationshintergrund in Haupt- und Förderschulen zeigt auch, »dass im deutschen Schulsystem Anderssprachlichkeit in eine ›Lernbehinderung‹ umdefiniert und damit die Wahrnehmung von Bildungschancen in höheren Bildungsinstitutionen blockiert wird« (ebd.). Ein Teil dieser jungen Menschen greift auf die Gelegenheitsstrukturen der Straße zurück; negative Schulkarrieren sind oft der Auslöser für Straßenkarrieren oder das Abdriften in Kleinkriminalität (vgl. Herz 2007).

Der neoliberale Umbau des Arbeitsmarktes mit seinen flexiblen Beschäftigungsverhältnissen und prekären Arbeitsbedingungen tut das Übrige: Unter den dramatischen Konkurrenzbedingungen auf dem Ausbildungs- und Arbeitsmarkt sind diese Jugendlichen nicht oder nur sehr schwer zu vermitteln; die Programme der Arbeitsverwaltung und der Jugendberufshilfe gegen Benachteiligung erreichen diese jungen Menschen oft gar nicht mehr (vgl. Schroeder 2004, 11 f). Unter den gegenwärtigen Bedingungen des Arbeitsmarktes haben sie nicht nur schlechte, sondern zumeist überhaupt keine Erwerbschancen (vgl. Solga 2006, 125) – oder allenfalls selbstständige Erwerbschancen auf prekärem Niveau. Die einzige legale Überlebensperspektive heißt dann beschönigend: »Staatliche Transferleistungen«. Nach Zygmunt Bauman findet nämlich der, der einmal ausgeschlossen und dem ›Ausschuss‹ zugeordnet ist, keine deutlich markierten Rückkehrpfade mehr zu einer vollwertigen Mitgliedschaft in der Gesellschaft (vgl. Bauman 2005, 27).

Bildung – eine Strategie zur Armutsbekämpfung?

Die frühzeitig einsetzende Ausgrenzungsdynamik der sozialen Selektion im deutschen Schulsystem ist empirisch belegt und hinreichend bekannt. Sie wurde einmal mehr durch den UN-Sonderberichterstatter für das Recht auf Bildung, Vernor Muñoz Villalobos, im März 2007 kritisiert. Bildungspolitische Reformansätze offenbaren in aller Regel allenfalls Reformrhetorik, da die Struktur des viergliedrigen Schulsystems unangetastet bleibt. Günter Opp stellt fest, dass Armut, Arbeitslosigkeit, Migration, Sprachenvielfalt, neu sich bildende Familienstrukturen und um sich greifende Exklusionserfahrungen in die Schulen hineingeschwemmt werden, aber dort nicht einfach verdampfen (vgl. Opp 2008, 82 f). Zugleich zeichnet sich ab, dass die Grundlagen der Bildung zwischen Förder- und Hauptschulelend auf der einen und Hochschulelitenförderung auf der anderen Seite zerrieben werden (vgl. Vogel 2006, 139).

Trotz solcher kritischen Analysen und Bestandsaufnahmen, Diagnosen und Daten über Armut und Bildungsbenachteiligung fehlen ermutigende Strategien, eine inklusive Pädagogik (vgl. Platte, Seitz & Terfloth 2006) für alle Schülerinnen und Schüler auf den Weg zu bringen. Auch die Inklusionsdebatte in der Sonderpädagogik klammert sozioökonomisch bedingte Segregations- und Selektionsprozesse in den Regelschulen aufgrund der Lebenslage Armut aus. Nur wenige behindertenpädagogische FachvertreterInnen skandalisieren die hierdurch verantwortete Bildungs- und Lebensbenachteiligung (vgl. Wocken 2000, Mand 2003) – obschon sie empirisch hinreichend belegt ist (vgl. Weiß 1996).

So werden zwar einerseits aus wirtschaftlichem Kalkül Maßnahmen gegen die Bildungsarmut gefordert, wobei hier das Bildungsverständnis nicht »über die Zurüstung auf den Beruf hinausgeht« (Beck 2004, 70): »Dies gilt besonders dann, wenn Bildung auf die (berufliche) Qualifizierung reduziert, also im Sinne ökonomischer Verwertbarkeit von ›Humankapital‹ durch den ›eigenen‹ Wirtschaftsstandort seitens mächtiger Kapitalinteressen instrumentalisiert wird« (Butterwegge 2008, 31). Diese ökonomisch ausgerichtete Outputorientierung steht für ein Bildungssystem, das »privatisiert und kommerzialisiert wird« und in dem Kinder nur noch dann auf Interesse stoßen, »wenn sie bzw. ihre Eltern als möglichst zahlungskräftige Kunden firmieren« (Butterwegge 2008, 33).

Andererseits werden Bildungsanstrengungen und Bildungsinvestitionen als Ressource zur Bekämpfung von Armut eingefordert und dabei die Verantwortung der Schule sowie der Kinder- und Jugendhilfe hervorgehoben: »Schule muß – neben der Einzelfallhilfe – auf die Aufgaben der kompensatorischen und sozialen Unterstützung insgesamt mehr Wert legen und problembelasteten Schülern mit lebensweltbezogener Jugendarbeit zur Seite stehen. Von der Kinder- und Jugendhilfe wird erwartet, dass sie für kulturell und materiell benachteiligte Kinder und Jugendliche verstärkt eintritt und ihre Politikfähigkeit erhöht« (Seifert 2002, 163). Der appellative Charakter solcher (durchaus berechtigten) Forderungen steht in deutlichem Kontrast zur Realität: »Für eine Bildungsförderung, die die Bildungsrückstände der deutschen und ausländischen Herkunftsfamilien ausgleicht, fehlen weitgehend die Haushaltsmittel« (Vester 2006, 264).

Es ist zudem paradox, Kinderarmut und Bildungsbenachteiligung eindimensional – über eine Intensivierung der Bildungsleistungen – aufheben zu wollen: Schule kann keine Probleme und Missstände lösen, wo Politik versagt. Materielle Stabilisierung ökonomisch bedrohter Familien, Förderung elterlicher Erziehungskompetenz, Sicherung sozialer Unterstützung für Familien in Problemlagen, die Hilfestellung in Krisen- und Konfliktsituationen – das alles kann nicht von den Bildungsinstitutionen allein geleistet werden.

Das Armutsproblem löst sich nicht durch Bildung als eine Art Wunderwaffe auf. Pädagogik ist kein Politikersatz (vgl. Butterwegge 2008, 30). Christoph Butterwegge fordert, Erwerbsarbeit, Einkommen, Vermögen und Lebenschancen gerechter zu verteilen, »um das weder individuell verschuldete noch schicksalhaft vorgegebene, vielmehr eindeutig gesellschaftlich bedingte Problem der Kinderarmut zu lösen« (ebd., 36). Kinderarmut mit all ihren behindernden Konsequenzen für alle Lebensbereiche ist kein ausschließlich pädagogisch lösbares Problem, im Gegenteil: Die Selektionsprozesse in den Schulen verfestigen die Bildungsarmut. Johannes Mand hat diesen Umstand in der Frage zuspitzt: »Integration für die Kinder der Mittelschicht und Sonderschulen für die Kinder der Migranten und Arbeitslosen?« (Mand 2006, 109 ff).

Fazit

Pädagoginnen und Pädagogen in (Sonder-)Schulen sowie in den Einrichtungen der Kinder- und Jugendhilfe sind herausgefordert, sich als Funktionsträger *und* als Person in schulischen und außerschulischen Institutionen mit dem Thema Kinderarmut in all seinen Ambivalenzen, Widersprüchen, Dilemmatastrukturen auseinanderzusetzen. Der neoliberale Zeitgeist des ›Förderns und Forderns‹ legitimiert die Sonderbeschulung erst recht und damit Selektion und Segregation – mit der Legitimationshilfe einer wieder erstarkenden Diagnostik. Joachim Schroeders Feststellung hilft, das eigene Selbstverständnis und die eigene Positionierung beim Thema Kinderarmut und Bildungsbenachteiligung immer wieder neu selbstkritisch zu hinterfragen: »Was Bildung ist, was Bildungseinrichtungen vermitteln sollen, was in den staatlichen Lehrplänen oder in den pädagogisch erzeugten Wochenplänen steht, was die Lehrmittelindustrie als Bildung verkauft, auch was an den Hochschulen gelehrt wird, ist eine in Theorie und Praxis durch und durch bürgerlichen Werte- und Lebensordnungen verpflichtete Veranstaltung« (Schroeder 2008, 143).

Da es bisher nicht gelungen ist, das Bildungssystem so zu gestalten, dass auch für sozial und kulturell Bildungsbenachteiligte zentrale Grundvoraussetzungen ihrer gesellschaftlicher Teilhabe geschaffen werden, brauchen wir eine kritische Erziehungswissenschaft, die im Verständnis einer advokatorischen Ethik Bildung als Bürgerrecht für alle gesellschaftspolitisch immer wieder einfordert.

Weiterführende Literaturhinweise

Bude/Willich 2006; Butterwegge/Holm/Zander 2003; Herz 2008; Herz u. a. 2008.

Literatur

Bauman, Z. (2005): Verworfenes Leben. Die Ausgegrenzten der Moderne. Hamburg.
Beck, I. (2004): Teilhabe und Lebensqualität von behinderten Kindern und Jugendlichen sichern. In: Zeitschrift für Heilpädagogik, Jg. 55, H. 2, 66–72.

Bergmann, W. (2007): Autoritär und ahnungslos, weltfremd und anti-modern – oder: Wie man pädagogische Bestseller schreibt. In: Brumlik, M. (Hg.): Vom Missbrauch der Disziplin. Weinheim, 33–51.

Bude, H./Willich, A. (2006): Das Problem der Exklusion. Ausgegrenzte, Entbehrliche, Überflüssige. Hamburg.

Butterwegge, C. (2008): Bildung – ein Wundermittel gegen die (Kinder-)Armut? In: Herz u. a., 21–40.

Butterwegge, C./Holm, K./Zander, M. u. a. (2003): Armut und Kindheit. Ein regionaler, nationaler und internationaler Vergleich. Opladen.

Hackauf, H. (2002): Gesundheitliche Lage von Kindern und Jugendlichen. In: Sachverständigenkommission 11. Kinder- und Jugendbericht (Hrsg.): Gesundheit und Behinderung im Leben von Kindern. München, 11–86.

Herz, B. (Hg.) (2007): Bildung für Grenzgänger. Münster u. a.

Herz, B. u. a. (Hg.) (2008): Kinderarmut und Bildung. Wiesbaden.

Kronauer, M. (2006): ›Exklusion‹ als Kategorie einer kritischen Gesellschaftsanalyse. In: Bude/Willich 27–45.

Mack, W. (2004): Bildung für alle – ausgeschlossen. In: Diskurs, Jg. 4, H. 1, 5–8.

Mand, J. (2003): Lern- und Verhaltensprobleme in der Schule. Stuttgart.

Mand, J. (2006): Integration für die Kinder der Mittelschicht und Sonderschulen für die Kinder der Migranten und Arbeitslosen? Über den Einfluss von sozialen und ökonomischen Variablen auf Sonderschul- und Integrationsquoten. In: Zeitschrift für Heilpädagogik, Jg. 57, H. 3, 109–115.

Merten, R. (2006): Kindheit und Jugend in Armut. Vortrag auf der Veranstaltung des Deutschen Kinderschutzbundes und der Friedrich-Ebert-Stiftung ›Hungernde Kinder in Sachsen-Anhalt‹, 21. Februar, in Halle (Saale); online verfügbar: http://www.fes.de/Magdeburg/pdf/21_2_6_3.pdf [13.08.2009].

Opp, G. (2008): Schulen zur Erziehungshilfe – Chancen und Grenzen. In: Reiser, H./Dlugosch, A./Willmann, M. (Hg.): Professionelle Kooperation bei Gefühls- und Verhaltensstörungen. Hamburg, 67–88.

Platte, A./Seitz, S./Terfloth, K. (Hg.) (2007): Inklusive Bildungsprozesse. Bad Heilbrunn.

Schuck, K. D. (2003): Wertschätzung der Heterogenität oder Ende der Solidarität. Zur Funktion der pädagogischen Diagnostik im Schulwesen. In: Warzecha, B. (Hg.): Heterogenität macht Schule. Münster u. a., 41–60.

Schroeder, J. (2004): Offene Rechnungen. Benachteiligte Kinder und Jugendliche als Herausforderung für die Schulentwicklung. In: Diskurs, Jg. 4, H. 1, 9–17.

Schroeder, J. (2008): Armutsbekämpfung und Bildung. In: Herz u. a., 137–149.

Seifert, B. (2002): Gesundheit und seelisches Wohlbefinden von Kindern und Jugendlichen und Auswirkungen sozialer Benachteiligung. In: Sachverständigenkommission 11. Kinder- und Jugendbericht (Hg.): Gesundheit und Behinderung im Leben von Kindern. München, 89–173.

Solga, H. (2006): Ausbildungslose und die Radikalisierung ihrer sozialen Ausgrenzung. In: Bude/Willich, 121–146.

Vester, M. (2006): Der Kampf um soziale Gerechtigkeit. In: Bude/Willich, 243–293.

Vogel, B. (2006): Soziale Verwundbarkeit und prekärer Wohlstand. In: Bude/ Willich, 342–358.

Weiß, H. (1996): Armut als gesellschaftliche Normalität. Implikationen für die kindliche Entwicklung. In: Opp, G./Peterander, F. (Hg.): Focus Heilpädagogik. München, Basel, 150–162.

Wocken, H. (2000): Leistung, Intelligenz und Soziallage von Schülern mit Lernbehinderungen. In: Zeitschrift für Heilpädagogik, Jg. 51, H. 12, 492–503.

Bildung, Sozialisation und soziale Ungleichheiten

Vera King, Anke Wischmann & Janina Zölch[*]

Thema dieses Beitrags sind Befunde und Erklärungsansätze, Herausforderungen und offene Fragen der Bildungs- und Sozialisationsforschung zu Chancenungleichheit und sozialer Immobilität. Denn zwischen Bildungserfolg und sozialer Herkunft bestehen in der BRD nach wie vor starke Zusammenhänge. Dies hat nicht nur zur Folge, dass die im Erwachsenenleben erreichte soziale Platzierung mit dem sozialen Status der Herkunftsfamilie weiterhin hoch korreliert und insofern das Bildungssystem zu wenig korrigierende Funktion hat. Es bedeutet darüber hinaus, dass ein großes Bildungspotential gesellschaftlich unausgeschöpft bleibt. Herkunftsbedingte Chancenungleichheit verknüpft und überlagert sich überdies mit den Faktoren Geschlecht und Migrationshintergrund bzw. Ethnizität.

---

[*] Vera King, Dr. phil., ist Professorin für Erziehungswissenschaft am Fachbereich Erziehungswissenschaft der Universität Hamburg. Ihre Forschungsschwerpunkte sind: Sozialisations-/Bildungsprozesse und soziale Ungleichheiten, Jugend- und Adoleszenzforschung, Migration, Generationen-, Geschlechter- und Familienbeziehungen, qualitative Methoden, soziale Wandlungen von Zeitstrukturen.
Anke Wischmann, Dipl. Päd., ist wissenschaftliche Mitarbeiterin am Fachbereich Erziehungswissenschaft der Universität Hamburg. Sie arbeitet an einer Dissertation zum Thema »Adoleszente Bildungsprozesse im Kontext sozialer Benachteiligung. Eine Untersuchung von Lebensgeschichten männlicher Jugendlicher und junger Männer«.
Janina Zölch, Dipl. Päd., ist wissenschaftliche Mitarbeiterin im DFG-Projekt ›Bildungskarrieren und adoleszente Ablösungsprozesse bei männlichen Jugendlichen aus türkischen Migrantenfamilien‹ am Fachbereich Erziehungswissenschaft der Universität Hamburg.. Sie arbeitet an einer Dissertation zum Thema »Lebens- und Bildungswege ›bildungserfolgreicher‹ und ›nicht-erfolgreicher‹ männlicher Aussiedler aus den Ländern der ehemaligen UdSSR – unter besonderer Berücksichtigung der adoleszenten Entwicklungsprozesse und der familialen Beziehungen«.

Einleitung

Als ein Leitbegriff für die Untersuchung der Wechselwirkungen und Verknüpfungen von sozialen Ungleichheiten gilt das viel diskutierte Konzept der ›intersektionalen Analyse‹. Im Kern geht es dabei darum, die Verwobenheit unterschiedlicher Faktoren gesellschaftlicher Benachteiligung – insbesondere soziale Herkunft, Geschlecht und Ethnizität – in den Blick zu bekommen, um eindimensionale Einschätzungen zu vermeiden. Ein weiterer Gesichtspunkt besteht darin, die komplexen Relationen zwischen den ›Profiteuren‹ des derzeitigen Systems (wie z. B. ökonomische Eliten) und den ›Verlierern‹ (Gruppen sozial Benachteiligter) sowie ihren je typischen Merkmalen analysieren zu können. Die Fragen, in welcher Weise verschiedene Faktoren zusammenwirken, wie sich dabei insbesondere Sozialisations- und Bildungsprozesse verbinden und welche Konsequenzen für die Forschung zu ziehen sind, stellen zentrale Themen der Bildungs- und Sozialisationsforschung dar, die im Folgenden in einigen Facetten erörtert werden.

Die Bildungsexpansion – eine Entwicklung zu mehr Chancengleichheit?

»Rechtliche Chancengleichheit bleibt ja eine Fiktion, wenn Menschen auf Grund ihrer sozialen Verflechtungen und Verpflichtungen nicht in der Lage sind, von ihren Rechten Gebrauch zu machen.« (Dahrendorf 1965, 23)

Bereits in den 1960er Jahren förderten Studien zutage, dass es in der BRD bestimmte gesellschaftliche Gruppen gab, die an Gymnasien und Hochschulen unterrepräsentiert waren. Sie zeigten auf, dass die Chance eines Kindes aus einem Arbeiterhaushalt, ein Gymnasium zu besuchen, um ein Vielfaches geringer war als die eines Kindes aus einer Akademikerfamilie. An der Hochschule verstärkte sich diese soziale Selektion. So ließ sich über den Faktor ›Klasse‹ schon viel über den zu erwartenden Bildungsweg eines Heranwachsenden vorhersagen. Des Weiteren waren die Bildungschancen von Mädchen deutlich geringer als die von Jungen, und überdies durchliefen Kinder aus ländlichen Bereichen – auch aufgrund mangelnder Gelegenheitsstrukturen – deutlich seltener das höhere Bildungssystem als Kinder, die in Städten aufwuchsen. Diese Faktoren sozialer Ungleichheit zusammenführend kreierte Ralf Dahrendorf (1965) die Figur der »katholischen Arbeitertochter vom Lande«, welche die geringsten Chancen auf Bildungserfolg hatte. Dahrendorf erfasste die Benachteiligung somit in einer mehrdimensionalen Perspektive. Im Anschluss an die Diagnosen der 1960er Jahre kam es vor allem aus ökonomischen Gesichtspunkten zu Reformen des Bildungssystems (insbesondere zum Ausbau des höheren Bildungssystems, u. a. auch zur Gründung von Gesamtschulen in einigen Bundesländern), die zu einer Verbesserung der Bildungschancen beitragen sollten.

Bei Betrachtung der Statistiken zur Bildungsentwicklung der folgenden Jahrzehnte könnte man vermuten, dass die Maßnahmen gefruchtet haben: Die Anzahl der Gymnasiasten und Studierenden insgesamt hat sich vervielfacht und somit auch der Anteil derjenigen aus einem Arbeiter- oder zumindest Nicht-Akademikerhaushalt. Schaut man sich allerdings die Relationen an, so wird schnell klar, dass diese Bildungsexpansion nicht zu einem konsequenten Abbau von schichttypischen Unterschieden geführt hat. In erster Linie profitierten nämlich der Mittelstand und die bereits etablierten Schichten, wohingegen Arbeiterkinder weiterhin nur in geringem Ausmaß auf der Gymnasial- und Hochschulebene vertreten sind (vgl. Vester 2004). Es ist dem Bildungssystem also nicht gelungen, die herkunftsbedingten Ungleichheiten nachhaltig zu kompensieren. Dies haben für die gegenwärtige Situation auch die PISA-Studien noch einmal eindrücklich belegt. Das deutsche Bildungssystem selektiert nach wie vor in vielen Bereichen nicht nach Leistung, sondern nach Herkunft.

Dennoch gestaltet sich die Bildungsbeteiligung heute anders als vor fast fünfzig Jahren. Nicht nur machen insgesamt mehr junge Menschen Abitur und studieren, auch die Faktoren der Ungleichheit, die besonders benachteiligend wirken, haben sich gewandelt. Der Ausbau des Bildungssystems und die Modernisierung der Geschlechterverhältnisse haben dazu geführt, dass Mädchen und junge Frauen mit großer Selbstverständlichkeit höhere Bildungsabschlüsse anstreben und realisieren. Ihnen gelingen inzwischen bessere Abschlüsse als den Jungen. Allerdings heißt dies nicht, dass die Geschlechtszugehörigkeit in der Schule folgenlos wäre, beispielsweise hinsichtlich berufsrelevanter fachspezifischer Interessensentwicklungen (vgl. Faulstich-Wieland 2004). Insbesondere kehrt sich das Verhältnis im Übergang ins Berufsleben wieder um, denn hier sind junge Frauen Männern gegenüber deutlich im Nachteil. Bereits bei der Ausbildung von Lehrlingen, aber auch in akademischen Berufen sind zumeist jene Bereiche, in denen Frauen zahlenmäßig überwiegen, mit durchschnittlich geringeren Einkommens-, Status- und Aufstiegsmöglichkeiten verbunden. Besonders hartnäckig halten sich solche Ungleichverteilungen auch in den Führungspositionen: Wie eine Studie von Hartmann (2002) zeigte, haben in der sog. ›freien Wirtschaft‹, in etwas abgeschwächter Form auch im Rechtswesen und in der Wissenschaft, Männer, die dem gehobenen oder Großbürgertum entstammen, mit großem Abstand die besten Chancen, in Führungspositionen zu gelangen. »In den Topetagen der Wirtschaft sucht man Frauen […] nach wie vor vergeblich. Generalisierend lässt sich festhalten: Die geschlechtsspezifische Diskriminierung geht in der Regel mit einer sozialen Diskriminierung Hand in Hand. Dort, wo die Aufstiegschancen für Personen aus der Arbeiterklasse oder den breiten Mittelschichten überdurchschnittlich gut sind, sind sie es zumeist auch für die Frauen – und umgekehrt« (Hartmann 2004).

Die höchsten Statuspositionen als Erwachsene erreichen in Deutschland Männer ohne Migrationshintergrund aus privilegierten sozialen Milieus. Statistisch betrachtet, verfügen hingegen »Migrantensöhne aus bildungsschwachen Familien« (Geißler 2005, 95) über die geringsten Chancen im Bildungssystem. Das heißt, dass der Faktor Geschlecht auch in Bezug auf die jeweilige Lebenssituation oder -phase und in Verbindung mit anderen Ungleichheitsfaktoren differenziert wirksam wird.

Erklärungsansätze und Befunde: Schule und Familie als soziale Filter

> »Gemeinsam ist den meisten jüngeren Sichtweisen, dass soziale Ungleichheiten von der Elterngeneration auf die Generation der Kinder weitergetragen werden und dass diese Transmission über das Bildungswesen erfolgt.« (Becker/Lauterbach 2004, 11)

Betrachten wir Erklärungsansätze und Befunde zur Reproduktion sozialer Ungleichheiten, so besteht Konsens darüber, dass insbesondere Familie und Schule als soziale Filter wirken, die zu Ausschluss oder Abdrängung von Kindern aus bildungsfernen Familien führen. Die Bedeutung dieser beiden Filter wird dabei unterschiedlich eingeschätzt. So gab eine Reihe von Studien zu der Vermutung Anlass, dass Schule oder Bildungssystem zwar über institutionelle *gatekeeping*-Prozesse herkunftsabhängig kanalisieren, andererseits aber einen relativ geringen eigenständigen Anteil an der Reproduktion sozialer Ungleichheiten haben: Schule hätte demnach auf die Ungleichheit hervorbringenden Herkunftsbedingungen *keine* kompensatorische Auswirkung.

Dass im Durchlaufen des Bildungssystems benachteiligende Herkunftsbedingungen zu wenig ausgeglichen werden, dass vielmehr ungleiche Lernvoraussetzungen in ungleiche Bildungserfolge münden, wurde aus verschiedenen Perspektiven bestätigt. So haben PISA- und andere Studien institutionelle Mechanismen und Faktoren aufgezeigt, die dazu beitragen, Ungleichheit zu reproduzieren: z. B. die Gestaltung der Übergänge zu den weiterführenden Schulen am Ende der Grundschule, aber auch die auf Homogenität ausgerichtete Mehrgliedrigkeit des Schulsystems im Ganzen, die die soziale Segregation verstärkt (vgl. Baumert 2001, Gogolin 2000, Gomolla/Radtke 2002).

In Bezug auf die jeweiligen Herkunftsfamilien wurden Annahmen bestätigt, wonach Bildungsressourcen und auch Bildungsaspirationen intergenerational weitergegeben werden. Becker/Lauterbach (2004) verweisen auf offene Fragen in Bezug auf Herkunftseffekte: Unklar sei, wie »der Prozess der intergenerationalen Transmission von Bildungschancen« im Detail vonstatten gehe. So wird zwar in Anknüpfung an Bourdieu (vgl. 1992, 1993) häufig davon ausgegangen, dass eine üppige bzw.

eine karge Ausstattung mit ökonomischem, kulturellem und sozialem Kapital jeweils entsprechende Wirkungen zeitigt. Gleichwohl ist, wie bei der empirischen Untersuchung der Situation von Heranwachsenden aus Migrantenfamilien besonders deutlich wird, auch das vielverwendete Konzept des *kulturellen Kapitals* als Erklärung nicht ausreichend differenziert. Denn während etwa für die USA nachgewiesen werden konnte, dass ökonomisches und kulturelles Kapital den Bildungserfolg bei Kindern aus Migrantenfamilien beeinflussen, sind entsprechende Untersuchungen in Deutschland nicht zu eindeutigen Ergebnissen gelangt. Auch im Hinblick auf die Bildungsaspiration der Eltern, die bei bildungsfernen Herkunftsfamilien als gering ausgeprägt gilt, müssen in Anbetracht der komplexen Vermittlungen von sozialer Herkunft, Geschlecht und Migrationshintergrund differenziertere Annahmen getroffen werden: So stellten einige Studien bei Migrantenfamilien besonders hohe Bildungsaspirationen der Eltern fest. In bildungsfernen Familien mit und ohne Migrationshintergrund ist noch genauer zu untersuchen, wie sich die Qualität von familialen Generationenbeziehungen auswirkt (vgl. Zölch u. a. 2009).

Zum anderen sind die *Übergangsbereiche* zwischen familialen und außerfamilialen Erfahrungen zu betrachten. Bislang ist nur wenig bekannt über jene Prozesse, die stark von der Herkunftsfamilie geprägt sind, aber zugleich einen Vermittlungsbereich zwischen Familie und Schule bzw. außerfamilialen gesellschaftlichen Feldern bilden, wie z. B. die adoleszenten Entwicklungs- und Individuationsprozesse (vgl. King/Koller 2009a). Auf den Lebenslauf bezogen muss ins Blickfeld rücken, wie in verschiedenen sozialen Kontexten die bildungsrelevanten Erfahrungen in der Herkunftsfamilie verarbeitet und wie bestimmte Bewältigungsformen modifiziert werden können.

Intersektionale, relationale Zugänge zur Erforschung ungleicher Bildungschancen

Fassen wir die bisherigen Befunde zusammen, so wird in Rahmen der Ungleichheitsforschung immer deutlicher, dass es nicht ausreichend sein kann, sich auf ökonomische Faktoren zu stützen, um die Segmentierung moderner Gesellschaften zu erklären, sondern dass es wesentlich differenzierterer Modelle bedarf. Betrachtet man die benachteiligten Positionen im sozialen Gefüge in Hinblick auf die jeweiligen Bildungsmöglichkeiten, so zeigt sich, dass bestimmte Faktoren in den Vordergrund rücken, wobei diese miteinander in Wechselwirkung stehen, sich verstärken oder einander kompensieren.

Man kann sich einen mehrdimensionalen Raum vorstellen, in dem diese Faktoren Achsen der Ungleichheit bilden und sich überkreuzen (Klinger/Knapp 2008). Eine *intersektionale* Perspektive einzunehmen, bedeutet in diesem Verständnis, jeden Faktor stets in Relation zu den anderen zu verstehen. Der Ansatz der Intersektionalität richtet in diesem Sinne das Augenmerk auf die Überschneidung (engl. Intersection = Schnittpunkt, Schnittmenge) verschiedener Machtrelationen und Diskriminierungsformen. Dabei werden *Klasse*, *Geschlecht* und *Ethnizität* bzw. ›Rasse‹ als grundlegende Faktoren für die Analyse von Ungleichheitsstrukturen gesehen, weil sie auf der Makroebene am deutlichsten hervortreten und folgenreiche Interdependenzen aufweisen (vgl. Baquero Torres 2009, 136 ff, 314 ff).

Entscheidend an dieser Betrachtungsweise ist, dass sich diese Faktoren nicht nur addieren, sondern durch ihr Zusammenwirken zu eigenständigen Formen von Benachteiligung führen können. Allerdings sind die drei genannten Faktoren nicht die einzigen denkbaren, und es müsste sich in jedem Einzelfall zeigen, welche Dimensionen zu einer benachteiligten Position beitragen. Dies lässt sich veranschaulichen am Beispiel der oben erwähnten Entwicklung von der »katholischen Arbeitertochter vom Lande« zum »Migrantensohn aus bildungsschwachen Familien in Großstädten«. In Bezug auf diese beiden Figuren geht es bei einer intersektionalen Perspektive darum, die unterschiedlichen Faktoren bzw. Dimensionen aufzuschlüsseln, die im Zusammenhang mit dem Bildungserfolg wirksam sind (Bildung wird hier zunächst in einem rein formalen Sinne verstanden, also in Bezug auf den Erwerb von Bildungstiteln und Qualifikationen in Schule und Hochschule). Die Dimensionen, die wirksam werden, lassen sich für die Arbeitertochter aufschlüsseln in: Klasse, Geschlecht, Religion, geographische Verortung. Den Befunden der 1960er Jahre zufolge waren Arbeitertöchter gegenüber den Arbeitersöhnen benachteiligt; in dieser Hinsicht wirkt sich also die Geschlechtszugehörigkeit entscheidend aus. Dies muss jedoch *zugleich* in Zusammenhang mit der Klassenzugehörigkeit gesehen werden. Denn Töchter aus einer Akademikerfamilie hatten bessere Bildungsoptionen als Söhne aus dem Arbeitermilieu. Im Vergleich mit Jungen ihrer eigenen sozialen Herkunftsklasse waren sie jedoch im Nachteil.

Schaut man auf die aktuelle Situation, also auf die Figur des »Migrantensohns aus bildungsschwachen Familien in Großstädten«, so wird deutlich, dass sich die Faktoren Geschlecht und geographische Verortung transformiert haben, während Migrationshintergrund (bzw. ethnische Herkunft) als neuer Faktor hinzugekommen ist. In Bezug auf den Faktor Klasse lässt sich eine Kontinuität aufzeigen. Die Migrantensöhne, von denen die Rede ist, sind häufig Söhne ehemaliger ›Gastarbeiter‹, die in Deutschland überwiegend in unterprivilegierten Berufen tätig und daher dem unteren Segment der Arbeiterklasse zuzuordnen sind. Die Söhne aus diesen Migrantenfamilien sind, wie viele Befunde gezeigt haben, insbesondere in der Schule spezifischen Erfahrungen der Benachteiligung und Diskriminierung ausgesetzt, die zugleich geschlechtstypisiert sind (vgl. Weber 2003).

Weitere Studien verweisen auf die Herausforderungen, die sich für Migrantensöhne daraus ergeben können, dass die Männlichkeitsentwürfe der Vätergeneration nicht übernommen werden können (vgl. Apitzsch 2003). Zugleich unterliegen sie gesellschaftlichen Marginalisierungen, insbesondere auf dem Arbeitsmarkt, die von ihnen mitunter in der Schule bereits antizipiert werden (vgl. Tietze 2001). Ausgrenzungserfahrungen und Perspektivlosigkeit wiederum können Handlungsmuster verstärken, die in der Adoleszenz zur weiteren Verschlechterung von Chancen beitragen (vgl. Baier/Pfeiffer 2008). Auch im Hinblick auf junge Männer aus bildungsfernen Migrantenfamilien zeigt sich daher, dass die *Art des Zusammenwirkens* von Sozialisationserfahrungen und Bildungskarrieren differenziert berücksichtigt und noch genauer erforscht werden muss. Ein intersektionaler Zugang wird in diesem Sinne gerade dann produktiv, wenn auch psychosoziale Dimensionen systematisch einbezogen werden. Dies lässt sich am Beispiel des Bildungsaufstiegs zeigen.

Verschränkungen von Bildungskarrieren und Sozialisationsprozessen

»Und zu meiner Freundin hab ich grad letzte Woche gesagt, es ist praktisch so, als wenn man so draußen steht, wenn man so ein Glashaus hat und da drin sitzen dann sozusagen die Eltern, Geschwister, Verwandte. Und man steht draußen und man hat irgendwie hinter sich so die Tür zugeschlagen, aber die Tür ist nicht mehr da, es ist nur noch 'ne Wand da, man kann nicht mehr rein. ... Und äh, man hat sich nicht mehr wirklich viel zu sagen. ... Also, das heißt jetzt nicht, dass man sich nicht mehr liebt oder so. Es ist einfach so, es sind so zwei verschiedene Welten, die jetzt aufeinander prallen.« (Studentin aus einer einheimischen Arbeiterfamilie über ihren ›Bildungsaufstieg‹; vgl. King 2008, 97 ff)

Faktoren sozialer Ungleichheiten werden auch in jenen Bildungskarrieren wirksam, die beim Aufstieg aus einem bildungsfernen Milieu mit einem Wechsel des sozialen Ortes einhergehen oder zu diesem führen können. Welche Herausforderungen stellen sich beim Versuch des Aufstiegs aus sozial benachteiligten, diskriminierten oder bildungsfernen Herkunftsmilieus? Wie interagieren strukturelle Bedingungen und Verhinderungen eines Bildungsaufstiegs mit Geschlechterungleichheiten?

Diese Fragen waren Gegenstand einer Untersuchung, bei der Bildungsaufstiegsprozesse und Adoleszenzverläufe junger Frauen und Männer mit und ohne Migrationshintergrund rekonstruiert wurden. Dabei zeigte sich in mehreren Studien, dass Söhne und Töchter aus bildungsfernen Milieus vielfach nicht nur *bessere* Leistungen aufweisen müssen, um dieselbe Beurteilung und Anerkennung zu bekommen. Sie müssen vielmehr darüber hinaus in einigen Hinsichten über teils größere, teils andere psychosoziale Kompetenzen verfügen als etwa Kinder aus akademischen Milieus (vgl. King 2008). Heranwachsende aus bildungsfernen Familien haben erhebliche soziale Distanzen zurückzulegen, *mehr* Hindernisse und *größere* psychosoziale Anforderungen auf dem Weg zwischen dem Herkunftsmilieu und den verschiedenen Stationen einer höheren Bildungskarriere zu bewältigen.

Ein wichtiges Ergebnis war insofern auch, dass Merkmale, die oftmals als *migrations*typisch erachtet werden, als *aufstiegs*typische Erfahrungsverarbeitungen zu fassen sind (vgl. King 2009). Dies gilt insbesondere für aufstiegsbedingten Differenzerfahrungen, die strukturell mit dem Wechsel von Bildungsmilieus einhergehen, beispielsweise für das Erleben, sich *in verschiedenen Welten* zu bewegen, sich vom Herkunftsmilieu, von Peers, Eltern, Geschwistern zu unterscheiden und teilweise auch zu entfernen. Des Weiteren wurde deutlich, dass die mit diesen psychosozialen Anforderungen verbundenen besonderen Leistungen, die Kinder aus bildungsfernen Familien erbringen müssen, in Erklärungsmodelle zu sozialen Ungleichheiten im Bildungssystem stärker einbeziehen sind – auch mit Blick darauf, wie Institutionen der schulischen und der außerschulischen Bildung die Bewältigung dieser Anforderungen befördern können.

Als besonders brisant erweisen sich die Prozesse des Bildungsaufstiegs bei stark unterprivilegierten Heranwachsenden. Denn wer zum Bildungsaufsteiger wird oder einen Aufstieg versucht, hat zumindest partiell die Anforderungen des Bildungssystems akzeptiert, auch wenn diese nicht unbedingt erfüllt werden können. Wenn sich jedoch für Heranwachsende institutionell verursachte Marginalisierungs- und Missachtungserfahrungen biographisch auf prekäre Weise addieren, kommt es erst gar nicht zu dieser Transformation milieuspezifischer Perspektiven, sondern zu einem unmittelbaren Widerspruch zwischen den Anforderungen des Herkunftsmilieus und jenen des Bildungssystems. Wenn ein Kind oder Jugendlicher, mit oder ohne Migrationshintergrund, mit wenig kulturellem Kapital, in einem sogenannten sozialen Brennpunkt aufwächst, wo es oder er möglicherweise Mitglied einer Gang ist, dann könnte es sein, dass seine Perspektive eine erfolgreiche formale Bildungskarriere deshalb verhindert, weil seine eigenen Handlungsstrategien den Erwartungen des Bildungssystems eklatant widersprechen. So würde sich ein solches Kind, ein solcher Jugendlicher im schulischen Unterricht vielleicht den Umgangsformen der Gang auf der Straße entsprechend verhalten; umgekehrt würde schulkonformes Verhalten auf der Straße als Verweigerung gegenüber dem Verhaltenskodex der Gang interpretiert. Aus solchen Unvereinbarkeiten resultierende Erfahrungen der Zurückweisung und der Zuschreibung von ›Bildungsuntauglichkeit‹ etabliert im Ergebnis bei allen Beteiligten – auch dem Kind oder Jugendlichen selbst – die Überzeugung, dass es für ihn unmöglich ist, bildungserfolgreich zu sein.

Fazit

Die Bildungsexpansion der 1970er und 1980er Jahre hat in Deutschland zu partiellen Verschiebungen von Ungleichheitsstrukturen geführt, nicht jedoch zu einer nachhaltigen Kompensation sozialer Herkunft durch das Bildungssystem. Schule und Familie gelten als Schlüsselvariablen für die Reproduktion sozialer Ungleichheiten. Unter Berücksichtigung der zentralen strukturierenden Faktoren (Klasse, Geschlecht, Ethnie) müssen besonders die Übergangsbereiche im Sozialisationsprozess genauer untersucht werden, in denen potentiell Transformationen stattfinden. Es genügt keinesfalls, Bildungskarrieren auf formale Aspekte und kognitive Fähigkeiten zu reduzieren. Vielmehr geht es in Bildungsprozessen vor allem auch um psychosoziale Kompetenzen. Wenn psychosoziale Dimensionen stärker in die Analyse von Bildungsverläufen einbezogen werden, dann werden die subtilen Mechanismen des Zusammenwirkens von gesellschaftlichen, speziell institutionellen Voraussetzungen *und* individuellen Bewältigungsformen, die die Chancenungleichheit im Bildungssystem so beharrlich sein lassen, präziser fassbar.

Weiterführende Literaturhinweise

Becker/Lauterbach 2004; Engler/Krais 2004; King/Koller 2009b; Klinger/Knapp 2008.

Literatur

Apitzsch, U. (2003): Zur Dialektik der Familienbeziehungen und zu Gender-Differenzen innerhalb der Zweiten Generation. In: Psychosozial, 26. Jg., H. III, Nr. 93, 67–80.

Baier, D./Pfeiffer, Ch. (2008): Disintegration and violence among migrants in Germany: Turkish, Russian and German Youths. In: New Directions for Youth development, No 119, Fall 2008.

Baquero Torres, P. (2009): Kultur und Geschlecht in der Interkulturellen Pädagogik. Eine postkoloniale Re-Lektüre. Frankfurt a. M., Berlin, Bern u. a.

Baumert, J. u. a. (Hg.) (2001): Deutsches PISA-Konsortium. PISA 2000. Opladen.
Becker, R./Lauterbach, W. (2004): Dauerhafte Bildungsungleichheiten – Ursachen, Mechanismen, Prozesse und Wirkungen. In: dies. (Hg.): Bildung als Privileg? Wiesbaden, 225–250.
Bourdieu, P./Passeron, J.-C. (1971): Die Illusion der Chancengleichheit. Stuttgart [in neuer Übersetzung erschienen unter dem Titel: Die Erben. Studenten, Bildung und Kultur. Konstanz 2007].
Bourdieu, P. (1992): Ökonomisches, kulturelles und soziales Kapital. In: ders.: Die verborgenen Mechanismen der Macht. Hamburg, 49–75.
Bourdieu, P. (1993): Sozialer Sinn. Frankfurt a. M.
Dahrendorf, R. (1965): Bildung ist Bürgerrecht. Plädoyer für eine aktive Bildungspolitik. Osnabrück.
Engler, S./Krais, B. (Hg.): Das kulturelle Kapital und die Macht der Klassenstrukturen. Weinheim.
Faulstich-Wieland, H. (2004): Schule und Geschlecht. In: Helsper, W./ Böhme, J. (Hg.): Handbuch der Schulforschung. Weinheim, 647–669.
Geißler, R. (2002): Die Sozialstruktur Deutschlands. Opladen.
Geißler, R. (2005): Die Metamorphose der Arbeitertochter zum Migrantensohn. Zum Wandel der Chancenstruktur im Bildungssystem nach Schicht, Geschlecht, Ethnie und deren Verknüpfungen. In: Berger, P./ Kahlert, H. (Hg.): Institutionalisierte Ungleichheiten. Weinheim.
Gogolin, I. (2000): Minderheiten, Migration und Forschung. Ergebnisse des DFG-Schwerpunktprogramms FABER. In: Gogolin, I./Nauck, B. (Hg.) (2000): Migration, gesellschaftliche Differenzierung und Bildung. Opladen, 15–35.
Gomolla, M./Radtke, F-O (2002): Institutionelle Diskriminierung. Opladen.
Hartmann, M. (2002): Der Mythos von den Leistungseliten. Frankfurt a. M.
Hartmann, M. (2004): Eliten in Deutschland. Rekrutierungswege und Karrierepfade. In: Das Parlament. Beilage aus Politik und Zeitgeschichte (B10); online verfügbar: http://www.das-parlament.de/2004/10/beilage/003.html [2.9.2009].
King, V. (2008): Jenseits von Herkunft und Geschlechterungleichheiten? Biographische Vermittlungen von class, gender, ethnicity in Bildungs- und Identitätsbildungsprozessen. In: Klinger, C./Axeli Knapp, G. (Hg.): Über Kreuzungen. Ungleichheit, Fremdheit, Differenz. Münster.
King, V. (2009): In verschiedenen Welten. ›Objektkonstruktion‹ und ›Reflexivität‹ bei der Erforschung sozialer Probleme am Beispiel von Migrations- und Bildungsaufstiegsbiographien. In: Soziale Probleme. Zeitschrift für soziale Probleme und soziale Kontrolle, Jg. 20, H. 1, 13–33.

King, V./Koller, H.-Ch. (2009a): Adoleszenz als Möglichkeitsraum für Bildungsprozesse unter Migrationsbedingungen. In: King/Koller 2009b, 9–26.
King, V./Koller, H.-Ch. (Hg.) (2009b): Adoleszenz – Migration – Bildung. Bildungsprozesse Jugendlicher und junger Erwachsener mit Migrationshintergrund. 2., erweiterte Aufl., Wiesbaden.
Klinger, C./Axeli Knapp, G. (2008) (Hg.): ÜberKreuzungen. Ungleichheit, Fremdheit, Differenz. Münster.
Tietze, N. (2001): Islamische Identitäten. Formen muslimischer Religiosität junger Männer in Deutschland und Frankreich. Hamburg.
Vester, M. (2004): Die Illusion der Bildungsexpansion. Bildungsöffnungen und soziale Segregation in der Bundesrepublik Deutschland. In: Engler, S./Krais, B. (Hg.): Das kulturelle Kapital und die Macht der Klassenstrukturen. Weinheim.
Weber, M. (2003): Heterogenität im Schulalltag. Opladen.
Zölch, J./King, V./Koller, H.-Ch./Carnicer, J./Subow, E. (2009): Bildungsaufstieg als Migrationsprojekt. Fallstudie aus einem Forschungsprojekt zu Bildungskarrieren und adoleszenten Ablösungsprozessen bei männlichen Jugendlichen aus türkischen Migrantenfamilien. In: King/Koller 2009b, 67–84.

3 Migration und multikulturelle Gesellschaft

Auswirkungen von Einwanderung und Auswanderung auf das Bildungssystem

Sabine Bertram & İnci Dirim[*]

Die Themen dieses Beitrags sind: ein kurzer Überblick über die Migrationsgeschichte in Deutschland; aktuelle Zahlen über Ein- und Auswanderung, deren Auswirkungen auf das deutsche Bildungssystem sowie der aktuelle Forschungsstand hierzu; schließlich ein vergleichender Blick nach Kanada.

Migrationsgeschichte in Deutschland – ein Überblick

Migration ist ein Phänomen, das in Deutschland nicht erst seit den 1960er Jahren aktuell ist. Bereits im 17. und 18. Jahrhundert kam es im Zuge von saisonaler Arbeitsmigration zwischen bestimmten Gebieten zu einem Austausch an personellen Ressourcen, um so den jeweiligen Arbeitskräftemangel zu beheben. Gegen Ende des 18. Jahrhunderts beispielsweise zogen jährlich etwa 30 000 Deutsche nach Amsterdam, um dort zu arbeiten (vgl. Sassen 1996, 25). Ab der Mitte des 19. Jahrhunderts, als sich durch Kriege im gesamten europäischen Raum und durch einen wachsenden Nationalismus wesentlich größere Menschengruppen auf der Suche nach neuer Bleibe befanden, kam es zu enormen Flüchtlingsströmen. Begünstigt durch die voranschreitende technische Entwicklung konnten für immer weniger Geld immer größere Entfernungen überbrückt werden. Die fortschreitende Industrialisierung sorgte für eine Landflucht und damit verbun-

---

[*] Sabine Bertram, Dipl. Päd., ist Lehrbeauftragte und Mitglied der AG Interkulturelle Pädagogik der Leibniz Universität Hannover und promoviert zu Spracherwerbsbiografien älterer Migrantinnen.
İnci Dirim, Dr. phil., ist Professorin für Deutsch als Zweitsprache an der Universität Wien und bearbeitet Fragen des Spracherwerbs und -gebrauchs und der sprachlichen Bildung in der Migrationsgesellschaft.

den für schnell wachsende und expandierende Städte. Daneben gab es in Deutschland drei große Auswanderungswellen nach Nordamerika; in der Hoffnung auf ein besseres Leben wanderten zwischen 1820 und 1930 insgesamt 5,9 Millionen Deutsche aus (vgl. Rößler 1992, 148).

Nach 1893 kam es verstärkt zur Binnenwanderung in die westlichen Industriegebiete. Zusätzlich wurde der Arbeitskräftemangel durch Zuwanderung aus dem Osten ausgeglichen. (vgl. Sassen 1996, 74). Politisch wurde auf diese Einwanderung sehr restriktiv reagiert: Migranten hatten nur begrenzte Aufenthalts- und Arbeitserlaubnis und mussten sich jederzeit ausweisen können. »Im 19. Jahrhundert [lässt sich] beobachten, wie tief die heutigen Probleme der Einwanderungspolitik nicht nur in wirtschaftlichen und geographischen Entwicklungen, sondern auch in der Nation und ihrer politischen Kultur verwurzelt sind« (ebd., 67). Im Ersten Weltkrieg kam es vor allem in Osteuropa vermehrt zu Massenflucht und Vertreibungen. Da viele Deutschstämmige zu den Flüchtlingen aus dem Osten gehörten, betrieb Deutschland eine Art Flüchtlingsfürsorge mit der Einrichtung von Lagern und Aufnahmestellen sowie der Versorgung und betreuten Umsiedlung. Dies war in der damaligen Zeit neu und lässt sich als Anfang der heutigen Flüchtlingspolitik deuten (vgl. Sassen 1996, 105).

Zwischen den beiden Weltkriegen gab es innerhalb Europas viele politische Flüchtlinge. Der wachsende Antisemitismus in Russland und Osteuropa trieb viele Juden in Richtung Westen. In den 1920er und 1930er Jahren kam es aufgrund des fortschreitenden Faschismus auch in Italien und Deutschland zu erheblichen Fluchtbewegungen. In Deutschland waren vor allem die Juden und die sozialistische Arbeiterbewegung betroffen, daneben auch Sinti und Roma, Homosexuelle, Behinderte und weitere Gruppen. Von den 1933 in Deutschland lebenden 525 000 Juden suchten bis 1945 knapp 300 000 Zuflucht in anderen europäischen Ländern sowie in den USA (vgl. Röder 1992, 345 ff).

Die nach dem Zweiten Weltkrieg erfolgte Zuwanderung nach Westdeutschland lässt sich in folgende Formen einteilen: (1) die Zuwanderung von Vertriebenen direkt nach dem Krieg, (2) die Anwerbung von ausländischen Arbeitskräften, (3) Formen von (saisonaler) Pendelmigration, (4) die Aufnahme von ausländischen Flüchtlingen und Asylsuchenden, (5) die Aufnahme von

(Spät-) Aussiedlern sowie (6) zwischen 1949 und 1961 die Abwanderung von 2,6 Millionen DDR-BürgerInnen in die BRD (vgl. Gogolin/Krüger-Potratz 2006, 62 ff). Die DDR definierte sich – ebenso wie Westdeutschland – als Nicht-Einwanderungsland. Die Zuwanderung wurde von Seiten des Staates stark reglementiert. Die bereits erwähnte Abwanderung in die BRD wurde durch den Mauerbau im Jahr 1961 unterbunden. Weitere nennenswerte Abwanderungsbewegungen kamen erst als Vorboten der Wiedervereinigung in den späten 1980er Jahren auf.

Trotz dieser vielfältigen und für die deutsche Gesellschaft folgenreichen Zuwanderung vor allem in Westdeutschland definierte sich Deutschland bis in die 1990er Jahre hinein nicht als Ein- und Auswanderungsland. Das im Jahr 1993 in Kraft getretene veränderte Asylrecht, das vorher im europäischen Vergleich als sehr liberal galt, wirkte sich regulierend auf die Einwanderung von Flüchtlingen aus (vgl. Sassen 1996, 122 f). Erst 2004 wurde das *Gesetz zur Steuerung und Begrenzung der Zuwanderung und zur Regelung des Aufenthalts und der Integration von Unionsangehörigen und Ausländern* (kurz: Zuwanderungsgesetz) verabschiedet.

Aktuelle Bestandsaufnahme

Laut Statistischem Bundesamt lebten Ende 2007 insgesamt rund 6,7 Millionen AusländerInnen in Deutschland; dies entspricht einem Anteil von 8,2 % an der Gesamtbevölkerung (vgl. Statistisches Bundesamt 2008). Auf die einzelnen Bundesländer übertragen ergibt sich jedoch ein anderes Bild: Besonders in den neuen Bundesländern haben sich nur wenige AusländerInnen niedergelassen (ca. 3,5 % der Gesamtbevölkerung). Einzige Ausnahme bildet Berlin; wie in den anderen beiden Stadtstaaten Hamburg und Bremen auch liegt hier der Anteil der ausländischen Bevölkerung an der Gesamtbevölkerung bei über 11%. Auch in Hessen und Baden-Württemberg ist der Anteil vergleichsweise hoch (vgl. Avenarius 2006, 143).

Der tatsächliche Anteil von Personen mit Migrationshintergrund an der deutschen Bevölkerung liegt jedoch deutlich über dieser Zahl, da dieser Terminus neben AusländerInnen auch SpätaussiedlerInnen, eingebürgerte MigrantInnen sowie MehrstaaterInnen berücksichtigt. Mit Hilfe des Mikrozensus wurden zuletzt 2005 genaue Daten zum jeweiligen individuellen Migrationshintergrund erhoben. Diese Erhebung kommt zu dem Ergebnis, dass 18,6 % der Bevölkerung Deutschlands einen Migrationshintergrund hat, wobei knapp 10 % dieser Personen, rein rechtlich gesehen, Deutsche sind (vgl. Avenarius 2006, 140). Ebenso wie bei der regionalen Verteilung von AusländerInnen variiert der MigrantInnenanteil bundesweit sehr stark: 21 % der westdeutschen Bevölkerung, jedoch nur 8 % der ostdeutschen Bevölkerung haben einen Migrationshintergrund.

Zwischen 1987 und 2006 sind knapp 17 Millionen Menschen nach Deutschland eingewandert. Dem gegenüber stehen knapp 12 Millionen Fortzüge, so dass sich ein Wanderungsüberschuss von etwa 5 Millionen Personen ergibt, die sich zumindest vorübergehend in Deutschland niedergelassen haben.

Neben der Migration in Form von Ein- und Auswanderung gibt es die Form der Binnenmigration. Innerhalb Deutschlands wechselten 2006 knapp 3,6 Millionen Menschen ihren Wohnort; 1,1 Millionen Menschen zogen dabei in ein anderes Bundesland, 2,5 Millionen Menschen zogen innerhalb ihres Bundeslandes um; Umzüge innerhalb einer Gemeinde wurden nicht berücksichtigt. Die neuen Bundesländer sind allesamt schrumpfende Regionen, nur in Berlin fällt der Wanderungssaldo positiv aus. Dagegen ist Bayern innerhalb Deutschlands die wachsende Region schlechthin, gefolgt von den Bundesländern Hamburg und Schleswig-Holstein (vgl. Statistisches Bundesamt 2008, 58 f).

Migration, so sollen diese Zahlen und Erläuterungen zeigen, muss als stetiges Phänomen betrachtet werden, durch das sich auch die Bevölkerung Deutschlands dauerhaft verändert. Integration und damit einhergehende Maßnahmen dürfen demnach nicht aufhören, sondern werden auch zukünftig wichtige Aufgaben für Deutschland sein, da der Anteil an MigrantInnen an der deutschen Bevölkerung steigt.

Migration und das deutsche Bildungssystem

Die beiderseitige Abhängigkeit von Bildungserfolg sowie sozialer, regionaler und ethnischer Herkunft im deutschen Schulsystem ist vor allem durch die Ergebnisse der PISA-Studien ins Bewusstsein gerückt. Der Differenzlinie ›Ethnie‹ kommt dabei eine wesentliche Bedeutung zu, da 27 % der unter 25-jährigen deutschen Bevölkerung einen Migrationshintergrund haben (vgl. Avenarius 2006, 142). In Großstädten wie Hamburg oder Berlin sowie in bestimmten Ballungsregionen liegt der Anteil an jungen Menschen mit Migrationshintergrund bei 50 % (vgl. ebd., 19). Migrationsspezifische Benachteiligungen im Bildungssystem, die teilweise in Form von institutioneller Diskriminierung (vgl. Gomolla/Radtke 2007) stattfinden, betreffen somit keine Randgruppe, sondern etwa ein Viertel der gesamten Schülerschaft. Durch indirekte Migrationseffekte z. B. in Regionen mit überdurchschnittlich hohem MigrantInnenanteil sind auch Kinder und Jugendliche ohne Migrationshintergrund von möglichen Benachteiligungen betroffen: z. B. von Unterrichtsproblemen, die aufgrund fehlender Unterstützung entstehen und sich auf alle SchülerInnen einer Klasse auswirken (vgl. Autorengruppe Bildungsberichterstattung 2008, 11). Die Bedeutung dieser Zahlen für das Bildungssystem sei kurz illustriert:

(1) Knapp 32 % der Schüler der Jahrgangsstufe 9 mit Migrationshintergrund besuchen die Hauptschule, nur knapp 25 % das Gymnasium. Schüler ohne Migrationsintergrund besuchen zu 17 % die Hauptschule und zu 33 % das Gymnasium (vgl. Avenarius 2006, 152).

(2) Bei den Jugendlichen, die die Schule ohne Abschluss verlassen, sind ausländische Jugendliche doppelt so häufig betroffen wie deutsche. Im Gegenzug erlangen deutsche Jugendliche dreimal so häufig die Hochschulreife wie ausländische (vgl. Autorengruppe Bildungsberichterstattung 2008, 11).

(3) Die Grundschule stellt für Migrantenkinder eine wesentliche Entscheidungsinstanz dar: Das Wiederholungsrisiko ist im Gegensatz zu Schülern ohne Migrationshintergrund viermal so hoch. Beim Übergang an weiterführende Schulen werden Haupt- und Realschulen bevorzugt empfohlen (vgl. Avenarius, 152 ff). Zudem sind SchülerInnen mit Migrationshintergrund an Förderschulen überrepräsentiert (vgl. Dirim et al. 2008, 9).

(4) In den Bereichen Lesekompetenz und mathematische Kompetenz weisen Migrantenkinder erhebliche Leistungsrückstände auf (vgl. Auernheimer 2007, 89). Die IGLU- und PISA-

Studien zeigen, dass die Diskrepanz zwischen schulischer Leistung von Kindern *mit* und *ohne* Migrationshintergrund in Deutschland so groß ist wie in keinem anderen vergleichbaren europäischen Staat (vgl. Schwippert u. a. 2003, 299).

Die Ergebnisse, die sich im Schulsystem zeigen, werden auch in der Erwachsenenbildung fortgesetzt: MigrantInnen nehmen kaum an Weiterbildungsmaßnahmen teil, und wenn sie es denn tun, dann sind sie vor allem im Bereich der allgemeinen Erwachsenenbildung (z. B. in Sprach- oder EDV-Kursen) zu finden, kaum aber in Veranstaltungen der beruflichen Weiterbildung (vgl. Fischer 2008, 33). In der Weiterbildungsforschung ist das Themenfeld ›Erwachsenenbildung und Migration‹ nur unzureichend vertreten. Hier besteht neben einem dringenden Forschungsbedarf auch akuter Handlungsbedarf, da der Anteil an Personen mit Migrationshintergrund an der Gruppe potentieller Weiterbildungsteilnehmender künftig stark ansteigen wird.

Forschungsstand

Obwohl das Migrationsgeschehen nicht unerheblich auch von *Auswanderung* gekennzeichnet ist, werden deren Auswirkungen auf das deutsche Bildungssystem in der einschlägigen Forschung nicht berücksichtigt. Zur Auswirkung der *Einwanderung* auf die deutsche Bildungslandschaft hingegen wurden und werden zahlreiche Forschungsarbeiten durchgeführt. Wie bereits angesprochen, beeinflusst die Einwanderung das deutsche Bildungssystem auf vielfältige Weise, so dass sich ein breit gefächerter Forschungsstand ergibt. Die oben genannten Ergebnisse der PISA-Studien und statistische Analysen der Schülerschaft belegen wiederholt die Bildungsbenachteiligung von SchülerInnen mit Migrationshintergrund in Deutschland.

Worin allerdings die Benachteiligungen von Migrantenkindern im Einzelnen bestehen und wie sie entstehen, sind Fragen, die andere Untersuchungen, zumindest zum Teil, beantworten. Zentrale Forschungsergebnisse zu den Gründen der »Schlechterstellung« (Mecheril 2004) von Migrantenkindern sind folgende:

(1) Nach den Ergebnissen der PISA-Studie gestalten andere Staaten mit vergleichbaren Migrationsdaten die schulische Inte-

gration von Kindern und Jugendlichen mit Migrationshintergrund erfolgreicher. Die Ursachen für die Benachteiligungen von Migrantenkindern in Deutschland sind folglich im Schul- und Bildungssystem zu suchen. International vergleichende Untersuchungen bieten zwar die Möglichkeit, vom Vergleich mit den Bildungssystemen anderer Länder zu profitieren; Leistungstests allein reichen hier jedoch nicht aus. Wichtiger ist es, die Systeme der Länder, in denen Migrantenkinder weniger benachteiligt sind als in Deutschland, genauer zu untersuchen (vgl. z. B. Dirim u. a. 2008). Analysen von länderspezifischen Stärken und Schwächen im Bildungssystem können als Reflexionshilfe für das eigene System verstanden werden.

(2) Im Hinblick auf die Integration von Migrantenkindern sind besonders jene Staaten erfolgreicher als Deutschland, die ein weniger stark gegliedertes Schulsystem haben. Als Problem erscheint hierzulande die sehr frühe Einteilung von Kindern (meist nach dem vierten Schuljahr) in unterschiedliche Schulformen, bezeichnet als Problem ›früher Selektivität‹. Die Ergebnisse der *Internationalen Grundschul-Leseuntersuchung* (IGLU) bestätigen diesen Befund, denn nach den Ergebnissen dieser Studie sind die (Lese-) Leistungen in der Grundschule insgesamt besser als in der Sekundarstufe (vgl. Bos u. a. 2003).

(3) Migrantenkinder besitzen einen geringeren Sozialstatus als Kinder ohne Migrationshintergrund, was sich vor allem an den wirtschaftlich und sozial prekären Bedingungen festmachen lässt, unter denen die Familien leben müssen (vgl. Stanat/Christensen 2006, 91). Zudem fehlen Unterstützungssysteme für Migrantenfamilien, auch und gerade im Hinblick auf die schulische Integration der Kinder (vgl. Mecheril 2004).

(4) Fremdenfeindliche Ausgrenzung ist ebenfalls ein Aspekt, der für die Schlechterstellung von SchülerInnen mit Migrationshintergrund verantwortlich ist (vgl. Mecheril 2004).

(5) Eine Untersuchung an Bielefelder Schulen hat Mechanismen institutioneller Diskriminierung aufgedeckt, die allein durch die Struktur des Schulsystems und die »Gleichbehandlung Ungleicher« zu Benachteiligungen führen (vgl. Gomolla/Radtke 2007). Diese sind allerdings oft subtiler Art und deshalb schwieriger zu erfassen als strukturelle Gegebenheiten des Bildungssystems.

(6) Der Sprache kommt als Schlüsselfaktor eine ganz besondere Rolle zu. Viele Kinder werden mit fehlenden Deutschkenntnissen eingeschult, was darauf zurückzuführen ist, dass sie im Elternhaus andere Sprachen als Deutsch verwenden (vgl. Reich/ Roth 2002, 36). Die Schule ist allerdings an der Einsprachigkeit im Deutschen orientiert und weiß nicht adäquat mit der mehrsprachlichen Lebenswelt der SchülerInnen umzugehen. Förderprogramme für den Ausbau des Deutschen sind oft nicht umfassend und nicht langfristig genug angelegt (vgl. ebd., 24 f).

(7) Ein gegenläufiger Ansatz zu den oben genannten Forschungsbereichen fokussiert die Kompetenzen und Ressourcen so genannter bildungserfolgreicher MigrantInnen. Mit Hilfe entsprechender Studien können Erfolgsfaktoren analysiert werden, die als Grundlage für individuelle Fördermaßnahmen sowie für Umgestaltungen im Bildungssystem verstanden werden können (vgl. Hummrich 2002, Badawia 2002).

Ein Blick über den eigenen Tellerrand – Das Beispiel Kanada

Der vergleichende Blick auf Bildungssysteme in anderen Staaten bildet eine Möglichkeit, das deutsche System kritisch reflektieren, konstruktiv diskutieren und verbessern zu können (vgl. Dirim u. a. 2008, 19). Kanada als klassisches Einwanderungsland, dessen Bevölkerungsstruktur sich durch große Heterogenität auszeichnet und dessen Bildungspolitik auf einer multikulturellen Gesellschaftsauffassung basiert, bietet hier einen Ansatzpunkt. Das Schulsystem lässt sich als integratives Gesamtschulsystem bezeichnen, das alle Kinder und Jugendlichen vom Kindergarten bis zum Abschluss der 9. Jahrgangsstufe gemeinsam unterrichtet. Alle Lehrkräfte, ErzieherInnen eingeschlossen, verfügen über ein abgeschlossenes Universitätsstudium. Weiterführend gibt es Sekundarstufenzentren für die Jahrgangsstufen 10, 11 und 12. Sonderschulen gibt es nicht. Stattdessen bekommen Schüler mit Förderbedarf in speziellen Ressource-Centern die nötige sozialpädagogische Unterstützung. Alle Schulen sind Ganztagsschulen, in denen sich Fachunterricht und andere Aktivitäten abwechseln (vgl. Tillmann 2007, 34 f). Durch die offizielle Bilingualität und entsprechende Förderprogramme in Schulen gilt Zwei- oder Mehrsprachigkeit als Normalfall und wird kontinuierlich gefördert; Englisch und teilweise auch Französisch werden im Zweitsprachunterricht angeboten (Ackeren/Klemm 2004, 101).

Als wesentliche Unterschiede im Vergleich zu Deutschland lassen sich drei Aspekte besonders hervorheben: Erstens unterscheidet sich gerade die ErzieherInnenausbildung in hohem Maße: Der Frühförderung kommt allein schon durch die universitäre Ausbildung der ErzieherInnen eine viel größere Bedeutung zu als dies in Deutschland der Fall ist. Zweitens minimiert das kanadische System die Risiken, die der Übergang von einer Schulform zur anderen mit sich bringt und die in Deutschland nachweislich vorhanden sind (vgl. Gomolla/Radtke 2007). Drittens bildet »die Heterogenität der Schülerschaften […] ein konstitutives Element des schulischen Lernens« (Tillmann 2007, 35): Statt schwächere SchülerInnen auf eine andere Schulform zu verweisen, bleiben diese in Kanada Teil der Lerngruppe, und es wird mit den vorhandenen Ressourcen gearbeitet. Im Gegensatz zu Deutschland waren die SchülerInnen mit Migrationshintergrund in Kanada, der PISA-Studie 2003 zufolge, ähnlich erfolgreich wie die übrige Schülerschaft (vgl. Stanat/Christensen 2006, 38 ff).

Fazit

Migration ist ein Phänomen, das es in Deutschland schon sehr lange und in immer wieder unterschiedlichen Ausprägungen und Intensitäten gibt. Entsprechend sind auch das staatliche Selbstverständnis und der politische Umgang mit den Auswirkungen von Migration über Jahrzehnte gewachsen. Radikale Veränderungen sind nicht zu erwarten. Dies zeigt beispielsweise der Umgang mit der Differenzierung in die unterschiedlichen Schulformen, die seit den PISA-Studien von 2000, 2003 und 2006 immer wieder umstritten ist: Zum einen wird die starke *Homogenisierung* der Schülerschaft bemängelt, zum anderen steht die frühe Trennung am Ende der Grundschulzeit in der Kritik (vgl. Auernheimer 2007, 85). Die unterschiedlichen Lösungsansätze zur besseren Positionierung von Kindern und Jugendlichen mit Migrationshintergrund im Bildungssystem, die als Antwort auf

PISA in den Bundesländern entwickelt worden sind, greifen nach wie vor nicht effektiv (vgl. PISA-Konsortium Deutschland 2008, 20). Ein Vorschlag wäre die Umgestaltung hin zu einem Gesamtschulwesen, ähnlich wie es in Kanada besteht.

Heterogene Lerngruppen bergen ein enormes Potential des voneinander Lernenkönnens in sich. Die unterschiedlichen Kompetenzen der Schülerschaft können als Ressourcenpool verstanden werden, von dem sowohl LehrerInnen als auch SchülerInnen profitieren. Individuelle Förderung sollte nicht durch punktuelle Projekte, sondern durch langfristige Fördermaßnahmen gestaltet werden. Dies gilt für spezifische Lernschwierigkeiten wie für Sprachprobleme gleichermaßen.

Der Umgang mit der in der Lebenswelt der SchülerInnen vorhandenen Mehrsprachigkeit wird kontrovers diskutiert. Wichtigste Schritte sind die Anerkennung der mehrsprachigen Lebenswelt einer Vielzahl von SchülerInnen sowie aller Herkunftssprachen, da Mehrsprachigkeit ein Mittel zum Erwerb von Bildung und in der globalisierten Welt eine kostbare individuelle und gesellschaftliche Ressource ist, die es zu fördern gilt. Die Förderung muss auf die jeweiligen regionalen Bedarfe individuell zugeschnitten werden.

Da die SchülerInnen von heute die zukünftigen Teilnehmenden in Weiterbildungsveranstaltungen sind, müssen MigrantInnen verstärkt als Zielgruppe wahrgenommen und angesprochen werden, um sie für die Thematik des lebenslangen Lernens zu sensibilisieren. Die Inhalte und Rahmenbedingungen müssen überprüft und überarbeitet werden, um Menschen mit Migrationshintergrund erreichen zu können. Mehrsprachigkeit muss auch in der Erwachsenenbildung eine zentrale Rolle spielen, und zwar nicht nur in den Kursen zu ›Deutsch als Fremdsprache‹, sondern auch in speziellen Kursangeboten in bestimmten Herkunftssprachen oder in Form von mehrsprachigen DozentInnenteams. Daneben sind niedrigschwellige Angebote der Weiterbildungsberatung sinnvoll, die die persönlichen Bedürfnisse der Lernenden erfassen und über entsprechende Veranstaltungsangebote informieren können.

Weiterführende Literaturhinweise

Dirim u. a. 2008; Dirim/Mecheril 2009; Fischer 2008; Gogolin 2009; Stanat/Christensen 2006.

Literatur

Ackeren, I. von/Klemm, K. (2004): Integration of students with a migration background. In: Döbert, H. (Hg.): Features of successful school systems. A comparison of schooling in six countries. Münster u. a., 99–110.

Auernheimer, G. (2007): Migration und Bildungsgerechtigkeit in Deutschland. In: Fischer, D./Elsenbast, V. (Hg.): Zur Gerechtigkeit im Bildungssystem. Münster u. a., 85–92.

Autorengruppe Bildungsberichterstattung (2008): Bildung in Deutschland 2008. Ein indikatorengestützter Bericht mit einer Analyse zu Übergängen im Anschluss an den Sekundarbereich I. Bielefeld.

Avenarius, Hermann (2006): Bildung in Deutschland. Ein indikatorengestützter Bericht mit einer Analyse zu Bildung und Migration. Bielefeld.

Badawia, Tarek (2002): »Der dritte Stuhl«. Eine Grounded-theory-Studie zum kreativen Umgang bildungserfolgreicher Immigrantenjugendlicher mit kultureller Differenz. Frankfurt a. M.

Bos, W. u. a. (Hg.) (2003): Erste Ergebnisse aus IGLU. Schülerleistungen am Ende der vierten Jahrgangsstufe im internationalen Vergleich. Münster u. a.

Dirim, İ./Hauenschild, K./Lütje-Klose, B. (2008): Einführung. In: dies.: Ethnische Vielfalt und Mehrsprachigkeit an Schulen. Beispiele aus verschiedenen nationalen Kontexten. Frankfurt a. M.

Dirim, İ./Mecheril, P. (2009): Die Sprachen(n) der Migrationsgesellschaft. In: Mecheril, P./Kalpaka, A./Castro Varela, M./Dirim, İ./Melter, C.: BA/MA Kompakt: Migrationspädagogik. Weinheim.

Fischer, V. (2008): Migration: Forschungsergebnisse und -defizite. Anforderungen an die Weiterbildung. In: Hessische Blätter zur Volksbildung, Jg. 58, H. 1, 32–40.

Gogolin, I. (Hg.) (2009): Streitfall Zweisprachigkeit. Wiesbaden.

Gogolin, I./Krüger-Potratz, M. (2006): Einführung in die interkulturelle Pädagogik. Opladen.

Gomolla, M./Radtke, F.-O. (2007): Institutionelle Diskriminierung. Die Herstellung ethnischer Differenz in der Schule. 2., durchges. und erw. Aufl. Wiesbaden.

Hummrich, M. (2002): Bildungserfolg und Migration. Biographien junger Frauen in der Einwanderungsgesellschaft. Opladen.

Mecheril, P. (2004): Einführung in die Migrationspädagogik. Weinheim, Basel.

PISA-Konsortium Deutschland (2008): PISA 2006 in Deutschland. Online verfügbar: http://pisa.ipn.uni-kiel.de/Zusfsg_PISA2006_national.pdf [10.12.2008].

Reich, H. H./Roth, H.-J. (2002): Spracherwerb zweisprachig aufwachsender Kinder und Jugendlicher. Ein Überblick über den Stand der nationalen und internationalen Forschung. Hamburg.

Röder, W. (1992): Die Emigration aus dem nationalsozialistischen Deutschland. In: Bade, K. J. (Hg.): Deutsche im Ausland – Fremde in Deutschland. Migration in Geschichte und Gegenwart. München, 333–354.

Rößler, H. (1992): Massenexodus: die neue Welt des 19. Jahrhunderts. In: Bade, K. J. (Hg.): Deutsche im Ausland – Fremde in Deutschland. Migration in Geschichte und Gegenwart. München, 148–157.

Sassen, S. (1996): Migranten, Siedler, Flüchtlinge. Von der Massenauswanderung zur Festung Europa. Frankfurt a. M.

Schwippert, K./Bos, W./Lankes, E.-M. (2003): Heterogenität und Chancengleichheit am Ende der vierten Jahrgangsstufe im internationalen Vergleich. In: Bos u. a., 265–302.

Stanat, P./Christensen, G. (2006): Schulerfolg von Jugendlichen mit Migrationshintergrund im internationalen Vergleich. Eine Analyse von Voraussetzungen und Erträgen schulischen Lernens im Rahmen von PISA 2003. Bonn.

Statistisches Bundesamt (2008): Statistisches Jahrbuch 2008. Wiesbaden.

Tillmann, K.-J. (2007): Viel Selektion – wenig Leistung. Ein empirischer Blick auf Erfolg und Scheitern in deutschen Schulen. In: Fischer, D./ Elsenbast, V. (Hg.): Zur Gerechtigkeit im Bildungssystem. Münster, 25–37.

Kulturelle und sprachliche Heterogenität in der Schülerschaft

Ingrid Gogolin*

Die Sicht- und Argumentationsweise der Interkulturellen Pädagogik und ihre Beiträge zur Lehrerbildung sind Gegenstand dieses Beitrags. Zunächst werden die historische Entwicklung dieses pädagogischen Gebiets und ihre Bedeutung für die praktische Ausübung pädagogischer Berufe vorgestellt. Sodann wird am Beispiel der sprachlichen Verfasstheit des Bildungssystems und der sprachlichen Bildung illustriert, welche Anforderungen sich aus interkulturell pädagogischer Sicht an die Kompetenz und Professionalität in pädagogischen Berufen stellen.

Interkulturelle Pädagogik: Ihre Bedeutung für die Ausübung pädagogischer Berufe

Die Verschiedenheit von Lebenslagen und Erfahrungen, von Fähigkeiten und Neigungen der (jungen) Menschen, die lernen sollen – und nach den Hoffnungen, die man hegt, auch lernen wollen –, beschäftigen die Pädagogik seit jeher. Zu den überlieferten Wegen des pädagogischen Umgangs mit Verschiedenheit, die sich in der Geschichte nationalstaatlicher Bildungssysteme durchgesetzt haben, gehört es, Gleichheiten zu konstruieren. Ein Beispiel hierfür ist das deutsche gegliederte Schulsystem. In seiner Konstruktion wird die Grundüberzeugung manifest, dass die Aufteilung in verschiedene Schulformen, deren jede einem Lerner-Typus von gleicher Fähigkeit und Eignung entspreche, eine geeignete Lösung des Verschiedenheitsproblems sei. Die äußere Dif-

---

* Ingrid Gogolin, Dr. phil., ist Professorin für International Vergleichende und Interkulturelle Bildungsforschung an der Universität Hamburg. Schwerpunkte: Entwicklung, Lehren und Lernen in sprachlich und kulturell heterogenen Konstellationen; Zwei- und Mehrsprachigkeit; erziehungswissenschaftliche Migrationsforschung.

ferenzierung erschien als geeigneter Modus der Reaktion auf unterschiedliche Lernbedürfnisse; die damit einher gehende Erwartung war, dass die Lernenden – vorausgesetzt, dass die Zuweisungsentscheidung zutreffend war – zum Optimum ihrer Leistungsmöglichkeiten geführt würden.

Über diesen Modus der Reduktion von Heterogenität durch das Konstruieren von Gemeinsamkeiten gab es immer wieder Kontroversen. Eine jüngere Kritik daran, mit Heterogenität in der Schülerschaft auf diese Weise zu verfahren, stammt aus der Interkulturellen Erziehungswissenschaft. Ihr Beobachtungsfeld ist sprachliche und kulturelle Verschiedenheit, welcher mit dem Mittel der Konstruktion von Homogenität jedoch nicht beizukommen ist. Vielmehr werden durch diese Verfahrensweise Bildungschancen verschlossen.

Ausgangsbeobachtung für die Entwicklung interkultureller Ansätze in der deutschen Erziehungswissenschaft war es, dass sprachliche und kulturelle Heterogenität in der Schülerschaft zunahmen – nicht nur auf dem Territorium des deutschen Staates. Massive internationale Migration, die diese Entwicklung mitbestimmte, konnte seit Beginn der 1950er Jahre in allen entwickelten nord- und westeuropäischen Industriestaaten beobachtet werden. Von den 1970er bis in die 1990er Jahre war Deutschland das Einwanderungsland Nr. 1 in der westlichen Welt – jedenfalls, was die Zahl der Zuwandernden anlangte. Politisch anerkannt wurde das Faktum freilich nicht. Bis zur Verabschiedung des ersten Nationalen Integrationsplans für Deutschland galt das Diktum: Deutschland ist kein Einwanderungsland (Bundesregierung, 2007). Lediglich in einigen wenigen Politikbereichen wurde auf Migration mit Maßnahmen integriert, die der Integration der Zugewanderten dienen sollten (Gogolin, I., 2008). Auch die Pädagogik als Wissenschaft beteiligte sich an der Begründung und Gestaltung solcher Maßnahmen.

Das Interesse von PädagogInnen galt zunächst ausschließlich den Kindern der Migranten, seinerzeit ›Gastarbeiterkinder‹ genannt. Untersucht wurden sie als eine ›fremde‹ Schülerschaft, als Schüler, die in das geltende Gemeinschaftsschema nicht einzuordnen waren. Ihre sprachlichen Besonderheiten und die aus der Region der Herkunft mitgebrachten Traditionen oder Glaubensüberzeugungen wurden als Quellen für Defizite gegenüber den

Verhaltensweisen, Kenntnissen und Fähigkeiten interpretiert, die von einem Kind oder Jugendlichen ›normalerweise‹ in den Bildungsprozess mitgebracht werden. Es entstanden programmatische didaktische Entwürfe und schulorganisatorische Konzepte, die dazu dienen sollten, die Unnormalität jener ›Fremden‹ zu überwinden; hiervon versprach man sich zugleich die Überwindung ihrer offenkundigen Schwierigkeiten dabei, im Bildungswesen Fuß zu fassen (vgl. Gogolin/Krüger-Potratz 2006).

Seit jenen Anfängen hat diese Sichtweise sich stark ausdifferenziert. Ein wichtiger Anlass dafür war die kritische Auseinandersetzung mit den eigenen ›Normalitäten‹ – jenen normativen Setzungen also, von denen aus die Identifizierung der (oder des) Fremden als fremd vorgenommen wurde. Ein Beispiel für diese Auseinandersetzung ist die bis heute unabgeschlossene Beschäftigung mit dem Kulturbegriff in der Interkulturellen Pädagogik. ›Kultur‹ – so die rückblickende Analyse – war in den ersten pädagogischen Auseinandersetzungen mit der durch Zuwanderung augenfällig vermehrten Heterogenität der Schülerschaft stillschweigend als Nationalkultur aufgefasst worden: als ein kulturelles Erbe also, welches die auf einem Staatsgebiet geborenen und lebenden Menschen (die Angehörigen einer Nation) fraglos gemeinsam hätten. Mit dieser meist unausgesprochenen Prämisse wurden die Traditionen und Praktiken, die Ausdrucksweisen, Glaubensüberzeugungen und Weltauffassungen der Zuwandernden beobachtet. Sie wurden an den Staat oder die Sprache ihrer Herkunft rückgebunden, schienen untrennbar damit verbunden. Die Praxis des Einzelnen wurde aufgefasst, als sei sie das genaue Abbild der im Nationalen liegenden kulturellen Traditionen. In diesem Verständnis konnten ›Schulschwierigkeiten‹ auf die gemeinsamen ›kulturellen Erbschaften‹ der Kinder aus zugewanderten Familien zurückgeführt werden. Für sie wurde also eine Gemeinsamkeit gedanklich geschaffen, die der gedachten Gemeinsamkeit der Altansässigen entsprach – nur, dass die eine eben als ›eigene‹ galt, die andere als ›fremde‹. Diese anfängliche Auffassung und Betrachtungsweise bringt es mit sich, dass das Schulwesen – genauer: die ›eigene‹ Gesellschaft, ihre Institutionen, Strukturen und Normalkonzepte – nicht in den Blick geraten. Die Aussagen über die ›Fremden‹ basieren auf einer Schöpfung von Gemeinsamkeiten, die für bildungsrelevant erachtet werden:

gemeinsame nichtdeutsche Staatsbürgerschaft, gemeinsame Zugehörigkeit zu einer nach dem Pass ermittelten ›fremden‹ Kultur, Ethnie und Sprache. Im selbstkritischen Diskurs der Interkulturellen Pädagogik entwickelte sich allmählich eine Revision dieser ersten Näherungen an die Frage nach den Folgen, die die wachsende innergesellschaftliche kulturelle und sprachliche Heterogenität für Bildung und Erziehung hat (Gogolin, Ingrid & Krüger-Potratz, 2006). In dieser Neuorientierung kam in den Blick, dass der staatsbürgerrechtliche Status eines Menschen zwar auf der Ebene der Rechte und Berechtigungen höchste Relevanz für seine Lebenspraxis besitzt; Erklärungswert in pädagogischen Zusammenhängen aber besitzt er kaum. Relevant ist er lediglich in Fällen, in denen aufgrund der staatsbürgerlichen Zugehörigkeit Rechte und Berechtigungen in Bildungskonstellationen eingeräumt oder verweigert werden. Dies ist freilich in Deutschland durchaus relevant für das Bildungsschicksal von Kindern aus Migrantenfamilien. Anders als in den meisten europäischen Einwanderungsländern gibt es hierzulande kein selbstverständliches Recht auf Bildung für alle, die im Lande leben. Dieses Recht ist vielmehr in vielen Bundesländern eingeschränkt und wird davon abhängig gemacht, ob ein Kind oder Jugendlicher einen legalen aufenthaltsrechtlichen Status hat.

In den Ansätzen der Interkulturellen Pädagogik, die sich im wissenschaftlichen Kontext inzwischen durchgesetzt haben, richtet sich der Blick nicht mehr starr auf die Merkmale und Eigenschaften der Gewanderten, sondern primär darauf, materielle, strukturelle und inhaltliche Merkmale von Bildungs- und Erziehungsinstitutionen oder Bildungsprozessen freizulegen, die einer gleichberechtigten Koexistenz verschiedener Sicht- und Lebensweisen in heterogenen Gesellschaften entgegenstehen. Im Hintergrund dessen steht eine normative Prämisse über die Geltung von Praktiken, Auffassungen und Glaubensüberzeugungen im Bildungskontext: Hier ist davon abzusehen, wo ein Mensch geboren wurde und ob er den Status des Staatsbürgers eines Hoheitsgebiets, auf dem er lebt, hat.

Aus dieser Perspektive fungiert der Kulturbegriff als Wegweiser: Geachtet wird auf Anlässe und Zwecke, unter denen von ihm oder verwandten Begriffen (Sprache, Ethnie) explizit oder implizit Gebrauch gemacht wird, um Rechte und Berechtigungen, um Partizipationsmöglichkeiten im Bildungssystem zu gewähren, zu steuern oder zu verweigern. Dieses Umgehen mit dem Kulturbegriff ist hilfreich, um Annäherungen an die Beschreibung überindividueller Unterschiede in den Weltansichten, Glaubensüberzeugungen, Ausdrucksformen und Lebenspraktiken von Menschen zu finden. Eine für den Erziehungs- und Bildungszusammenhang relevante Anschlussfrage lautet: Welche Überzeugungen, Ansichten, Sprach- und Lebenspraktiken von Menschen werden im Erziehungs- und Bildungssystem bevorzugt, welche ignoriert, welche negativ sanktioniert? In den Blick geraten so Normalitätsannahmen, die im Bildungswesen explizit oder unausgesprochen Geltung haben (was als ›angemessene‹ Bildungsvoraussetzung gilt; welche Kenntnisse, Fähigkeiten, Anschauungen und Haltungen ›Bildungswert‹ eingeräumt bekommen und welche nicht usw.).

Objekte der Betrachtung sind nicht die ›dem Migranten‹ zugeschriebenen kulturellen Ausdrucksformen. Vielmehr geht es darum, die Konstellationen und Institutionen, in denen Gewanderte und Nichtgewanderte agieren und interagieren, in ihren Funktionsweisen zu verstehen. Kulturelle und sprachliche Verschiedenheit, Mehrsprachigkeit in einer Gesellschaft werden als nicht hintergehbare Grundtatsache aufgefasst: nicht als ein normatives Konstrukt, das es zu erreichen gilt, sondern als Beschreibungskategorie für das immer schon Dagewesene. Da aber diese Grundtatsache nicht von allen Mitgliedern einer Gesellschaft anerkannt wird, ist es notwendig, die tradierten Festlegungen dessen zu prüfen (und eventuell zu revidieren), was warum als ›normale Bildungsvoraussetzung‹ gilt oder was warum als ›Bildungswert‹ anerkannt ist.

Diese Betrachtung von Bildungszusammenhängen bringt es mit sich, dass nicht nur die sprachlich-kulturelle Herkunft in den Blick kommt, sondern auch andere Differenzlinien, an denen entlang Partizipationsmöglichkeiten im Bildungssystem gesteuert werden. Hier ist in erster Linie *soziale* Herkunft relevant. Wie zahlreiche Untersuchungen der Bildungsforschung belegen, begründet sie in besonderem Maße Bildungschancen bzw. ihre Einschränkung. Der erreichte theoretische Stand in der Interkulturellen Pädagogik hat erkennen lassen, dass die der Pädagogik zunächst auffällig gewordene Gruppe der Migranten nur insofern einen besonderen Status für die Forschung und die pädagogische Praxis einnimmt, als an ihrem Beispiel, wie durch eine Lupe, Merkmale und Eigenschaften *des Bildungssystems* besonders deutlich sichtbar werden – Merkmale und Eigenschaften, die dafür sorgen, dass es in pädagogischen Institutionen nach Herkunft bevorzugte oder benachteiligte Menschen gibt. Dies ist relevant, weil es einem wichtigen Versprechen widerspricht, das Bildungssysteme einzulösen haben, nämlich Bildung von der Herkunft weitestmöglich *unabhängig* zu ermöglichen. Zwar wird durch die Ergebnisse der Bildungsforschung auch belegt, dass der völlige Ausgleich herkunftsbedingter Benachteiligungen durch Bildungseinrichtungen nicht gelingen kann. Zugleich aber ist erwiesen, dass einige Bildungssysteme besser als andere für den nötigen Nachteilsausgleich sorgen.

Für die praktische Ausübung pädagogischer Berufe sind das Wissen über solche Zusammenhänge und die Fähigkeit, deren Folgen im Konkreten zu erkennen, grundlegend. Sie gehören zur professionellen pädagogischen Kompetenz – unabhängig davon, in welcher Institution jemand tätig ist oder welches Lebensalter die Klientel besitzt, mit der es die Pädagogin oder der Pädagoge zu tun hat. Professionelle pädagogische Kompetenz beinhaltet auch die Fähigkeit, *nicht* daran mitzuwirken, dass die beschriebenen Mechanismen in Gang gesetzt und wirksam werden, auch nicht unbewusst oder ungewollt.

Beispiel: Sprachliche Bildung

Zu den Normalitätsannahmen, deren Geltung aus Sicht Interkultureller Pädagogik in Frage steht, gehört die Überzeugung, dass Individuen und Staaten ›normalerweise‹ einsprachig seien. Aus dieser Grundüberzeugung heraus – ich habe sie als ›monolingualen Habitus‹ bezeichnet (Gogolin, 1994) – werden in Staaten mit historisch überkommenem monolingualen Selbstverständnis (wie Deutschland) die Maßstäbe dafür gewonnen, Sprachkönnen und Sprachpraxis von Menschen zu beurteilen sowie den ›Marktwert‹ eines sprachlichen Vermögens zu bestimmen. In der historischen Lage, in der wir sind, ist die hier als legitim geltende Sprache das Deutsche, und ein Leben, das in dieser einen Sprache geführt wird, gilt als das normale. Andere Sprachen, die auf deutschem Boden existieren, bekommen unter bestimmten Umständen und mit Einschränkungen Legitimität zuerkannt. Dies kann durch staatliche Akte geschehen, wie etwa im Falle der in einigen deutschen Landesverfassungen anerkannten nationalen Minoritätensprachen Dänisch, Friesisch und Sorbisch. Die Bedingung ist hier die ›Altansässigkeit‹ einer Sprache und ihrer Sprecher, verbunden mit der deutschen Staatsbürgerschaft. Die Einschränkung betrifft die Region, für die das Anerkenntnis Geltung hat; so gilt die Rechtstellung der genannten deutschen Minderheitensprachen nicht in der ganzen Republik, sondern nur in wenigen Regionen und Bundesländern.

Viel verbreiteter aber ist der Modus, dass Sprachen Legitimität erlangen, indem sie in den offiziellen Kanon der Schulfremdsprachen aufgenommen werden. Infolgedessen wird ihre Aneignung vom Bildungswesen gesteuert, evaluiert und zertifiziert. Diese Mechanismen, so der französische Soziologe Pierre Bourdieu (Bourdieu, 1990), verleihen einer Sprache Legitimität. Ihre Beherrschung gilt als Bildungswert.

Das persönliche Verfügen über mehr als eine Sprache wird also keineswegs unter allen Umständen gesellschaftlich anerkannt. Die für die Anerkennung notwendigen Bedingungen können speziell von Zuwanderern, die in zwei oder mehr Sprachen leben, nicht ohne weiteres erfüllt werden; ihre Sprachen unterliegen üblicherweise nicht den traditionell legitimierenden, zugleich marktwerterhöhenden Mechanismen; sie besitzen keinen besonderen rechtlichen Status, der ihnen Legitimität verleihen würde; sie erfahren keine Aufwertung durch Aufnahme in den üblichen Kanon schulischer Fremdsprachen. Speziell in Deutschland (aber nicht nur hier) sind diese Sprachen nur selten Teil des regulären Schulangebots – und wenn, dann oft nur an Grundschulen oder Schulformen, die einen geringqualifizierenden Abschluss ermöglichen. Auch in anderen Staaten sind die Sprachen der Migranten Gegenstand der öffentlichen Auseinandersetzung. Die Erhebung in den Rang eines allgemeinen Bildungsguts erfahren diese Sprachen in vielen Staaten jedoch nicht; d. h. ihre Legitimierung durch ein offizielles Zertifikat für ihre Beherrschung bleibt versagt. Die Sprachen Zugewanderter fungieren daher als gleichsam illegitime Sprachen. Und die Praxis, sie alltäglich neben dem Deutschen oder zusammen mit ihm zu gebrauchen, ist in diesem Verständnis ein illegitimer Sprachgebrauch.

Die zunehmende Mobilität der Menschen lässt diese Konstruktion von Normalität und ihre Konsequenzen für Bildung und Erziehung fragwürdig werden. Die Fragwürdigkeit erhöht sich zumal angesichts der so zu skizzierenden Entwicklung: Grenzüberschreitende Wanderung wird immer seltener als ein einmaliger, abschließbarer Prozess vollzogen. Vielmehr halten Migranten auf vielfältige Weise Verbindung zur Region der Herkunft, zu den Menschen und Institutionen dort. Dies schließt auch eine wiederholte, zeitweise Lebensführung im Gebiet der ursprünglichen Auswanderung ein. Gewiss ist das Aufrechterhalten von Kontakt zur Herkunft keine völlig neue Praxis von Migranten. Ihre Bedeutung für die alltägliche Lebensführung wächst aber dadurch, dass sich inzwischen die Möglichkeiten zum vergleichsweise mühelosen wechselseitigen Kontakt erleichtert haben. Hauptursache dafür ist die rasante Entwicklung der Technologien für Transport und Kommunikation.

Infolge solcher Praktiken entstehen ›transnationale soziale Räume‹ (Pries, 2002), in denen sich dauerhafte Formen der sozialen Positionierung entwickeln können. Die transnationalen Lebenspraktiken kombinieren Elemente von Herkunfts- und Aufnahmegesellschaft zu etwas Neuem. ›Integration‹ in die aufnehmende Gesellschaft und das Offenhalten einer Rückkehr- oder Weiterwanderungsperspektive sind, so betrachtet, keine unvereinbaren Gegensätze, sondern Ausdrucksformen einer neuen ›normalen‹ Lebenswirklichkeit für eine wachsende Zahl von Menschen. Für diese Menschen ist die Pflege von mehr als einer alltäglichen Lebenssprache nicht nur üblich, sondern geradezu unabdingbare Voraussetzung für gesellschaftliche Teilhabe.

Hier haben wir nun einen Widerspruch vor uns. Die monolinguale Grundüberzeugung – die etwa zum Vorschein kommt in der Aufforderung, sich im Fremdsprachenunterricht einsprachig zu verhalten – ist nicht die beste Ausrüstung für ein Leben in sprachlich heterogenen Gesellschaften. Sie ist gleichwohl normsetzend, unter anderem in der Weise, dass die Begleiterscheinungen multilingualer Lebensweisen (z. B. eine ungewöhnliche Aussprache) negativ sanktioniert werden. Die Kraft der hergebrachten Normalvorstellungen ist in dieser Hinsicht – nicht nur in Deutschland – dem Faktischen überlegen.

Das Exempel der Sprachpraxis soll zeigen, wie eine interkulturell pädagogische Betrachtungsweise funktioniert: Betrachtet wird, was in einer Gesellschaft oder einem Bildungssystem als ›normal‹ angesehen wird (wie es dazu kam, wie sich dies begründet usw.). Ermittelt wird sodann, ob dieses Normalitätskonstrukt nach wie vor Gültigkeit beanspruchen kann. Die Antworten auf diese Fragen werden unter anderem daran gemessen, welche Konsequenzen ein Normalitätskonstrukt für gesellschaftliche Teilhabe hat. Am Fall der Sprachen kann man feststellen, dass das Normalitätskonstrukt der Monolingualität zum Ausschluss bestimmter Sprachpraktiken von gesellschaftlicher Anerkennung führt. Die für die Bildungspraxis relevante Anschlussfrage lautet, ob es im Bildungsprozess aufgrund dieser Zusammenhänge zu Nachteilen für Menschen kommt.

Beispiel: Bildungssprache

Analysen der Interkulturellen Pädagogik haben ergeben, dass die sprachliche Gestaltung von Bildungsprozessen durchaus zu Nachteilen für Lernende führen kann, die einen Migrationshintergrund besitzen und daher zweisprachig sind – oder auch für diejenigen, die keine Migrationsgeschichte haben, aber in ihrer Familie eine bildungsferne Sprachpraxis erfahren. Hier ist zum einen der angesprochene Aspekt der Zwei- oder Mehrsprachigkeit bedeutsam: Es stellt sich die Frage, welche Konsequenzen es für die Bildungskarriere eines Kindes oder Jugendlichen mit Migrationshintergrund hat, wenn die Herkunftssprache der Familie zwar in seinem Leben und der alltäglichen Sprachpraxis eine wichtige Rolle spielt, nicht aber schulisch weiterentwickelt und zertifiziert werden kann.

Aber über dieses Problem hinaus ist auch die Gestaltung von Bildungsprozessen in der allgemeinen Schulsprache (hier im Deutschen) bedeutsam für Bildungserfolgschancen. Als kritisch für potentiellen Bildungserfolg wurde in der Mehrsprachigkeitsforschung und der interkulturellen Bildungsforschung identifiziert, dass es eine Divergenz zwischen der ›Bildungssprache‹ und der im Alltag üblicherweise gebrauchten Sprache gibt. Kinder müssen im Bildungsprozess lernen, sich im richtigen Moment der gerade angemessenen Sprache zu bedienen.

Die Unterscheidung zwischen ›Bildungssprache‹ und ›Alltagssprache‹ stützt sich auf die *Functional Grammar* von Halliday (Halliday, ²1994). Sie ermöglicht es, die je besonderen Strukturmerkmale zu beschreiben, die verschiedene sprachliche Register in Abhängigkeit von der jeweiligen Funktion des Sprachgebrauchs auszeichnen. Im Englischen wird der Begriff *academic language* zur Bezeichnung der Register benutzt, die im Bildungszusammenhang relevant sind (Cummins, 2002). Der Begriff der ›Bildungssprache‹ wurde als deutsche Analogbildung dazu vorgeschlagen. Er eröffnet einen angemessenen Bedeutungshorizont für das sprachliche Können, über das ein Mensch zu verfügen lernen muss, wenn er auf Bildungserfolg Aussichten haben soll (Gogolin, 2006). ›Bildungssprache‹ meint jenes sprachliche Register, mit dem man sich auf der Basis von *Schulbildung* Orientierungswissen verschaffen kann (vgl. Habermas 1977).

Genau dies zeichnet bildungssprachliche Redemittel aus: Ihnen kommt die Funktion zu, dasjenige Wissen kennenzulernen und sich anzueignen, das *mittels schulischer Bildung* erlangt werden kann. Die Redemittel, die der Bildungssprache zuzurechnen sind, sind auch außerhalb des Bildungskontextes gebräuchlich – in formellen Kontexten, bei der Besprechung öffentlicher Angelegenheiten, im geschriebenen Wort wie in gesprochenen Verlautbarungen. Im Bildungskontext aber, der mit der Schule als Institution oder vergleichbaren Einrichtungen verbunden ist, besitzt ›Bildungssprache‹ besondere Funktionen: Sie ist das Medium der Aneignung des Wissens und Könnens, und sie ist zugleich das Medium, in dem der Nachweis einer erfolgreichen Aneignung des Wissens und Könnens erbracht wird. ›Bildungssprache‹ ist also ein normativer Begriff. Normsetzend ist jedoch nicht die Hierarchie zwischen Sprachen und Sprechweisen, aus der sich soziale Hierarchien ableiten, sondern sind *die mit der Etablierung öffentlicher Bildung verbundenen Ziele*. Damit ist zugleich gesagt, dass ein Anspruch an die Institutionen der Bildung aufgemacht wird: Es ist an ihnen, mit passenden Mitteln dafür zu sorgen, dass die Chance auf Aneignung des Registers ›Bildungssprache‹ auch denen offensteht, die sie sich außerhalb von Bildungsinstitutionen, speziell im familialen Kontext, nicht erobern können.

Charakteristisch für ›Bildungssprache‹ ist ihre Verzweigung über die Zeit. Sie differenziert sich immer stärker in unterschiedliche Register aus, je weiter eine Bildungsbiographie voranschreitet. Diese Ausdifferenzierung geht einher mit der Differenzierung des Unterrichts in Fächer oder Fächergruppen. Damit ist einerseits auf den zunehmenden Einsatz der verschiedenen fachlichen Begrifflichkeiten angespielt, also auf die Möglichkeit und die Notwendigkeit, zwischen einer Strecke in der Mathematik, einer Strecke im Bergbau und der Strecke beim Spaziergang, über die jemand einem Freund berichtet, zu unterscheiden. Aber die Konzentration auf diese Dimension von ›Bildungssprache‹ ist ein (allerdings weitverbreiteter) Kurzschluss. Mindestens ebenso bedeutsam, in manchen Stadien des Lernprozesses wahrscheinlich wichtiger als die spezifische Terminologie eines gerade besprochenen Gegenstands, sind die *Strukturmittel* der bildungssprachlichen Register, d. h. die besonderen Spielregeln, mit denen Sätze und Texte gebaut werden (Gogolin Roth, 2007).

Studierende pädagogischer Berufe, insbesondere Lehramtsstudierende, müssen nicht nur die grundlegende Bedeutung der Sprache als Transportmittel von Bildungsinhalten und der Wege ihrer Aneignung kennen. Sie müssen darüber hinaus imstande sein zu ermitteln, welche sprachlichen Anforderungen und Schwierigkeiten eine Sache enthält, die zur Vermittlung bzw. Aneignung ansteht. Und sie müssen schließlich in der Lage sein, die sprachlichen Bildungsvoraussetzungen zu diagnostizieren, mit denen die Lernenden an die Lernaufgaben herangehen.

Fazit

Für das Studium pädagogischer Berufe und die Ausübung einer professionellen pädagogischen Praxis ist also ein Zugang zum *Zusammenhang* zwischen sprachlicher, kultureller und sozialer Heterogenität und Bildungschancen relevant, unabhängig vom speziellen Handlungsfeld, in dem die Berufsausübung stattfindet, sei es im Kindergarten, in der Schule oder in der Erwachsenenbildung. Bildungseinrichtungen sind mit dem Anspruch verbunden, dass die Inhaberinnen und Inhaber pädagogischer Berufe ein grundlegendes Wissen über die Konsequenzen von Heterogenität für Erziehung und Bildung besitzen, aber darüber hinaus auch Fähigkeiten, dieses Wissen in praktisches Handeln zu übersetzen. Dazu gehört diagnostische Kompetenz, also die Fähigkeit, die Voraussetzungen zu ermitteln, die lernende Menschen für die Bewältigung einer neuen Entwicklungs- oder Lernaufgabe mitbringen. Dazu gehört auch die Fähigkeit, Bildungsangebote so zu gestalten, dass daraus kein Nachteil für die Menschen entsteht, für die sie gemeint sind.

Weiterführende Literaturhinweise

Gogolin 2006; Gogolin/Krüger-Potratz 2006; Gogolin/Neumann 2009.

Literatur

Bourdieu, P. (1990). Was heißt sprechen? Die Ökonomie des sprachlichen Tausches. Wien.

Bundesregierung (2007): Der Nationale Integrationsplan. Berlin.

Cummins, J. (2002): BICS and CALP. In: M. Byram (Hg.): Encyclopedia of Language and Teaching. London, 76–79.

Gogolin, I. (1994). Der monolinguale Habitus der multilingualen Schule. Münster u. a.

Gogolin, I. (2006): Bilingualität und die Bildungssprache der Schule. In: Mecheril, P./Quehl, T. (Hg.): Die Macht der Sprachen. Englische Perspektiven auf die mehrsprachige Schule. Münster u. a., 79–85.

Gogolin, I. (2008): Die Chancen der Integrationsförderung und der Bildungserfolg der zweiten Generation. In: Nachholende Integrationspolitik – Problemfelder und Forschungsfragen. Schriften des Instituts für Migrationsforschung und Interkulturelle Studien 34. Osnabrück, 51–56.

Gogolin, I./Krüger-Potratz, M. (2006): Einführung in die Interkulturelle Pädagogik. Opladen.

Gogolin, I./Neumann, U. (Hg.) (2009): Streitfall Zweisprachigkeit – The Bilingualism Controversy. Wiesbaden.

Gogolin, I./Roth, H.-J. (2007): Bilinguale Grundschule: Ein Beitrag zur Förderung der Mehrsprachigkeit. In: T. Anstatt (Hg.): Mehrsprachigkeit bei Kindern und Erwachsenen. Tübingen, 31–45.

Habermas, J. (1977): Umgangssprache, Wissenschaftssprache, Bildungssprache. In: Max-Planck-Gesellschaft (Hg.): Jahrbuch 1977. Göttingen, 36–51.
Halliday, M. A. K. (1994): An Introduction to Functional Grammar. 2. Aufl. London.
Pries, L. (2002): Transnationalisierung der sozialen Welt? In: Berliner Journal für Soziologie, 2, 263–272.

Religiöse Bildung in der multikulturellen Gesellschaft

*Ursula Günther**

Der folgende Beitrag beschäftigt sich mit der Bedeutung von Religion in Bildungskontexten in multikulturellen und pluriformen Gesellschaften. Er reflektiert die Auswirkungen der langwährenden Verdrängung religiöser Phänomene und ihrer Bedeutung aus der erziehungswissenschaftlichen Wahrnehmung. Der Beitrag mündet in ein Plädoyer dafür, dem Schattendasein der Themen Religion und Religiosität innerhalb der Erziehungswissenschaft ein Ende zu bereiten, um einer ganzheitlichen Entwicklung von Konzepten inklusiver Bildung den Weg zu ebnen.

Einleitung

Hartnäckigen Prophezeiungen vom Bedeutungsverlust und dem Ende der Religionen im Zuge eines (vermeintlich) nicht aufzuhaltenden Säkularisierungsprozesses zum Trotz hat Religion Konjunktur. Auch in der Postmoderne, zweiten Moderne oder postsäkularen Ära – so einige sozialwissenschaftliche Bezeichnungen der Gegenwartsepoche – ist Religion präsent: in medialen, politischen und wissenschaftlichen Diskursen und nicht zuletzt in der Öffentlichkeit. Dass Religion inzwischen im Plural gedacht werden muss, trägt bei manchen zu einem gewissen Unbehagen bei. Denn auch im Zusammenhang mit Religionen sieht man sich mit Pluralisierung und den damit verbundenen Herausforderungen konfrontiert. Ein wesentliches Charakteristikum der Gegenwart ist Verunsicherung, da jede Pluralisierung – gleichgültig auf welcher Ebene – auch Bedeutungsvielfalt impliziert,

---

* Ursula Günther, Dr. phil., Islamwissenschaftlerin und Pädagogin, ist wissenschaftliche Assistentin im Bereich Religionspädagogik an der Universität Hamburg. Ihre Arbeits- und Forschungsschwerpunkte sind: interreligiöse und interkulturelle Bildung, Islam in Deutschland und in Europa, Gender, Religion und Transformationsprozesse.

und diese wiederum ist mit dem Ende von Sicherheit vermittelnden Gewissheiten und einheitlichen Weltdeutungsmustern verbunden.

Die Prognose von der »Rückkehr der Religionen« des Religionssoziologen Martin Riesebrodt (2000) hat sich allerdings (noch) nicht dahingehend ausgewirkt, dass die seit längerem andauernde Verdrängung von Religion und religiöser Phänomene sowie ihrer Bedeutung aus der erziehungswissenschaftlichen Wahrnehmung überwunden wäre – und dies, obwohl der Bildungsbegriff selbst religiöse Ursprünge und Konnotationen besitzt. Auf die entsprechenden historischen Zusammenhänge soll hier jedoch nicht näher eingegangen werden. Festzustellen ist jedoch, dass das Thema Religion oder Religiosität im Zusammenhang mit allgemeiner Bildung in der Erziehungswissenschaft eher ein Schattendasein führt – von wenigen Ausnahmen in der Theorie der Erziehung und Bildung und im Bereich der interkulturellen Bildung abgesehen (vgl. Benner 2002, Karakaşoğlu 2007). Die Frage, ob dieser Sachverhalt auf das Säkularisierungsparadigma oder auf die Beobachtung eines allgemeinen Traditionsabbruchs bei gleichzeitigem, zunehmendem Bedeutungsverlust von institutionalisierter Religion zurückzuführen ist oder ob ganz andere Gründe dafür verantwortlich sind, muss an dieser Stelle offen bleiben.

Dank Artikel 7 des Grundgesetzes, der Religionsunterricht in öffentlichen Schulen als ordentliches Lehrfach garantiert, gibt es zumindest eine Nische, in der Fragen religiöser Bildung aufgeworfen werden können: die Religionspädagogik. Als deren Bezugsdisziplin fungiert überwiegend die christliche (protestantische oder katholische) Theologie. Dieser Umstand schlägt sich sowohl auf das Erkenntnisinteresse als auch auf den Bildungsauftrag nieder. Denn Religionsunterricht in Deutschland ist – mit Ausnahme des religionskundlichen Ansatzes in Bremen und des Ansatzes Lebensgestaltung-Ethik-Religionskunde (LER) in Brandenburg – konfessionell. Das heißt, er ist in der Regel katholisch oder protestantisch. Dass sich der Religionsunterricht z. B. an Hamburger Schulen für alle Konfessionen geöffnet hat, kann nicht darüber hinwegtäuschen, dass diese Öffnung lediglich die SchülerInnenschaft und einige konzeptuelle Elemente betrifft, nicht aber die LehrerInnen oder gar das Studienfach, das nach wie vor evangelische Theologie ist. Darüber hinaus gibt es seit einiger Zeit vereinzelt Modellversuche zu islamischem Religionsunterricht.

Angesichts des Sachverhalts einer meist *bekenntnisspezifischen* religiösen Bildung in Deutschland stellt sich die Frage, ob eine solche noch ausreichend für unseren pluriformen gesellschaftlichen Kontext ist. Sie stellt sich umso mehr, als die SchülerInnen durch Traditionsabbrüche immer weniger in festen Glaubenstraditionen verankert sind, was sich wiederum negativ auf ihre Kenntnisse religiöser Inhalte auswirkt. Interessanterweise bekunden sie gleichzeitig großes Interesse an anderen Religionen.

Pluriforme, d. h. sich durch ein hohes Maß an Komplexität und Vielfalt auszeichnende Gesellschaften, werfen die Gretchenfrage auf, wie es mit der Religion in unserer Gesellschaft steht und wie wir uns heute und in der Zukunft dazu verhalten wollen. Der aus dem niederländischen Sprachgebrauch übernommene Begriff ›pluriform‹ unterstreicht (im Unterschied zu dem weitaus gängigeren, aber weniger differenzierten Begriff ›pluralistisch‹), dass jedwede Vielfalt sich nicht nur in der gleichzeitigen Existenz unterschiedlicher Systeme, wie z. B. Religionsgemeinschaften manifestiert, sondern auch ein Charakteristikum der jeweiligen Systeme selbst ist, wie z. B. im Falle säkular orientierter und schrifttreuer Angehöriger ein und derselben Religion (vgl. Nusser 2005, 9, Anm. 1). Damit verweist ›pluriform‹ auf den verbreiteten Irrtum, dass kulturelle, soziale oder religiöse Systeme in sich homogen seien.

Herausforderungen an Bildung in der pluriformen Gesellschaft

Margaretes Anliegen an Faust war eindeutig: Ihr ging es um dessen Bekenntnis zu Gott, zur Kirche und zu den Sakramenten (vgl. Goethe 1982, 103, V 3415–3426). Ihre Perspektive war christlich, d. h. auch monoreligiös, damals durchaus zeitgemäß. Im Zusammenhang mit Bildung bzw. dem Bildungsauftrag in einer pluriformen Gesellschaft erweist sich die Frage »Wie hast du's mit der Religion?« (vgl. Liessmann 2008) als deutlich komplexer: Impliziert sie doch erstens die Frage nach dem Verständnis von Religion; zweitens die Frage nach der Bedeutung von Religion bzw. Religionen als eventuell unverzichtbarer Perspektive in Bildungsprozessen; drittens die Frage, welche Formen und Dimensionen von Religion bzw. Religionen für Bildungsprozesse relevant sind; und viertens die Frage nach einem zeitgemäßen Verständnis religiöser Bildung und darauf aufbauenden pädagogischen Konzepten, die der bildungspolitisch angestrebten Kompetenzorientierung verpflichtet wären.

Damit ist die grundsätzliche Frage verbunden, ob das Thema der Religion und der Religionen in erziehungswissenschaftliche bzw. pädagogische Fragestellungen und Konzepte nicht wieder Einzug halten sollte. Dies wäre ein wichtiger Schritt in Richtung einer inklusiven Bildung, die der Ausdifferenzierung religiöser Lebenswelten Rechnung trägt und gleichzeitig einen Beitrag zu Verständigungsorientierung und Differenzkompetenz leistet, was wiederum die Fähigkeit zur Weltdeutung impliziert. Selbstverständlich ist mit religiöser Bildung in diesem Kontext nicht etwa Bildung in nur eine Religion hinein oder vom Standpunkt einer Religion allein aus gemeint. Vielmehr gilt die Anerkennung und Auseinandersetzung mit der Sinnfrage als Teil des Bildungsauftrags. Und dabei geht es, folgt man dem Religionswissenschaftler Hans-Georg Kippenberg, darum, die Umsetzung von Religion in Kultur zu erfassen. Dies schließt aktuelle gesellschaftliche Prozesse der Hybridisierung und der Neu- bzw. Umgestaltung von Kultur mit ein.

Eine solche Position erfordert ein Verständnis von Erziehungswissenschaft, das eine kulturwissenschaftliche Komponente aufweist – ein Ansatz, der etwa von Micha Brumlik (2006) vertreten wird und durchaus als Brücke zwischen den Disziplinen fungieren kann. Dass diese Überlegungen auf zahlreiche Forschungsdesiderate verweisen, liegt angesichts des langen Schattendaseins wissenschaftlicher Beschäftigung mit Religion bzw. Religionen auf der Hand. Gleichzeitig ist unabweisbar, dass eine Auseinandersetzung mit diesen Fragestellungen für die künftige Generation von Lernenden und Lehrenden fruchtbar und notwendig ist, denn die Bedeutsamkeit von Religion bzw. Religionen in Bildungsprozessen tritt heute wieder deutlich zu Tage: »Die Frage nach der Bildungsrelevanz von Religion ist ein gesellschaftliches Problem, bei dem es eben nicht nur um Religion geht. Es geht um Werteentscheidungen in einer Gesellschaft, wie sie selbst ihre Identität im Kontext von Vergangenheit und Zukunft bestimmt« (Ziebertz 2006, 37). Religiöse Bildung in pluriformen Gesellschaften muss sich der Herausforderung stellen, Orientierung zu bieten, und zwar im Hinblick auf nebeneinander existierende religiöse *und* nicht-religiöse Formen der Weltdeutung.

In der globalisierten Welt sieht sich der Einzelne mit einer enormen Ausdifferenzierung der Lebenswelt konfrontiert, was sich unter anderem auf die Bereiche des Kulturellen, auf Wissensbestände, Kommunikationsformen, Erkenntnishaltungen, Ressourcen der Sinnstiftung, Identitätskonstruktionen usw. auswirkt und nach entsprechenden Kompetenzen im Umgang mit Differenz verlangt. Einheit stiftende Elemente oder gar einheitliche Weltdeutungsmuster erweisen sich auf dem Markt der bisweilen schwer überschaubaren Möglichkeiten nicht unbedingt für jeden Kontext geeignet. Das damit verbundene Dilemma, das nicht nur Individuen, sondern auch Kollektive betrifft und mit dem Verlust eines verbindlichen Codes – sei es im Hinblick auf Kultur, Weltanschauung oder Religion – einhergeht, formuliert Bernhard Dressler wie folgt: »Die Ausdifferenzierung der Lebenswelt und ihrer Wissens- und Reflexionsgegenstände ist nicht zu hintergehen. Es gibt keine Zentralperspektive, aus der die Welt ohne blinden Fleck, wie mit dem Auge Gottes zu betrachten wäre, keinen archimedischen Punkt, an dem sie aus den Angeln zu heben wäre. Um so mehr leben Bildungsprozesse vom Perspektivenwechsel und dem damit verbundenen Unterscheidungsvermögen« (Dressler 2005, 52).

Die Folgen der Ausdifferenzierung und damit auch der Heterogenität und Vielfalt in all ihren Ausformungen zeigen sich in individuell und kollektiv zu leistenden Aushandlungsprozessen, die sowohl kognitiv als auch emotional mit einer permanenten Ausbalancierung, Koordinierung und Integration widerstreitender Interessen, Loyalitäten, Norm- und Wertsystemen sowie Bedeutungsgebungen einhergehen (vgl. Sutter 2007). Solche Prozesse des reflexiven Hinterfragens sind innovativ, denn jeder Bedeutungs- oder Sinnverlust geht im Idealfall mit der Entwicklung neuer Visionen und Handlungsmuster einher. Auch der Bereich der Religionen bzw. des Religiösen ist hiervon nicht ausgenommen. Dieser häufig durch Erfahrungslernen angestoßenen und im besten Fall mit ›Bildung‹ einhergehenden Dynamik von Aushandlungsprozessen muss Rechnung getragen werden, will man junge Menschen zu einem sicheren – und das heißt lebenspraktisch tauglichen – Umgang mit der äußeren und der daraus erwachsenen inneren Vielfalt befähigen.

Bildung und Religion – religiöse Bildung

Wenn Bildung mehr als reiner Wissenserwerb und mehr als ein Lernprozess ist, wenn Bildung auf Kompetenzzuwachs ausgerichtet ist und zur Anwendung der angeeigneten Inhalte in der Praxis befähigen soll, dann müssen Bildungsziele Möglichkeiten des Zugriffs auf die Welt und damit auch der Gestaltung des Verhältnisses zur Welt, zu sich selbst und notwendigerweise auch zu den anderen eröffnen. Dann kann *Bildung*, die, wie Koller darlegt, durch pädagogisches Handeln ermöglicht und befördert werden soll, »als Prozess grundlegender Transformationen der Art und Weise verstanden werden, in der Menschen sich zur Welt und zu sich selbst verhalten«. Und er fährt fort: »Dabei ist davon auszugehen, dass Bildung im Sinne solcher Transformationen sich immer dann vollzieht (oder besser: vollziehen kann), wenn Menschen Erfahrungen machen, zu deren Bewältigung ihre bisherigen Mittel und Möglichkeiten nicht ausreichen. Anders formuliert: Bildungsprozesse bestehen in der Entstehung neuer Formen, neuer Figuren des Welt- und Selbstverhältnisses in Auseinandersetzung mit Problemen, zu deren Bearbeitung die bisherigen Figuren des Welt- und Selbstverhältnisses nicht ausreichen« (Koller 2007, 50). So verstandene Bildungsprozesse implizieren die Fähigkeit – oder besser, die Selbstbefähigung – zum *Perspektivenwechsel*, ohne welche eine Suche nach situationsangemessenen Formen des Welt- und Selbstverhältnisses und der Weltdeutung heute kaum mehr sinnvoll ist. In Verbindung damit lässt sich noch eine weitere notwendige Fähigkeit ausloten: die Fähigkeit zur kritisch-kreativen *Konstruktion angemessener Formen und Figuren des Welt- und Selbstverhältnisses*. Dies geht einher mit einer individuellen Integrationsleistung, die wiederum als Beitrag zur Persönlichkeitsbildung verstanden werden kann. Deren Gelingen dürfte unter anderem davon abhängen, ob darauf verzichtet wird, vorurteilsbeladene Hierarchisierungen oder Wertungen vorzunehmen.

Leider verzichtet Koller – wie viele andere Bildungstheoretiker – darauf, die religiöse Dimension der Wirklichkeit oder das Verhältnis zur Transzendenz in sein Verständnis von Bildung und Bildungsprozessen zu integrieren. Diese Dimension wird – von wenigen Ausnahmen wie Dietrich Benner, Volker Ladenthin, Alfred K. Treml abgesehen – heute überwiegend von Religionspädagogen berücksichtigt. Auch in der empirischen Bildungsforschung taucht sie, wenn überhaupt, nur am Rande auf. Es liegt auf der Hand, dass mit dem Verzicht auf die religiöse Dimension bzw. auf einen Blick »auf die Welt aus der Perspektive der Religion« (Dressler 2005, 57) der Verlust einer Tiefendimension des Weltzugangs und der Weltdeutung verbunden ist.

In gewisser Weise ist es dem Islam zu verdanken, dass Religion und damit auch religiöse Bildung wieder mehr in den Blickpunkt öffentlichen Interesses gerückt sind. Unbestritten stellten die Anschläge vom 11. September 2001 hierfür einen Wendepunkt dar, besonders was die westliche Wahrnehmung des Islam betrifft. Allerdings lässt sich der Aufschwung der Auseinandersetzung mit Religion und dem Religiösen bereits vorher datieren. Es ist vermutlich mit der gewachsenen Präsenz islamischer Religiosität im öffentlichen Raum, mit häufiger zu verzeichnenden individuellen Bekenntnissen der Zugehörigkeit zum Islam u. ä. verbunden, dass in der Auseinandersetzung mit Differenz das Eigene wieder näher rückt; dies geschieht aus einer Perspektive der Mehrheitsgesellschaft heraus, deren großenteils säkulares Bekenntnis erhebliche Irritationen erfahren hat. Religion – im Sinne einer Tiefendimension von Kultur, von Weltdeutung und Weltverhältnis, aber auch im Hinblick auf den Umgang mit Themen wie Endlichkeit und Sinnhaftigkeit des menschlichen Daseins – tritt daher heute als eine der Herausforderungen der Gegenwart und nahen Zukunft neu hervor.

Es lässt sich bilanzieren: In unserer Gesellschaft bestehen Defizite im Hinblick auf Verständigung und Ansätze des Umgangs miteinander. Diese Defizite sind einerseits auf fehlendes Wissen und mangelnde Erfahrung im Hinblick auf die oben angesprochene Fähigkeit zum Perspektivenwechsel, andererseits auf fehlende interkulturelle und interreligiöse Kompetenzen zurückzuführen. Mit anderen Worten: Die Vernachlässigung der Religion und des Religiösen als möglichen Perspektiven der Weltdeutung und des Umgangs mit Transzendenz schlägt heute unverkennbar negativ zu Buche. Sie trägt dazu bei, dass unsere Gesellschaft der bisweilen recht einseitigen Ausrichtung auf bestimmte institutionalisierte und dogmatisch gebundene Formen von Religion sowie dem damit häufig verbundenen monoreligiösen Habitus einigermaßen hilflos gegenübersteht. Und dies wiederum fördert die kritiklose Übernahme von Einschätzungen wie der von Bukow/Yildiz (2003, 12), die den Islam als »*die* Herausforderung für Bildung und Politik« werten. In dieser Art Formulierungen sind sie deshalb verkürzt, weil sie die Verursachung von Irritation einseitig einer bestimmten Religion oder Kultur zuzuschreiben scheinen. Zu wenig Rechnung getragen wird dabei deren tatsächlich bestehender innerer Vielfalt: den unzähligen individuellen Ausprägungen islamischer Religiosität, den Ausprägungen jenseits orthodoxer Grenzziehungen ebenso wie den Prozessen und Dynamiken im Verhältnis zur christlichen und zu weiteren Religionen.

In der PISA-Studie 2000 ist von einer »Orientierungswissen vermittelnde[n] Begegnung mit kognitiver, moralisch-evaluativer, ästhetisch-expressiver und religiös-konstitutiver Rationalität« die Rede (Deutsches PISA-Konsortium 2001, 21). Dies ist durchaus als Willensbekundung zu werten, auch die ›religiöse Perspektive‹ in Bildungsprozessen zu verankern. Legt man ein weites Verständnis von religiöser Perspektive zu Grunde, so erscheint eine Interpretation des postulierten Orientierungswissens auch in Richtung plurireligiös als durchaus zulässig. Welche Formen ein solches Orientierungswissen in religiöser Perspektive annehmen und aus welchem Standpunkt seine Entwicklung erfolgen soll, ist gegenwärtig schwer abzusehen: aus einer theologischen, sei sie nun dem Christentum, dem Islam oder einer anderen Religion verpflichtet? Oder aus einer bekenntnisneutralen, religionswissenschaftlichen Perspektive, die Religionen und religiöse Phänomene vergleichend betrachtet und sie, auf einen konkreten Kontext bezogen, in ihrer Umsetzung zu erfassen sucht? Und wie lässt sich ein solches Orientierungswissen gewährleisten, ohne das eigene Referenzsystem zur Norm zu erheben? Denkbar ist daneben eine fächerübergreifende Perspektive, die es sich zur Aufgabe macht, »sich gemeinsam um den sensiblen Bereich Religion in seiner Breite [zu] kümmern« (Heumann 2003, 137). Das PISA-Konsortium liefert jedenfalls keine weiteren Hinweise, in welche Richtung eine Entwicklung als wünschenswert erachtet wird. Zahlreiche Studien zur Religiosität im konfessionellen Vergleich machen allerdings deutlich, dass institutionalisierte Vermittlung von Religion in der Schule der individualisierten Suche Jugendlicher nach Orientierungshilfen im Prozess ihrer Selbstfindung und Identitätsbildung nicht (mehr) gerecht wird. Die angesprochenen Pluralisierungsprozesse stellen tradierte und traditionelle religiöse oder theologische Deutungsmonopole in Frage. Neue Perspektiven, Interpretationen und Konzepte religiöser Weltdeutung werden ausgehandelt, die je nach Kontext auch wieder zur Disposition gestellt werden können. Solche Aushandlungsprozesse im Hinblick auf Religion, Religionen und Religiosität sind, wie sich empirisch am Beispiel religiöser Bildung ›muslimischer‹ Jugendlicher nachweisen lässt, nicht selten auch Bildungsprozesse (vgl. Günther 2010).

Bestandteil der von der Kultusministerkonferenz beschlossenen, bundesweit geltenden *Bildungsstandards zur Entwicklung und Vergleichbarkeit der Qualität schulischer Bildung im föderalen Wettbewerb der Länder* sind: »Persönlichkeitsentwicklung und Weltorientierung, die sich aus der Begegnung mit zentralen Gegenständen unserer Kultur ergeben« (KMK 2004, 6). Ein Einbezug *religiöser* Bildung in die damit angesprochenen Bildungsprozesse hätte zumindest folgende Sachverhalte zu berücksichtigen:

1. Unsere Kultur ist pluriform. Dem muss das Begegnungs- und Erfahrungsangebot in Lehr-Lern-Arrangements entsprechen. Eine Konzentration auf christliche Traditionen oder allein christliche Perspektiven auf andere Traditionen ist nicht mehr zeitgemäß.

2. Unsere Kultur in ihrer pluriformen Ausprägung sieht sich mit Traditionsbrüchen konfrontiert. Dies gilt nicht nur für den christlichen, sondern ist als Tendenz auch für den islamischen Kontext zu beobachten – auch wenn dies nicht der allgemeinen Wahrnehmung entsprechen mag, weil in der Regel ›muslimisch‹ mit ›gläubig‹, wenn nicht gar mit ›streng gläubig‹ assoziiert wird. Dies impliziert für religiöse Bildung, dass sie »auch für die Pflege religiöser Semantiken« zuständig ist (Luhmann, zit. nach Dress-

ler 2005, 59) – mit anderen Worten: für religiöse Alphabetisierung.

3. Religiöse Bildung, auch wenn ihr (noch?) kein erziehungswissenschaftliches Theoriekonzept zugrunde liegt, sollte sich »auf die Welt aus der Perspektive der Religion« (Dressler 2005, 57) beziehen. In einer pluriformen Gesellschaft erfordert diese Auffassung eine Präzisierung: Es gilt, den christlich-theologischen Rahmen zu relativieren und ein *inklusives* Verständnis von Religion bzw. Religionen zu entwickeln. Erst unter einer solchen Voraussetzung und wenn dies mit dem Anspruch einer Verständigungsorientierung einhergeht, ist religiöse Bildung ein geeignetes Feld für Erfahrungslernen im Hinblick auf den Erwerb der Fähigkeit zum Perspektivenwechsel. Dies schließt die Kompetenz zu interreligiösem und interkulturellem Dialog ein. Auf die so skizzierte Weise ließe sich das Schattendasein religiöser Bildung beenden und Religion als grundlegende Dimension von Bildung und Bildungsprozessen akzeptieren.

Eine Einschätzung Dietrich Benners eignet sich als Abschlussplädoyer für eine Re-Integration der Dimension von Religion und Religionen in die Erziehungswissenschaft: »Auf der einen Seite ist Religion ein unverzichtbarer, durch die anderen Praxis-

felder und Bildungshorizonte nicht ersetzbarer Bereich menschlichen Fühlens, Denkens, Wollens und Handelns. Auf der anderen Seite ist gerade dieser Bereich heute von einer Tradierung abhängig, die nicht allein in den Innenräumen von Kirchen und Konfessionen, Moscheen und Tempeln stattfinden kann, sondern durch eine freiwillige öffentliche Erziehung und Unterweisung abgesichert werden muss. Der religiösen Sorge um die Welt und den religiösen Thematisierungen der unterschiedlichen Welt-Verhältnisse steht auf diese Weise zugleich eine bildende Sorge um Religion gegenüber« (Benner 2004, 32 f).

Weiterführende Literaturhinweise

Dressler 2005; Heumann 2003; Ziebertz/Kay 2006; Ziebertz/Kay/Riegel 2009.

Literatur

Benner, D. (2002): Bildung und Religion. Überlegungen zu ihrem problematischen Verhältnis und zu den Aufgaben eines öffentlichen Religionsunterrichts heute. In: Battke, A. u. a. (Hg.): Schulentwicklung – Religion – Religionsunterricht. Freiburg/Basel/Wien, 51–70.
Benner, D. (2004): Erziehung – Religion, Pädagogik – Theologie, Erziehungswissenschaft – Religionswissenschaft. Systematische Analysen zu pädagogischen, theologischen und religionspädagogischen Reflexionsformen und Forschungsdesiderata. In: Groß, E. (Hg.): Erziehungswissenschaft, Religion und Religionspädagogik. Münster, 9–50.
Brumlik, M. (2006): »Kultur« ist das Thema. Pädagogik als kritische Kulturwissenschaft. In: Zeitschrift für Pädagogik Jg. 52, H.1, 60–68.
Bukow, W.-D./Yildiz, E. (2003): Einleitung. In: dies. (Hg.): Islam und Bildung. Opladen.
Deutsches PISA-Konsortium (Hg.) (2001): PISA 2000. Basiskompetenzen von Schülerinnen und Schülern im internationalen Vergleich. Opladen.
Dressler, B. (2005): Religiöse Bildung zwischen Standardisierung und Entstandardisierung – Zur bildungstheoretischen Rahmung religiösen Kompetenzerwerbs. In: Theo-Web, Jg. 4, H. 1, 50–63. Online verfügbar: http://www.theo-web.de/zeitschrift/ausgabe–2005-01/dressler.pdf [28.7.2009].

Dressler, B. (2007): Religiöse Bildung und funktionale Ausdifferenzierung. In: Büttner, G. u. a. (Hg.): Zwischen Erziehung und Religion. Religionspädagogische Perspektiven nach Niklas Luhmann. Münster, 130–140.
Goethe, J. W. von (1982): Faust. Der Tragödie erster Teil. Ditzingen.
Günther, U. (2010): Religiöse Bildung ›muslimischer‹ Jugendlicher im Spannungsfeld Schule – Moschee. (in Vorbereitung)
Heumann, J. (2003): Religiöse Grundbildung in der öffentlichen Schule. In: In: Theo-Web, Jg. 2, H. 2, 136–148. Online verfügbar: http://www.theo-web.de/zeitschrift/ausgabe-2003-02/heumann-juergen_religioese_grundbildung.pdf [28.7.2009].
Karakaşoğlu, Y. (2007): Zur Interdependenz von Religion und Bildung am Beispiel muslimischer Jugendlicher in Deutschland. In: Marring, M. u. a. (Hg.): Perspektiven der Bildung. Kinder und Jugendliche in formellen, nicht-formellen und informellen Bildungsprozessen. Wiesbaden, 81–97.
KMK, Sekretariat der Ständigen Konferenz der Kultusminister der Länder in der Bundesrepublik Deutschland (2004): Bildungsstandards der Kultusministerkonferenz (Stand: 16.12.). Bonn.
Koller, H.-C. (2007): Bildung als Entstehen neuen Wissens? Zur Genese des Neuen in transformatorischen Bildungsprozessen. In: Müller, H.-R./ Stravoravdis, W. (Hg.): Bildung im Horizont der Wissensgesellschaft. Wiesbaden, 49–66.
Ladenthin, V. (2003): Was ist »Bildung«? Systematische Überlegungen zu einem aktuellen Begriff. In: Evangelische Theologie, 63. Jg., H. 4, 237–260.
Liessmann, K. P. (Hg.) (2008): Die Gretchenfrage: »Nun sag', wie hast du's mit der Religion?«. Wien.
Nusser, B. (2005): »Kebab und Folklore reichen nicht.« Interkulturelle Pädagogik und interreligiöse Ansätze der Theologie und Religionspädagogik im Umgang mit den Herausforderungen der pluriformen Einwanderungsgesellschaft. Oldenburg.
Sutter, H. (2007): Moralische Entwicklung und demokratische Partizipation in der Perspektive rekonstruktiver Bildungsforschung. In: Andresen, S. u. a. (Hg.): Erziehung – Ethik – Erinnerung. Pädagogische Aufklärung als intellektuelle Herausforderung. Weinheim, Basel, 188–201.
Treml, A. K. (2007): Religion und Erziehung aus systemtheoretischer Sicht. In: Büttner, G. u. a. (Hg.): Zwischen Erziehung und Religion. Religionspädagogische Perspektiven nach Niklas Luhmann. Münster, 29–40.
Ziebertz, H.-G. (2002): Warum die religiöse Dimension der Wirklichkeit erschließen? In: Theo-Web, Jg. 1, H. 2, 46–63. Online verfügbar: http://www.theo-web.de/zeitschrift/ausgabe-2002-01/ziebertz02-1.pdf [29.7.2009].
Ziebertz, H.-G. (2006): Religion und Religionsunterricht in der postsäkularen Gesellschaft. In: ders./Schmidt, G. R. (Hg.): Religion in der allge-

meinen Pädagogik. Von der Religion als Grundlegung bis zu ihrer Bestreitung. Freiburg u. a., 9–37.

Ziebertz, H.-G./Kay, W. K. (eds.) (2006): Youth in Europe II. An International Empirical Study about Religiosity. Berlin.

Ziebertz, H.-G./Kay, W. K./Riegel, U. (eds.) (2009): Youth in Europe III. An International Empirical Study about the Impact of Religion on Life Orientation. Münster.

# 4 Medien und Ästhetik

Mediologische Bedingungen von Bildung und Erziehung

Torsten Meyer*

Medien und Bildung hängen auf vielfältige Weise zusammen, auch wenn der Medienbegriff nicht auf ›neue‹ oder ›elektronische‹ Medien verkürzt wird. Denn auch das Buch muss als eine Informations- und Kommunikationstechnologie verstanden werden. Eine Pädagogik, die ohne kommunikative Mittel und Mittler auskommt, ist nicht denkbar. Und eine Bildungstheorie, die das Verhältnis von Subjekt und Gesellschaft ohne Berücksichtigung medientechnologischer Bedingtheiten zu beschreiben sucht, erscheint vor diesem Hintergrund lückenhaft.

Seit den 1990er Jahren ist von Neuen Medien und in diesem Zusammenhang von eLearning, Wissensmanagement, Schulen am Netz und Virtueller Hochschule die Rede. Seit kurzem ist die erste Generation von *Digital Natives* (vgl. Prensky 2001), Eingeborenen des Digitalzeitalters, in Schulen und Hochschulen eingezogen. Damit spätestens sind (neue) Medien zu einem »prioritären Thema« (Keuffer/Oelkers 2001) geworden, das als inhaltliche Querdimension alle Sparten der Erziehungswissenschaft betrifft. Mit dem hier im Zentrum stehenden mediologischen Zugang zu diesem Themenbereich geht es im Speziellen um einen medien-kultur-historischen Blick auf die Zusammenhänge und gegenseitigen Bedingungen von sozialen, kulturellen und technischen Systemen. Von besonderem Interesse sind dabei die für die Erziehungswissenschaft und die Pädagogik bedeutsamen sozialen und kulturellen Folgen der mediologischen Revolution, die durch die aktuellen digitalen, global vernetzten Medientechnologien ausgelöst wird.

---

* Torsten Meyer, Dr. phil, ist Professor für Kunst und ihre Didaktik am Institut für Kunst und Kunsttheorie der Universität zu Köln.

Physiologie kultureller Übermittlungsprozesse

Die Netzhaut des menschlichen Auges weist nahe dem Zentrum ein winziges Loch auf. Durch dieses Loch tritt der Sehnerv hinter dem Auge aus. An dieser Stelle fehlen die Sehzellen, es ist hier keine Lichtempfindung möglich. Man sieht dort nicht. Aber das kann man nicht sehen.

Dass man nicht sehen kann, dass man dort nicht sieht, dafür sorgt das Gehirn. Es verrechnet die Signale der Sehnerven beider Augen zu einem einzigen Bild. Das Gehirn kann man überlisten, indem man ein Auge schließt. Dann sieht man plötzlich, dass man nicht mehr sieht. Oder man tritt einen Schritt zurück, verändert die Geometrie des Blicks. Dann wird manchmal überraschend deutlich, was das Gehirn mit unbewusster Absicht *übersieht*.

Blinde Flecken dieser Art gibt es nicht nur in der Physiologie der Wahrnehmung. Auch in der Physiologie kultureller Übermittlungsprozesse kommen sie vor. Dort betreffen sie nicht (nur) das Sehen, sondern auch das Denken, Wissen, Erkennen. Es ist allerdings nicht immer ganz einfach zu denken, dass das eigene Denken, die Art und Weise, wie wir erkennen und wissen, nicht so natürlich und selbstverständlich ist, wie sie uns denkend, erkennend, wissend zu sein scheint. Es ist nicht immer ganz einfach zu denken, dass es auch hier so etwas wie ein Loch in der Netzhaut gibt, durch das so etwas wie der medienkulturelle Sehnerv aus dem Auge austritt (damit das Gehirn das Gesehene reflektieren kann).

Im Gegensatz zu den blinden Flecken im Wahrnehmungssystem sind die blinden Flecken in der Physiologie kultureller Übermittlungsprozesse historisch veränderlich. Denn die aus dem Gebrauch der kommunikativen Mittel und Mittler (gemeinhin Medien genannt) jeweilig resultierenden kulturellen Praxen und Techniken einer bestimmten Epoche bilden in ihrer Gesamtheit so etwas wie ein historisches Apriori im Sinne Michel Foucaults (vgl. Foucault 1981, 187 f), genauer ein *medien-kultur-historisches* Apriori, d. h. ein epochenspezifisches Set von Bedingungen kognitiven, kommunikativen und sozialen Prozessierens, eine Art blinden Fleck des Denkens, Wissens, Erkennens.

Eine Methode, mit der sich solche blinden Flecke untersuchen lassen, ist die der Mediologie. Ähnlich der Einführung der Soziologie durch August Comte am Ende des 19. Jahrhunderts, die damals einen neuen Forschungsgegenstand, nämlich die Gesellschaft, zum Thema machte, taucht nun, am Ende des 20. und Beginn des 21. Jahrhunderts, mit der Mediologie ein neues Forschungsfeld und eine neue Analysemethode auf, die einen neuen Gegenstand, nämlich den Zusammenhang von Symbolischen, Sozialem und Technischem, erforscht. Dabei geht es um die Erforschung der höheren sozialen Funktionen vor dem Hintergrund der Ideologie, der Kunst, der Religion, der Politik usw. und deren Beziehungen zu den zentralen technischen Trägern der Übermittlung. Mediologie ist, allgemein gesagt, eine Untersuchungsmethode der komplexen Korrelation zwischen einem symbolischen Körper (einem künstlerischen Genre, einer ästhetischen Form, einer Doktrin, einer Religion usw.), einer Form der kollektiven Organisation (einer Partei, einer Schule, einem Industriezweig usw.) *und* einem technischen System der Kommunikation (technisches Medium, Archivierungssystem usw; vgl. Mersmann/Weber 2008, 7 f). Régis Debray, Begründer und Namensgeber der Mediologie, beschreibt das in einem einfachen, sehr anschaulichen Bild: »Wenn der Mediologe auf jemanden trifft, der mit dem Finger auf den Mond zeigt, dann betrachtet er nicht den Mond, sondern den Finger und die Geste des Zeigens« (Debray 1999, 403).

Beispiel: Comenius' *Orbis Pictus* und *Pampaedia*

Wie Abbildung 5 auf geradezu paradigmatische Weise offenbart, spielt der Zeigefinger auch in der Pädagogik eine wesentliche Rolle. Pädagogen zeigen gewissermaßen ständig auf irgendetwas (aus didaktischen, aber auch anderen Gründen). Die Bildung des Menschen scheint insofern ein einigermaßen vielversprechendes Feld für mediologische Untersuchungen zu sein. Das Bild stammt aus dem *Orbis Sensualium Pictus* (Die sichtbare Welt; 1658), einem Schulbuch aus dem 17. Jahrhundert von Jan Ámos Komenský (1592–1670). Es fungiert dort als *Invitatio*, als Einladung zum Studium: »Komm her, Knab! lerne Weißheit«, fordert der durch die

Abb. 5: Invitatio, in: Johann Amos Comenius, Orbis Sensualium Pictus (1658).

Geste des erhobenen Zeigefingers unschwer zu erkennende Pädagoge seinen Zögling auf. »Was ist das, Weißheit?« fragt dieser zurück. »Alles was nöthig ist, recht verstehen, recht thun, recht ausreden«, so der Lehrer. »Wer wird mich das lehren?« will der Zögling noch wissen. »Ich, mit Gott«, lautet die auch mediologisch recht interessante Antwort.

Komenský, besser bekannt unter dem lateinischen Namen Comenius, gilt als ›Vater der modernen Pädagogik‹. Er war, wie die meisten dieser ›Väter‹, im Hauptberuf Theologe. Besonderes Verdienst des Comenius war die für das 17. Jahrhundert recht radikale Forderung, dass *alle* Kinder, gleich welchen Standes, zu erziehen und zu unterrichten seien. »Allen alles allumfassend« zu vermitteln war der Anspruch seiner *Pampaedia*, Allerziehung (vgl. Comenius 2001). Die tatsächlich erst viel später eingeführte allgemeine Schulpflicht ist nicht unwesentlich seinem Engagement zu verdanken. Das Engagement für die allgemeine Schulpflicht würde vermutlich schon ausreichen, um ihn als ›Vater der modernen Pädagogik‹ zu bezeichnen. Bekannt ist Comenius aber vor allem durch eben jenes Buch: Der *Orbis Sensualium Pictus* war ein Bestseller unter den Unterrichtsmedien. Es gab insgesamt über 250 Ausgaben, und noch bis zum Ende des 19. Jahrhunderts wurde dieses Buch hier und da als Schulbuch verwendet. Neben dieser erstaunlich langen Nutzungszeit von rund 250 Jahren, die, mediologisch betrachtet, als perfekter Beweis der Hartnäckigkeit kultureller Übermittlungsprozesse dienen kann, ist der *Orbis Pictus* auch bekannt als Pionierwerk für die systematische Nutzung der Anschaulichkeit zu didaktischen Zwecken. Wegen der Kombination von Bild und Text (außerdem grundsätzlich zweisprachig, z. B. Lateinisch/Deutsch) wird der *Orbis Pictus* gar als eine Frühform von Multimedia gehandelt.

Mediosphären als historische Apriori

Dass es einmal eine radikale Forderung war, dass *alle* Kinder, gleich welchen Standes, zu erziehen und zu unterrichten seien, und *alle* Kinder lesen lernen sollten, ist aus heutiger Perspektive kaum mehr vorstellbar. Weil wir (noch) aufs Engste vertraut sind mit der Kultur, die sich um die Medientechnologie des Buchs herum bildete, können wir uns nicht vorstellen, wie sich eine orale Kultur quasi von *innen* anfühlt, was es also heißt, wenn das Wissen nur mündlich, durch Erzählungen, Märchen usw. tradiert werden kann, weil es der Normalfall ist, dass die Rezipienten nicht schriftkundig sind. Ohne Johannes Gutenbergs Erfindung des Buchdrucks mit beweglichen Lettern und die daraus folgende Möglichkeit, Bücher massenhaft produzieren zu können, hätte Martin Luthers Idee, die Bibel in für die Rezipienten verständliche Sprachen zu übersetzen, wenig Sinn gehabt. Ein durch handschriftliches Kopieren hergestelltes Buch war viel zu teuer, als dass die Masse der Bevölkerung damit hätte versorgt werden können. In der Folge hätte es deshalb vermutlich keine Reformation gegeben und auch wohl keine Aufklärung usw.

Und – auch das ist aus heutiger Perspektive schwer vorstellbar – es hätte gar keine Notwendigkeit für eine Alphabetisierung der Bevölkerung gegeben, weil das Medium Buch ohne maschinelle Vervielfältigung so knapp verfügbar geblieben wäre, dass es gar keinen Sinn gehabt hätte, dass viele Menschen über die Medienkompetenz des Lesens verfügen, die inzwischen zur Kulturtechnik geworden ist. Folglich wäre wohl auch Comenius nicht auf die Idee einer Schule für alle gekommen, die eben diese Medienkompetenz zum Umgang mit der Informations- und Kommunikationstechnologie ›Buch‹ vermittelt.

Das hier am Beispiel des Buches dargestellte, spezifische Zusammenspiel von technischem Medium, symbolischer Form und kollektiver Organisation lässt sich mediologisch fassen mit dem Begriff der ›Mediosphäre‹. Régis Debray hat drei große, durch solche medientechnologischen Prägungen unterscheidbare Epochen identifiziert, die er als kulturelle Makromilieus versteht: Als »Logosphäre« bezeichnet er die durch mündliche Tradierung und handschriftliche Aufzeichnungen geprägte Mediosphäre, die bis zur Erfindung des Buchdrucks andauerte. »Vom 15. Jahrhundert bis gestern« prägte die Medientechnologie des Buchdrucks die »Graphosphäre«. Zurzeit umgibt uns noch die »Videosphäre«, die aber bereits wieder übergeht in »eine Art Hypersphäre, die sich hauptsächlich aus digitalen Signalen zusammensetzt« (Debray 2002, 6).

Die auf die Einführung des Farbfernsehens 1968 datierte Videosphäre unterscheidet sich von der Graphosphäre vor allem durch ein verändertes Zeitempfinden. Der Augenblick triumphiert über die Dauer, das Direkte über das Indirekte, das Reaktive über das Diskursive usw. Die geistige Klasse, die das »gesellschaftlich Heilige« bewahrt, bestand in der Logosphäre aus der Kirche, den Propheten und den Geistlichen. In der Graphosphäre waren es die Intellektuellen, die Professoren, Doktoren und Studienräte. In der Video- und Hypersphäre sind es nun die Verteiler und Produzenten der unabhängigen Medien (vgl. Debray 1999, 218 f, 2003, 64 f).

Herausforderungen der aktuellen Mediosphäre: Der Umgang mit Wissen

Die grundlegenden Ideen der Pädagogik wie auch das (Selbst-)Verständnis des Menschen (Humanismus) haben ihren kulturellen Ursprung in der Graphosphäre. Die mediologischen Revolutionen, die durch die aktuellen digitalen, global vernetzten Medientechnologien ausgelöst werden, stellen deshalb auf verschiedenen Ebenen eine extrem große Herausforderung für die Pädagogik und die Erziehungswissenschaft dar.

In seiner Schrift *Das postmoderne Wissen* (1979) hat der französische Philosoph Jean-Francois Lyotard schon geahnt, was in der von ihm so bezeichneten »informatisierten Gesellschaft« nun wirklich und wirkend geworden ist: Das alte, graphosphärische Prinzip, wonach der Wissenserwerb unauflösbar mit der Bildung des Geistes und der Person verbunden ist, verfällt mehr und mehr. Wissen wird zu etwas Äußerlichem, zum Ding und zur Ware. Davon bleibt die »Natur des Wissens« nicht unbehelligt (Lyotard 1979, 23 ff) und ebenso wenig die Institutionen, die das Wissen produzieren, und jene, die das Wissen transportieren. Die Universität, die Schule, das Museum (und auch die Familie) – mediologisch formuliert: die »Organisationsformen menschlichen Zusammenlebens mit dem Auftrag, das geistige Vermächtnis lebendig zu halten« (Debray 2002, 5) – sind deshalb vor einige Herausforderungen gestellt. Der virtuelle Campus und die Schule am Netz (noch viel mehr: das Internet im Kinderzimmer) haben nicht einfach nur mit neuen Kanälen für Texte, Bilder und Töne zu tun, sondern auch mit neuen »Gesten« des Archivierens (Flusser 2000) und den davon eingerahmten Formen des Wahrnehmens und des Wissens.

Während Lyotards Vermutungen bis in die 1990er Jahre hinein wesentlich Vermutungen blieben, lassen sich inzwischen erste Wirkungen auf soziale und kulturelle Praxen beobachten. Das äußert sich z. B. durch das, was seit (relativ) kurzer Zeit im Zusammenhang mit den Schlagwörtern *web 2.0* oder *Digital Natives* diskutiert wird. Durch die Behauptung einer neuen, zweiten Version des Verständnisses des *World Wide Web* (WWW) wird deutlich, dass die erste Version lediglich Buchdenken online war: Im *web 1.0* ging es noch darum, das gewohnte Schreibmaschinen- und Buchdenken in fixen Web-›Seiten‹ abzubilden, ›Briefe‹ per elektronischer ›Post‹ zu verschicken usw. Das Internet wurde also einerseits als Kanal für Daten (Daten-Highway) verstanden, die mithilfe bestimmter Programme auf dem PC lesbar gemacht werden. Andererseits wurde das Internet als ein Behälter begriffen, in dem sich Dinge wie Web-›Seiten‹, ›Briefe‹ usw. befinden. Das Schlagwort von der ›weltgrößten Bibliothek‹ war z. B. so ein Missverständnis.

In der neuen Version hingegen – und insbesondere von den neuen, in die digitalen Infrastrukturen hineingeborenen Nutzern, denen das Attribut ›neu‹ im Zusammenhang mit den Dingen, die sie tagtäglich umgeben, nichts mehr sagt – wird das Internet selbst als eine Anwendung, z. B. als eine Lese-/Schreibe-Maschine, als *ReadWriteWeb* begriffen. *Web2.0* bezeichnet zwar eine Art Neustart, aber eigentlich nicht so sehr einen Neustart der Technik, als vielmehr einen Neustart des Verständnisses, was das *Web* eigentlich ist oder sein könnte: ein Neustart der Nutzung. Auf eine knappe Formel gebracht: web1.0 = get it online, web2.0 = make it work.

Die neuen Technologien – blogs, wikis, feedReader, social bookmarking und networking, podcasting, image-sharing, photoblogging usw. –, diese ganze *social software* führt vor allem zu einem veränderten Verständnis des Internet: Es geht nicht mehr um einen Kanal und um den Transport von Inhalten, verstanden als Dinge (›Seiten‹, ›Briefe‹) oder um den Transport von irgendwie in den Kanal gelangtem Wissen. Vielmehr produziert diese neue Anwendung des Internet neue kulturelle Umgangsformen mit Wissen selbst und transformiert die Art und Weise, wie wir Wissen erstellen, erreichen, darstellen und weiterverarbeiten.

Aktuelle Baustellen

Welche Wirkungen und Folgen der veränderte Umgang mit Wissen haben wird, ist im Moment noch recht unklar. Werner Sesink schlägt deshalb für die Praxis der Schul- und Hochschulentwicklung vor, den Einsatz Neuer Medien in der Bildung nicht nur als »Fortsetzung der gewohnten Bildung mit neuen Mitteln« zu verstehen, sondern als einen Umstrukturierungsprozess mit offenem Ausgang zu begreifen: »Die Bildungseinrichtungen werden sich darauf einstellen müssen, dass sie zu permanenten Baustellen werden. ›Under construction‹ wird keine vorübergehende Behinderung des Betriebs mehr anzeigen, sondern die neue Grundverfassung« (Sesink 2006, 72 f).

Insgesamt lässt sich beobachten, dass in der gerade anbrechenden digitalen Mediosphäre das Verhältnis zwischen den Medien der Verbreitung von Wissen im Raum (Ubiquität) und den Medien der Verbreitung von Wissen in der Zeit (Historizität) zunehmend prekär wird. Die digitalen Infrastrukturen vergrößern die territoriale Reichweite (Globalisation), verkürzen aber die chronologische (*Paideia*, z. B. Schule). Die Folge: Das ›fließende Wissen‹ (KnowHow) ersetzt das ›bewahrte Wissen‹ (Weisheiten). Während die Gestalt der Zeit für die Graphosphäre, den ›großen Erzählungen‹ (›Geschichte‹, ›Fortschritt‹) gemäß, noch als teleologische Linie beschreibbar war, strebt die Gestalt der Zeit in der digitalen Mediosphäre zum Punkt: Der Event, seine Aktualität und seine Performanz bestimmen die Gültigkeit von Wissen. Mit den Erzählungen von der Aufklärung und der Emanzipation, der Geschichte, dem Fortschritt, dem Diskurs der Wahrheit und der Vorstellung vom Wissen schaffenden Individuum gemäß dem *cogito ergo sum* des Descartes (1596–1650) hat das immer weniger zu tun.

In der Folge wird zum Beispiel auch die Theorie der Bildung zur Baustelle. Wenn der Begriff des Individuums als erkenntnistheoretisches Paradigma an Bedeutung verliert zugunsten des Begriffs von Wissen schaffenden Projekten und Communities (vgl. Faßler 2007) und von Collective Intelligence (Levy 1997), dann muss perspektivisch wohl auch über eine grundlegende *Theorie der Bildung der Communities* nachgedacht werden – möglicherweise mit der gleichen Tragweite, wie über die (auch anthropologisch) grundlegende *Theorie der Bildung des Menschen* (vgl. Humboldt 1793) nachgedacht wurde.

Fazit

Welche Wirkungen und Folgen die aktuellen mediologischen Bedingungen von Bildung und Erziehung haben werden, kann zurzeit noch kaum abgeschätzt werden. Der medien-kultur-historische Blick macht aber deutlich, dass es sehr einschneidende und grundlegende sein werden. Sicher ist, dass es sich bei den digitalen, global vernetzten Medien für Schule und Hochschule nicht lediglich um neue Geräte handelt, mit denen das, was man dort seit Jahrhunderten tut, nun etwas schneller tun kann. Was daran wirklich neu gewesen sein wird, was das für die digitale Mediosphäre Spezifische im Zusammenspiel von technischem

Medium, symbolischer Form und kollektiver Organisation gewesen sein wird, lässt sich erst im Nachhinein bestimmen. Die aktuellen mediologischen Revolutionen werden deshalb noch eine ganze Weile eine ziemlich große Herausforderung bleiben – nicht nur, wie angedeutet, für die Institutionen. Auch die Theorie der Bildung des Menschen bleibt vorerst eine permanente Baustelle.

Weiterführende Literaturhinweise

Debray 2003; Fromme/Sesink 2008; Johnson u. a. 2009; Mersmann/Weber 2008; Meyer u. a. 2008.

Literatur

Comenius, J. A. (1658): Orbis sensualium pictus. Dortmund 1991.
Comenius, J. A. (2001): Pampaedia – Allerziehung. Hg. von Schaller, K. Sankt Augustin.
Debray, R. (1999): Jenseits der Bilder. Eine Geschichte der Bildbetrachtung im Abendland. Rodenbach.
Debray, R. (2002): Der Tod des Bildes erfordert eine neue Mediologie. In: Heidelberger e-Journal für Ritualwissenschaft; online verfügbar: http://www.rzuser.uni-heidelberg.de/~es3/e-journal/fundstuecke/debray.pdf [14.8.2009].
Debray, R. (2003): Einführung in die Mediologie. Bern, Stuttgart, Wien.
Faßler, M. (2007): Collaborative Intelligence/Communities of projects. In: Meyer, T. u. a., 136–149.
Flusser, V. (2000): Kommunikologie. Frankfurt a. M.
Foucault, M. (1981): Archäologie des Wissens. Frankfurt a. M.
Fromme, J./Sesink, W. (Hg.) (2008): Pädagogische Medientheorie. Wiesbaden.
Humboldt, W. von (1793): Theorie der Bildung des Menschen. In: ders.: Schriften zur Anthropologie und Bildungslehre. Hg. von A. Flitner. Frankfurt a. M. u. a. 1984, 27–32.
Johnson, L./Levine, A./Smith, R. (2009): The 2009 Horizon Report [wird jährlich fortgeschrieben]. Austin, Texas; online verfügbar: http://wp.nmc.org/horizon2009/ [14.8.2009].
Keuffer, J./Oelkers, J. (Hg.) (2001): Reform der Lehrerbildung in Hamburg. Abschlußbericht der von der Senatorin für Schule, Jugend und Berufsbil-

dung und der Senatorin für Wissenschaft und Forschung eingesetzten Hamburger Kommission Lehrerbildung. Weinheim, Basel.

Levy, P. (1997): Die kollektive Intelligenz. Für eine Anthropologie des Cyberspace. Mannheim.

Lyotard, J.-F. (1979): Das postmoderne Wissen. Ein Bericht. Wien.

Mersmann, B./Weber, T. (Hg.) (2008): Mediologie als Methode. Berlin.

Meyer, T./Scheibel, M./Münte-Goussar, S. u. a. (Hg.) (2008): Bildung im Neuen Medium. Wissensformation und digitale Infrastruktur/Education Within a New Medium. Knowledge Formation and Digital Infrastructure. Münster u. a.

Prensky, M. (2001): Digital Natives, Digital Immigrants. In: On the Horizon. MCB University Press, Vol. 9, No. 5; online verfügbar: http://www.marcprensky.com/writing/Prensky%20-%20Digital%20 Natives,%20Digital% 20Immigrants%20-%20Part1.pdf [14.8.2009].

Sesink, W. (2006): ›Under construction‹ als neue Grundverfassung. In: Scheibel, M.: ›Under construction‹. Ein Meinungsspiegel zur Transformation von Bildungsinstitutionen. In: merz – medien+erziehung, H.2, 71–74.

Medien – Sozialisation – Geschlecht

*Renate Luca**

Themen des folgenden Beitrags sind die Rolle der Medien im Sozialisationsprozess; Medien und *Doing gender*; Theorien der Medienaneignung; Mediennutzung von Mädchen und Jungen; Ansätze zum Verstehen von Prozessen geschlechterbezogener Mediensozialisation; digitale Kluft; Mädchen und mediale Körpernormierungen; Jungen und mediale Gewalt.

Grundfragen der Mediensozialisation

In der erziehungswissenschaftlichen Diskussion um die Bedeutung der Medien für das Aufwachsen von Kindern und Jugendlichen findet der Begriff der *Mediensozialisation* mehr und mehr Verwendung. Damit rückt die Entstehung und Entwicklung der Persönlichkeit in der Interaktion mit der sozialen und materiellen Umwelt sowie die Rolle der Medien in diesem Prozess in den Fokus der Betrachtung.

Der Medienwissenschaftler Daniel Süss weist in seiner theoretisch-systematischen Arbeit zur *Mediensozialisation von Heranwachsenden* (2004) auf die zweifache Rolle der Medien beim Sozialisationsprozess hin. Medien sind zum einen »Teil der sozialen und materiellen Umwelt, mit der sich Heranwachsende und Erwachsene aktiv auseinandersetzen«, und zum anderen »Spiegel und Transporteure anderer Sozialisatoren, welche die Heranwachsenden durch die Medien vermittelt erfahren« (Süss 2003, 4). Sozialisationsinstanzen wie Familie, Schule und Gleichaltri-

---

* Renate Luca, Dr. phil., ist Professorin für Erziehungswissenschaft unter besonderer Berücksichtigung der Medienpädagogik an der Universität Hamburg mit den Arbeits- und Forschungssschwerpunkten: Pädagogisch-psychologische Medienforschung, Geschlechterforschung, Medien und Kommunikation, Professionalisierung.

gengruppe werden in diesem Sinne nicht nur direkt, sondern auch medial vermittelt erlebt. Bei der Bedeutung der Medien für die Sozialisation Heranwachsender handelt es sich sozusagen um ein Totalphänomen, weil Sozialisation ohne Medien nicht zu denken ist.

Der Erziehungswissenschaftler Bernd Schorb nimmt stärker den Vermittlungs- und Erziehungsaspekt der Medien in den Blick. Er nennt drei Perspektiven medialer Sozialisation, die sich auf die Funktion von Medien und ihre Bedeutung im Sozialisationsprozess beziehen. Er spricht erstens von Medien als *Faktoren*, die im Kontext anderer Sozialisationsfaktoren Einstellungen, Urteile, Wissen und Verhaltensweisen vermitteln. Zweitens bezeichnet er Medien als *Mittler* der Sozialisation: Sie unterstützen und ergänzen das institutionalisierte Lernen in allen Bildungsbereichen ebenso wie das informelle Lernen. Drittens werden Medien als *Instrumente* im Sozialisationsprozess bezeichnet, die von den Sozialisanden bewusst als Werkzeuge zur gesellschaftlichen Partizipation und Kommunikation Verwendung finden (vgl. Schorb 1997).

Allen Ansätzen ist gemeinsam, dass sie – basierend auf der Denktradition des Symbolischen Interaktionismus – von einem wechselseitigen Verhältnis von Mensch und Medien ausgehen: Individuen stellen im Rezeptionsprozess Bedeutung her. Anders als noch in den Anfängen medienpädagogischer Diskussion wird Medien nicht per se ein (meist negatives) Wirkpotenzial unterstellt; vielmehr wird den individuellen Interessen, Lebenslagen und Kompetenzen der Rezipienten entsprechend je spezifische Einflüsse der Medien auf die Heranwachsenden erwartet.

Aus der Annahme, dass Medien alle Lebensräume durchdringen und Impulse für die Entwicklung und Veränderungen von Verhaltenstendenzen und Werthaltungen mit sich bringen, stellt sich in pädagogischer Perspektive die zentrale Frage danach, *wie* Medien Sozialisationsprozesse beeinflussen bzw. verändern und in welche Richtung dies geschieht – in entwicklungsfördernder oder -gefährdender Weise. Dies soll unter dem *Gender*aspekt im Folgenden näher betrachtet werden.

Mediensozialisationen und Geschlechterperspektive

Medien fungieren neben Sozialisationsinstanzen wie Familie, Schule und Gleichaltrigengruppe als Orientierungsinstanzen für das, was in der Gesellschaft unter Weiblichkeit und Männlichkeit verstanden wird. Die in den Sozialwissenschaften umfangreich geführte Diskussion zum Verständnis von Geschlecht hat die Annahme grundlegend in Frage gestellt, dass das, was wir als ›weiblich‹ bzw. ›männlich‹ charakterisieren, naturgemäß festgelegt sei.

In der sozialwissenschaftlichen Diskussion hat sich inzwischen vielmehr die Position durchgesetzt, sich das, was als Geschlechtsidentität bezeichnet wird, nicht als etwas Vorausgesetztes, sondern als etwas zu Erwerbendes vorzustellen. *Geschlecht als Konstruktion* meint, dass Personen aufgrund ihres Geschlechts typisiert werden und sich in ihrem Selbstkonzept und in ihrem Handeln daran orientieren. In diesem Sinne sprechen wir von *doing gender*. Daraus folgt, dass das Geschlecht weiterhin als ein wesentliches Moment struktureller sozialer Gliederung fungiert. Das symbolische System der Zweigeschlechtlichkeit erfordert eine Zuordnung zu der einen oder anderen Kategorie. Als symbolische Ordnung findet es seinen Ausdruck in vielerlei kulturellen Setzungen; dazu gehören Mode, Körpersprache, familiäre und verwandtschaftliche Regelungen, Tabus, Verbote und Gebote. Massenmedien sind besonders gut geeignet, dieses symbolische System – als gesellschaftlich konstruiertes – präsent zu halten.

Im Kontext von Mediensozialisation unter Geschlechterperspektive interessieren zentral zwei Fragen: Erstens die Analyse der medialen Produkte im Hinblick auf die Darstellung von Geschlecht und Geschlechterbeziehungen mit ihren expliziten und impliziten Botschaften und zweitens Prozesse der Wahrnehmung, Aneignung und Verarbeitung der medialen Bilder und Botschaften durch die Rezipientinnen und Rezipienten generell sowie speziell durch Kinder und Jugendliche.

Die Frauenforschung begann in den 1970er Jahren, Impulse für die kritische Analyse von gesellschaftlichen Stereotypisierungen zu setzen, und richtete das Augenmerk auf die vermeintlichen Wesensmerkmale, die Frau bzw. Mann quasi naturgemäß charakterisieren. Im Zuge dieser Entwicklungen erfolgten erste empirische Untersuchungen zum Frauen- und Mädchenbild in den Medien. Schmerl (1984) fasste erste Ergebnisse zusammen und kam damals zu dem Schluss, dass Frauen auf dem Bildschirm weniger zu sehen seien – und *wenn* sie sichtbar seien, hätten sie nichts zu sagen. Weitere Untersuchungen zu den unterschiedlichsten Genrebereichen folgten: zu Familienserien (vgl. Corneließen/Engbers 1993), zu Werbung (vgl. Spiess 1992), zum Kinderprogramm (vgl. Theunert u. a. 1993) usw. In der Tendenz zeigte sich auch hier, dass die Frau eher als Anhängsel des Mannes erscheint, für die Kinder verantwortlich ist und immer auf Äußerliches bedacht.

Gemeinsam war diesen Untersuchungen, dass sie schwerpunktmäßig auf das Frauen- und Mädchenbild in den Medien fokussiert waren. Das Männerbild bzw. die Geschlechterordnung kam noch wenig in den Blick. Theoretisch waren sie an dem so genannten Differenzansatz orientiert, was sich auch in den ersten empirischen Arbeiten zur geschlechterspezifischen Medienrezeption zeigt (z. B. Luca 1993, Theunert 1993). Herausgearbeitet wurden Differenzen zwischen der Darstellung von Frau und Mann, Mädchen und Jungen sowie entsprechende Differenzen in der Nutzung und Verarbeitung dieser Bilder durch Kinder bzw. weibliche und männliche Jugendliche.

Die weitere sozialwissenschaftliche Theoriediskussion zur Geschlechterfrage hat auch in der medienpädagogischen Forschung ihren Niederschlag gefunden. Mit der konstruktivistischen Debatte, dem Paradigma des *doing gender*, kommt vermehrt das Wechselspiel von Rezipient und Medium als einem *aktiven* Aneignungsprozess ins Spiel. Gefragt wird danach, wie die Zuschauerin, der Zuschauer sich mediale Bilder aneignet. Die Fokussierung auf Lebenswelt, biografische Entwicklungsaufgaben und Verstrickungen öffnet den Horizont dafür, vorschnelle Festschreibungen entlang der Geschlechtergrenzen zu vermeiden. Medienbiografische Forschungsarbeiten geben exemplarisch Einblick in basale Sozialisationsprozesse und wie Geschwisterkonstellation, Autonomiebestrebungen gegenüber Mutter bzw. Vater, Geringschätzung von Weiblichkeit u. a. mit spezifischen Formen der Mediennutzung und -aneignung verknüpft werden (vgl. z. B. Luca 1998, Götz 1998, Beinzger 2003).

Neben dem medienbiografischen Ansatz lassen sich zwei weitere Theoriestränge nennen, die für Fragen der Mediensozialisation bedeutsam waren und sind. Das *strukturanalytische Modell der Medienrezeption*, wie es von Charlton/Neumann (1990) entwickelt wurde, fokussiert mit dem Begriff des ›handlungsleitenden Themas‹ beim je individuellen Vorgang der Auswahl und Verarbeitung von Medienangeboten auf den Prozess der Aneignung von Medien. Die Autoren belegen in zahlreichen empirischen Untersuchungen, dass sich die Rezipienten solche Medienangebote wählen, die ihre persönlichen Themen widerspiegeln und die geeignet sind, diese stellvertretend mit- oder nachzuerleben.

Die Medientheorie der *Cultural Studies* rückt das Verhältnis von Medien, Macht und Kultur in den Blick. Der Ansatz der Cultural Studies betont, dass kulturelle Praxen, also auch die Mediennutzung, nicht im quasi luftleeren Raum vonstatten gehen, sondern in einem gesamtgesellschaftlichen Kontext, der von Ideologien und Machtstrukturen durchzogen ist. So ist es bedeutsam, dass in der medialen Inszenierung von Geschlecht die gesellschaftlich vorfindbare hierarchische Geschlechterordnung eingeschrieben ist. Weiter wird betont, dass die Rezeption im Kontext der gesellschaftlichen Position und des kulturellen Hintergrunds der Rezipienten zu verorten ist. Wie eine mediale Botschaft, etwa eine Fernsehserie, aufgenommen wird, hängt von der sozial-gesellschaftlichen Position der Medienutzer ab. Auch dieser Ansatz wendet sich gegen eine deterministische Auffassung von Medienwirkung. Medienkommunikation wird vielmehr als Kreislauf von *decoding* und *encoding* verstanden: Ein Ereignis wird von den ProduzentInnen kodiert und muss von den RezipientInnen dekodiert, also entschlüsselt und verstanden werden. In diesem Prozess manifestieren sich gesellschaftliche Strukturen. Ein zentrales Anliegen der Cultural Studies besteht darin zu klären, inwieweit diese Strukturen in das alltagskulturelle Leben der RezipientInnen hineinreichen und wo kultureller »Eigensinn« (Winter 2001) entstehen kann.

Wie nutzen Heranwachsende Medien – und welche?

Repräsentative Daten zur Mediennutzung von Kindern und Jugendlichen werden seit mehr als zehn Jahren regelmäßig vom Medienpädagogischen Forschungsverbund Südwest erhoben. Betrachtet man diese speziell unter Genderperspektive, so zeichnen sich folgende allgemeine Tendenzen ab (vgl. Luca/Aufenanger 2007, 47 ff). Das Fernsehen als Leitmedium für Kinder und Jugendliche findet bei beiden Geschlechtern quantitativ gleiches Interesse, und zwar in der Kindheit wie in der Jugend. Bezogen auf die *Seh- und Verweildauer* unterscheiden sich Mädchen und Jungen nach neuesten Daten nur geringfügig (vgl. Medienpädagogischer Forschungsverbund 2007, 23 ff). Neben Alter und Bildungsstand unterscheiden sich allerdings die *Nutzungspräferenzen des Fernsehens* deutlich nach Geschlecht: Es gibt nur wenige Genres, die bei Mädchen und Jungen gleichermaßen beliebt sind; bei Mädchen sind Daily Soaps, Serienformate und Castingshows beliebt, Jungen interessieren sich eher für Comics und Zeichentrickserien, Sitcoms und Comedy. Weibliche Jugendliche nehmen mit zunehmendem Alter Mystery-Serien und Krimis in ihre Liste der beliebtesten Sendungen auf; bei männlichen Jugendlichen kommen – fast doppelt so beliebt wie bei Mädchen – Informationssendungen und Nachrichten sowie Sportsendungen hinzu.

Bei der Computer- und Internetnutzung nähern sich die Nutzungszahlen von Mädchen und Jungen in den letzten Jahren stark an (vgl. ebd. 2007, 31 ff). Wie bei der Fernsehnutzung zeigen sich auch hier qualitative Unterschiede bezogen auf die Nutzungsart: Jungen mögen vor allem Action-, Sport- und Simulationsspiele, Mädchen bevorzugen Jump and Run-Spiele oder auch Lernspiele. Bei den Internetaktivitäten sind für Mädchen die Bereiche Schule und Beruf sowie das E-mail-Schreiben von großer Bedeutung; Jungen nutzen hauptsächlich Bereiche bzw. Seiten im Internet, die Sportsendungen und allgemein Informationen enthalten, sowie Netz- und Multi-User-Spiele.

Bei der Zuwendung zu bestimmten Genres des Fernsehens ebenso wie bei der Auswahl des Computerspielangebots und der Internetnutzung zeigen sich deutliche Differenzen zwischen weiblichen und männlichen Jugendlichen. Tendenziell bevorzugen Mädchen gefühlsbetonte und beziehungsorientierte Genres, Jungen actionreiche Programme. Die Medienwissenschaftlerinnen Klaus und Röser interpretieren diese Rezeptionsmuster auf der Folie des symbolischen Systems der Zweigeschlechtlichkeit: Sie sprechen von »geschlechtsgebundenen Kommunikationsstilen« (Klaus/Röser 1996, 37). Rezipientinnen und Rezipienten definieren mediale Angebote als ›weiblich‹ oder ›männlich‹. Auf der Angebotsseite werden die Kommunikationsstile entsprechend berücksichtigt, um die weiblichen und männlichen Zielgruppen zu erreichen. Klaus/Röser bezeichnen den weiblich definierten Kommunikationsstil mit »Interaktion/Beziehung/Gemeinschaft« und den männlich definierten mit »Aktion/Besonderung/Sieg« (ebd., 50). Letzterer bedeutet, dass sich die Rezipienten das gelungene Ende eines Films, beispielsweise als erfolgreichen Sieg des einen über den anderen, wünschten, während der als weiblich bezeichnete Kommunikationsstil sich ein Happy End, die erfolgreiche Herstellung einer guten Beziehung und Gemeinschaft, wünschten.

Bei der Unterscheidung in einen ›weiblichen‹ und einen ›männlichen‹ Kommunikationsstil besteht allerdings leicht die Gefahr einer Homogenisierung der jeweiligen Geschlechtergruppe, und die Variationen – z. B. Unterschiede nach Alter, Herkunft und Bildungsniveau – geraten aus dem Blick. Damit einher geht ebenfalls sehr leicht eine Festschreibung geschlechterspezifischer Rezeptionsweisen, die den forschenden Blick eher einengt als erweitert. Eine kritische Reflexion dieser Interpretationsfolie ist also durchaus angebracht. Gleichwohl kann dieser Erklärungsansatz in pädagogischer Perspektive von Nutzen sein, da hier Ergebnisse geschlechterspezifischer Sozialisation mit Mediennutzungsgewohnheiten zutreffend in Beziehung gesetzt werden. Als Konsequenz für medienpädagogische Interventionen leitet sich daraus die Forderung ab, an den Interessen der Jugendlichen anzusetzen und gleichzeitig alternative Wahrnehmungs- und Erlebnisräume jenseits der Geschlechtergrenzen zu eröffnen.

Auch wenn sich die quantitative Nutzung von Internet und Computer bei Mädchen und Jungen inzwischen generell stark angeglichen hat, zeigen die Daten doch, dass sich die Bandbreite der Aktivitäten von Mädchen und Jungen unterscheidet. Die Interessenbereiche im Umgang mit Internet und Computer liegen bei den Jungen höher als bei den Mädchen. Diese Tendenz ist seit den 1990er Jahren zu verzeichnen und zeigt sich weiterhin (vgl. Medienpädagogischer Forschungsverbund 2007, 40).

In diesem Zusammenhang wird häufig von der digitalen Kluft gesprochen, die sich unter anderem auch am Geschlecht der NutzerInnen festmacht: Mädchen wird in Selbst- und Fremdeinschätzung eine geringere Kompetenz im Umgang mit dem Computer zugeschrieben als Jungen. Jungen und junge Männer treten nach eigener Einschätzung aufgeschlossener und offener an Aktivitäten mit Computer und Internet heran. In einzelnen qualitativen empirischen Untersuchungen konnte gezeigt werden, dass es durchaus fragwürdig ist, generell an der These von der digitalen Kluft entlang der Geschlechtergrenze festzuhalten. Vielmehr gibt die Empirie Hinweise darauf, dass Jungen einen anderen *Habitus* im Umgang mit Computer und Internet haben als Mädchen. Die symbolische Zuordnung von Geschlecht im Umgang mit Technik zementiert die traditionelle Geschlechterordnung insofern, als Jungen dies als ihre Domäne ansehen und in der Interaktion mit Mädchen ihre tatsächliche, häufig aber nur vermeintliche Vormachtstellung behaupten wollen (vgl. z. B. Buchen/Straub 2006).

Medien und Adoleszenz

Die Adoleszenz erweist sich für mediensozialisationstheoretische Fragen als sehr bedeutsam. Männlichkeits- und Weiblichkeitskonstruktionen in den Medien treffen auf jugendliche Rezipientinnen und Rezipienten, deren zentrale Entwicklungsaufgabe die gesellschaftliche Verortung auf der Achse von Geschlecht betrifft. In diesem Kontext erweisen sich Themen wie Körper, Sexualität und Gewalt als besonders relevant – Bereiche, in denen Medien für Mädchen und Jungen starke Sozialisationsimpulse setzen. Zwei Aspekte möchte ich hier exemplarisch erwähnen: Mädchen und mediale Körpernormierungen sowie Jungen und mediale Gewalt.

Die seit den Anfängen der geschlechterorientierten Medienforschung immer wieder erfolgten Untersuchungen zur Inszenierung des weiblichen Körpers haben bestätigt, dass weibliche

Akteure durch Schönheit, Jugendlichkeit und Erotik bis hin zur Sexualisierung des Körpers gekennzeichnet sind. Nicht nur in der Werbung, sondern auch in Musikvideos, Soaps und Casting-Shows ist das Frauenbild ein extrem körperzentriertes. Im Vergleich zu Männern unterliegen weibliche Medienfiguren im Hinblick auf Schlankheit und körperliche Attraktivität einer strengen Normierung. Die vor allem von weiblichen Jugendlichen präferierten medialen Formate wie Soaps und Casting-Shows präsentieren Geschlechternormen, in denen die Anerkennung und der Erfolg der Frau an körperliche Attraktivität gekoppelt werden. Auch wenn, wie oben dargelegt, nicht von einer monokausalen Wirkmacht medialer Bilder ausgegangen werden kann, werden mit den präsentierten Normierungen doch Impulse gesetzt, die zu negativen Folgen für das Körperbild und das Selbstwertgefühl der Rezipientinnen führen können.

Die Autoren Kochan und Schemer (2001) haben dazu überwiegend US-amerikanische empirische Arbeiten gesichtet und deren Ergebnisse zusammengefasst. Sie kommen zu folgenden Schlüssen: Eine verzerrte Wahrnehmung des eigenen Körpers als zu dick, geringe Zufriedenheit mit dem eigenen Körper sowie ein ausgeprägtes Schlankheitsbedürfnis treten bei weiblichen Rezipienten vor allem dann auf, wenn eine hohe Identifikation mit den Medienfiguren vorliegt *und* wenn weniger reale als mediale Akteure als Orientierungspersonen vorhanden sind (vgl. Luca 2007). Wir können daraus schließen, dass speziell in der Adoleszenz, in der der Körper das Erwachsenwerden repräsentiert und zur Quelle und zum Austragungsort psychischer Spannungen wird (vgl. King 2004), die starken Normierungen bezogen auf Schlankheit und Attraktivität dazu beitragen können, das ohnehin noch fragile Selbstbewusstsein weiblicher Jugendlicher zu schwächen.

Die Forschungslage weist bezogen auf den Aspekt der weiblichen Körpernormierung durch einseitige, stereotype mediale Darstellungen problematische Zusammenhänge auf. Interessant wäre es, darüber hinaus zu fragen und zu erforschen, wie Jugendliche gegenüber Formaten wie Soaps und Casting-Shows alternative Lesarten erproben, also Eigensinn produzieren, und unter welchen Bedingungen dies geschieht. Anzuknüpfen wäre dabei etwa an Forschungen zur Pop-Fan-Kultur (vgl. Fritsche 2007).

Wenn wir die Mediennutzungspräferenzen der Jungen betrachten, rücken die Genres in den Blick, die durch Action und Spannung gekennzeichnet sind. Damit ist die im Mainstream des pädagogischen Diskurses um Medienwirkung am stärksten untersuchte Fragestellung angesprochen, nämlich die der Wirkung von medialen Gewaltdarstellungen auf die Rezipienten. Ergebnisse der zahllosen empirischen Studien dazu sind äußerst widersprüchlich. Gleichwohl gibt es einen Konsens in der sozialwissenschaftlichen Diskussion um diese Fragestellung: Die monokausale Betrachtung, Gewalt in den Medien führe bei den Rezipienten zu Gewalthandlungen, ist nicht haltbar. Ebenso ist es wenig wahrscheinlich, dass gewalthaltige Inhalte und Szenarien, wie etwa Wrestling im Fernsehen oder Ego-Shooter auf dem PC, *keinen* Einfluss auf Jugendliche hätten. Deutlich ist ebenfalls, dass Jungen als diejenigen, die sich diesen Genres zuwenden, als Risikogruppe infrage kommen.

Als wesentlich für den Zusammenhang von medialer Gewalt und ihrer Rezeption durch Jugendliche werden allgemein Risikofaktoren wie Erfahrungen von Gewalt in der Familie, gravierende soziale Benachteiligung, schlechte Zukunftschancen und soziale Isolierung genannt. Aus Misserfolgen in der Schule oder im sozialen Umfeld entsteht die Motivation, sich der virtuellen Welt zuzuwenden, in der im Wettkampf die Möglichkeit zur Erbringung von Höchstleistungen möglich ist. Für männliche Jugendliche, für deren Selbst- und Fremdbild die Bewährung in aggressiv körperlicher Auseinandersetzung von großer Bedeutung ist, bieten virtuelle Welten willkommene Kompensationsmöglichkeiten, besonders für die, die im sozialen Umfeld eher Misserfolge und fehlende Anerkennung erfahren (vgl. Fritz 2008). Konsequenzen daraus werden im Wesentlichen in zwei Richtungen diskutiert: Die Sichtweise, die die Gefahren in den Vordergrund stellt, fordert restriktivere Maßnahmen für den Zugang zu gewalthaltigen Medien und stärkere Kontrolle der Nutzung; die Sichtweise, die die Faszination in den Vordergrund stellt, sieht in der Förderung der Medienkompetenz der Nutzer den richtigen Weg, so dass diese ihre Spielpraxis selbst regulieren.

Fazit

Für die Mediensozialisationsforschung unter der Genderperspektive ergibt sich aus den hier dargestellten Befunden die Frage danach, wie Kinder und Jugendliche die in den Medien eingeschriebenen Botschaften decodieren. Dabei ist das Augenmerk auf das Geschlecht als relevanten Faktor der Mediennutzung in Verknüpfung mit anderen Faktoren wie soziale Herkunft, Familienstruktur oder kulturellem Hintergrund zu legen. Zu achten ist dabei darauf, einzelne Medien nicht isoliert zu betrachten, sondern verstärkt die Zusammenhänge verschiedener Medien, alter wie neuer, die sogenannte Medienkonvergenz, zu berücksichtigen. Dabei ist die Frage danach zentral, ob und inwieweit die in den Medien transportierten Entwürfe von Weiblichkeit und Männlichkeit einer umfassenden Entfaltung von Persönlichkeit förderlich sind oder dieser vielmehr entgegenstehen – etwa indem die Entwürfe nur Stereotypien präsentieren oder latent oder offen Geschlechterhierarchien vermittelt werden. Besonders interessant könnte es dabei sein, z. B. in Längsschnittuntersuchungen jene Bedingungen und Faktoren zu identifizieren, die einengende Geschlechterzuschreibungen überwinden helfen.

Der Medienpädagogik stellt sich allgemein die Aufgabe, sozialisatorisch informell erworbene Fähigkeiten und Erfahrungen mit Medien zu erweitern sowie in der Sozialisation einseitig verlaufende Prozesse und problematische Wissensbestände und Haltungen in Frage zu stellen. Medienpädagogische Arbeit im Sinne der gesamten Breite der Kompetenzerweiterung, wozu Mediennutzung, Medienkritik, Medienkunde und Mediengestaltung gehören, kann dabei auf Ergebnisse geschlechtersensibler Sozialisationsforschung zurückgreifen. Hier wurde als Beispiel die Nutzung von Computer und Internet erwähnt. Untersuchungen dazu zeigen weniger Geschlechterdifferenzen als Differenzen auf der Bildungsebene. Im Sinne einer geschlechtersensiblen Praxis ist von daher die Fokussierung auf die Defizitorientierung im Bereich der technischen Kompetenz von Mädchen als zu einseitig und verkürzt zu betrachten. Es geht darum, für Mädchen wie für Jungen medienpädagogische Interventionen anzustreben, durch die vorhandene Erfahrungen und Kompetenzen erweitert werden

– über den Horizont dessen hinaus, was im Alltag bereits gelernt wurde.

Weiterführende Literaturhinweise

Hoffmann/Mikos 2007; Luca/Aufenanger 2007; Süss 2004; Treibel u. a. 2006.

Literatur

Beinzger, D. (2003): Filmerleben im Rückblick. Der Zusammenhang zwischen Filmrezeption und Geschlechtsidentität aus biografischer Sicht. In: Luca, R. (Hg.): Medien-Sozialisation-Geschlecht. München, 111–126.

Buchen, S./Straub, I. (2006): Die Bedeutung des Hacker-Topos für Hauptschüler in der Adoleszenz. In: Treibel, A. u. a. (Hg.): Gender medienkompetent. Wiesbaden, 93–110.

Charlton, M./Neumann-Braun, K. (1992): Medien. Kindheit – Medienjugend. München.

Cornelißen, W./Engbers, R. (1993): Zur geschlechtsspezifischen Rezeption von Männer- und Frauenbildern in deutschen Fernsehserien. In: Zeitschrift für Frauenforschung, H. 1 & 2, 161–169.

Fritsche, B. (2007): Sozialisation und Geschlecht in der Medienkultur. In: Hoffmann/Mikos, 167–184.

Fritz, J. (2008): Game-Gendering. Was Mädels mögen und Jungen schätzen. In: medien concret, Juni, 43–46.

Götz, M. (1997): Die parasoziale Beziehung zu einem Medienstar. In: Feministische Studien, H. 2, 51–66.

Hoffmann, D./Mikos, L. (Hg.) (2007): Mediensozialisationstheorien. Wiesbaden.

Klaus, E./Röser, J. (1996): Fernsehen und Geschlecht. In: Marci-Boencke, G./Werner, P./Wischermann, H. (Hg.): Blickrichtung Frauen. Theorien und Methoden geschlechtsspezifischer Rezeptionsforschung. Weinheim, 37–60.

Kochan, C./Schemer, C. (2001): Schönheitsideale in Daily-soaps. Zum Wirkungspotential von ›Attraktivitätsstandards‹ auf die Körperbilder der Rezipienten. In: medienpraktisch, Sonderheft Texte 4, 68–75.

Luca, R. (1993): Zwischen Ohnmacht und Allmacht. Unterschiede im Erleben medialer Gewalt von Mädchen und Jungen. Frankfurt a. M., New York.

Luca, R. (1998): Medien und weibliche Identitätsbildung. Körper, Sexualität und Begehren in Selbst- und Fremdbildern junger Frauen. Frankfurt a. M., New York.

Luca, R. (2007): Körper und Körperbilder – Medienkritik und medienpädagogische Bildungsarbeit. In: Neuß, N./Große-Loheide, M. (Hg.): Körper. Kult. Medien. Inszenierungen im Alltag und in der Medienbildung. Bielefeld, 36–49.

Luca, R./Aufenanger, S. (2007): Geschlechtersensible Medienkompetenzförderung. Berlin.

Medienpädagogischer Forschungsverbund Südwest (Hg.) (2007): Jugend. Information. (Multi)Media. Basisuntersuchung zum Medienumgang 12- bis 19-Jähriger in Deutschland. Stuttgart.

Schmerl, C. (1984): Das Frauen- und Mädchenbild in den Medien. Opladen.

Schorb, B. (1997): Sozialisation. In: Hüther, J./ders. (Hg.): Grundbegriffe der Medienpädagogik. München, 335–341.

Spiess, B. (1992): Frauenbilder in der Fernsehwerbung. In: Frauenbilder im Fernsehen, hg. Bundeszentrale für politische Bildung. Bonn, 91–108.

Süss, D. (2004): Mediensozialisation von Heranwachsenden. Wiesbaden.

Theunert, H. u. a. (Hg.) (1993): ›Einsame Wölfe‹ und ›Schöne Bräute‹. Was Mädchen und Jungen in Cartoons finden. München.

Winter, R. (2001): Die Kunst des Eigensinns. Cultural Studies als Kritik der Macht. Weilerswist.

Bedingungen von Bildung als ästhetischem Prozess

Andrea Sabisch[*]

Ästhetische Bildung ist mehr als das Sammelsurium oder Nebeneinander verschiedener Künste. *Ästhetische* Bildung beschäftigt sich mit den Sinnen, mit Fragen der Wahrnehmung und der Darstellbarkeit. Insofern berührt Ästhetische Bildung die Lebenswelt der Lernenden und geht über die Beschäftigung mit den Künsten hinaus. Gleichwohl lässt sich anhand verschiedener Künste (Musik, Literatur, Tanz, Bildende Kunst, Performance usw.) eine besonders intensive und verdichtete Auseinandersetzung mit gesellschaftlichen Bedingungen von Bildung zeigen. Mehr noch: Man kann die Künste als vielfältige Weisen des Antwortens auf gesellschaftliche Bedingungen von Bildung verstehen. Worauf die Künste und Ästhetische Bildung jeweils spezifisch antworten, kann man insbesondere an der Geschichte der pädagogischen Institutionen und ihrer Lehrkonzeptionen rekonstruieren.

Einleitung

Am Beispiel der heutigen Disziplin *Bildende Kunst*, die sich 1870 in Preußen flächendeckend als schulisches Pflichtfach *Zeichnen* etablierte (vgl. Kemp 1979, 8), skizziere ich im Folgenden fünf Topoi des Antwortens auf die Frage, wie gesellschaftliche Bedingungen innerhalb der Kunstpädagogik präsent sind. Dieselben Topoi oder Denkmuster tauchen auch in Diskussionen über die Funktionen Ästhetischer Bildung auf. Die Darstellung zielt nicht auf Vollständigkeit, sondern versucht, die Verknüpfung zwischen den Diskursen über Kunst und Ästhetik einerseits und den je-

---

[*] Andrea Sabisch, Dr. phil., ist wissenschaftliche Mitarbeiterin am Fachbereich Erziehungswissenschaft der Universität Hamburg im Bereich Kunstpädagogik und Bildungstheorie. Ihre Arbeits- und Forschungsschwerpunkte sind: Ästhetische Bildung, Wissenschaftskritik aus ästhetischer Perspektive, Methodologie der qualitativen Forschung, Methoden der Aufzeichnung in Lernprozessen.

weiligen institutionellen Voraussetzungen dieser Diskurse andererseits exemplarisch aufzuzeigen.

Kunst als Kultivierung des Handwerks

Der *erste* Topos artikuliert sich in der Rede von Kunst als Kultivierung des Handwerks. Diese bis heute weit verbreitete Auffassung von Kunst als Fertigkeit und Können bis hin zum virtuosen Beherrschen von Techniken, Verfahren und Strategien ist nicht neu. Sie geht zurück auf das antike Verständnis von *techné* als lehrbarer Praxis. Gegenwärtig wird die Kultivierung des Handwerks von dem amerikanischen Soziologen Richard Sennett als Gegenpol zu einem einseitig ökonomischen Arbeitsbegriff erneut thematisiert. Im Grimmschen Wörterbuch, welches den Wortgebrauch von Mitte des 15. bis Mitte des 19. Jahrhunderts nachzeichnet, wird Kunst noch als Substantiv zu ›können‹ belegt, welches, »*wie* kunnen, *zuerst ein* wissen« beschreibe (Grimm 1854 ff, 2667 f).

Auch wenn das Wort Kunst bei Erscheinen des Wörterbuchs in dieser Bedeutung kaum mehr verwendet wurde, findet man im industriellen bzw. maschinellen Zeitalter noch viele Umschreibungen, die den Topos von der Kultivierung des Handwerks bemühen. Dies verweist auf den gesellschaftlichen Bedarf an handwerklich Ausgebildeten noch im ausgehenden 19. Jahrhundert, in dem die Weltzeit, die Meridiane und das Höhensystem standardisiert wurden. Es entstanden erstaunlich viele grafische, zum Teil mechanisierte Aufzeichnungspraktiken (die sogenannten grafischen Methoden), für die man Ingenieure benötigte, die zeichnen konnten, um die Welt für die elektrische Telegrafie zu verkabeln, um Brückenkonstruktionen zu errichten, Eisenbahnen zu bauen usw.

Aufgrund dieses Bedarfs wurde bereits im frühen 19. Jahrhundert die Verstaatlichung der Lehrer- und der Künstlerausbildung vorangetrieben. Neben dem Zeichenunterricht in den Volksschulen wurden kunsthandwerklich ausgerichtete Gewerbeschulen geschaffen, die in Deutschland, England, den Niederlanden und Österreich als direkte Antwort auf die nationalen Misserfolge der Weltausstellungen diskutiert wurden. Zwar waren die Kunstgewerbeschulen zum Zwecke der industriellen Anwendung der Künste ins Leben gerufen; sie betonten aber im Unterschied zu den technischen und Handelsschulen der Zeit zunehmend künstlerische, also spezifisch gestalterische Komponenten der Produktion, und legten Wert auf die Unterscheidung zwischen manueller Anfertigung und industrieller Fertigung. Dies führte dazu, dass Kunstgewerbeschulen, zumindest an bedeutenden Standorten wie Berlin, Hamburg, London und Wien, mit kunstgewerblichen Museen kooperierten, welche besonders kunstvolle, handwerklich ausgereifte Exponate präsentierten.

Gleichzeitig entstand mit dem Reichspressegesetz von 1874, mit dem erstmals für ganz Deutschland die Pressefreiheit gesetzlich verankert wurde, und mit neuen drucktechnischen Technologien eine neue Art der Massenpresse. Sie ermöglichte die Veröffentlichung von Zeitschriften und anderen Publikationen in einem bis dahin unbekannten Ausmaß und Rahmen und verschaffte insbesondere dem Vereinswesen den Charakter öffentlicher Interessenvertretung. Die Kunstgewerbeschulen wurden infolge einer entsprechend wirksamen Artikulation der neuen Bedarfe schließlich zu Vorläufern der heutigen Hochschulen der Künste (vgl. Efland 2005). An ihnen wird der Topos der Kultivierung des Handwerks mittlerweile nicht mehr beibehalten; er nährt sich heute vielmehr im Bereich der angewandten Künste, wie er an den jüngeren Werkkunstschulen und zum Teil an den Fachhochschulen gepflegt wird.

Die Kultivierung des Subjektiven

Der *zweite* Topos handelt von der Kunst als Kultivierung des Subjektiven. Das Verständnis von Kunst als etwas Subjektivem und Singulärem ist, historisch betrachtet, ein recht junges Phänomen. Es entstand nahezu zeitgleich mit, jedoch in Opposition zu den mechanischen Aufzeichnungspraktiken und Kunstgewerbeschulen und lässt sich an den Lehrkonzepten über den Zeichen- bzw. Kunstunterricht an Volksschulen dokumentieren.

Bereits auf dem ersten deutschen Kunsterziehungstag in Dresden 1901 forderte der Ordinarius für Kunstgeschichte an der Universität Tübingen, Konrad Lange, dass die freie Entwicklung der künstlerischen Individualität in den Schulen stärker gefördert werden müsse (vgl. Lange, 1902, 37). Er verlangte von seinen Kollegen: »Deshalb verwerfen wir das übertriebene Wertlegen auf die äußerliche technische Routine. Denn die Technik an sich besagt in der Kunst gar nichts, sie erhält ihren Wert erst dadurch, daß sie etwas bedeutet, daß etwas mit ihr ausgedrückt wird. Man kann die Kunst nicht lehren, wie man die Wissenschaft und das Handwerk lehrt. Die Kunst hat ihrem Wesen nach etwas Freies, Spielendes, Gefühlsmäßiges. Der Erzieher darf sie deshalb nicht mit dem grübelnden Verstand des Gelehrten und auch nicht mit den plumpen Händen des Banausen anfassen« (Lange 1902, 34).

Die subjektive Dimension, die sich im (Selbst-)Ausdruck und im Gefühlsmäßigen äußere, wird aber nicht nur dem handwerklichen und technischen Können, sondern – wie bei Lange – auch den wissenschaftlichen Fertigkeiten gegenübergestellt. Eingebettet war diese Auffassung in den Prozess einer Ausdifferenzierung der wissenschaftlichen Disziplinen; dieser hatte sich im letzten Drittel des 19. Jahrhunderts verstärkt und zur Etablierung neuer Fächer an den Universitäten beigetragen. Im Zuge dieses Ausdifferenzierungsprozesses pflegten die damals entstehenden Geisteswissenschaften eine Kultur *des Verstehens*, die sich *erkenntnistheoretisch* von den beobachtenden und erklärenden Naturwissenschaften bewusst abgrenzte. Naturwissenschaften und Geisteswissenschaften wurden zu zwei verschiedenen, ja sogar gegensätzlichen Kulturen, und konkurrieren seither um den Vorrang bei der Schaffung unserer Weltauffassungen.

Anhand der Analyse wissenschaftlicher Atlanten, die deshalb eine zentrale Rolle spielten, weil sie damals »Maßstäbe dafür setzen, wie Phänomene gesehen und abgebildet werden sollten«, zeichnen die Wissenschaftshistoriker Daston und Galison (2007) nach, dass wissenschaftliche Objektivität, wie sie von den Naturwissenschaften propagiert wurde, eine historische *Erfindung* war. ›Objektivität‹ wurde erst mit dem Aufkommen und der Verbreitung mechanischer Darstellungsmöglichkeiten (wie der Fotografie) postuliert und schließlich zur Norm erhoben (vgl. Daston/Galison 2007, 28).

Dies hatte ebenfalls eine Polarisierung von Wissenschaft und Kunst zur Folge, die mit einer Kultivierung des Subjektiven einherging: »Die Subjektivität, von der sich Wissenschaftler im

19. Jahrhundert distanzierten, wurde in anderen Kontexten kultiviert und zelebriert. In deutlichem Gegensatz zu früheren, von der Renaissance bis zur Aufklärung verbreiteten Ansichten von der engen Verwandtschaft zwischen künstlerischer und wissenschaftlicher Arbeit fand nun eine Polarisierung statt; in der öffentlichen Wahrnehmung verkörperten Künstler und Wissenschaftler Gegensätze. Künstler waren nun gehalten, ihre Subjektivität zum Ausdruck zu bringen, sogar zur Schau zu stellen, und gleichzeitig mahnte man Wissenschaftler, ihre zu unterdrücken« (ebd., 39). Bis heute erhebt wissenschaftliche Forschung den Anspruch, objektive Tatsachen festzustellen und intersubjektiv nachvollziehbar zu sein, während Kunst subjektiv sein darf oder soll und nicht erklärbar sein muss.

Allerdings wird die Relation von Wissenschaft und Kunst in aktuellen kunstpädagogischen und kunstwissenschaftlichen Diskursen, auch z. B. in Ausstellungen, die sich mit ästhetischer Forschung befassen, zunehmend problematisiert (vgl. Kämpf-Jansen 2001, Blohm u. a. 2006). Insofern stellen sich die Fragen, ob diese Polarisierung noch gelten kann und worauf die gegenwärtige Kultivierung des Subjektiven – wie individuelle Entfaltung und selbstorganisiertes Lernen, die in allgemein bildenden Schulen erneut im Zentrum des Interesses stehen – antwortet.

Kunst als Repräsentation von Wissen

Der *dritte* Topos betrifft Kunst und ihre Funktion als Anschauung und *Repräsentation*, d. h. als Darstellung und Vorstellung, von Wissen. Auch diese Funktion der Kunst kann bis in die Antike zurückverfolgt werden. Doch die Darstellung von Wissen wird heute nicht mehr als etwas Nachträgliches angesehen: Sie ist, wie man heute weiß, von der Entstehung des Wissens nicht zu trennen, sondern unabdingbarer Bestandteil der historischen Wissensformationen.

Diese Betonung des *konstruktiven* Charakters der Produktion und Reproduktion von Wissen spielte bereits in zwei unterschiedlichen Lehrkonzeptionen des universitären Zeichenunterrichts in der ersten Hälfte des 19. Jahrhunderts zeitweilig eine zentrale Rolle. Auf der einen Seite musste jeder, der damals anerkannt kunsthistorisch forschen wollte, an der Universität zeichnen lernen und sich praktisch mit Lasuren, Farbaufträgen und diversen technischen Fertigkeiten auseinandersetzen. In universitären Kunstsammlungen und für kunstgeschichtliche Forschungszwecke setzte eine »Verschränkung kunsthistorischer und kunstpraktischer Lehre« ein (Schulze 2004, 148), die vor allem die Reproduktion von Kunstwerken, sei es als Übung, sei es als visuelles Lehrmittel, betraf. Indem das Zeichnen zum besseren Verständnis der Kunst (-geschichte) führte und umgekehrt Kunstgeschichte über die eigene zeichnerische Praxis erfahrbar machte, wurde künstlerisches Wissen zugleich erfahrbar, repräsentierbar und lehrbar.

Auf der anderen Seite kam an den Universitäten im Bereich der Naturwissenschaften »im Laufe des 19. Jahrhunderts das naturhistorische Zeichnen und Stechen dazu« (Schulze 2004, 34): Es diente der Visualisierung naturwissenschaftlichen Wissens. Trotz der oben beschriebenen Polarisierung von Kunst und Wissenschaft – mit ihrer Zuschreibung von Subjektivität dort und Objektivität hier – war eine Kooperation zwischen Künstlern und Wissenschaftlern offensichtlich möglich. Seither jedoch findet der universitäre Zeichenunterricht, Elke Schulze (vgl. 2004, 125 f) zufolge, weder in der Universitätsgeschichtsschreibung noch in der Geschichte der Pädagogik noch in der Kunstpädagogik, die sich auf schulischen Zeichenunterricht beschränkt, mehr Erwähnung. Umso mehr leistet Schulzes Untersuchung, indem sie die Genese und Typologie der Universitätszeichenlehrer rekonstruiert, einen wichtigen Beitrag zur Erkundung institutioneller Strukturen des universitären Zeichenunterrichts. War der Diskurs über Bildende Kunst als Repräsentation von Wissen in jenen beiden Bereichen universitärer Zeichenlehre im 19. Jahrhundert insgesamt eher randständig, so knüpfte er durch die Praxis des ›realistischen‹ Zeichnens an universitäre Realismus-Debatten an, wie sie mit dem Aufkommen der Fotografie erneut entfacht wurden.

Unter dem Schlagwort ›Krise der Repräsentation‹ wird seit dem ausgehenden 20. Jahrhundert verhandelt, welche Grenzen, Spielräume und Zwänge Repräsentationsweisen (Systeme der Darstellung und Vorstellung, wie z. B. die Sprache) mit sich bringen und welche neuen Formen der Darstellung und Inszenierung von Wissen entworfen werden können. Ich interpretiere diese Krisen als zyklisch wiederkehrende, *mediale* Krisen der Repräsentation, die immer dann auftreten, wenn mit einem neuen Medium alte Strukturen, Ordnungen und Grenzen einer Repräsentation grundlegend in Frage gestellt werden (vgl. Sabisch 2007, 58 ff): War dies im 19. Jahrhundert der mit der Fotografie produzierte, zentralperspektivische, zwar stillgestellte, dennoch aber scheinbar *realistische Blick mit einem Auge*, so beleuchten aktuelle ästhetische Diskurse Fragen der Visualisierung, der Simulationen sowie der bildgebenden Verfahren zur *Sichtbarmachung von Unsichtbarem*. An der Universität als Institution der Wissenschaften (und eben nicht nur in Kunstausstellungen) sind ästhetische Diskurse über die Repräsentation von Wissen deshalb an ihrem Platz, weil sie die Frage nach unseren Vorstellungen von wissenschaftlicher Evidenz (Beweiskraft) erneut und auf neue Weise aufwerfen – vergleichbar jenen universitären Zeichenlehren aus dem 19. Jahrhundert, die mit ihren ›realistischen‹ Repräsentationsprogrammen sich einerseits als Dienstleistung für die Kunstgeschichte bzw. die Naturwissenschaften instrumentalisieren ließen und andererseits zur Popularisierung visuellen Wissens beitrugen.

Die Kultivierung des Sehens

Der *vierte* Topos umfasst Kunst als Kultivierung des Sehens. Er knüpft an die Legitimation von Kunst als Repräsentation von Wissen an, geht aber darüber in zweierlei Hinsicht hinaus. Zum einen verlieh die Konzeption von Kunst als ›Schule des Sehens‹ dem universitären Zeichen- und Kunstunterricht »einen eigenwertigen Geltungsbereich, losgelöst von Reproduktionszwängen und als selbstständiger Partner der Wissenschaften« (Schulze 2004, 34). Zum anderen legitimierte sie vielfältige *kunstpädagogische* Lehrkonzeptionen auch über die Universitäten hinaus, insbesondere an weiterführenden Schulen. Diese Lehrkonzeptionen wurden seit dem ausgehenden 19. Jahrhundert bis heute weiterentwickelt und bleiben auch im Zeitalter der Optik als Instrument des Wissenstransports bedeutsam.

So beruhen aktuelle internationale Konzeptionen der kunstpädagogischen Lehre, von der *visuellen Kommunikation* bis hin zur *visual culture*, auf einer Kultivierung des Sehens bzw. der optischen Wahrnehmung. Unter diesem Dach können technische, mediale und materielle Kommunikationsformen wie weblogs, youtube, flickr usw. im Kunstunterricht an Schule und Hochschule ebenso thematisiert werden wie kunsthistorische oder bildwissenschaftliche Darstellungen, theoretische Reflexionen über die ikonische Differenz von Bildern oder Übungen zur Rezeption, Interpretation und Produktion von optischen Phänomenen. Im weiteren Sinne gliedert sich die Kultivierung des Sehens in eine umfassendere Kultivierung der Sinne bzw. der sinnlichen Wahrnehmung (*aisthesis*). Aber worauf antwortet dieser Topos?

Mit seiner 1750–1758 verfassten Schrift *Aesthetica* grenzte der Philosoph Alexander Gottlieb Baumgarten ›Ästhetik als Erkenntniswissenschaft des Sinnlichen‹ von der Rationalität ab (vgl. Liebau/Zirfas 2008, 9) und begründete sie als eigenständige philosophische Disziplin. Auch heute wird die Kultivierung der Sinne für die Begründung ästhetischer Bildung herangezogen, wie z. B. jüngst in der Anthologie *Die Sinne und die Künste. Perspektiven ästhetischer Bildung* von Liebau und Zirfas. Darin heißt es: »Die Entwicklung der Sinne, der Sinnlichkeit, ist kein bloßes Naturereignis, das natürlichen Entwicklungsgesetzen folgt, sondern die Entwicklung der Sinne ist ihrerseits kulturell konstituiert. Das Auffassungsvermögen entsteht und entwickelt sich erst in der Begegnung und der Auseinandersetzung mit kulturellen Objektivationen« (Liebau/Zirfas, 2008, 12) – hier: der Kunst. Ferner zeigen die Künste auf vielfältige Art und Weise, wie die Sinne mit dem Logos verknüpft werden können, und werden so zu Beispielen für verdichtete *Übersetzungsprozesse* der Sinne. Mittels unterschiedlicher Medien und Materialien kann man die Künste als Musterkollektionen dieser für Bildungsprozesse so relevanten Verknüpfungen und Aufmerksamkeitsschwellen begreifen.

Als Topos des Antwortens auf gesellschaftliche, institutionelle oder mediale Bedingungen von Bildung kann eine Betonung der *Sinne* (nicht nur im Kunstunterricht) sowohl als intrinsische Motivation und Reservoir für Bildungsprozesse überhaupt verstanden werden als auch als Kritik einer nicht mehr oder zu wenig erfahrungsbezogenen, leibgebundenen Ökonomie der (Wissens-) Produktion im Schul- und Hochschulalltag. Allerdings besteht eine Gefahr darin, die Sinne in überzogenen Abgrenzungen, z. B. zu neueren Technologien oder sogar als technikfeindliche Position, einseitig zu betonen. Einer solchen Ausschließlichkeit gilt es insbesondere im Kunstunterricht, in dem Technologien und mediale Neuerungen ausdrücklich thematisiert werden sollten, zugunsten von Pluralität entgegenzuwirken.

Kunst als Lehre des nicht Lehrbaren

Der *fünfte* Topos beschreibt das Paradoxon der Kunst als Lehre des nicht Lehrbaren. Auch die Frage nach den Grenzen der Lehrbarkeit ist seit der Antike bekannt. Johannes Bilstein, der derzeit Pädagogik an der Kunstakademie Düsseldorf lehrt, zeigt auf, dass der Beruf des Künstlers an die Künstlerausbildung in Akademien gekoppelt war. Seit Leon Battista Alberti um 1436 die »mechanischen Künste in den Rang der Freien Künste« erhob und »den bildenden Künsten zu einer wissenschaftlichen Grundlage« verhalf, indem er die Malerei mit der Mathematik verband (vgl. Bollmann 2004, 117), war eine Basis dafür geschaffen, das Verhältnis zwischen der *Vermittlung* von Kunst (z. B. dem Erlernen der Malerei) und dem je individuellen *Talent* des Malers breiter zu erörtern.

Bilstein zufolge mussten bis zum 16. Jahrhundert alle, die »in Europa das Malen, Bildhauern, Schnitzen oder Zeichnen lernen« wollten, »in die Lehre gehen. Die Schüler leben in der Regel bei ihren Meistern, müssen – gerade bei den großen – häufig beträchtliche Summen an Lehrgeld bezahlen und sich zumeist für viele Jahre auch über den Ablauf der Lehrzeit hinaus an diese Meister binden. Bei Vasari und van Mander, den großen Künstler-Biographen, finden wir dazu eine Vielzahl von Belegen. Die jungen Knaben – Frauen kommen in dieser Geschichte zunächst nicht vor – unterliegen den strengen Regelungen der Zünfte und Gilden, sind auch in ihrer Lebensführung auf das Genaueste reglementiert: bis hin zur Heiratsordnung und zur Kleidung. Neben den Zünften bilden sich dann – ausgehend von Italien – in ganz Europa kleine Vereinigungen von Zeichnern und Malern, die gemeinsam arbeiten und üben, die versuchen, auf sozusagen privater Grundlage unabhängig und ungebunden von den eigenen

Zunft-Regeln zu arbeiten – und die sich durchgängig ›Akademien‹ nennen« (Bilstein 2008, 37).

Wenngleich die Geschichte der Kunstakademien in Europa höchst heterogen ist, so haben sie doch ein Paradoxon gemeinsam: Auf der einen Seite gehört »die Berufung auf ein mit Stolz betontes Autodidaktentum bis heute zu den wichtigsten Standard-Klischees aller Künstler-Geschichten«; auf der anderen Seite wird es »gerade den allein aus sich heraus entstandenen Künstlern immer wichtiger, selbst wiederum Schüler zu haben« (ebd., 36). Dieses Paradoxon, welches in den heutigen Meisterklassen und ihrer spezifischen, personalen Vermittlung fortlebt, wirft die Frage danach auf, was das Elementare oder Wesentliche in den Künsten (bzw. in der Bildung zur Kunst) darstellt und ob es überhaupt lehrbar ist.

Dem Topos einer prinzipiellen handwerklichen oder technischen *Lehrbarkeit*, wie sie derzeit mit dem Kompetenzbegriff ins Zentrum rückt, steht die Betonung des ›Schöpferischen‹, ›Erfinderischen‹ oder ›Genialen‹ entgegen und bestimmt zumindest rhetorisch das Selbstverständnis der Lehre an Akademien. Ob dies deren heutiger Lehrpraxis tatsächlich entspricht, sei dahingestellt. Jedenfalls scheint (Kunst-) Pädagogik an Akademien, selbst wenn sich deren Ressourcen aus der Lehrerbildung speisen, bis heute weithin verpönt zu sein.

Fazit

Das Zusammenspiel von Institutionen und Diskursen der Ästhetischen Bildung ist stets historisch und kulturell geprägt, aber bislang kaum systematisch untersucht. Versteht man die skizzierten historischen Topoi als exemplarische Antworten auf gesellschaftliche Bedingungen Ästhetischer Bildung, so stellt sich die Frage, wie diese *in Zukunft* gedacht werden kann. Kann man im Unterschied zum 19. Jahrhundert, in dem es einen Institutionalisierungsschub gab und künstlerisch-ästhetische Bildung zur staatlichen Angelegenheit erklärt wurde, heute von einer zunehmenden Privatisierung ästhetischer Bildung, von ihrer Abdrängung in Kunst- und Privatschulen ausgehen? Was hat die Marginalisierung der ästhetischen Fächer im institutionellen Gefüge staatlicher Schulen und Universitäten zur Folge? Wie kann man Ästhetische Bildung sinnvoll anlegen, ohne sie als interdisziplinäres Sparmodell, als Sammelfach der Kreativen zu denken, in dem die einzelnen Künste in ihrer Spezifik ausgehöhlt sind?

Festzustehen scheint nach dieser Skizze der Topoi, mittels derer Kunst und Ästhetik historisch jeweils gefasst waren, jedenfalls, dass Ästhetische Bildung an der *Genese von Wissen* – und damit auch an den Übergängen zwischen Wissen und Nichtwissen, explizitem und implizitem Wissen – stets beteiligt war. Wenn wir Ästhetische Bildung in Institutionen wie Schule und Hochschule heute randständig werden lassen, weil sie wenig ›effizient‹ erscheinen, so berauben wir uns eines wichtigen Motors von Bildungsprozessen überhaupt.

Weiterführende Literaturhinweise

Legler 2005; Liebau/Zirfas 2008; Sabisch 2009, Schmid-Isler 2007.

Literatur

Bilstein, J. (2008): Schöne Mägde, nützliche Schwestern. In: Liebau/Zirfas, 35–56.

Blohm, M./Heil, C./Peters, M./Sabisch, A./Seydel, F. (Hg.) (2006): Über Ästhetische Forschung. Lektüre zu Texten von Helga Kämpf-Jansen. München.

Bollmann, U. (2001): Wandlungen neuzeitlichen Wissens. Historisch-systematische Analysen aus pädagogischer Sicht. Würzburg.

Daston, L./Galison, P. (2007): Objektivität. Frankfurt a. M.

Efland, A. (2005): Problems Confronting Visual Culture. In: Art education, Jg. 58, H. 6, 35–40.

Grimm, J./Grimm, W. (1854–1960): Das Deutsche Wörterbuch, Bd. 11, 2666–2685; online verfügbar: http://germazope.uni-trier.de/Projects/DWB/ [15.8.2009].

Kemp, W. (1979): Einen wahrhaft bildenden Zeichenunterricht überall einzuführen: Zeichnen und Zeichenunterricht der Laien 1500–1870: Ein Handbuch. Frankfurt a. M.

Kämpf-Jansen, H. (2001): Ästhetische Forschung. Wege durch Alltag, Kunst und Wissenschaft. Köln.

Lange, K. (1902): Das Wesen der künstlerischen Erziehung. In: Götze, C./ Jessen, P./Kalkreuth, L. Graf von u. a. (Hg.): Kunsterziehung. Ergebnisse und Anregungen des Kunsterziehungstages in Dresden am 28. und 19. September 1901. Leipzig, 27–38.

Legler, W. (2005): Kunst und Kognition. Hamburg; online verfügbar: http://hup.sub.uni-hamburg.de/opus/volltexte/2008/30/pdf/Hamburg UP_KPP06_Legler.pdf [17.8.2009].

Liebau, E./Zirfas, J. (Hg.) (2008): Die Sinne und die Künste. Perspektiven ästhetischer Bildung. Bielefeld.

Sabisch, A. (2007): Inszenierung der Suche. Vom Sichtbarwerden ästhetischer Erfahrung im Tagebuch. Entwurf einer wissenschaftskritischen Grafieforschung. Bielefeld.

Sabisch, A. (2009): Ästhetische Bildung ist Grundlage jeder Bildung. In: Billmayer, F. (Hg.): Angeboten. Was die Kunstpädagogik leisten kann. München, 192–198.

Schmid-Isler, S. (2007): Design. Geschichte und aktuelle Tendenzen. Vorlesungsskript für das Kontextstudium Masterstufe. Universität St. Gallen; online verfügbar: http://www.alexandria.unisg.ch/EXPORT/DL/43706.pdf [17.8.2009].

Schulze, E. (2004): Nulla dies sine linea. Universitärer Zeichenunterricht – eine problemgeschichtliche Studie. Stuttgart.

5 Frühkindliche, außerschulische und berufliche Bildung

Bildung in der frühen Kindheit

*Anja Tervooren**

Das Thema ›Bildung in der frühen Kindheit‹ wird seit der Wende zum 21. Jahrhundert nicht mehr nur in den wissenschaftlichen Disziplinen, die sich traditionell mit Kindheit beschäftigen, diskutiert. Außer in erziehungswissenschaftlichen, psychologischen, medizinischen und soziologischen Diskursen wird das Thema Kindheit mittlerweile in der Neurobiologie und auch in der Volks- und Betriebswirtschaft verhandelt – ganz zu schweigen von der ausgedehnten Aufmerksamkeit, welche die frühe Kindheit neuerdings quer durch alle politischen Lager und durch öffentliche Organisationen erfährt. Der Beitrag analysiert, wie es zur öffentlichen Durchsetzung dieses Themas kam.

Einleitung

Bildung in der frühen Kindheit ist nicht nur als Thema in aller Munde; tatsächlich wird die Frühpädagogik auch einer grundlegenden Neustrukturierung auf unterschiedlichen Ebenen unterzogen. So soll 2013 der Rechtsanspruch eines Kindes auf Bildung, Erziehung und Betreuung in einer Kindertageseinrichtung oder in der Kindertagespflege ab dem vollendeten ersten Lebensjahr im Sozialgesetzbuch verankert werden. Darauf aufbauend werden die Institutionen öffentlicher Bildung für kleine Kinder vor allem in den alten Bundesländern ausgebaut.

Unter anderem aus diesem Grund wird die Ausbildung von Erzieherinnen und Erziehern an Fachschulen auf den Prüfstand gestellt, werden grundständige und weiterführende Studienmög-

---

* Anja Tervooren, Dr. phil., ist Juniorprofessorin für Erziehungswissenschaft unter besonderer Berücksichtigung des Verhältnisses von Bildung und Kultur an der Universität Hamburg. Ihre Forschungsschwerpunkte sind: Sozialisations- und Bildungsforschung, Kindheits- und Jugendforschung, Qualitative Methoden.

lichkeiten an Fachhochschulen und Universitäten entwickelt. Auch wurden seit 2002 in allen 16 Bundesländern erstmals Bildungs- und Erziehungspläne für die ersten sechs, teilweise auch die ersten zehn Lebensjahre vorgelegt, und die Tradition der Curriculumsentwicklung auf Länderebene, die zuvor nur für den Bereich der Schulbildung existierte, wurde auf den Bereich der Elementarbildung ausgedehnt (vgl. Bildungspläne o.J.). Verbunden wird mit diesen Maßnahmen die Hoffnung, Qualität von Bildung in der frühen Kindheit künftig sichern, aber auch empirisch besser erheben und bewerten zu können.

Das Phänomen der Durchsetzung eines Themas lässt sich in Anlehnung an die machttheoretischen Studien des französischen Philosophen Michel Foucault als Vervielfältigung von Diskursen untersuchen. Ein Thema setzt sich in wissenschaftlichen, öffentlichen und politischen Debatten, aber auch mittels praktischer Maßnahmen durch. Zusammengenommen bilden diese laut Foucault ein *Dispositiv*, das »Gesagtes ebensowohl wie Ungesagtes« umfasst (Foucault 1976, 120). Zu diesem Dispositiv gehören neben Diskursen also auch Institutionen, die Architektur von Gebäuden, Gesetze, Maßnahmen der Verwaltung etc. Gemeinsam bilden diese ein heterogenes Ensemble, zwischen dem teilweise einander widersprechende Verbindungen bestehen. Das Dispositiv antworte, so Foucault, auf einen Notstand, der zu einem spezifischen Zeitpunkt gegeben sei, und umgreife »Strategien von Machtverhältnissen, die Typen von Wissen stützen und von diesen gestützt werden« (ebd., 123). ›Bildung in der frühen Kindheit‹ als Dispositiv hat, so lässt sich für die aktuelle Situation konstatieren, zu einer effektiven Verschränkung von Diskursen und Macht geführt und – in Zeiten knapper öffentlicher Budgets – einen Ausbau von Bildungsangeboten für Kinder bis zum Alter von sechs Jahren in Gang gesetzt.

Im Rahmen einer strategischen Durchsetzung der grundlegenden Neustrukturierung des Elementarbereichs ist allerdings die theoretische Beschäftigung mit dem Bildungsbegriff und mit dem, was Bildung ist und was sie sein sollte, aus dem Blick geraten. Wie der Bildungsphilosoph Norbert Ricken kritisch anmerkt: »Wer ›Bildung‹ für sich zu reklamieren und öffentlich zu besetzen vermag, erheischt allerlei strategische Vorteile, ohne dass ihm daraus zugleich die Nötigung erwüchse, die beanspruchten und oft nur unterstellten Beobachtungen, wenn schon nicht theoretisch, so doch wenigstens konzeptionell auszuweisen und begründet einzulösen« (Ricken 2007, 16). Das Sprechen über Bildung – und für frühe Bildung gilt dies aktuell noch mehr als für Bildung in anderen Lebensaltern – erweist sich anscheinend für eine breite Koalition von Interessengruppen als funktional, wobei die begriffliche und theoretische Unbestimmtheit des Bildungsbegriffs meines Erachtens der Motor der Durchsetzung dieses Dispositivs ist.

Im Folgenden wird gefragt, welche gesellschaftlichen Bedingungen zur Entstehung und strategischen Durchsetzung des Dispositivs, das sich rund um das Thema »Bildung in der frühen Kindheit« entwickelt hat, beigetragen haben. Hierbei wird erstens auf die Entdeckung des Kindes als Ressource, zweitens auf die Verschiebung des Verhältnisses zwischen Staat und Eltern und drittens auf eine Normalisierung diagnostischer Maßnahmen in der Zeit vor dem Schuleintritt der Kinder eingegangen. Es wird gezeigt, dass der Ausbau kindlicher Bildung, der vielen Kindern und Eltern *de facto* einen Gewinn bringen dürfte, vor dem Hintergrund ökonomischer, sozialer und kindheitspolitischer Diskurse interpretiert durchaus ambivalent gelesen werden muss. Dieser Ausbau ermöglicht den Kindern zwar auf der einen Seite eine größere gesellschaftliche Teilhabe, ist auf der anderen Seite jedoch mit einem Zugriff auf ihre Bildungskapazitäten verbunden, der nicht nur die Bildungsinstitutionen, sondern auch das Kinderleben und das Leben in den Familien verändert. Zum Abschluss werden Forschungsdesiderata zum Thema »Bildung in der frühen Kindheit« aufgezeigt, die sich aus der diskutierten Problematik ergeben.

Zur Umdeutung der frühen Kindheit: Kinder als gesellschaftliche Ressource

Aktuell unterliegen die frühe Kindheit, besonders aber die ersten drei bis vier Lebensjahre eines Kindes, mit denen sich traditionell die Disziplin der Psychologie beschäftigt, einer Bedeutungszunahme. Zwar hatte schon der Begründer der Psychoanalyse, Sigmund Freud, im ausgehenden 19. Jahrhundert den zentralen Stellenwert des psychischen Erlebens in den ersten drei Lebensjahren für das spätere Leben herausgearbeitet, dieses allerdings rückwirkend durch die Erzählungen Erwachsener rekonstruiert. Zeitgleich begannen die ersten Kinderpsychologen, ihre eigenen Kinder zu beobachten, und arbeiteten heraus, in welchen Schritten sich diese entwickeln. Dem ersten Lebensjahr kommt seit den 1970er Jahren besondere Aufmerksamkeit zu, nämlich seitdem die Säuglingsforschung zeigen kann, mit welch großer Eigenaktivität Säuglinge bereits ihre primären Beziehungen formen (vgl. Stern 1977, Dornes 1993). Seit Beginn des 21. Jahrhunderts sind es vorrangig Erkenntnisse der Neurobiologie, die Eingang in die interdisziplinären Kinderwissenschaften finden (vgl. Singer 2003, Fried 2008). Der Fokus des Interesses liegt dabei weniger auf der Regulierung der Psyche, der Wahrnehmung oder den Bindungen, sondern auf dem Lernen der Kinder (vgl. Spitzer 2007). Dieses vollziehe sich, so wird durch die Fokussierung physiologischer Grundlagen des Aufwachsens gezeigt, gerade in den ersten Lebensjahren am schnellsten und auch am nachhaltigsten.

Diese Erkenntnisse erhalten besonders viel Gehör, seit sie sich mit demographischen und humankapitaltheoretischen Argumentationen, vor allem von ökonomischer Seite verschränken: Da in Deutschland immer weniger Kinder lebten, müssten alle mehr, früher und besser gebildet werden, damit sie als zukünftige Erwachsene eine Gesellschaft mit hohem Altersdurchschnitt in den Bereichen Wirtschaft und Soziales zu organisieren vermögen. Auch hätten die Kinder später Probleme zu lösen, die heute noch nicht einmal in Ansätzen bekannt seien, z. B. immer schneller Informationen zu verarbeiten, die global kursieren, und sie sollten deshalb vor allem mit Methodenkompetenzen ausgestattet werden. Bildung in der frühen Kindheit wird vor dem Hintergrund neurobiologischer und ökonomischer Diskurse als die effektivste Form von Bildung bestimmt. Eine Studie der Bertelsmann Stiftung spricht sogar von einer 2,7-fachen Kosten-Nutzen-Relation, mit der sich staatliche Investitionen für einen Krippenbesuch rentierten. Das heißt, man könne das, was Kinder in ihrem späteren Leben an Kapital erwirtschaften, fast um das Dreifache steigern, wenn man in ihre frühe Bildung investiere (vgl. Bertelsmann Stiftung o.J., 6). Kinder werden aus diesem Blickwinkel als gesellschaftliche Ressource verstanden: Je früher man in sie als Humankapital, vor allem in ihre Bildung investiere, desto gewinnbringender lasse sich die mittlerweile selten gewordene Ressource Kind nutzen.

Vor diesem Hintergrund wird auch die Frage aufgeworfen, was Kinder in den ersten Lebensjahren lernen sollen, und diskutiert, wie in den Institutionen früher Bildung der Bildungsprozess planvoll organisiert werden könne. Wurde in der Tradition des deutschen Kindergartens Wert darauf gelegt, *nicht* systematisch auf die Schule vorzubereiten, sondern einen eigenständigen, am kindlichen Entdecken und Spiel orientierten Bildungsbeitrag zu leisten, zeichnet sich heute eine Tendenz zu einer Formalisierung kindlicher Bildung bereits in den ersten Lebensjahren ab. Wassilios Fthenakis, der federführend an der Ausarbeitung des hessischen Bildungsplans *Bildung von Anfang an. Bildungs- und Erziehungsplan für Kinder von 0–10 Jahren* beteiligt ist, weist darauf hin, dass der Einfluss des Staates auf die Entwicklung, Einführung und Überprufung der neuen Curricula zugenommen habe und dass diese »Mittel zur administrativ-politischen Steuerung des Systems der Tageseinrichtungen« geworden seien (Fthenakis 2003, 28).

Zur Verschiebung des Verhältnisses zwischen Staat und Eltern

Die Veröffentlichung der Ergebnisse deutscher Schülerinnen und Schüler bei der internationalen Schulleistungsstudie PISA im Jahre 2000 schockierte die Öffentlichkeit nicht nur, weil diesen nur mittlere Leistungen in den Kernkompetenzen bescheinigt wurden und damit die Konkurrenzfähigkeit Deutschlands gefährdet schien. Darüber hinaus wurde auch deutlich, dass in keinem anderen teilnehmenden Land die soziale Herkunft den Bildungsverlauf so gravierend beeinflusst wie in der Bundesrepublik Deutschland. Dieses in den darauf folgenden Studien bestätigte Ergebnis hat zu anhaltender Empörung geführt, das Thema der Verteilung von Bildungschancen wurde deshalb auf die Agenda gesetzt und Reformen unter anderem im frühpädagogischen Bereich angestoßen. Obwohl die Schulleistungen der Viertklässler, welche in den IGLU-Studien erhoben werden, und die der Fünfzehnjährigen, nach denen die PISA-Studien fragen, keinerlei konkrete Rückschlüsse auf Auswirkungen früher Bildung zulassen, haben diese Ergebnisse die Forderung unterstützt, die Bildung in den ersten Lebensjahren zu verbessern, und das Interesse an den frühpädagogischen Systemen anderer Länder geweckt (vgl. Fthenakis/Oberhuemer 2004). Hans-Rudolf Leu (2005) vom Deutschen Jugendinstitut erinnert allerdings daran, dass eine ähnliche Debatte um die Konkurrenzfähigkeit Deutschlands und ihre Verbindungen mit Bildung im Kindergarten bereits vor dreißig Jahren mit der Thematisierung gesellschaftlicher Ungleichheit in Zusammenhang gebracht wurde, ohne nachhaltige Veränderungen bewirkt zu haben.

Die Soziologen Rolf Becker und Wolfgang Lauterbach haben den möglichen Zusammenhang des Besuchs einer Einrichtung der Kindertagesbetreuung von Kindern mit deren späteren Schulleistungen anhand von Daten des sozioökonomischen Panels (SOEP), für den seit 1984 Mitglieder derselben privaten Haushalte regelmäßig befragt werden, genauer untersucht. Sie kommen zu dem Ergebnis, dass sich zwar insgesamt positive Effekte für Kinder allgemein und vor allem auch für solche aus Arbeiterfamilien ergeben, dass sich diese Effekte jedoch eher für Kinder aus Haushalten qualifizierter und relativ wohlhabender Arbeiter nachweisen lassen, wohingegen die Kinder aus Familien un- und angelernter Arbeiter in ihren Bildungschancen benachteiligt bleiben (Becker/Lauterbach 2006). Hinzu kommt, dass die Nachfrage nach Plätzen im Rahmen der Kindertagesbetreuung, wie Thole, Cloos und Rietzke (2006) exemplarisch für die Stadt Kassel analysiert haben, mit Bildungsstatus und Arbeitsmarktorientierung der Eltern ansteigt. Somit erreichen Angebote früher Bildung gerade diejenigen Kinder nur selten, welche sie am meisten benötigen.

Deshalb kommen seit einiger Zeit verstärkt Debatten über die Verbindlichkeit von Bildungsangeboten auf. In diesem Rahmen wird die verpflichtende Teilnahme am letzten Kindergartenjahr in vielen Bundesländern ebenso diskutiert wie die Einschulung aller Kinder eines Jahrgangs bei weitestgehendem Verzicht auf Rückstellungen – und damit eine Vorverlegung des Schulanfangs, wie sie z. B. in den Bundesländern Berlin und Brandenburg seit 2006 praktiziert wird. Diese Vorverlegung kann sowohl als Recht aller Kinder auf einen frühzeitigen Schulbeginn als auch als Pflicht und damit als Zugriff auf die Bildungskapazitäten von Kindern interpretiert werden. Eine weitere politische Reform ist der Ausbau der Ganztagsschule, der große Teile der bisher freien Zeit von Kindern in die öffentliche Hand transferiert.

Der Ausbau öffentlicher Institutionen der Bildung in der frühen Kindheit verteilt also die Zeit der Kinder neu: Die Bildungszeit in der Familie wird durch den Ausbau öffentlicher Bildung verringert und die verbleibende Zeit mit dem Ziel modelliert, Erziehung und Bildung der Kinder zu verbessern. Magdalena Joos weist eben diese Verschiebung anhand der gewandelten Rhetorik im elften im Vergleich zum zehnten Kinder- und Jugendbericht nach; sie spricht von einer Tendenz der »Defamilialisierung und Sozialpädagogisierung der Familie« (Joos 2005). Anhand dieser Debatten lässt sich ein Paradigmenwechsel in der Bildungs- und Familienpolitik erkennen: An der Gruppe der kleinen Kinder zeigt sich aktuell eine Neubestimmung des Verhältnisses von Gesellschaft, Kindern und Eltern. Politisch wird dieser Ausbau mit der Forderung nach Gleichberechtigung von Mann und Frau und der Vereinbarkeit von Familie und Beruf verbunden.

Zur Normalisierung diagnostischer Erhebungen in der frühen Kindheit

Begleitet werden die umfassenden Reformen im Bereich der Frühpädagogik von der Diagnose einer Krise, welche im Bereich der frühen Kindheit an zwei Problemlagen festgemacht wird: erstens an der Zunahme von Entwicklungsstörungen im Kindesalter und zweitens an den geringen Deutschkenntnissen von Kindern mit Migrationshintergrund. Beides lässt sich an den Kindergesundheitsberichten der Bundesländer zeigen, die zumeist auf den Daten der Schuleingangsuntersuchungen basieren (vgl. Kelle 2008). Um dieser Krise zu begegnen, werden Maßnahmen der Diagnostik im frühen Kindesalter verstärkt, die häufig als entwicklungs- oder sprachdiagnostisches Screening jeweils ganze Jahrgänge von Kindern erfassen. Bei den unterschiedlichen Verfahren steht nicht die genaue Diagnose eines Phänomens im Vordergrund. Vielmehr sollen Hinweise für Auffälligkeiten entdeckt und diese an anderer Stelle präzise diagnostiziert werden, um eine ›auffällige‹ von einer ›unauffälligen‹ Entwicklung unterscheiden zu können.

Zum einen wird die medizinische Diagnostik ausgebaut. Gerade vor dem Hintergrund bekannt gewordener und skandalisierter Fälle von Kindesmisshandlung und Kindstötung wurden die medizinischen Kindervorsorgeuntersuchungen als eine Möglichkeit ausgemacht, Vernachlässigung von Kindern und Gewalt gegen Kinder aufzudecken. Seit Mitte dieser Dekade wurde über die Frage diskutiert, wie die 1976 in den sogenannten *Kinderrichtlinien der Krankenkassen* zunächst als Recht eines Kindes eingeführten, regelmäßigen medizinischen Kindervorsorgeuntersuchungen von der Geburt bis zum vollendeten fünften Lebensjahr (U1-U9) für Eltern verpflichtend gemacht werden können. Mittlerweile ist die Teilnahme in vielen Bundesländern verpflichtend, wodurch zugleich der im Grundgesetz verankerte Elternwille eingeschränkt und ein Teil des Schutzauftrags Kindern gegenüber auf den Staat übertragen wird. Im Rahmen verpflichtender Kindervorsorgeuntersuchungen ist es nunmehr das Ziel, staatlichen Zugang zu möglicherweise krisenhaften privaten Erziehungs- und Betreuungsverhältnissen zu sichern. Ordnet man diese Entwicklung in einen weiteren Kontext der Politik rund um Kinder ein, kann ergänzt werden, dass zu Beginn der 1990er Jahre im Kinder- und Jugendhilfegesetz der Elternwille gestärkt wurde und angesichts der verstärkten öffentlichen Aufmerksamkeit für Kindeswohlgefährdungen die Interventionsmöglichkeiten, die das reformierte Gesetz zur Verfügung stellt, nicht auszureichen scheinen, um Kinder vor ihren Eltern zu schützen, weshalb in einem neuartigen Zusammenspiel von Medizin und Staat interveniert werden soll. Darüber hinaus wurde 2008 eine zusätzliche Kindervorsorgeuntersuchung am Übergang vom dritten zum vierten Lebensjahr eingeführt, weil dort in der Abfolge der Untersuchungen eine Lücke von zwei Jahren klaffte.

Zum anderen wird die Sprachdiagnostik im Rahmen der Kindertagesbetreuung und der Schulanmeldung und -vorbereitung verstärkt. So werden zum Beispiel seit 2002 Verfahren früher Sprachdiagnostik – häufig ab dem vierten Lebensjahr mit Implementierung entsprechender Reihenuntersuchungen als Sprachstandserhebungen (z. B. Delfin4 in NRW) – im Bereich elementarer Bildung eingeführt (vgl. Sprachstandserhebungen) und die Überprüfung von deren Qualitätsstandards auch als Ziel von Regierungspolitik erklärt (z. B. Ehlich 2005). Auch ist die Förderung des Spracherwerbs zu einem der wichtigsten Bildungsinhalte im frühpädagogischen Bereich geworden. In den aufnehmenden Schulen werden bei den künftigen SchülerInnen bereits bei der Schulanmeldung oder kurz vor Schuljahresbeginn die Fähigkeiten, die sie mitbringen, mit standardisierten und informellen Verfahren erhoben (vgl. ZSE 2009). Im Rahmen dieser Aufwertung von Diagnostik, die nicht einzelne Kinder, sondern ganze Jahrgänge von Kindern zu erreichen sucht, ist es nur zum Teil das Ziel, Kinder in krisenhaften Situationen des Aufwachsens zu erreichen. Darüber hinaus vollzieht sich eine ›Normalisierung‹ diagnostischer Maßnahmen, welche die ersten Lebensjahre *aller* Kinder modelliert.

Desiderate der Forschung

Dieser Ausbau der Institutionen und Curricula früher Bildung ist ambivalent. Denn einerseits werden mehr Bildungsanlässe für die nachwachsende Generation zur Verfügung gestellt und damit deren Partizipationschancen zu erhöhen versucht; andererseits wird die nachwachsende Generation damit als ökonomisch verwertbare Ressource konstituiert und instrumentalisiert. Angesichts dieser Situation sollte die Frage nach dem Bildungsbegriff erneut aufgeworfen werden. Aktuell wird die Debatte so geführt, dass Bildung in dem hier in Rede stehenden Dispositiv vorrangig als Aktivität bildender Institutionen oder auch Personen aufgefasst wird. Letztendlich steht im Fokus, Bildung effektiver zu steuern, mehr und bessere Bildung anzubieten, innovative Methoden und Inhalte zu vermitteln usw. Die Seite derjenigen, die sich bilden und gebildet werden, also die Bildungsprozesse der Kinder in ihren unterschiedlichen Lebensräumen, findet in diesen Debatten wenig Berücksichtigung. Fast wird der Eindruck erweckt, als würden Angebote der Bildung von Kindern immer linear in ihre Bildungsprozesse aufgenommen. Doch vollziehen sich Bildungsprozesse stets widersprüchlich und sind im Spannungsfeld von Machbarkeit und Unverfügbarkeit situiert. Bildung ist *zwischen*

Institution und Subjekt, Tun und Geschehenlassen, Innovation und Tradition und damit auch *zwischen* Verwertbarkeit auf der einen und Unantastbarkeit auf der anderen Seite eingebettet. Um dieses Spannungsfeld näher zu beleuchten, ist es erstens vonnöten, die bildungstheoretischen Debatten rund um dieses Thema zu vertiefen, und zweitens sollte die empirische Forschung zu Bildungsprozessen von Kindern in deren ersten sechs Lebensjahren ausgebaut werden.

Zum ersten: Der Bildungsbegriff war lange Zeit aufgrund seiner Herausbildung während der Aufklärung am erwachsenen, als mündig aufgefassten Subjekt orientiert, während die frühe Kindheit in den Bereich von Pflege, Betreuung oder Erziehung verwiesen und darüber hinaus zu großen Teilen der Disziplin Psychologie überlassen wurde. Zwar wird auch im Bereich der Pädagogik der frühen Kindheit eine Debatte um den Bildungsbegriff geführt, die jedoch vor allem durch zwei einander gegenüberstehende Positionen dominiert bleibt: Auf der einen Seite wird die »Selbstbildung« des Kindes betont (Schäfer 1995, 2008), auf der anderen werden unter dem Begriff »Ko-Konstruktion« (Fthenakis 2003) die Bildungsprozesse des Kindes im Zusammenspiel mit seinem erwachsenen Umfeld interpretiert, die Eigentätigkeit des Kindes also stets im Zusammenhang mit anderen Personen herausgearbeitet. Wenn beide Positionen auch Elemente der Bildungstheorie aufgreifen, fehlt ihnen dennoch die Einbindung in den allgemeinen erziehungswissenschaftlichen Diskurs. Auch muss die Frage nach den Effekten gestellt werden, welche der Ausbau von Diagnostik, Förderung und Bildung nach sich zieht. Erfüllt sich die Hoffnung, dass auf diese Weise Chancengleichheit erhöht werden könne? Führen die Bemühungen, die Chancenungleichheit von Kindern durch Fördermaßnahmen zu vermindern, zu mehr Chancen für alle, oder ergeben sich durch die damit einhergehende Standardisierung vielmehr gegenteilige Auswirkungen?

Zum zweiten: Empirische, vor allem qualitative Bildungsforschung im Bereich der frühen Kindheit ist bis heute rar; das Lebensalter der frühen Kindheit bleibt nicht nur in der Bildungs-, sondern auch in der Kindheitsforschung häufig ausgeklammert (eine Ausnahme bilden z. B. Bollig/Ott 2008, Fröhlich-Gildhoff et al. 2008). Wenn auch die Perspektiven allerdings älterer Kinder in den Forschungen zu Heterogenität aufgenommen worden sind (vgl. Chassé/Zander/Rasch 2004, Betz 2008), so besteht doch ein erheblicher Nachholbedarf und besonders größere qualitative Studien zu Migration, sozialer Ungleichheit, Geschlecht und Behinderung in der frühen Kindheit sind rar. Vor dem Hintergrund der Debatte um ungleiche Chancen sollte jedoch ein Ausbau der Forschung zu Heterogenität im Rahmen der Kindheitsforschung (und darüber hinaus) vorangetrieben und dabei ein breiter Bildungsbegriff, der Bildung zwischen Unantastbarkeit und Verwertbarkeit situiert, zugrunde gelegt werden. So könnten auch die Widersprüchlichkeiten in den Bildungsprozessen von Kindern berücksichtigt werden.

Weiterführende Literaturhinweise

Kelle/Tervooren 2008; Thole/Roßbach/Fölling-Albers u. a. 2008; Ecarius/Groppe/Malmede 2009.

Literatur

Becker, R./Lauterbach, W. (2004): Vom Nutzen vorschulischer Erziehung und Elementarbildung. In: dies. (Hg.): Bildung als Privileg. Erklärungen und Befunde zu den Ursachen der Bildungsungleichheit. Wiesbaden, 125–156

Bertelsmann Stiftung (o. J.): Volkswirtschaftlicher Nutzen von frühkindlicher Bildung in Deutschland. Eine ökonomische Bewertung langfristiger Bildungseffekte bei Krippenkindern. www.bertelsmann-stiftung.de/bst/de/media/xcms_bst_dms_23966_23968_2.pdf [24.1.2009].

Betz, T. (2008): Ungleiche Kindheiten. Theoretische und empirische Analysen zur Sozialberichterstattung über Kinder. Weinheim, München.

Bildungspläne der Bundesländer für die frühe Bildung in Kindertageseinrichtungen (o. J.). In: Deutscher Bildungsserver. www.bildungsserver.de/zeigen.html?seite=2027 [26.1.2009].

Bollig, S./Ott, M. (2008): Entwicklung auf dem Prüfstand: zum praktischen Management von Normalität in Kindervorsorgeuntersuchungen. In: Kelle/Tervooren, 207–224.

Chassé, K. A./Zander, M./Rasch, C. (2007): Meine Familie ist arm. Wie Kinder im Grundschulalter Armut erleben und bewältigen. 3. Aufl. Wiesbaden.

Dornes, M. (1993): Der kompetente Säugling. Die präverbale Entwicklung des Menschen. Frankfurt a. M.

Ecarius, J./Groppe, C./Malmede, H. (Hg.) (2009): Familie und öffentliche Erziehung. Theoretische Konzeptionen, historische und aktuelle Analysen. Wiesbaden.

Ehlich, K. (2005): Anforderungen an Verfahren der regelmäßigen Sprachstandsfeststellung als Grundlage für die frühe und individuelle Förderung von Kindern mit und ohne Migrationshintergrund. Berlin

Foucault, M. (1976): Dispositive der Macht. Über Sexualität, Wissen und Wahrheit. Berlin.

Fried, L. (Hg.) (2008): Das wissbegierige Kind. Neue Perspektiven in der Elementar- und Frühpädagogik. Weinheim, München.

Fröhlich-Gildhoff, K./Nentwig-Gesemann, I./Haderlein, R. (Hg.) (2008): Forschung in der Frühpädagogik. Freiburg.

Fthenakis, W. E. (2003): Zur Neukonzeptionalisierung von Bildung in der frühen Kindheit. In: ders. (Hg.): Elementarpädagogik nach PISA. Freiburg u. a., 18–37.

Fthenakis, W. E./Oberhuemer, P. (Hg.) (2004): Frühpädagogik international. Bildungsqualität im Blickpunkt. Wiesbaden.

Joos, M. (2006): De-Familialisierung und Sozialpädagogisierung. Eine Rekonstruktion der Kindheitsbilder und politischen Leitideen des Zehnten und Elften Kinder- und Jugendberichts. In: Andresen, S./Diehm, I. (Hg.): Kinder, Kindheiten, Konstruktionen. Wiesbaden, 109–134.

Kelle, H. (2008): ›Normale‹ kindliche Entwicklung als kulturelles und gesundheitspolitisches Projekt. In: dies./Tervooren, 187–205.

Kelle, H./Tervooren, A. (Hg.) (2008): Ganz normale Kinder. Heterogenität und Standardisierung kindlicher Entwicklung. Weinheim, München.

Leu, H. R. (2005): Die Bildungsdebatte in Deutschland – heute und vor dreißig Jahren. In: Jampert, K. u. a. (Hg.): Schlüsselkompetenz Sprache. Kiliansroda, 19–23.

Ricken, N. (2007): Das Ende der Bildung als Anfang – Anmerkungen zum Streit um Bildung. In: Harring, M./Rohlfs, C./Palentien, C. (Hg.) (2007): Perspektiven der Bildung. Wiesbaden, 15–40

Schäfer, G. E. (1995): Bildungsprozesse im Kindesalter. Weinheim, München.

Schäfer, G. E. (2008): Bildung in der frühen Kindheit. In: Thole/Roßbach u. a., 125–139.

Singer, W. (2003): Was kann ein Mensch wann lernen? Ein Beitrag aus Sicht der Hirnforschung. In: Fthenakis 2003, 67–77.

Spitzer, M. (2007): Lernen. Gehirnforschung und die Schule des Lebens. München.

Sprachstandserhebungen und Sprachförderkonzepte der Bundesländer (o. J.). In: Deutscher Bildungsserver. www.bildungsserver.de/zeigen.html?seite =2308& [26.1.2009].

Stern, D. (1979): Mutter und Kind. Die erste Beziehung. Stuttgart.

Thole, W./Cloos, P./Rietzke, T. (2006): ›Bildungsbremse‹ Herkunft. Zur Reproduktion sozialer Ungleichheit im Vorschulalter. In: Otto, H.-U./Oelkers, J. (Hg.): Zeitgemäße Bildung. München, 287–315.

Thole, W./Roßbach, H.-G./Fölling-Albers, M./Tippelt, R. (Hg.) (2008): Bildung und Kindheit. Opladen.

ZSE, Zeitschrift für Soziologie der Sozialisation und Erziehung (2009): Themenschwerpunkt Kulturen der Entwicklungsdiagnostik, Jg. 29, H. 2.

Eine neue Kultur des Aufwachsens für Kinder. Zur Sicherung frühkindlicher Bildungsprozesse

*Ursula Peukert**

Der Artikel analysiert die gesellschaftlichen Folgen der Globalisierung, die nachhaltig das Leben von Familien, von Frauen und Kindern verändern. Die Politik reagiert auf die neuen Problemlagen mit der Einrichtung eines Systems zur Betreuung, das neben der Familie kindliche Bildungsprozesse ermöglichen und sichern soll. Da dabei auch andere politische Ziele verfolgt werden, ist es vorrangige pädagogische Aufgabe, die Eigengesetzlichkeit frühkindlicher Bildungsprozesse zu achten und zu schützen.

Noch nie in der Geschichte der Bundesrepublik Deutschland sind die Bedürfnisse und Ansprüche kleiner Kinder auf Betreuung, Erziehung und Bildung so ausdauernd Gegenstand einer kontrovers geführten öffentlichen Debatte gewesen. Das Thema steht im Zentrum der Bildungsdiskussion, wie sie seit den, das nationale Selbstverständnis verstörenden, Ergebnissen der Pisa-Studien geführt wird. Sie bescheinigen dem deutschen Bildungssystem im internationalen Vergleich Mittelmäßigkeit, ja teilweises Versagen und eine starke Abhängigkeit des Bildungserfolgs von sozialer Herkunft. Seither richtet sich die Aufmerksamkeit verstärkt auf die frühe Kindheit und löste im Kindergarten einen neuen Reformschub aus. Darüber hinaus begann die Politik im Jahr 2005, auch die unter Dreijährigen in das Bildungs- und Betreuungssystem zu integrieren: Mit einem finanziellen Sonderprogramm der Bundesregierung soll der Ausbau so vorangetrieben werden, dass 2013 jedem Kind nach vollendetem ersten Lebensjahr ein Rechtsanspruch auf einen Platz garantiert werden kann. Gleichzeitig sind mit der neuen Elternzeit-Regelung starke Anreize ge-

---

* Ursula Peukert, Dr. phil., ist Lehrbeauftragte an den Universitäten Hamburg und Münster mit dem Forschungsschwerpunkt: Pädagogik der frühen Kindheit, insbesondere frühkindliche Bildungsprozesse und deren gesellschaftliche Bedingungen.

setzt worden: Wurde das frühere Erziehungsgeld bis zu zwei Jahre lang gezahlt, wird das neue Elterngeld – nun als Lohnersatzleistung – auf ein Jahr beschränkt; eine Verlängerung um zwei Monate ist nur möglich, wenn sich der Partner an der Erziehungszeit beteiligt.

Wir haben es mit einem Politikwechsel zu tun, der tiefgreifende Veränderungen für die westdeutsche Gesellschaft bedeutet. In Abgrenzung zur DDR und der in Ostdeutschland auch nach der Vereinigung beibehaltenen Praxis institutioneller Kleinkinderziehung war man in Westdeutschland fast einhellig der Meinung, die Erziehung vor allem der jüngsten Kinder sei den Familien zu überlassen. Eine Erinnerung an die Bildungsreform der Bundesrepublik Anfang der 1970er Jahre kann dies verdeutlichen. Damals ging es unter den Bedingungen des Ost-West-Konflikts und des Kalten Krieges um Ausschöpfung aller Begabungsreserven und um Chancengleichheit. Dabei wurde der Kindergarten als Bildungseinrichtung entdeckt: »Dem frühen Lernen kommt heute eine besondere Bedeutung für die intellektuelle und emotionale Entwicklung des Kindes, insbesondere für die Entwicklung« seiner Lernfähigkeit zu« (Deutscher Bildungsrat 1970, 40). Zu den unter Dreijährigen hieß es jedoch lediglich: »Nach allgemeiner Auffassung wird ein Kind in den ersten drei Lebensjahren in seiner Entwicklung am besten gefördert, wenn ihm seine Familie eine verständnisvolle und anregende Umwelt bietet. Wie Kinder dieses Alters außerhalb einer solchen Familie mehr Anregung erfahren könnten, ist bislang »unbekannt« (ebd.). Was hat diesen Paradigmenwechsel verursacht?

Die veränderte Situation der Gesellschaft

Verändert hat sich vor allem die gesamtgesellschaftliche Situation. Die Entwicklung neuzeitlicher Gesellschaften wird vorangetrieben durch das Zusammenspiel von Wissenschaften und Marktwirtschaft. Neue wissenschaftliche Konzeptionen dienen auch der Produktion von Waren, um den Gewinn auf dem Markt zu steigern, zugleich erhöhen sie die Anforderungen an die Qualifikation der Beschäftigten. Auf diese Weise wird eine sich ständig steigernde und beschleunigende Dynamik in Gang gesetzt, zuletzt mit dem Einsatz der modernen Informations- und Kommunikationstechnologien und dem Übergang zur sogenannten Wissensgesellschaft.

Ein entscheidender Impuls, die Dynamik zusätzlich zu forcieren, war seit den 1980er Jahren die Liberalisierung der Kapitalmärkte. Die höchste im globalen Konkurrenzkampf zu erreichende Kapitalrendite wird zum fast ausschließlichen Kriterium für die Steuerung der Finanzströme. Die finanzpolitische Deregulierung ermöglicht den Export von Kapital und Arbeitsplätzen in Schwellenländer und erhöht damit den Druck auf die Arbeitnehmer in den Industrieländern. Zugleich fördert sie die Strategie der internationalen Konzerne, Spezialistenwissen weltweit einzukaufen und einzusetzen. Ein global gewordener Arbeitsmarkt führt zu Wachstum bei gleichzeitigem Wegfall von Arbeitsplätzen und damit immer deutlicher zur sozialen Spaltung der Gesellschaften (vgl. Peukert 2000). In den Industrieländern entstehen neue Verlierer, zu denen vor allem die weniger Qualifizierten gehören; als Gewinner treten die Besitzer von Kapital und die mobilen Hochqualifizierten hervor. Eine Familie zu gründen und langfristige Bindungen einzugehen, bedeutet in dieser Situation ein Armutsrisiko. Ein breiter Teil der Mittelschicht ist in bisher nicht gekannter Weise mit der Gefahr sozialen Abstiegs konfrontiert. Neben den vom Arbeitsmarkt Ausgeschlossenen, den Arbeitslosen, entsteht die neue Schicht des sogenannten Prekariats.

Diese Entwicklung lässt sich auch in der Bundesrepublik beobachten, und sie wird sich unter den Bedingungen der gegenwärtigen globalen Finanzkrise weiter verschärfen (vgl. Bundesministerium für Arbeit und Soziales 2008; Autorengruppe Bildungsberichterstattung 2008). Denn trotz wirtschaftlichen Wachstums lag 2008 der Anteil der Arbeitslosen bei mehr als sieben Prozent; 13 Prozent der Einwohner lebten unterhalb der Armutsgrenze, weitere dreizehn Prozent mit einem erhöhten Armutsrisiko. Mehr als 20 Millionen Menschen, ein Viertel der deutschen Bevölkerung, lebten trotz sozialstaatlicher Leistungen unter Verhältnissen, in denen sie die Folgewirkungen von Armut bis hin zur sozialen Exklusion tragen oder befürchten mussten. Davon waren vor allem die wenig Qualifizierten, überdurchschnittlich oft mit Migrationshintergrund, sowie Alleinerziehende und Kinder betroffen. Jedes zehnte Kind unter 18 Jahren wuchs in einer Familie auf, in der beide Eltern erwerbslos waren; 23 Prozent aller Kinder lebten unterhalb der Armutsgefährdungsgrenze. Ihr Armutsrisiko steigt, wenn ihre Eltern einen niedrigen Schulabschluss haben; die Wahrscheinlichkeit, dass sie selbst ein höheres Ausbildungsniveau erreichen könnten, ist gering, weil gerade in der Bundesrepublik zwischen sozialer Herkunft und Bildung ein unmittelbarer Zusammenhang besteht.

Neue Arbeitsplätze aber entstehen primär im Bereich der Informations- und Kommunikationstechnologien sowie von Dienstleistungen mit erhöhten Qualifikationsanforderungen in Hinsicht auf analytisches Denken, Kommunikations- und Problemlösungskompetenzen. Während einerseits der Bedarf an Hochqualifizierten wächst, nimmt andererseits, wegen der Überalterung der Bevölkerung, die Zahl der tatsächlich dem Arbeitsmarkt verfügbaren Arbeitskräfte ab. Manche Berechnungen sehen schon 2016 eine Situation erreicht, in der Arbeitskräftemangel den Wohlstand der Gesellschaft gefährden könnte. Dieses Defizit kann offensichtlich nur dann kompensiert werden, wenn Bildungs- und Ausbildungszeiten verkürzt und Menschen aller Altersgruppen für den Arbeitsmarkt gewonnen werden, die bisher nicht in ihn integriert sind. Damit richtet sich der Blick auf die gut ausgebildeten Frauen, die Familienarbeit leisten: D. h. der Ausbau der Tageseinrichtungen für die unter Dreijährigen hat also ebenso wie das Elterngeld einen harten ökonomischen Hintergrund.

Die veränderte Situation von jungen Familien, von Frauen und von Kindern

Verändert hat sich auch die Situation von Familien; ihnen stellen sich neue Aufgaben, die sie bewältigen müssen. Gerade Eltern mit kleinen Kindern befinden sich normalerweise biographisch in einer Phase, in der sie versuchen müssen, gleichzeitig mit der Erziehung der Kinder eine berufliche Position aufzubauen und laufend zu sichern sowie für das eigene Alter auch privat finanziell vorzusorgen. Diese drei Lebensaufgaben zusammengedrängt in einer relativ frühen Lebensphase zugleich lösen zu sollen, wird zunehmend als schwierig, wenn nicht gar als Überforderung empfunden (vgl. Bertram 1997). Denn die beruflich geforderte Mobilität und Flexibilität scheint kaum noch jenes Maß an Voraussicht und Planungssicherheit zuzulassen, welches die Verantwortung für Kinder erfordert. Intensive Zuwendung in zeitaufwendiger, zwangloser, dichter Kommunikation, die nicht mit technischen Mitteln beschleunigt werden kann, erhöht das Risiko von Eltern, im ökonomischen Spiel zu Verlierern zu werden.

Dabei sind die Anforderungen an die Erziehung der Kinder gewachsen. Um ihnen eine Zukunft zu sichern oder gar im verschärften Konkurrenzkampf von Anfang an zusätzliche Startvorteile zu verschaffen, die sie vor dem sozialen Abstieg bewahren könnten, sehen sich Eltern herausgefordert, mehr in die Bildung ihrer Kinder zu investieren. Die expandierende Weiterbildungsindustrie für Säuglinge und Kleinstkinder, die mit ihren Lernprogrammen einen lebenslangen Vorsprung verspricht, gibt davon beredt Zeugnis. Die Erziehung und Bildung von Kleinstkindern wird in einen Wettbewerb gezogen, bei dem Eltern mit geringeren finanziellen Mitteln von vornherein nicht mithalten können – eine Entwicklung, die die soziale Ungleichheit weiter verschärft.

Immer mehr junge Eltern teilen sich die Sorge für das Familieneinkommen – aus reiner Notwendigkeit, aber auch, weil es den Erwartungen junger Frauen an ihre eigene Lebensplanung entspricht. Sich auf die ihnen traditionell zugewiesene Mutter-Rolle zu beschränken, genügt weder ihrem Selbstverständnis noch der Verfassung einer demokratischen Gesellschaft, die allen gleiche Rechte zur verantwortlichen Mitgestaltung des öffentlichen Lebens zusagt. Wenn jetzt der Einspruch von Frauen gegenüber dem, was schon lange als strukturelle Ungerechtigkeit gilt, aussichtsreicher zu sein scheint, hat dies auch die genannten ökonomischen Gründe: Frauen werden auf dem Arbeitsmarkt gebraucht.

Der Trend jedenfalls ist deutlich: In einer Befragung geben 85 Prozent der nichterwerbstätigen Mütter mit einem Kind unter drei Jahren an, eine Berufstätigkeit anzustreben; dass sie ihre Pläne noch nicht verwirklichen konnten, liegt für gut die Hälfte von ihnen auch an fehlenden oder inadäquaten Betreuungsmöglichkeiten (vgl. Bien u. a. 2007). In der Tat – die Lebensentwürfe von Männern und Frauen und die Bedürfnisse der Kinder sind

»zumindest nicht bruchlos kompatibel« (Bundesministerium für Familie, Senioren, Frauen und Jugend 2005, 18).

Betrachtet man die gegenwärtige Situation aus der Perspektive der Kinder, deren mögliche Lebenszeit bis ans Ende dieses Jahrhunderts reicht, fallen noch einmal andere Probleme auf. Nach Berechnung der *United Nations Population Division* wird sich die Erdbevölkerung bis zum Jahr 2050 von jetzt 6,7 Milliarden auf 9,2 Milliarden erhöhen. Dieser Anstieg um 2,5 Milliarden Menschen entspricht der Größe der Weltbevölkerung von 1950, und er findet fast gänzlich in den armen Ländern statt. Gleichzeitig altert die Erdbevölkerung; die Zahl der Personen, die über sechzig Jahre alt sind, wird sich verdoppeln. Die Versorgung mit Nahrungsmitteln, sauberem Wasser und Energie wird Schwierigkeiten bereiten. Schon jetzt finden die zentralen zwischenstaatlichen Konflikte in Regionen mit den größten ökologischen Problemen statt. Um die schlimmsten Folgen des ökologischen Wandels abzuwehren, wäre eine globale Kultur der Teilhabe notwendig, die jedoch noch ganz undenkbar erscheint (vgl. Welzer 2008). Kinder, die heute aufwachsen, werden sich diesen Analysen zufolge in ihrer Lebenszeit also auf so grundlegende Veränderungen einlassen müssen wie noch keine Generation vor ihnen. Über welche Fähigkeiten müssten sie verfügen, um Problemen gewachsen zu sein, für die wir, die ältere Generation, noch keine Lösungen haben?

Eine neue Kultur des Aufwachsens von Kindern

Die Politik hat auf die neuen Problemlagen auch mit familienpolitischen Maßnahmen reagiert: Mit dem Ausbau des Kinderbetreuungssystems wird für alle Kleinkinder ab dem vollendeten ersten Lebensjahr eine zweite Erziehungsinstitution neben die Familie gestellt. Die Erziehung und Bildung von Kindern wird zu einer Aufgabe, die sich Familie und Gesellschaft teilen und für die sie gemeinsam Verantwortung tragen.

Diese Veränderung ist radikal, weil mit ihr das traditionelle Familienmodell mit seiner geschlechtsspezifischen Arbeitsteilung von Familienarbeit und Erwerbstätigkeit als dominantes politisches Leitbild aufgegeben wird – eine Familienform, die als Ideal angestrebt und bei politischen Entscheidungen als Norm unterstellt und vorausgesetzt wurde. Wo immer Strukturentscheidungen zu fällen waren, ob in Wirtschaft, Politik, in Schule oder Kindergarten, stets wurde davon ausgegangen, dass die Familie ihre erzieherischen Leistungen prinzipiell erfüllen kann. Für die unter Dreijährigen galt sie nach allgemeiner Auffassung als unersetzlich. Andere Betreuungsformen wurden als defizitär bewertet und nicht gefördert, außer in sozialen Notfällen. An dieser Einschätzung waren die Wissenschaften nicht unerheblich beteiligt: Bindungstheorie, Psychoanalyse, Medizin untermauerten lange Zeit die Auffassung, dass Kinder, sollten sie nicht seelischen Schaden nehmen, in den ersten drei Lebensjahren der ausschließlichen Betreuung durch die Mutter bedürfen.

Mittlerweile ist aber eine Situation entstanden, und zwar in den Familien, in der Gesellschaft als ganzer, aber auch in der Wissenschaft, die eine Verteidigung des traditionellen Familienmodells im politischen Handeln nicht länger zulässt. Der Politikwechsel ist allerdings schwierig. Denn die mit dem bisherigen Familienbild verbundenen normativen Vorstellungen von Elternschaft, Mütterlichkeit und Kindheit gehören gewissermaßen zum psychischen Grundbestand der westdeutschen Bevölkerung, auch da, wo längst andere Formen von Familie gelebt werden; sie leben weiter, und sei es nur noch als Verunsicherung und latenter Zweifel. Das Bild der Kleinfamilie hat so sehr unsere Vorstellungen von Normalität geprägt und ist so tief in der Struktur dieser Gesellschaft verankert, dass sie oft als die der menschlichen Natur entsprechende Form des Zusammenlebens von Erwachsenen und Kindern schlechthin erscheint und ihr historisch sowie kulturell variabler Charakter in Vergessenheit gerät.

So war das Wort ›Familie‹ noch in der ersten Hälfte des 18. Jahrhunderts im deutschen Sprachraum so gut wie unbekannt (vgl. Frevert 1986). Gebräuchlich war die Bezeichnung ›das Haus‹, das die ›Hauseltern‹ gemeinschaftlich, aber mit unterschiedlichen Herrschaftsrechten verwalteten und in dem sie zusammen mit ihren Kindern sowie mit verwandten und nichtverwandten Personen (im Handwerkerhaushalt etwa den Lehrlingen und Gesellen) lebten und arbeiteten. Die frühe Mutter-Kind-Beziehung war in diesen größeren Lebens- und Arbeitszusammenhang eingebettet, die Kinder hatten je nach Alter daran teil, indem sie die Tätigkeiten der Erwachsenen nachahmen lernten. Ende des 18. Jahrhunderts aber kennt man den Begriff ›Familie‹. Doch bezog er sich nur noch auf ›Eheleute und Kinder‹ und war auch nicht mehr auf ökonomisch-produktive Aufgaben zugespitzt. Erst in dem neu sich ausbildenden Milieu der bürgerlichen Familie, dieser Gegenwelt zur Produktion, differenzierte sich – zusammen mit einer Kinder*rolle* – eine Mutter*rolle* aus, die sich auf den »intimen, liebevollen und zeitintensiven Kontakt zwischen Mutter und Kind gründet« (ebd., 19). Erst jetzt wurde Kleinkinderziehung allein zur Aufgabe der Frau.

Worum es somit gegenwärtig in einer historisch neuartigen Situation geht, ist, für das Zusammenleben von Erwachsenen und Kindern neue Formen zu finden, eine neue Kultur des Aufwachsens für Kinder, in der kindliche Bildungsprozesse ermöglicht und gesichert werden.

Die zu schützende Eigengesetzlichkeit kindlicher Entwicklung

Allerdings stehen hinter dem Vorhaben, neben der Familie ein zweites Erziehungssystem zu etablieren, durchaus verschiedene, auch ausdrücklich ökonomische Interessen. Denn die Entlastung von Familien bei der Betreuung der Kleinstkinder soll ja Fortschritte bei Reformvorhaben in anderen Politikfeldern überhaupt erst ermöglichen und sichern: in der Bildungspolitik, der Frauenpolitik, der Migrantenpolitik, der Armuts- und der Arbeitsmarktpolitik.

Das kann offensichtlich dazu führen, dass in Erziehung und Bildung nur noch Fähigkeiten gefördert werden, die als unmittelbar funktional relevant gelten, und dass Kinder schon früh in ein hartes Konkurrenz- und Auslesesystem eingespannt werden (vgl. Bertram 2008, 7–15). Damit aber wird man dem komplexen Geschehen der Entwicklung gerade des kleinen Kindes nicht gerecht. Die Frage, die vor allem die Erziehungswissenschaft im Interesse des Kindes zu stellen hat, ist also: Was ist das Spezifische menschlicher Entwicklung, das gerade in der gegenwärtigen gesellschaftlich-geschichtlichen Situation keine funktionalistische Reduktion verträgt?

Die ersten vier Lebensjahre sind schon allein von der Hirnentwicklung her die produktivste Zeit in einem menschlichen Leben. Das Kind muss nicht einfach einzelne Sachverhalte um sich herum kennenlernen und herausfinden, wie damit umzugehen ist. Es muss vielmehr überhaupt erst zu eigenem Bewusstsein kommen, und das Bewusstsein muss sich dabei in einem elementaren Prozess erst bilden. Das Kind muss sich selbst in diesem Prozess in Auseinandersetzung mit der sachlichen und sozialen Umwelt erst erlernen.

Dieser hochkomplexe Prozess ist in sich interaktiv strukturiert; er ist angewiesen auf die intensive, dichte Kommunikation mit vertrauten Personen. Er hat seine eigene, innere Gesetzlichkeit und seinen eigenen Rhythmus. Er kann nicht einfach beschleunigt werden wie industrielle Produktion, sondern fordert die volle Aufmerksamkeit der Erwachsenen, ja deren intensives Engagement. Der elementare Prozess kindlicher Entwicklung ist gegenwärtig eines der spannendsten Themen einer ausgedehnten interdisziplinären Forschung. Die Dimensionen der dabei behandelten Fragen sollen wenigstens angedeutet werden:

Das Kind wird schon mit der vollen Zahl von Gehirnzellen geboren; deren Anzahl wird auf bis zu 100 Milliarden geschätzt und entspricht etwa der Anzahl der Sterne in unserer Milchstraße. Jede einzelne Hirnzelle bildet bis zu 1500 Synapsen zu anderen Hirnzellen aus; damit ist man im Bereich von Billionen. Rein zahlenmäßig hat die Interaktion zwischen zwei Menschen – auch die mit einem neugeborenen Kind – Dimensionen wie die Begegnung zweier Galaxien. Der Umgang mit kleinen Kindern ist also außerordentlich spannend!

Auf die Frage, wie überhaupt Bewusstsein entsteht und wie das Kind zu Bewusstsein kommt, antwortet der Gehirnforscher Wolf Singer etwa mit dem Verweis auf eine Aufschichtung, in der sinnliche Wahrnehmungen verarbeitet werden. Die Flut der jeweils aufgenommenen sensorischen Daten in unserem Nervensystem wird von Anfang an vorbewusst interpretiert, bewertet und ausgewählt, und das Ergebnis wird einer nächsten Stufe von Gehirnzellen zur erneuten Interpretation und Bewertung weitergereicht. Plausibel erscheint die Hypothese, dass in der Abfolge dieser neuronalen Interpretationsstufen schließlich Metarepräsentationen entstehen, die sich nicht mehr auf ein Draußen richten, sondern in denen wir »uns dessen auch bewusst sein können, dass wir uns gewahr sind, Wahrnehmungen und Empfindungen zu haben« (Singer 2002, 70). In diesem wahrnehmenden »Beisichsein« entsteht ein »Kernselbst«, die erste Form eines nichtreflexiven Selbst (vgl. Markowitsch/Welzer 2005).

Diese gestufte Entwicklung dient als Voraussetzung für den Schritt auf ein neues Niveau, der als revolutionär empfunden wird: Es ist der Schritt zum Ich-Bewusstsein, also zu dem Bewusstsein, selbst eine handelnde Person mit eigenen Intentionen zu sein und Autor der eigenen Handlungen sein zu können. Die Bedeutung und die soziale Dimension dieses Schrittes hat zuerst der Evolutionsanthropologe Michael Tomasello (2002) herausgearbeitet. Ihm zufolge entsteht dieses neue Selbst in Interdependenz mit der Wahrnehmung, dass auch andere Menschen Intentionen haben, und zwar Intentionen, die sich von den eigenen unterscheiden können. Ausschlaggebend für die Entstehung von Ich-Bewusstsein ist also, dass die anderen *als andere* und doch als mir gleich wahrgenommen werden. Der Neurowissenschaftler Hans Markowitsch sieht den Höhepunkt dieser sogenannten »Neun-Monats-Revolution« aber erst erreicht, wenn das Kind sich seinerseits von den anderen als zu eigenen Intentionen fähig *wahrgenommen* und *anerkannt* und entsprechend *behandelt* sieht (vgl. Markowitsch/Welzer 2005, 172 ff). Erst dann ist Intersubjektivität in ihrer vollen, *triadischen* Struktur entdeckt, in der Personen ihr Verhältnis wechselseitig zueinander und zu Sachverhalten bestimmen können. Der Schritt zum Ich-Bewusstsein ist also zugleich der Schritt in eine neue Form von Sozialität. Von diesem Zeitpunkt an verlieren genetische Faktoren für Lern- und Entwicklungsprozesse gegenüber kulturell-sozialen Determinanten an Gewicht; der konkrete Umgang mit dem Kind nimmt also eher an Bedeutung *zu*. Tomasello (2002) sieht in der Entdeckung des anderen *als anderen* den entscheidenden Schritt in der Evolution zum »modernen Menschen« vor etwa 200–250 000 Jahren, der die sich beschleunigende kulturelle Entwicklung in Gang setzte.

In der individuellen Entwicklung wird mit diesem Schritt ins Ich-Bewusstsein das Potential für elementare weitere Entwicklungen geschaffen, die die nächsten drei bis vier Lebensjahre bestimmen: für Sprache und sprachlich vermittelte Kommunikation; für Zeitwahrnehmung, autobiographisches Bewusstsein und Narrativität, also für die Fähigkeit, von sich und von anderen zu erzählen und damit die eigene Existenz mit Sinn auszustatten; für den Erwerb der Fähigkeit, sich in die Lage anderer zu versetzen und sich selbst aus der Sicht anderer wahrzunehmen; für die Teilnahme an kulturellem Lernen in allen seinen Dimensionen.

Die Neun-Monats-Revolution ist zugleich Musterbeispiel dafür, was es heißt, neuen Erfahrungen ausgesetzt zu werden, die den Rahmen des bisher Bekannten sprengen und die eine Transformation des eigenen Selbst- und Weltverständnisses auf ein neues Niveau verlangen. Die Aufgabe, aus der Erfahrung von Neuem sowohl neue Formen von Sozialität wie ein neues Selbstverständnis und damit insgesamt ein neues Weltverständnis zu erarbeiten, kann wohl zu Recht als Kern dessen gelten, was seit den pädagogischen Durchbrüchen der Moderne im 18. und 19. Jahrhundert als *Bildung* verstanden wird. Erst in diesem umfassenden Sinn ist die frühe Entwicklung des Kindes: Bildung.

Die Aneignung einer kulturellen Tradition kann von daher nie nur als mechanische Übernahme verstanden werden; sie ist immer auch ein Prozess kreativer Neukonstruktion. Jerome Bruner, der Nestor der Entwicklungspsychologie, hat dies unübertroffen so formuliert: »the power to recreate reality, to reinvent culture [...] is where a theory of development must begin its study of mind« (Bruner 1986, 149) – die Erforschung der Fähigkeit zu bewussten menschlichen Leistungen muss beginnen bei der Fähigkeit, Kultur neu zu erfinden und überhaupt Realität neu zu erschaffen. Und genau diese Fähigkeit ist es, die wir selbst, aber auch unsere Kinder in ihrer voraussehbaren Lebenszeit, bitter nötig haben werden.

Wenn wir also überlegen, welche Bedingungen wir unter den gegenwärtigen Umständen für das Aufwachsen unserer Kinder schaffen können, dann sollten wir die Entwicklung ihrer elementaren kreativen, Wirklichkeit umgestaltenden Fähigkeiten nicht stören, wegen vermeintlicher Sachzwänge beschränken oder gar verhindern. Wir sollten sie vielmehr mit allen Mitteln, die wir überhaupt nur zur Verfügung haben, fördern.

Weiterführende Literaturhinweise

Peukert 1997; Peukert 2005; Fried/Roux (2006).

Literatur

Autorengruppe Bildungsberichtserstattung (2008): Bildung in Deutschland. Bielefeld.
Bertram, H. (1997): Familien leben. Gütersloh.
Bertram, H. (Hg.) (2008): Der UNICEF-Bericht zur Lage der Kinder in Deutschland. München.
Bien, W./Rauschenbach, T./Riedel, B. (2007): Wer betreut Deutschlands Kinder? München.
Bruner, J. S. (1986): Actual Minds, Possible Worlds. Cambridge (Mass.), London.
Bundesministerium für Arbeit und Soziales (2008): Lebenslagen in Deutschland. Der dritte Armuts und Reichtumsbericht der Bundesregierung. Köln.
Bundesministerium für Familie, Senioren, Frauen und Jugend (2005): Zwölfter Kinder- und Jugendhilfebericht. Berlin.
Deutscher Bildungsrat (1970): Strukturplan für das Bildungswesen. Stuttgart.
Frevert, U. (1986): Frauen-Geschichte. Frankfurt a. M.
Fried, L,/Roux, S. (Hg.) (2006): Pädagogik der frühen Kindheit. Handbuch und Nachschlagewerk. Weinheim/Basel.
Markowitsch, H. J./Welzer, H. (2005): Das autobiographische Gedächtnis. Stuttgart.
Peukert, H. (2000): Reflexionen über die Zukunft von Bildung. In: Zeitschrift für Pädagogik, 46. Jg., H. 4, 507–524.
Peukert, U. (1997): Der demokratische Gesellschaftsvertrag und das Verhältnis zur nächsten Generation. In: Neue Sammlung, 37. Jg., H. 2, 277–293.
Peukert, U. (2005): Tagesbetreuung von Kindern. In: Jordan, E. (Hg.): Kinder- und Jugendhilfe. Weinheim, München, 73–115.
Singer, W. (2002): Der Beobachter im Gehirn. Frankfurt a. M.
Tomasello, M. (2002): Die kulturelle Entwicklung des menschlichen Denkens. Frankfurt a. M.
Welzer, H. (2008): Klimakriege. Frankfurt a. M.

Kinder- und Jugendarbeit zwischen Aktivierung und Bildung

Benedikt Sturzenhecker & Elisabeth Richter[*]

Postwohlfahrtsstaatliche Aktivierungsstrategien zielen darauf ab, die Selbstsorge der Gesellschaftsmitglieder zu motivieren und gleichzeitig Formen der gemeinschaftlichen Sozialkontrolle zu implementieren. In den Versuch, diese Programmatiken umzusetzen, werden auch die Handlungsfelder der Kinder- und Jugendhilfe einbezogen. Galt dies zunächst für Arbeitsbereiche, die besonders erziehende und kontrollierende Aufgaben haben (wie etwa die *Hilfen zur Erziehung*), wird zunehmend auch die vorrangig bildungsorientierte Kinder- und Jugendarbeit mit Aktivierungsforderungen konfrontiert.

Zur Eignung der Jugendarbeit für Aktivierungsstrategien

Dieser Beitrag geht der Frage nach, ob sich die Jugendarbeit zur Institutionalisierung von Aktivierungsstrategien eignet, ohne dabei ihren genuinen Bildungsauftrag hintansetzen zu müssen. Darüber hinaus wird untersucht, inwieweit die Jugendarbeit in ihren Konzepten (z. B. in legitimierenden Selbstbeschreibungen, Zielbestimmungen, Strategieentwürfen usw.) und in ihren konkreten Handlungsweisen (Maßnahmen, Projekten, Programmen usw.) ›aktivierende‹ Handlungsformen aufgenommen hat. Da es bis dato zur Verbreitung von Aktivierungsstrategien in der Jugend-

---

[*] Benedikt Sturzenhecker, Dr. phil., ist Professor für Erziehungswissenschaft an der Universität Hamburg u. a. mit den Arbeits- und Forschungsschwerpunkten Sozialpädagogik, Offene Kinder- und Jugendarbeit, Außerschulische Jugendbildung.
Elisabeth Richter, Dr. phil., ist wissenschaftliche Mitarbeiterin am Fachbereich Erziehungswissenschaft der Universität Hamburg u. a. mit den Forschungsschwerpunkten Partizipation in Kindertageseinrichtungen, Jugendvereinsforschung, Jugendarbeitslosigkeit.

arbeit keine empirisch gestützten Aussagen gibt, dienen die folgenden Ausführungen der zusammenfassenden Darstellung von Einschätzungen sowie der hypothetischen Verdichtung einzelner Erfahrungen und Erkenntnisse.

Strategien der Aktivierung zielen nach Kessl/Otto zum einen auf die »Mobilisierung der Selbstsorge der Gesellschaftsmitglieder« (2003, 64) und dienen zum anderen der Implementierung »gemeinschaftlicher Sozialkontrollstrukturen« (ebd., 60). Dabei bezeichnet ›Mobilisierung‹ ein aktives, fachlich gesteuertes Eingreifen, das Bereiche, Ziele und Handlungsweisen in Bezug auf die Förderung von Selbstsorge und sozialer Kontrolle vorgibt. Von diesen Vorgaben abweichendes Handeln soll durch negative Sanktionen kontrolliert werden, um Anpassungsleistungen ›zu fördern‹ bzw. ›zu fordern‹. Es kommt zum Paradox der von außen induzierten *Verpflichtung zur Selbststeuerung* und Selbstverantwortung des eigenen Lebens (vgl. Galuske 2004, Dahme/Wohlfahrt 2005, Kessl 2006).

Ein Zwang zur Selbstsorge kann jedoch nur wirken, wenn Abhängigkeitsverhältnisse vorliegen und empfindliche Zwangsmaßnahmen nicht nur angedroht, sondern tatsächlich auch umgesetzt werden können. Im Feld der Sozialen Arbeit bestehen solche Sanktionen in der Verweigerung bzw. dem Entzug monetärer Förderung und Hilfen, der ›Einweisung‹ in Autonomie begrenzende erzieherische oder therapeutische Maßnahmen und Einrichtungen oder der ›Überweisung‹ an das Justizsystem, ferner der Beobachtung und Kontrolle individueller Lebensvollzüge, der Exklusion aus helfenden und qualifizierenden Programmen sowie schließlich in beziehungsabhängigen Sanktionen (›Liebesentzug‹). Anhand der Strukturbedingungen von Jugendarbeit und den inhaltlichen Zielen dieses pädagogischen Handlungsbereichs lässt sich jedoch zeigen, dass dem Arbeitsfeld die zentrale Voraussetzung für solche Maßnahmen – nämlich das *Abhängigkeitsverhältnis* zwischen Adressaten und Fachpersonal und damit das Potenzial zur Umsetzung angedrohter Zwangsmaßnahmen – weitgehend fehlt.

Zentrales Strukturmerkmal der Jugendarbeit ist die Freiwilligkeit der Teilnahme. Gemäß Sozialgesetzbuch VIII, Kap. 2, § 11, ist Jugendarbeit als »Angebot« zur Verfügung zu stellen (vgl. SGB 1990, 9). Die Institution Jugendarbeit ist darüber hinaus prinzipiell durch das nahezu völlige Fehlen formaler Machtmittel gekennzeichnet: Sie hat weder intern die Möglichkeit, zwangsweise Einfluss auf ihre freiwilligen Teilnehmer auszuüben, noch kann sie extern auf andere Institutionen einwirken. Das einzige institutionelle Machtmittel, das der Jugendarbeit zur Verfügung steht, ist der Ausschluss der Klientel. Eine solche Exklusion wirkt jedoch dem demokratischen Bildungsauftrag der Jugendarbeit diametral entgegen.

Die Strukturbedingung der *Diskursivität* – d. h. gemeinsamer Aushandlungsprozesse – bildet das verbindende Moment zwischen den Prinzipien der Freiwilligkeit und der Machtarmut. Da es kaum institutionelle Vorgaben gibt, diskutieren und beschließen Teilnehmende und PädagogInnen immer wieder neu, was mit wem, wie, wozu, wann und wo geschehen soll. Gemeinsame Aushandlungsprozesse auf der Basis wechselseitiger Akzeptanz stehen jedoch im Widerspruch zur einseitigen Verfügung von Sanktionen. Lediglich das Charakteristikum der *Offenheit* der Inhalte und Zielgruppen, das der Jugendarbeit eigen ist, ermöglichte – für sich genommen – die Umsetzung von Zwangsmaßnahmen, indem Ziele, Zielgruppen, Inhalte und Arbeitsweisen entsprechend bestimmt würden. Ein solcher Vorgang erscheint jedoch unangemessen, weil damit die Prinzipien der Freiwilligkeit, der fehlenden Machtmittel und der Diskursivität außer Kraft gesetzt und Jugendarbeit ihrer emanzipatorischen Grundstruktur beraubt würde.

Bei Betrachtung der inhaltlichen Ausrichtung von Jugendarbeit tun sich zusätzliche konzeptionelle Divergenzen zum Aktivierungskonzept auf. Denn zentrales Ziel der Jugendarbeit ist eine Förderung von Selbstbestimmung und Mitverantwortung auf der Basis demokratischer Interaktions- und Bildungsprozesse. Um dieses Ziel zu erreichen, ist zum einen die Eröffnung von Erfahrungsfreiräumen unabdingbar. Voraussetzung ist zum anderen eine ›Erziehung zur Mündigkeit in Mündigkeit‹ (H. Richter), die den Kindern und Jugendlichen maximale Selbständigkeitspotenziale unterstellt und bei der Überwindung von Erfahrungs- oder Bildungsbegrenztheit unterstützt. Auf diese Weise werden ›Zonen nächster Entwicklung‹ eröffnet, die das Individuum in seinem Subjektstatus (und dessen erweiternder Aneignung) stützen und es nicht zum (Erziehungs-)Objekt degradieren.

Rein begrifflich liegt das jugendarbeiterische Konzept der ›mitverantwortlichen Selbstbestimmung‹ zwar nahe am aktivierungsorientierten Begriff der ›Selbstsorge‹ bzw. ›Selbstverantwortung‹. Jenes Konzept impliziert aber einerseits einen *Bildungsbegriff*, der auf die selbsttätige Entwicklung des Ich in Auseinandersetzung mit der Welt abstellt (vgl. Bundesjugendkuratorium 2002). Andererseits verweist es auf andere Mittel als die Aktivierungsstrategie: Während Jugendarbeit ihr Ziel durch demokratische ›Verständigungsarbeit‹ erreichen will, sucht die Aktivierungsstrategie ihre Vorstellungen durch paternalistische Maßnahmen und Programme des ›Förderns und Forderns‹ zu verwirklichen. Anders gesagt: Sie gibt *vor*, was für die Adressaten gut ist, und sucht das Gute zur Not auch mit Zwangsmitteln durchzusetzen. Jugendarbeit hingegen klärt mit ihren jeweiligen AdressatInnen immer wieder neu, was gemeinsam als gut zu betrachten und wie es zu realisieren sei.

Zusammenfassend ist festzuhalten: Mit dem Charakteristikum der Freiwilligkeit macht Jugendarbeit Selbstentwicklungsprozesse möglich, erzwingt sie aber nicht; sie schafft einen Rahmen für Selbstentfaltung. Die Strukturbedingungen schaffen die Voraussetzungen für eine demokratische ›Echtsituation‹, in der Demokratie zugemutet wird und die gemeinsamen Verhältnisse von allen Beteiligten zusammen geregelt werden, ohne dass allein pädagogische Macht die Ergebnisse steuernd bestimmt. Jugendarbeit ist insofern für Aufgaben der Aktivierung dysfunktional. Sie kann niemanden zwingen oder ein bestimmtes Curriculum oktroyieren, weil dafür keine Machtmittel vorhanden sind. Jugendarbeit kann sich nur auf das einlassen, was aus Sicht der Kinder und Jugendlichen selbst ›dran ist‹. Sie kann Freiräume eröffnen, die den Bildungsbewegungen der Kinder und Jugendlichen förderlich sind, und sie dabei unterstützend begleiten.

Fremd- und Selbstaktivierung in der Jugendarbeit

Obwohl Jugendarbeit auf Grund ihres demokratischen Bildungsauftrags und den daraus resultierenden strukturellen Bedingungen für Aktivierungsstrategien wenig geeignet ist, lässt sich doch feststellen, dass staatliche und kommunale Träger der Jugendarbeit die konzeptionelle Einführung aktivierungspädagogischer Elemente von außen einfordern. Die Organisationen und Einrichtungen der Jugendarbeit ihrerseits beschreiten – in vorauseilendem Gehorsam – aber auch selbst eine Art Selbstaktivierung.

Die Aktivierung von außen, hier als *Fremdaktivierung* bezeichnet, geschieht z. B. durch eine Veränderung der Förderungsbedingungen: Während staatliche und kommunale Programme bisher die Infrastruktur von Jugendarbeit förderten (z. B. durch Zuschüsse für Einrichtungen und pädagogisches Personal), verlangen sie heute zunehmend bestimmte inhaltliche und methodische Ausrichtungen sowie die Spezialisierung auf gewisse Zielgruppen. So werden einerseits *Programminhalte* vorgegeben, wie z. B. Gewalt-, Drogen- und Gesundheitsprävention, interkulturelle Erziehung, Berufsvorbereitung, Soziales Lernen, Medienerziehung usw.; andererseits werden *Methoden* und institutionelle Settings vordefiniert, wie z. B. Betreuung, soziale Trainings, Sozialraumorientierung (oder der Bezug auf ›Stadtteile mit besonderem Erneuerungsbedarf‹), Selbstverteidigungsschulung usw. Ebenfalls werden *Zielgruppen* vorgeschrieben, wie z. B. Kinder und Jugendliche mit Migrationshintergrund, Kinder in Konfliktsituationen oder Notlagen, Benachteiligte, Schulverweigerer, gewaltorientierte Jungen, benachteiligte Mädchen, Schulversager, Cannabis- und Alcopops-Konsumenten, ›dicke Kinder‹ usw.

Diese Programme orientieren sich deutlich an ›Defiziten‹: Problematische Gruppen oder Gruppen mit Problemen werden identifiziert und sollen mit eher technokratischen, didaktisch und curricular aufbereiteten Hilfs- und Lehrprogrammen überzogen werden. Jugendarbeit wendet sich zunehmend nicht mehr an alle Kinder und Jugendlichen zur Stärkung und Entfaltung ihrer Potenziale, sondern richtet ihr Handeln auf die Anpassung und Kontrolle spezifischer Zielgruppen aus.

Selbst wenn die Fremdaktivierung nicht Inhalte, Methoden und Zielgruppen festlegt, verlangt sie von Jugendarbeit in ›Wirksamkeitsdialogen und Zielvereinbarungen‹, Ziele, Zielgruppen und Arbeitsweisen vorzuplanen, mit den Geldgebern auszuhandeln und Wirkungen zu belegen. Jugendarbeit wird immer weniger im Sinne der Bereitstellung eines Freiraums für jugendliche Selbstentfaltung und Erfahrung von Demokratie gefördert, sondern sie wird funktionalisiert, um die ›von oben‹ bestimmten

Ziele und AdressatInnen zu erreichen. Die Institutionen der Jugendarbeit geraten so in ein Dilemma: Wenn sie weiter existieren wollen, müssen sie die ›Angebote‹, also die Vorgaben der Förderprogramme, annehmen, ›verraten‹ damit aber die strukturellen und konzeptionellen Essentials von Jugendarbeit.

Dazu kommt die *Selbstaktivierung*. Jugendarbeit ist bisher möglicherweise der freieste Bereich der gesamten Jugendhilfe und Erziehung gewesen, ein pädagogisches Feld, das keine differenzierten erzieherischen Inhalte, Ziele und Methoden vorgibt, sondern Bildungsangebote macht. Dieser Autonomie- und Freiraumcharakter ist nicht erst seit der Aktivierungsdebatte gefährdet. Es gibt vielmehr schon lange eine Diskussion über die sozialpolitische Inpflichtnahme der Jugendarbeit: Immer wieder hat es Versuche gegeben, die Selbstorganisation und Interessenorientierung der Jugendarbeit zu reduzieren und sie für staatliche und politische Zielsetzungen zu funktionalisieren. Gegen diese Gefahr bringt der Frankfurter Lehr- und Praxiskommentar zum Kinder- und Jugendhilfegesetz vor, »dass der öffentliche Träger die Eigenständigkeit von Jugendverbänden und Jugendgruppen nach Zielsetzung und Arbeitsinhalten ernst zu nehmen hat und öffentliche Förderung nicht etwa von Auflagen abhängig machen darf, mit denen er eine eigene jugend- bzw. sozialpolitische Zielsetzung verfolgen will« (Münder u. a. 1993, 164). Aufgrund der anderweitigen Prioritäten der staatlichen Haushaltspolitik gerät die Jugendarbeit aber immer mehr in die Not, sich an solche Vorgaben der Fremdaktivierung anzupassen und eigene Strukturen aufzugeben. Dieses geschieht zunehmend in Form vorauseilender Selbstaktivierung: Jugendarbeit bemüht sich, den Förderern ihre Funktionalität (auch ungefragt) zu beweisen, und präsentiert (auch unaufgefordert) mit Aktivierungskonzepten kompatible Orientierungen.

Solche Erscheinungen sind zurzeit im Feld der Kooperation von Jugendarbeit und Schule zu beobachten. Diese von Schulen und Politik verlangte Zusammenarbeit (z. B. zur Sicherung von Betreuungsangeboten am Nachmittag) wird zunehmend von Jugendarbeit selbst angestrebt. Obwohl sinnvolle Argumente für eine Kooperation mit der Schule vorgebracht werden können (vgl. Deinet 2001), so lässt doch die überraschend große Bereitschaft von Jugendarbeit, *ohne Reflexion* der eigenen pädagogischen

Position und der damit verbundenen Widersprüchlichkeit zu den Strukturbedingungen der Schule eine Kooperation anzustreben, vermuten, dass hier von Selbstaktivierung im Sinne einer vorauseilenden Anpassung an Aktivierungsprogrammatiken gesprochen werden kann.

Thematische Felder von Aktivierung in der Jugendarbeit

Aktivierungsstrategien in der sozialen Arbeit können nach Kessl/ Otto (2003, 58 f) wie folgt unterschieden werden: 1. Aktivierung von individueller Lebensgestaltungsverantwortung; 2. Aktivierung von Selbstsorge in Präventionsprogrammen; 3. Aktivierung im Sozialraum; 4. Aktivierung der Gemeinschaften. Inwieweit wird in diesen thematischen Feldern auch in der Jugendarbeit *Aktivierung* angestrebt oder praktiziert?

ad 1) Eine aktivierend orientierte Jugendarbeit legt den Schwerpunkt auf die Verhaltensoptimierung Einzelner. Sie akzeptiert dabei gegebene Verhältnisse als Sachzwang und versucht, ein an sie angepasstes Verhalten zu trainieren. Das geschieht z. B., wenn in der Offenen Jugendarbeit Bewerbungstrainings durchgeführt werden, obwohl sie sich für die marginalisierten und schulisch gering oder nicht qualifizierten jugendlichen TeilnehmerInnen als widersinnig herausstellen. Ein Trimmen bestimmter Jugendlicher für einen für sie ohnehin nicht vorhandenen Arbeitsmarkt leugnet die Notwendigkeit, *neue* Formen von Selbsterhaltung und gegenseitiger Solidarität – z. B. zivilgesellschaftlich und nicht nur arbeitsgesellschaftlich basierter Integration – zu entwickeln (vgl. Richter 2004). Aktivierende Jugendarbeit versucht, ihren finanziellen Förderern Funktionalität zu suggerieren (»Wir integrieren Jugendliche in den Arbeitsmarkt!«) und verrät dabei die tatsächlichen Interessen ihrer jugendlichen AdressatInnen. Sie entwickelt eine pädagogische Als-ob-Struktur, in der so getan wird, als ob die Normalität einer Lohnarbeiter-Existenz für die Bildungsbenachteiligten noch erreichbar wäre.

Projekte und Programme zur Zukunfts- und Lebensplanung und zum sozialen Lernen werden häufig in Kooperation mit Schulen veranstaltet. Die Schule definiert dann ein Defizit bei ihren SchülerInnen und einen Bedarf an Training, während Jugendarbeit sich als Erfüllungsgehilfe funktionalisieren lässt. Damit verliert sie die Möglichkeit, Schule mit den Jugendlichen von außen zu analysieren, zu kritisieren und konstruktiv zu verändern. Jugendliche sind dann nicht mehr Subjekte ihres eigenen Lernens, sondern werden Objekte der Anpassung an institutionelle Verhaltensanforderungen.

ad 2) In der Jugendarbeit hat das Präventionsparadigma als legitimatorische Selbstbeschreibung der Funktionalität und Finanzierungsnotwendigkeit von Jugendarbeit Karriere gemacht. So hat sich inzwischen ein konzeptionelles Selbstverständnis verbreitet, wonach Jugendarbeit insgesamt als letztlich präventiv, d. h. im eigentlichen Sinne generalpräventiv, anzusehen sei (zur Kritik vgl. Sturzenhecker 2000). Der Umsetzungsstand in der Praxis entspricht jedoch nicht dem Anspruch der präventiven Selbstzuschreibung, weil dafür gar keine konkreten curricularen und didaktischen Programme vorliegen. Stattdessen wird die bisherige Praxis nun als Präventionsarbeit definiert. Es fehlt in der Jugendarbeit jedoch oft nicht nur an Präventionsmethoden und inhaltlichen Kenntnissen; die Arbeit in verpflichtenden Präventionsprojekten, Kursen und Schulungen wird vielmehr auch durch das Strukturcharakteristikum der freiwilligen Teilnahme von Kindern und Jugendlichen erschwert bzw. verunmöglicht. Zudem verlässt die Jugendarbeit mit der präventiven Defizitausrichtung ihre bisherige Orientierung an den Potenzialen und Stärken ihrer AdressatInnen, die auch abweichendes Handeln als normale Entwicklungs- und Bewältigungsstrategie von Jugendlichen versteht.

ad 3) Als typisch für Aktivierungsprogramme wird eine sozialgeografische Raumorientierung angesehen, zu der zunehmend auch »die Identifizierung ›benachteiligter Stadtteile bzw. Quartiere‹ und die Zuordnung spezifischer Aktivierungsprogramme im Rahmen ›sozialraumorientierter‹ Interventions- und Präventionsstrategien« gehört (Kessl/Otto 2003, 59). Zwar gibt es für die Jugendarbeit schon seit vielen Jahren ein Paradigma der Sozialraumorientierung, mit dem aber die selbsttätigen Bildungspotenziale der Kinder und Jugendlichen besonders in Bezug auf den Raum unterstützt werden sollen (vgl. Deinet 1999, Deinet/Krisch 2002). Jugendliche werden hier als aktive Subjekte der

Aneignung von Räumen angesehen, die jedoch durch Raumverhältnisse und Lebensbedingungen eingegrenzt werden. Diese Räume gilt es, zusammen mit den Jugendlichen (auch politisch) zu verändern (vgl. Deinet/Reutlinger 2004).

Wird Jugendarbeit hingegen in sozialraumorientierte Aktivierungsversuche eingegliedert, so geht die ursprüngliche Intention des jugendarbeiterischen Sozialraumansatzes verloren, weil das Handeln weniger von den Bedürfnissen und Bedarfen der Jugendlichen als von dem Ziel bestimmt wird, in der Koordination und Kooperation zahlreicher Kontroll- und Sozialisationsinstitutionen ein sozialräumliches Netzwerk der Prävention, Kontrolle und möglicherweise Repression aufzubauen. Ulrich Deinet (2001) weist auf die Gefahr hin, dass sozialraumorientierte Jugendarbeit in ihrem Versuch, sich an aktivierende Politik und sozialgeografische Präventionsstrategien anzupassen, die für Jugendarbeit notwendige Vertrauensbasis zu den Jugendlichen zerstören könnte.

In der Praxis kooperieren häufig vor allem Einrichtungen der Offenen Jugendarbeit mit Kriminalpräventiven Räten (Ordnungspartnerschaften mit der Polizei und anderen erzieherischen Diensten des Jugendamtes) – in der Absicht, sozialgeografisch problematisierte Gruppen im Stadtteil sowie ihre Raumstrategien zu erkennen und dann gezielt präventions- oder interventionsorientiert zu handeln. Statt anwaltschaftlich mit den Jugendlichen zusammen ihr Recht auf Nutzung öffentlicher Räume zu reklamieren und ihre Aneignungspotenziale auszuweiten, wird Jugendarbeit mittlerweile zu einer Kontroll- und Erziehungsinstanz, die sich unter Umständen sogar gegen die Interessen von Jugendlichen richtet.

ad 4) Analysen von Aktivierungsstrategien sehen deren Ausdruck »aktuell in einer Vielzahl sozialpolitischer und sozialpädagogischer Maßnahmen zur Mobilisierung bürger- oder zivilgesellschaftlicher Assoziationsstrukturen: einer Aktivierung der Gemeinschaften«, etwa durch Programme zur [Re-]Mobilisierung ›bürgerschaftlichen Engagements‹, des ›neuen Ehrenamtes‹, von ›Freiwilligentätigkeiten‹ oder ›Bürgerarbeit‹ (Kessl/Otto 2003, 58). Besonders die verbandliche Jugendarbeit wird im Wesentlichen durch ehrenamtliches Engagement von Jugendlichen und jungen Erwachsenen geleistet. Studien belegen, dass Jugendverbände weiterhin ein Verständnis von ehrenamtlicher Jugendverbandsarbeit als interessengeleiteter Selbstorganisation von Jugendlichen und demokratisch-politischer Bildungsarbeit haben (vgl. Richter u. a. 2007, Richter u. a. 2008).

Gleichzeitig jedoch ist auch eine Entwicklung festzustellen, wonach sich manche Jugendverbände angesichts staatlicher Fördervorgaben und entstehender Hauptamtsstrukturen immer mehr in ›Jugendwohlfahrtsverbände‹ und damit in staatlich geförderte und inhaltlich vorbestimmte Erziehungs- und Sozialisationsagenturen verwandeln. Damit kommt es zu einer Funktionalisierung des ehrenamtlichen Engagements als Freiwilligentätigkeit zum Zwecke des Erwerbs berufsrelevanter Kompetenzen (Schlüsselqualifikationen). Die Interessen der Jugendlichen an Selbstorganisation und längerfristigem gemeinschaftlichem Engagement ebenso wie das demokratische Bildungspotenzial der Jugendverbände werden dabei vernachlässigt.

Fazit

Eine breite praktische Realisierung von Aktivierungsprogrammen in der Jugendarbeit ist bisher nicht festzustellen. In der konzeptionellen Selbstaktivierung kommt jedoch ein problematischer Wandel zum Ausdruck: Jugendarbeit dient zunehmend nicht mehr der Bereitstellung von Freiräumen für jugendliche Eigeninteressen und der Förderung demokratischer Selbst- und Mitbestimmung. Statt ihren gesetzlich verankerten politisch-demokratischen Bildungsauftrag zu verteidigen, steht Jugendarbeit heute in der Gefahr, ihre pädagogische Bestimmung durch Wandlung in eine Aktivierungsagentur zu vereinseitigen, die sich vorrangig der Ausbildung von Jugendlichen für die postwohlfahrtsstaatliche (Arbeits-) Gesellschaft widmet. Die bestehenden Strukturbedingungen der Jugendarbeit (wie Freiwilligkeit, Interessenorientierung und Selbstorganisation) verhindern bisher eine breite Umsetzung solcher Konzepte. Gleichzeitig gerät die Jugendarbeit jedoch unter den Druck staatlicher Förderprogramme. Die Jugendarbeit steht vor einem Dilemma: Unterwirft sie sich nicht den staatlichen Aktivierungsvorgaben, verliert sie ihre Finanzierungsbasis. Passt sie sich hingegen diesen Forderungen an, gibt sie ihren Charakter als spezifisches und eigenständiges Feld von Kinder- und Jugendbildung auf.

Weiterführende Literaturhinweise

Dahme/Wohlfahrt 2005; Deinet/Reutlinger 2004; Kessl/Otto 2003; Richter 2004; Sturzenhecker 2005.

Literatur

Bundesjugendkuratorium (2002): Streitschrift: Zukunftsfähigkeit sichern! Für ein neues Verhältnis von Bildung und Jugendhilfe. In: Münchmeier, R./Otto, H.-U./Rabe-Kleberg, U.: Bildung und Lebenskompetenz. Kinder- und Jugendhilfe vor neuen Aufgaben. Opladen.
Dahme, H. J./Wohlfahrt, N. (Hg.) (2005): Aktivierende Soziale Arbeit. Theorie – Handlungsfelder – Praxis. Baltmannsweiler.
Dahme, H.-J./Otto, H.-U./Trube, A./Wohlfahrt, N. (Hg.) (2003): Soziale Arbeit für den aktivierenden Staat. Opladen.
Deinet, U. (1999): Sozialräumliche Jugendarbeit. Eine praxisbezogene Anleitung zur Konzeptentwicklung in der Offenen Kinder- und Jugendarbeit. Opladen.
Deinet, U. (2001): Sozialräumliche Orientierung – Mehr als Prävention. In: deutsche jugend, Jg. 49, H. 3, 117–124.
Deinet, U. (Hg.) (2001): Kooperation von Jugendhilfe und Schule. Ein Handbuch für die Praxis. Opladen.
Deinet, U./Krisch, R. (2002): Der sozialräumliche Blick der Jugendarbeit. Methoden und Bausteine zur Qualifizierung der Jugendarbeit. Opladen.
Deinet, U./Reutlinger, C. (2004): ›Aneignung‹ als Bildungskonzept der Sozialpädagogik. Beiträge zur Pädagogik des Kindes- und Jugendalters in Zeiten entgrenzter Lernorte. Wiesbaden.
Galuske, M. (2004): Der aktivierende Sozialstaat. Konsequenzen für die Soziale Arbeit. Studientexte aus der evangelischen Hochschule für Soziale Arbeit Dresden (FH), H. 4.
Kessl, F. (2006): Aktivierungspädagogik statt wohlfahrtsstaatlicher Dienstleistung? Das aktivierungspolitische Re-Arrangement der bundesdeutschen Kinder- und Jugendhilfe. In: Zeitschrift für Sozialreform, Jg. 1, H. 2, 217–232.
Kessl, F./Otto, H.-U. (2003): Aktivierende soziale Arbeit. Anmerkungen zur neosozialen Programmierung sozialer Arbeit. In: Dahme u. a., 57–73.

Münder, J. u. a. (1993): Frankfurter Lehr und Praxiskommentar zum Kinder- und Jugendhilfegesetz. Münster.

Richter, E. (2004): Jugendarbeitslosigkeit und Identitätsbildung. Sozialpädagogik zwischen Arbeitserziehung und Vereinspädagogik. Frankfurt a. M.

Richter, H./Buddeberg, K./Richter, E./Riekmann, W. (2008): Jugendverbandsarbeit auf dem Lande. Perspektiven für Mitgliedschaft und Verein am Beispiel Schleswig-Holstein. Kiel; online verfügbar: http://www.landjugend-sh.de/fileadmin/download/Projekte/jugendstudie_langfassung.pdf [18.8.2009].

Richter, H./Riekmann, W./Jung, M. (2007): Jugendverbandsarbeit in der Großstadt. Perspektiven für Mitgliedschaft und Ehrenamt am Beispiel der Jugendfeuerwehr Hamburg. (Langfassung) Hamburg.

SGB VIII (1990): Sozialgesetzbuch. Achtes Buch: Kinder- und Jugendhilfe; online verfügbar: http://bundesrecht.juris.de/bundesrecht/sgb_8/gesamt.pdf [18.8.2009].

Sturzenhecker, B. (2000): Prävention ist keine Jugendarbeit. Thesen zu Risiken und Nebenwirkungen der Präventionsorientierung. In: Sozialmagazin, Jg. 25, H. 1, 14–21.

Sturzenhecker, B. (2002): Bildung – Wiederentdeckung einer Grundkategorie der Kinder- und Jugendarbeit. In: Rauschenbach, Th./Düx, W./Züchner, I. (Hg.): Jugendarbeit im Aufbruch. Münster, 19–59.

Sturzenhecker, B. (2005): Aktivierung in der Jugendarbeit. In: Dahme/Wohlfahrt, 134–149.

Berufsausbildung in der Wissensgesellschaft

*Jens Siemon**

Das deutsche System der Berufsausbildung genießt international großes Ansehen. Es kann jedoch kaum darüber hinweggesehen werden, dass es in einer postindustriellen Gesellschaft Passungsprobleme zwischen den Ausbildungsangeboten und den Ausbildungsnachfragen gibt. Diese Passungsprobleme hängen insbesondere mit höheren Anforderungen an Auszubildende und Beschäftigte in einer Wissensgesellschaft zusammen. Der Beitrag beschreibt zunächst das deutsche Berufsausbildungssystem und skizziert die Neubestimmung der beruflichen Anforderungen; abschließend werden Strategien vorgeschlagen, wie die aktuellen Herausforderungen im Berufsausbildungssystem zu meistern wären.

Struktur und Bedeutung der beruflichen Ausbildung

Das System der Berufsausbildung umfasst alle Bildungsgänge nach dem Verlassen der allgemein bildenden Schulen unterhalb der Hochschulebene. In Deutschland erwerben etwa zwei Drittel eines Altersjahrgangs in den Einrichtungen der beruflichen Ausbildung einen Berufsbildungsabschluss. Rund 550 000 dieser Jugendlichen (43,5 %) haben 2006 eine Ausbildung im *dualen System der Berufsausbildung* (1) angetreten, bei dem die Berufsschulen mit betrieblichen Lernorten kooperieren. Rund 213 000 Jugendliche (16,8 %) streben an, ihren ersten Berufsbildungsabschluss in vollzeitschulischen Bildungsgängen (*Schulberufssys-*

---

* Jens Siemon, Dr. rer. pol., ist Professor für Erziehungswissenschaft mit dem Schwerpunkt Berufs- und Wirtschaftspädagogik unter besonderer Berücksichtigung der IT- und Medienberufe an der Universität Hamburg. Seine Forschungsschwerpunkte sind: Curriculumentwicklung der beruflichen Bildung; Entwicklung und Evaluation komplexer Lehr-Lern-Arrangements; Neue Medien in der Berufsausbildung.

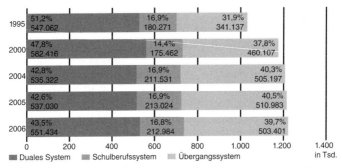

Abb. 6: Verteilung der Neuzugänge auf die drei Sektoren des beruflichen Ausbildungssystems (Autorengruppe Bildungsberichterstattung 2008, 96).

tem) (2) zu erwerben. Im sogenannten *Übergangssystem* (3), das auch als berufliche Grundbildung verstanden werden kann, beginnen weitere rund 503 000 Jugendliche (39,7 %) ihre berufliche Grundbildung, ohne dass damit allerdings ein verwertbarer Abschluss verbunden sein wird.

Die Verteilung auf diese drei Sektoren der beruflichen Ausbildung ist über viele Jahre hinweg konstant, denn sie folgt nur in sehr begrenztem Maße konjunkturellen Schwankungen (vgl. Abbildung 6). Auch wenn die Bildungsgänge der drei Sektoren zumeist an denselben Bildungseinrichtungen angeboten werden, sind sie doch wesentlich verschieden, verfügen über jeweils spezifische Stärken und Schwächen und sollen daher zunächst getrennt voneinander betrachtet werden.

1) Bei der *dualen Berufsausbildung* teilen sich die beiden Lernorte Berufsschule und Ausbildungsbetrieb kooperativ ihre Ausbildungsaufgaben. Voraussetzung für eine duale Ausbildung ist ein Ausbildungsvertrag mit dem ausbildenden Betrieb. Weitere formale Eingangsvoraussetzungen, wie z. B. einen allgemein bildenden Schulabschluss, gibt es nicht. In der dualen Berufausbildung werden vor allem gewerblich-technische Berufe der Industrie und des Handwerks, der Großteil der kaufmännischen und verwaltenden Dienstleistungsberufe sowie Auszubildende im Bereich der freien Berufe ausgebildet. Insgesamt gibt es derzeit 348 staatlich anerkannte Ausbildungsberufe (vgl. BIBB 2009).

Für Jugendliche bedeutet eine Ausbildung im dualen System vor allem den Einstieg in das Berufs- und Arbeitsleben, den Zugang zu gesellschaftlicher Teilhabe und die Sicherung ihrer Beschäftigungsfähigkeit. Ausbildungsbetriebe sehen in der dualen Berufsausbildung einen Baustein zur Sicherung des eigenen Fachkräftenachwuchses und zum Erhalt ihrer Wettbewerbs- und Innovationsfähigkeit (vgl. BMBF 2009, 4).

Auch wenn das duale System international als das Aushängeschild des deutschen Berufsbildungssystems angesehen wird, sehen sich die Akteure heute mit einer ganzen Reihe von Herausforderungen konfrontiert. Das vordringlichste Problem ist die Differenz zwischen der Nachfrage nach Ausbildungsplätzen und dem Angebot. Zählt man zu den NachfragerInnen diejenigen Jugendlichen hinzu, die nach einer zunächst gescheiterten Suche nach einem Ausbildungsplatz in einen anderen Bildungsgang einmündeten, ihren Wunsch nach einem Ausbildungsplatz aber aufrechterhalten, stehen jährlich etwa 70 000–80 000 Ausbildungsplätze (etwa 13 %) zu wenig zur Verfügung (vgl. Autorengruppe Bildungsberichterstattung 2008, 100).

Aber den Akteuren im dualen System wird auch das Festhalten an traditionellen Strukturen der industriellen Produktion sowie des Handwerks vorgeworfen. Während sich die Wertschöpfung mehr und mehr in den Dienstleistungssektor verlagert, spiegelt sich dieser Trend nicht im gleichen Maße im Ausbildungsvolumen wieder (vgl. Baethge 2000, BMBF 2005, 4). Letztlich wird das Festhalten am Berufskonzept selbst in Frage gestellt. Bei sich immer schneller verändernden Anforderungen an die MitarbeiterInnen erscheint eine längere Zeiträume überdauernde Beschreibung von Fähigkeiten und Fertigkeiten und deren Zusammenfassung zu einem Berufsbild einigen Autoren nicht mehr zeitgemäß (vgl. Meyer 2004, Deutschmann 2005).

2) Gemeinsames Merkmal des *Schulberufssystems* ist es, dass Jugendliche auf schulischem Weg einen Berufsabschluss erwerben. Am häufigsten werden im Schulberufssystem zum einen sogenannte Assistenzberufe ausgebildet (z. B. kaufmännischer Assistent, Medienassistentin, Assistent für Wirtschaftsinformatik), die eine inhaltliche Entsprechung zu Berufsbildern im dualen System haben. Zum anderen werden Berufe im Bereich der personenbezogenen Dienstleistungen ausgebildet, die zumeist keine di-

rekte Entsprechung im dualen System haben (z. B. Gesundheits- und Pflegeberufe, erziehungs- und sozialpflegerische Berufe).

Das Schulberufssystem folgt deutlich besser als das duale System den Entwicklungen der Wirtschaft. Hohe Zuwächse der Schülerzahlen sind vor allem in den Berufsclustern des Dienstleistungssektors zu verzeichnen. Im Bereich der personenbezogenen Dienstleistungen stiegen die Schülerzahlen in nur sechs Jahren um fast 40 Prozent. In den Berufen, die eine Entsprechung im dualen System haben, nahmen die Schülerzahlen zum Teil noch stärker zu. So stieg die Anzahl der AnfängerInnen im Bereich der Medienassistenzberufe in sechs Jahren um 65 Prozent, die in kaufmännischen Assistenzberufen um 66 Prozent und die der AssistentInnen für Wirtschaftsinformatik um knapp 34 Prozent.

Die größte Herausforderung, mit der sich das Schulberufssystem gegenwärtig konfrontiert sieht, ist, dass SchülerInnen in Ausbildungsgängen, die eine Entsprechung im dualen System haben, die vollzeitschulische Ausbildung lediglich als Vorbereitung auf einen Ausbildungsplatz ansehen, den sie nicht direkt im Anschluss an die allgemein bildende Schule bekommen haben (vgl. Autorengruppe Bildungsberichterstattung 2008, 104 ff). Tatsächlich sind die Berufschancen nach einer Ausbildung im Schulberufssystem außerhalb der personenbezogenen Dienstleistungsberufe gering. Entsprechend haben die Ausbildungsgänge einen geringen Stellenwert bei den SchülerInnen, die nach ihrer zweijährigen Ausbildung im Schulberufssystem eine weitere dreijährige Ausbildung im dualen System antreten müssen, um irgendwann den gewünschten Beruf ausüben zu können.

3) Mit rund 503 000 SchülerInnen (etwa 40 %), die in das berufliche Ausbildungssystem einmünden, nimmt das *Übergangssystem* fast so viele Schüler auf wie das duale System der Berufsausbildung. Gemessen an den erforderlichen Ressourcen ist es sogar deutlich umfangreicher, da die Schüler in der Regel vollzeitschulisch versorgt werden, wohingegen Schüler des dualen Systems in der Regel 3,5 Wochentage in ihrem Ausbildungsbetrieb verbringen und lediglich 1,5 Tage in der Berufsschule.

Auch das Übergangssystem schließt im Normalfall an die allgemein bildende Schule an, führt aber im Unterschied zu den vorangehend beschriebenen Sektoren der Berufsausbildung nicht zu einem anerkannten Ausbildungsabschluss, der Ansprüche in

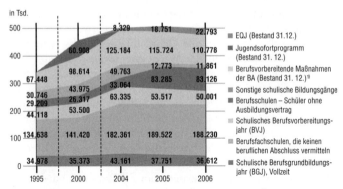

Abb. 7: Verteilung der Neuzugänge auf die Bereiche des Übergangssystems (Autorengruppe Bildungsberichterstattung 2008, 97).

der Berufsausbildung oder auf dem Arbeitsmarkt begründet. Das Übergangssystem dient vielmehr dazu, die individuellen Kompetenzen und damit auch die Chancen auf dem Ausbildungsstellenmarkt zu verbessern. Zudem wird es den Schülern zum Teil ermöglicht, einen allgemein bildenden Schulabschluss nachzuholen.

Bezüglich der Schulformen ist das Übergangssystem das am weitesten ausdifferenzierte und trägt so den individuell sehr unterschiedlichen Ausgangs- und Bedarfslagen der SchülerInnen Rechnung. Abbildung 7 verdeutlicht die verschiedenen Schulformen des Übergangssystems sowie die Entwicklung der Schülerzahlen in diesem Sektor.

Das größte Problem dieses Sektors der beruflichen Ausbildung ist sein Umfang. Für AbgängerInnen des allgemein bildenden Schulsystems wird es offenbar immer schwieriger, einen Ausbildungsplatz zu ergattern oder die gewünschte Bildungslaufbahn fortzusetzen. Da die SchülerInnen des Übergangssystems nach dem Ende ihrer Maßnahme zumeist erneut als BewerberInnen auf dem Ausbildungsstellenmarkt erscheinen, verringert das System die Unterversorgung mit Ausbildungsstellen nicht, sondern verzögert sie lediglich um ein bis zwei Jahre.

Die Schülerstruktur lässt zudem Rückschlüsse auf die Angebotsseite im Ausbildungsstellenmarkt zu. Da die meisten Schüler des Übergangssystem über untere oder gar keine allgemein bildenden Abschlüsse verfügen und auch der Anteil von Schülern mit Migrationshintergrund hier deutlich über dem Durchschnitt liegt, liegt die Schlussfolgerung nahe, dass gerade für diese Schülergruppe nicht in ausreichendem Umfang Ausbildungsmöglichkeiten zur Verfügung stehen.

Die angesprochenen Herausforderungen der drei Sektoren des Berufsausbildungssystems könnten darauf zurückzuführen sein, dass an berufliche Arbeit immer höhere Anforderungen gestellt werden. Es ist daher zu untersuchen, warum sich die Anforderungen verändern und welchen Fähigkeiten und Kompetenzen künftig voraussichtlich mehr Bedeutung zukommen wird.

Auswirkungen der Wissensgesellschaft

Das Konzept ›Wissensgesellschaft‹ wird in diesem Beitrag als gesellschaftlicher Veränderungsprozess verstanden, der sich durch eine Neu- und Höhergewichtung von intellektuellem und praktischem Wissen charakterisieren lässt (vgl. Wingens 2002, 17 ff, Enquete-Kommission des Bundestages 2008, 259 f).

Die Richtungen, in die sich dieser Veränderungsprozess vollzieht, fasst Stehr zusammen, indem er die prototypischen Mitglieder einer Wissensgesellschaft beschreibt. Sie zeichnen sich demnach dadurch aus, dass sie »(a) ihre Vorstellungen vom Menschen, von der Natur und der Gesellschaft bis ins Tiefste zu ergründen versuchen; (b) (möglicherweise unbewusst) objektiven, der Realität angemessenen Standards folgen und die Forschung nach den Regeln wissenschaftlicher Beweisführung betreiben; (c) für diese Forschungstätigkeit einen beachtlichen Teil ihrer Ressourcen aufwenden und daher über umfangreiche Kenntnisse verfügen; (d) vorhandenes Wissen in dem Bemühen sammeln, organisieren und interpretieren, um aus zweckdienlichen Gründen auf dieses Wissen zurückgreifen zu können; (e) dieses Wissen sowohl zur Erläuterung (vielleicht sogar Änderung) als auch Verwirklichung ihrer eigenen Werte und Zielvorstellungen verwenden« (Stehr 1994, 26).

Dieser Prozess ist längst nicht abgeschlossen. Es gibt allerdings Hinweise (wie die zunehmende Menge veröffentlichter Fachliteratur pro Jahr oder die abnehmende Dauer, in der sich das Wissen weltweit verdoppelt), die darauf schließen lassen, dass der beschriebene Prototyp nicht allzu fern ist. In der Arbeitswelt zeigt sich der Veränderungsprozess hin zu einer Wissensgesellschaft vor allem in den Trends zur Tertiarisierung (1) und zur Informatisierung (2).

(1) In einer weitgehend globalisierten Wirtschaft verlieren in den höher entwickelten Gesellschaften die klassischen Sektoren der Urproduktion (Landwirtschaft, Forstwirtschaft, Fischerei) und der industriellen Produktion (Primär- und Sekundärsektor) naturgemäß an Bedeutung. So sinkt das Niveau der landwirtschaftlichen Produktion seit dem 19. Jahrhundert kontinuierlich und ist in Deutschland heute, gemessen am Gesamtvolumen der Produktion, nahezu bedeutungslos. Auch die industrielle Produktion geht seit den 1980er Jahren kontinuierlich zurück (vgl. Baethge 2007, 9 f). Demgegenüber steigt der Anteil des Dienstleistungssektors an der Bruttowertschöpfung und der Beschäftigung seit den 1950er Jahren deutlich und nimmt derzeit in Deutschland 71 Prozent der Beschäftigten ein (vgl. Konsortium Bildungsberichterstattung 2006, 14). Ein großer Teilbereich des Dienstleistungssektors sind kaufmännische, verwaltende, analysierende, koordinierende, lehrende oder wissenschaftliche Tätigkeiten, die als annähernd reine ›Wissensarbeiten‹ bezeichnet werden können. Davon abgrenzen lassen sich im tertiären Sektor die personenbezogenen Dienstleistungen des Gesundheits- und Sozialwesens.

(2) In Deutschland generiert die Informations- und Telekommunikationsbranche (ITK) mittlerweile einen beachtlichen Anteil an Beschäftigung. So arbeiten derzeit etwa 800 000 Menschen direkt in der ITK-Branche. Dazu kommen etwa 1 000 000 ITK-Fachkräfte in anderen Branchen (vgl. Bitkom/Roland Berger 2007, 5). Die Bruttowertschöpfung der ITK-Branche ist – gegenüber abnehmenden Werten in vielen anderen Branchen – seit den 1990er Jahren um 50 Prozent gestiegen und nimmt im Branchenvergleich den höchsten Wert ein, noch vor den Schlüsselindustrien Automobilbau und Maschinenbau. Daneben verrichten viele Beschäftigte anderer Branchen, die nicht der IKT zugerechnet werden können, annähernd reine Wissensarbeit. Über 50 Prozent aller Beschäftigten in Deutschland geben an,

mehr als 75 Prozent ihrer Arbeitszeit in direktem Umgang mit Informationen zu verbringen (vgl. Dostal 2001).

Die Qualität der Arbeit hat sich durch diese Trends deutlich verändert. Zunächst hat der Umgang mit Informationen selbst eine spezifische Qualität: Viele Tätigkeiten haben sich »weg von ihrer physischen, nur routinehaften Bewältigung hin zu intelligenterer, flexiblerer Ausführungsweise verlagert, zumal sich die Anforderungen selbst durch technische Entwicklungen unentwegt und immer schneller ändern« (Kübler 2005, 129). Sie sind vielfach verbunden mit (a) der Genese neuer Informationen, also dem Forschen, Entwerfen, Konstruieren oder Gestalten von Produkten, Plänen oder Programmen, (b) der Steuerung von Abläufen, d. h. dem Organisieren, Planen oder Vorbereiten von Arbeits- und Geschäftsprozessen, (c) der Verarbeitung von Informationen, d. h. deren Recherche, Sammlung und Dokumentation, oder (d) der Weitergabe im Sinne einer Beratung oder Information (vgl. BIBB/BAuA 2006).

Bei diesen neuen Tätigkeitsschwerpunkten verwundert es wenig, dass Beschäftigte in wissensintensiven Berufen deutlich häufiger als andere Beschäftigte von steigenden fachlichen Anforderungen betroffen sind. Sie benötigen zudem deutlich häufiger fachübergreifende Fähigkeiten wie: die Beherrschung von Deutsch und Fremdsprachen inklusive korrektem schriftlichem Ausdruck und korrekter Rechtschreibung; von PC-Anwendungsprogrammen, Kenntnissen in Mathematik, Fachrechnen und Statistik; von kaufmännischen und betriebswirtschaftlichen Methoden; von Layout-, Gestaltungs- und Visualisierungstechniken sowie Projektmanagementtechniken (vgl. Hall 2007, 30). Diese Fähigkeiten liegen quer zu den bisherigen technischen, material- und verfahrensbezogenen Fertigkeiten (vgl. Rottmann 2003, 253).

Zudem geben Beschäftigte in wissensintensiven Berufen an, dass sie deutlich häufiger Fähigkeiten und Fertigkeiten benötigen, die nicht fachlich gebunden sind. Nach der Untersuchung von Hall sind dies vor allem: auf unvorhergesehene Probleme reagieren und diese lösen; schwierige Sachverhalte allgemeinverständlich vermitteln; eigenständig und ohne Anleitung schwierige Entscheidungen treffen; eigene Wissenslücken erkennen und schließen sowie sehr viele verschiedene Aufgaben erledigen zu können (vgl. Hall 2007, 33).

Die eingangs aufgestellte These, dass die Probleme und Herausforderungen des beruflichen Ausbildungssystems mit der Entwicklung hin zu einer Wissensgesellschaft in Zusammenhang stehen, kann somit konkretisiert werden: Die Herausforderung für das berufliche Ausbildungssystem besteht darin, auf die skizzierten, gestiegenen Anforderungen der Arbeitswelt in der Wissensgesellschaft adäquat zu reagieren.

Fazit

Die Unternehmen ziehen sich aus der dualen Berufsausbildung zurück, da sie den AbgängerInnen der allgemein bildenden Schulen die Verfügung über Fähigkeiten und Fertigkeiten, wie sie mit den Anforderungen der Wissensgesellschaft verbunden sind, nicht (mehr) zutrauen. So kommt es gerade im wissensintensiven Dienstleistungssektor zu einem Auseinanderdriften von Beschäftigungsvolumen und Ausbildungsvolumen (vgl. BMBF 2005, 4) und einem daraus resultierenden Fachkräftemangel. Die nicht ausbildenden Unternehmen sollten erkennen, dass sie ohne Engagement für eine fundierte Berufsausbildung im dualen System ihre eigenen Zukunfts- und Wachstumschancen gefährden. Zudem müssen Unternehmen mittlerweile große Summen ausgeben, um an die nicht von ihnen selbst ausgebildeten Fachkräfte heranzukommen, d. h. diese aus anderen Unternehmen abzuwerben.

Die Unternehmen hingegen, die wissensintensive Berufe ausbilden, suchen vielfach SchulabgängerInnen mit Hochschulreife. Die Quote der Auszubildenden mit Fachhochschul- und Hochschulreife liegt z. B. im Ausbildungsberuf Kaufmann/Kauffrau für Marketingkommunikation bei 71,4 Prozent, für Steuerfachangestelle bei 57,2 Prozent und für Mediengestalter bei 48,7 Prozent. In diesen Berufen stieg die Abiturientenquote in den letzten Jahren kontinuierlich an.

Diese implizite Festsetzung von Eingangsvoraussetzungen für eine Ausbildung ist bei entsprechend hohen beruflichen Anforderungen vermutlich sinnvoll. Darauf müsste die Bildungspolitik allerdings reagieren und weitere Anstrengungen unternehmen, um möglichst viele Jugendliche von der Bedeutung eines hohen allgemein bildenden Abschlusses zu überzeugen und ihnen einen solchen Abschluss mit entsprechendem auch finanziellen Engagement (Schulausstattung, individuelle Fördermaßnahmen) auch ermöglichen.

Ein Anteil von 40 Prozent aller SchülerInnen im Berufsausbildungssystem, die sich im Übergangssystem befinden, signalisiert Passungsprobleme. Offenbar fällt es auch den Unternehmen mit Ausbildungsplätzen *ohne* besondere kognitive Anforderungen schwer, AbgängerInnen aus allgemein bildenden Schulen direkt in eine Ausbildung zu übernehmen. Dass jährlich über 500 000 Jugendliche keinen Ausbildungsplatz finden und damit häufig gravierende Misserfolgserlebnisse in der sensiblen Lebensphase des Jugendalters erleben, sollte nachdenklich stimmen. Die jedes Jahr erneut anlaufenden Programme zur Schaffung weiterer Ausbildungsplätze scheinen bei weitem nicht auszureichen. Es ist vielmehr erforderlich, das Bildungsniveau auch im unteren allgemein bildenden Schulbereich deutlich anzuheben (vgl. Autorengruppe Bildungsberichterstattung 2008, 115), um der Ausbildungszurückhaltung von Unternehmen zu begegnen und Jugendlichen auch für Berufsausbildungen mit höheren Anforderungsniveaus das Handwerkszeug mit auf den Weg zu geben. In diesem Zusammenhang muss auch das Problem der Abhängigkeit des Bildungserfolgs von der sozialen Herkunft und/oder vom Migrationshintergrund angegangen werden, insbesondere beim Übergang von der Schule in den Beruf.

Weiterführende Literaturhinweise

Autorengruppe Bildungsberichterstattung 2008; BMBF 2009 ff; Hall 2007; Krekel/Ulrich 2009.

Literatur

Autorengruppe Bildungsberichterstattung (2008): Bildung in Deutschland 2008. Bielefeld: online verfügbar: http://www.bildungsbericht.de/ [18.8.2009].

Baethge, M. (2000): Der unendlich langsame Abschied vom Industrialismus und die Zukunft der Dienstleistungsbeschäftigung. In: WSI-Mitteilungen, Jg. 53, H. 3, 49–156.

Baethge, M. (2007): Das deutsche Bildungs-Schisma. Welche Probleme ein vorindustrielles Bildungssystem in einer nachindustriellen Gesellschaft hat. In: Wirtschaft und Erziehung, Jg. 59, H. 1, 3–11.

BIBB, Bundesinstitut für Berufsbildung (2009): A.WE.B: Aus- und Weiterbildungsberufe; online verfügbar: http://www2.bibb.de/tools/aab/aab-berufeliste.php [18.8.2009].

BIBB/BAuA, Bundesinstitut für Berufsbildung/Bundesanstalt für Arbeitsschutz und Arbeitsmedizin (2006): BIBB/BAuA-Erwerbstätigenbefragung 2006. Arbeit und Beruf im Wandel, Erwerb und Verwertung beruflicher Qualifikationen; online verfügbar: http://www.bibb.de/de/26738.htm [18.8.2009].

Bitkom/Roland Berger (2007): Zukunft digitale Wirtschaft; online verfügbar: http://www.bitkom.org/de/publikationen/38338_60058.aspx [18.8.2009].

BMBF, Bundesministerium für Bildung und Forschung (2005): Berufsbildungsbericht 2005. Bonn, Berlin.

BMBF, Bundesministerium für Bildung und Forschung (2009): Berufsbildungsbericht 2009. Bonn, Berlin [wird jährlich fortgeschrieben]; online verfügbar: http://www.bmbf.de/de/berufsbildungsbericht.php [18.8.2009].

Deutschmann, C. (2005): Latente Funktionen der Institution des Berufs. In: Jacob, M./Kupka, P. (Hg.): Perspektiven des Berufskonzepts. Die Bedeutung des Berufs für Ausbildung und Arbeitsmarkt. Nürnberg, 3–16.

Dostal, W. (2001): Quantitative Entwicklung und neue Beschäftigungsformen im Dienstleistungsbereich. In: Baethge, M./Wilkens, I. (Hg.): Die große Hoffnung für das 21. Jahrhundert? Opladen, 45–70.

Enquete-Kommission des Bundestages (2008): Globalisierung der Weltwirtschaft. Schlußbericht; online verfügbar: http://www.bundestag.de/gremien/welt/glob_end/ [18.8.2009].

Hall, A. (2007): Tätigkeiten und berufliche Anforderungen in wissensintensiven Berufen. Empirische Befunde auf Basis der BIBB/BauA-Erwerbstätigenbefragung 2006; online verfügbar: http://www.bmbf.de/pub/sdi-03-07.pdf [18.8.2009].

Konsortium Bildungsberichterstattung (2006): Bildung in Deutschland. Bielefeld.

Krekel, E. M./Ulrich, J. G. (2009): Jugendliche ohne Berufsabschluss. Handlungsempfehlungen für die berufliche Bildung. Berlin; online verfügbar: http://www.bibb.de/dokumente/pdf/a21_gutachten_jugendliche-ohne-berufsabschluss.pdf [18.8.2009].

Kübler, H. (2005): Mythos Wissensgesellschaft. Gesellschaftlicher Wandel zwischen Information, Medien und Wissen. Wiesbaden.

Meyer, R. (2004): Entwicklungstendenzen der Beruflichkeit. Neue Befunde aus der industriesoziologischen Forschung. In: Zeitschrift für Berufs- und Wirtschaftspädagogik, Jg. 100, H. 3, 348–354.

Rottmann, J. (2003): Flexibilisierung der Bildung für den Beruf. In: Zeitschrift für Berufs- und Wirtschaftspädagogik, Jg. 99, H. 2, 251–266.

Stehr, N. (1994): Arbeit, Eigentum und Wissen. Zur Theorie von Wissensgesellschaften. Frankfurt a. M.

Wingens, M. (2002): Wissensgesellschaft – ein tragfähiger Leitbegriff der Bildungsreform? In: ders./Sackmann, R. (Hg.): Bildung und Beruf. Ausbildung und berufsstruktureller Wandel in der Wissensgesellschaft. Weinheim u. a., 9–22.

6 Bildungsinstitutionen

Schule im Prozess der Ökonomisierung

Ingrid Lohmann[*]

Der Beitrag skizziert Aspekte der aktuellen Entwicklung der Schule, die in der öffentlichen Debatte wie auch in der Fachliteratur als Ökonomisierung, Privatisierung und Kommerzialisierung kontrovers diskutiert werden.

> *»so hindert dieser Umstand oder Uebelstand keineswegs, auch heute noch der Schule das Prädicat zuzuerkennen, daß ihre Wirksamkeit eine stille, vom Markte des Lebens, von dem profanen Weltgewühl fernezuhalten ist« (Palmer 1869, 928).*

> *»Schools are the front line in the economic war« (Gove 2009).*

Einleitung

Öffentliche Schulen gibt es in westlichen Industrieländern seit etwa 150 bis 200 Jahren. Sie wurden eingerichtet, um die feudalständischen Strukturen der alten Gesellschaften zu überwinden und die Bevölkerung des jeweiligen Landes mit jenen Kenntnissen, Haltungen und Verhaltensweisen auszustatten, die für die entstehenden bürgerlich-kapitalistischen National- und Verfassungsstaaten notwendig schienen. Als staatliche Institution wurde die Schule dort etabliert, wo die für die Modernisierung von Staat und Gesellschaft erforderlichen neuen Formen, Inhalte und Methoden der Erziehung und des Unterrichts von Privatleuten und Kirchen nicht hinreichend gewährleistet werden konnten.

---

[*] Ingrid Lohmann, Dr. phil., Dipl. Päd., ist Professorin für Ideen- und Sozialgeschichte der Erziehung am Fachbereich Erziehungswissenschaft 1, Allgemeine, Interkulturelle und International Vergleichende Erziehungswissenschaft, der Universität Hamburg. Ihre Arbeitsschwerpunkte sind Erziehung und Bildung in der Moderne, jüdische Bildungsgeschichte in Deutschland, Privatisierung von Bildungsinstitutionen.

Die staatlich organisierte Schule hatte mehrschichtige politische und ökonomische Funktionen: Sie sollte die heranwachsenden Generationen in die Kultur, Sprache und Religion des Landes hinein sozialisieren, und sie sollte den einzelnen Individuen ihren je künftigen Platz in der politisch-sozialen Hierarchie wie in der arbeitsteiligen Ökonomie vermitteln. Dabei war und ist die Schule nie autonom, sondern stets »den Ansprüchen und Einflüssen aller Institutionen des öffentlichen Lebens und aller an der politischen Willensbildung partizipierenden Kräfte wie Regierung und Verwaltung, Recht, Wirtschaft und Finanzen, Kirche und Parteien ausgeliefert« und genötigt, »das so entstandene Konglomerat unter dem Anspruch der Bildung zu rechtfertigen« (Berg 1973, 11).

Heute sehen sich die Nationalstaaten und ihre Institutionen in ein verändertes Umfeld gestellt, das mit dem Schlagwort Globalisierung gekennzeichnet wird. Im gegenwärtigen Stadium der kapitalistischen Weltwirtschaft werden dabei staatlich-öffentliche Schulsysteme, da wo sie noch bestehen, als solche zunehmend in Frage gestellt: Marktinstitutionen wie der Internationale Währungsfond (IWF), die Weltbank, die Organisation für wirtschaftliche Zusammenarbeit und Entwicklung (OECD) und die Welthandelsorganisation (WTO) – neben der Europäischen Kommission, Arbeitgeberverbänden, transnationalen Konzernen und ihren Stiftungen, Mainstream-Medien, Expertenkommissionen, Beraterfirmen sowie politischen Parteien, Bundes- und Landesregierungen – betreiben seit rund drei Jahrzehnten eine Delegitimierung öffentlicher Bildungseinrichtungen (nicht nur von Schulen, sondern auch von Kindergärten, Universitäten und Einrichtungen der Erwachsenenbildung): Sie seien nicht hinreichend leistungs- und konkurrenzfähig, außerdem reformunfähig, überhaupt seien private Einrichtungen besser. Begleitet von einer strategisch gewollten, planvollen Unterfinanzierung des öffentlichen Sektors insgesamt, wird auf diese Weise der Privatisierung und Kommerzialisierung auch der Schulen Vorschub geleistet.

Ein OECD-Strategiepapier benennt die entsprechende Taktik so: »Um das Haushaltsdefizit zu reduzieren, sind sehr substanzielle Einschnitte im Bereich der öffentlichen Investitionen oder die Kürzung der Mittel für laufende Kosten ohne jedes politische Risiko. Wenn Mittel für laufende Kosten gekürzt werden, dann sollte die Quantität der Dienstleistung nicht reduziert werden, auch wenn die Qualität darunter leidet. Beispielsweise lassen sich Haushaltsmittel für Schulen und Universitäten kürzen, aber es wäre gefährlich, die Zahl der Studierenden zu beschränken. Familien reagieren gewaltsam, wenn ihren Kindern der Zugang verweigert wird, aber nicht auf eine allmähliche Absenkung der Qualität der dargebotenen Bildung, und so kann die Schule immer mehr dazu übergehen, für bestimmte Zwecke von den Familien Eigenbeiträge zu verlangen, oder bestimmte Tätigkeiten ganz einstellen. Dabei sollte nur nach und nach so vorgegangen werden, z. B. in einer Schule, aber nicht in der benachbarten Einrichtung, um jede allgemeine Unzufriedenheit der Bevölkerung zu vermeiden« (Morrisson 1996, 28).

Kurze Geschichte von Bildung als Handelsware

Um den Prozess der Ökonomisierung der Schule angemessen zu analysieren, sind begriffliche Unterscheidungen nötig. Beispielsweise bedeutet nicht jede Form der Privatisierung zugleich eine Ökonomisierung. So gibt es in Deutschland seit langem etwa katholische und evangelische Privatschulen, die staatlich anerkannt und großenteils auch staatlich finanziert sind. Das hat mit Ökonomisierung wenig zu tun. Andere Formen der Privatisierung hingegen bestehen z. B. in der Trägerschaft durch kommerzielle Bildungsanbieter: Dabei werden Schulen wie kapitalistische Wirtschaftsunternehmen geführt und betriebswirtschaftlich gemanagt, und sie sollen Profit erwirtschaften. Solche Formen fallen selbstredend unter den Begriff der Ökonomisierung – ebenso wie Bildungsgutscheine, die Relativierung des Werbeverbots an Schulen (in den deutschen Bundesländern zuerst in Berlin 1997) und eine weitere, zunehmend verbreitete Privatisierungsvariante, nämlich die so genannten *Public Private Partnerships* (ppp): öffentlich-private Partnerschaften (ÖPP) zwischen Einrichtungen des öffentlichen Sektors, darunter den Schulen, und Wirtschaftsunternehmen (vgl. Liesner 2006).

Wieder andere der vielfältigen Formen und Ebenen der Privatisierung – von der Abschaffung der Lehrmittel- und Gebührenfreiheit bis zu privat finanzierter Schülernachhilfe und Home

Schooling – fallen nur unter bestimmten Bedingungen unter den Ökonomisierungsbegriff, z. B. wenn Nachhilfe von kommerziellen Dienstleistern erbracht wird (und nicht einfach von der Nachbarstochter). In der Tat stellt sich angesichts solcher Tendenzen die Frage: *Ist die Schule ewig?* (vgl. Tillmann 1997).

Ähnlich wie Kommodifizierung (zu einer Ware machen) und Monetarisierung (zu Geld machen, durch Preise bewerten) meint Kommerzialisierung die Einbeziehung von Bildungseinrichtungen oder bildungsbezogenen Dienstleistungen, wie etwa Bildungstests, in den geldvermittelten Handel. Diesen regelt in den Mitgliedstaaten der WTO, auch in Deutschland, seit 1995 das *General Agreement on Trade in Services* (GATS). Das GATS ist »das erste multilaterale Abkommen zur fortlaufenden Liberalisierung des internationalen Dienstleistungshandels und erfasst grundsätzlich alle Dienstleistungsbereiche«; es »ermöglicht den WTO-Mitgliedstaaten eine ›maßgeschneiderte‹ Liberalisierung, d. h. individuelle Festlegung des Liberalisierungsniveaus in den unterschiedlichen Dienstleistungssektoren« (BMWI o. J.). Diese und ähnliche Prozesse werden auch als Deregulierung bezeichnet.

Die Beseitigung internationaler Handelshemmnisse durch das GATS-Abkommen hat im Bildungs- und Wissenschaftsbereich – wie in anderen Wirtschaftszweigen – zur Folge, dass nationalstaatliche Schutzmaßnahmen, je nach politischem Willen, minimiert oder ganz eliminiert werden können. So können beispielsweise Maßnahmen zur Sicherung von Standards im öffentlichen Interesse oder zur Verhinderung unerwünschter sozialer Auswirkungen wegfallen, weil sie als Wettbewerbshindernisse gelten. Zum selben Zweck – der Beseitigung von Hindernissen für Markt und Wettbewerb, also der Erleichterung von Kapitalakkumulation und -verwertung – erhalten inländische, aber auch ausländische kommerzielle Anbieter Zugriff auf die für öffentliche Aufgaben vorgesehenen Haushaltsbudgets. Denn wie überall, wo neben staatlichen Bildungsinstitutionen auch private Träger zugelassen sind (und das ist im Schulwesen der Fall), können – gemäß dem GATS – kommerzielle Anbieter geltend machen, dass die staatliche Finanzierung von Schulen für sie einen unzulässigen Wettbewerbsnachteil darstellt. Sie haben somit Anspruch auf entsprechende Zuschüsse aus den öffentlichen Haushalten.

In der Konsequenz bedeutet dies: Selbst wenn die überwältigende Mehrheit der Bevölkerung eines Landes es politisch wollte (ein Problem besteht allerdings darin, dass sie über das GATS-Abkommen usw. sehr wenig weiß), wäre Welthandel mit Bildung als warenförmiger Dienstleistung nicht ohne weiteres rückgängig zu machen. Zahlreiche GlobalisierungskritikerInnen weisen in diesem Zusammenhang auf die Gefahr einer sich weltweit verschärfenden Kluft zwischen Arm und Reich hin. Denn an Marktgeschehen kann nur teilnehmen, wer über genügend Geld dazu verfügt.

Dass die Wirkung solcher Regelwerke, wie sie übrigens auch die EU-Binnenmarktpolitik ausdrücklich vorsieht, im Schulwesen nicht längst sichtbarer wird, als es schon der Fall ist (etwa daran, dass Unternehmen der Bildungsindustrie in größerer Zahl auf den Markt drängen), hat vermutlich vor allem zwei Gründe. Zum einen liegt es daran, dass es offensichtlich nicht so einfach ist, aus den grundsätzlich personal- und zeitaufwändigen Prozessen der Erziehung und Bildung nennenswerten Profit zu erwirtschaften. Zum anderen liegt es daran, dass OECD-Mitgliedstaaten wie Deutschland mit den groß angelegten PISA-Tests derzeit einen unauffälligeren Weg der Ökonomisierung der Schulen vorziehen, denn als solche erkennbare Formen der Privatisierung (wie z. B. Bildungsgutscheine) haben es hierzulande immer noch schwer. Dass hingegen auch mit Hilfe der OECD-PISA-Studien die Einbeziehung der Schulen in Markt und Wettbewerb vorangetrieben wird, ist nicht ohne weiteres als Privatisierung und Ökonomisierung erkennbar. Diese Variante jedoch findet, obwohl sich inzwischen kritische Stimmen mehren, auch in Teilen der Erziehungswissenschaft und der empirischen Bildungsforschung noch viel Zustimmung.

Den Königsweg der Ökonomisierung der Schule markiert in OECD-Ländern wie Deutschland, neben PISA und ÖPPs, der Einsatz von New Public Management. Das sind betriebswirtschaftliche Steuerungsmechanismen wie Ziel- und Leistungsvereinbarungen, Kennziffern und Controlling, Ranking, Rating, Benchmarking, Qualitätsmanagement, Evaluation. Für die Etablierung dieses Managementmodells an Schulen haben sich in Deutschland vor allem die Bertelsmann Stiftung, die Initiative Neue Soziale Marktwirtschaft (INSM) des Arbeitgeberverbandes

Gesamtmetall sowie der im Auftrag der bayerischen Wirtschaft agierende Aktionsrat Bildung stark gemacht (vgl. Lohmann 2007a, b).

Wo das neue Managementmodell zum Einsatz kommt, war zuvor vorgeblich die *Effizienz zu gering*, das *Reformtempo zu niedrig* und die *Verwaltung zu schwerfällig*. Dass es in Wirklichkeit vor allem um Kontrolle und Disziplinierung des in Bildungsinstitutionen tätigen Personals geht, verrät wiederum ein OECD-Papier: »Die OECD empfiehlt Deutschland höheres Reformtempo: Will Deutschland sein Wirtschaftswachstum halten, muss es vor allem das Bildungssystem verbessern« und »seinen Aufschwung jetzt absichern. Es gebe noch ›beträchtlichen Spielraum zur Anhebung der Pro-Kopf-Arbeitsstunden und zur Steigerung der Produktivität‹, erklärte die OECD in ihrem […] Deutschlandbericht. ›Das Hauptaugenmerk muss auf der Erhöhung der geringen Zahl von Arbeitsstunden je Beschäftigtem liegen‹« (SZ 2008). Neben der Arbeitszeiterhöhung wird zudem ein Abbau des Kündigungsschutzes empfohlen: »Wichtige Herausforderungen für die Bundesregierung seien die ›Lockerung der strengen Beschäftigungsschutzbestimmungen für reguläre Arbeitsverhältnisse und die Vermeidung zu hoher Mindestlöhne‹« (ebd.).

Strategisch zentral ist in diesem machtpolitischen Umfeld die Verwendung von Euphemismen – wie *Autonomie, Eigenverantwortung, Wissensgesellschaft* – und Umdefinitionen: von Bildung in *Humankapital*, von Kenntnissen und Fertigkeiten in *Kompetenzen*, von Bildung als *Bereitschaft zur Investition in die eigene Zukunft*. Sie helfen, der Bevölkerung die Ökonomisierung schmackhaft zu machen und sie in den Wertvorstellungen, Haltungen und Verhaltensweisen der Individuen zu verankern. Denn nicht nur Bildungsinstitutionen, sondern auch die sich bildenden Subjekte selbst sollen möglichst bruchlos unter die Logik kapitalistischer Verwertung gebracht werden (vgl. Höhne 2007). Ökonomisierung ist insofern ein Prozess, der mehr umfasst als die Übernahme von Steuerungsregeln aus dem Unternehmensbereich: »Die Ökonomisierung der Bildung bedeutet vor allem eine historisch neue Dimension des Umgangs mit der Zeit der Menschen, einen Zugriff auf die Tagesjahr, die Jahreszeit, die Lebenszeit von der frühen Kindheit bis ins Alter« (Zymek 2005).

Risse im Gebäude

Die Ökonomisierung von Schulen und anderen Bildungsinstitutionen verläuft allerdings nicht bruchlos. Im Gegenteil: Wie bei Banken und Autoindustrie gibt es mittlerweile auch in der Bildungsindustrie Insolvenzen. Über sie wird in den deutschen Medien jedoch eher selten berichtet, denn mehr davon würde die herrschende Agenda stören. Aber nicht nur von Banken, sondern auch von der Bildungsindustrie wird inzwischen nach dem Staat gerufen, wenn es darum geht, Verluste zu sozialisieren. Hier zunächst zwei Beispiele aus anderen OECD-Ländern:

Im Sommer 2004 brach einer der größten kommerziellen Betreiber von Charterschulen (i. e. Schulen in ›freier‹ Trägerschaft) in den USA zusammen, die California Charter Academy. Die Kinder standen von einem Tag auf den anderen ohne Schule, die Lehrer ohne Einkünfte da. 100 Millionen US-Dollar waren dem Unternehmen für den Aufbau seiner Schulkette vom kalifornischen Staat gewährt worden. Der CCA-Geschäftsführer war nach dem Bankrott nicht mehr erreichbar. Der Superintendent eines kalifornischen Schulbezirks berichtete von hysterischen Eltern, die sich schleunigst um andere Schulen bemühen mussten, und von Gläubigern, die aus den Schulgebäuden herausholten, was nicht niet- und nagelfest war. Schülerakten lagerten mit ungewissem Schicksal in verlassenen Schulgebäuden; Investoren durchsuchten die Geschäftsunterlagen des Unternehmens nach Erklärungen für den Zusammenbruch. Das kalifornische Unterrichtsministerium versprach, die Sache zügig zu bereinigen (vgl. California Department of Education 2004). Vom vergleichbaren Ende der Hessen International School (HIS) berichtete die Frankfurter Rundschau (FR 2009).

2008 kam eine ähnliche Nachricht aus Australien, diesmal in direkter Verbindung mit der weltweiten Finanzkrise: »Banken machten die Kindertagesstättenkette ABC Learning Centres zum börsennotierten Milliardenkonzern. Mit der weltweiten Kreditkrise ist die Blase geplatzt, und das Unternehmen steht vor der Pleite. Tausende Kinder stehen heute ohne Betreuung da. Lange Zeit war er die Wirtschaftsikone in ›down under‹: Der ›schnelle Eddy‹, wie der australische Selfmade-Millionär Eddy Groves von Geschäftsfreunden genannt wird. Reich wurde er mit der cleveren

Idee, eine private Kindertagesstätte aufzubauen. Groves war damals 22 Jahre alt, es waren seine ersten Schritte in die Welt der Pädagogik« (ZDF Auslandsjournal 2009).

2001 wurde Groves durch den Börsengang seines Unternehmens, zu dem weltweit zuletzt 2 200 Kindergärten gehörten, zum Multimillionär. »Heute weiß man: der Konzern war aufgebaut auf Krediten und Schulden.« Wie berichtet wird, hatte Groves dank eines scheinbar unendlichen Kreditflusses innerhalb von zwei Jahren die Zahl seiner Tagesstätten vervierfacht. »Ende 2004 war ABC Learning deshalb bereits mit rund 111 Millionen australischen Dollar verschuldet. Drei Jahre später war es das Zwanzigfache davon: 2,2 Milliarden Dollar. Groves baute ein globales Franchisesystem um die Marke ABC auf. Das tauchte nie in der Bilanz auf – auch nicht deren Schulden. Als die Buchprüfer Alarm schlugen, stürzte die Aktie ins Bodenlose. ABC war am Ende. Zwanzig Jahre dauerte der Aufstieg zur Marke, lediglich zehn Tage der Absturz. ›Das ging aber schnell, Eddy‹, frotzelte die Sydney Morning Herald« (ebd.). Nun rufen Eltern nach staatlicher Hilfe, und die Warteschlangen vor den übrigen Kindergärten wachsen.

Privatschulen in Deutschland

In Deutschland wird die Überführung des Managements von Bildungsinstitutionen in private Trägerschaft u. a. von dem schon erwähnten Aktionsrat Bildung (vgl. 2007, 153) unter Federführung des Erziehungswissenschaftlers und Universitätspräsidenten Dieter Lenzen vorgeschlagen. Zwar ist nicht jede Privatschule eine kommerziell betriebene. Aber in dem skizzierten Umfeld der Ökonomisierung lohnt es sich inzwischen auch für Deutschland, den Blick auf Privatschulen zu lenken: Seit 1995 ist die Schülerzahl an Privatschulen hierzulande stetig gestiegen. Nach Angaben des Statistischen Bundesamts (2009) besuchten im Schuljahr 2007/08 rund 675 000 Schülerinnen und Schüler private allgemein bildende Schulen (7,1 %). Das erscheint zwar noch nicht viel; aber im Schuljahr 2008/9 waren es schon fast 691 000 (7,7 %), und der Trend setzt sich fort. Nach Meinung der OECD jedoch nicht schnell genug: »Immer noch wird ein großer Teil

Sozialpsychologische Effekte

Warum jedoch optieren Mittelschichten von Chile über Ontario und Neuseeland (zu diesen Länderbeispielen vgl. Lohmann 2002) bis Hamburg für Privatschulen? Hauptursache ist die gezielte, strategisch langfristig angelegte Unterfinanzierung der öffentlichen Bildungssysteme; sie war und ist überall ein notwendiger und zugleich entscheidender Schritt für die Privatisierung und Ökonomisierung des öffentlichen Sektors insgesamt. Hierbei geht es darum, die Leistungsfähigkeit öffentlicher Einrichtungen so lange zu verschlechtern, bis das Gros der Staatsbürger davon überzeugt ist, dass »private eben doch besser sind« (vgl. dagegen Weiß 2009).

Aufschluss über die durch den herrschenden Diskurs erzeugten sozialpsychologischen Effekte gibt die Sinus-Studie *Eltern unter Druck* (2008; vgl. 3sat Nano 2008). Sie macht auf den neuen Förderboom aufmerksam – von Babyschwimmen über Englischkurse bis zu Mathematik schon für Vierjährige. Eine unlängst eröffnete private Englischfrühförderschule in Hannover wurde von Eltern in dem Stadtteil bereits dringend erwartet. Die Medien, hinter denen bekanntlich wiederum Eigentümer- und Kapitalinteressen stehen, heizen den Förderboom kräftig an. Kritische Stimmen berichten von Mittelschichteltern, die Sorge haben, dass ihre Kinder eines Tages unter der Brücke schlafen müssen; von psychologischen Beratungsstellen, in denen sich die Fälle von schulischem Leistungsdruck und Versagen bei Kindern mehren; von Eltern in einem Klima von Angst und Leistungsdruck, das sie unbewusst an ihre Kinder weitergeben; von der Hoffnung auf Frühförderung als Rettungsanker vor dem sozialen Abstieg: »Seit dem PISA-Schock wird gefördert auf Biegen und Brechen. [...] Von den Erzieherinnen hören wir, dass PISA die große Markierung war. Seitdem stehen Eltern unter Bildungsdruck. Die Kinder sind oft regelrecht verplant. [...] Es ist ein Mittelschichtsphänomen: Bildung als Abgrenzung. Bildung soll das gesellschaftliche Abrutschen verhindern. Die Sinus-Studie *Eltern unter Druck* hat herausgefunden, dass Eltern der bürgerlichen Mitte in vielfältiger Form Bildung und Lernhilfen einkaufen, weil sie kein Vertrauen haben, dass das öffentliche Bildungssystem ihre Kinder angemessen fördert« (ebd.). Eben darin besteht der Sinn der Sache.

Erfahrungen mit Privatisierung und Ökonomisierung von Schulen liegen inzwischen aus zahlreichen Ländern und Regionen vor. Auch wenn die Resultate im einzelnen unterschiedlich ausfallen – diese drei Effekte hat die weltweite Umstrukturierung der Bildungseinrichtungen in jedem Fall: Überall da, wo sie stattfindet, sinken, erstens, die Staatsausgaben für den Bildungssektor, verschärft sich, zweitens, die soziale Ungleichheit im Zugang zum Wissen noch einmal drastisch, stellen, drittens, Mittelschicht-Eltern fest, dass es ihnen gefällt, wenn ihre Söhne und Töchter nicht mehr zusammen mit Krethi und Plethi die Schulbank drücken müssen. Überall sind es besonders die bürgerlichen Mittelschichten, die, dem Druck sich verschärfender sozialer Polarisierung im ›Zeitalter der Globalisierung‹ ausgesetzt, sich Rettung vor dem Absinken in die Billiglohnstrata und Aufstieg in die Dienstklassen der Superreichen erhoffen. Auf diese und ähnliche reale Zwangslagen, die die Haltungen und Einstellungen großer Teile der nationalen Bevölkerungen nicht unberührt lassen, können die Marktinstitutionen weltweit bauen.

Weiterführende Literaturhinweise

GEW 2007; Jahrbuch für Pädagogik 2009; Liesner 2006; Lohmann 2002; Münch 2009; Radtke/Weiß 2000.

Literatur

3sat Nano (2008): »Kinder brauchen mit zwei Jahren keine Englischkurse«. TV-Bericht, 11.12., http://www.3sat.de/mediathek/mediathek.php?obj=10664&mode=play [11.12.2009].

Aktionsrat Bildung (2007): Bildungsgerechtigkeit. Vereinigung der Bayerischen Wirtschaft (Hg.). Wiesbaden.

Berg, Ch. (1973): Die Okkupation der Schule. Heidelberg.

BMWI, Bundesministerium für Wirtschaft und Technologie (o. J.): Die Abkommen der WTO, http://www.bmwi.de/BMWi/Navigation/Aussenwirtschaft/Handelspolitik-EU-WTO/wto,did=270272.html [11.12.2009].

Broß, S. (2007): Privatisierung öffentlicher Aufgaben – Gefahren für die Steuerungsfähigkeit von Staaten und für das Gemeinwohl? In: NachDenkSeiten, http://www.nachdenkseiten.de/?p=2070 [11.12.2009].

California Department of Education (2004): Closure of California Charter Academy, http://www.cde.ca.gov/sp/cs/ac/csccaclosure.asp [11.12.2009].

FAZ, Frankfurter Allgemeine Sonntagszeitung (2006): Geschäftsmodell Grundschule. 05.12., http://www.faz.net/s/RubEC1ACFE1EE274C81 BCD3621EF555C83C/Doc~E26A1FDC2EA5245B2A90CFC4C3F3C 3C1E~ATpl~Ecommon~Scontent.html [11.12.2009].

FR, Frankfurter Rundschau (2006): Privatschulen in Hessen bekommen mehr Geld. Neues Gesetz soll Förderhilfe vom Land erhöhen und Kommunen umfangreichere Zahlungen an die Privaten auferlegen. 23.05.

FR, Frankfurter Rundschau (2009): Problemfall Privatschule. Das Ende der Hessen International School. 22.09., D4-D5.

GEW, Gewerkschaft Erziehung und Wissenschaft (2007): Bildung als Privatsache. Privatschulen und Nachhilfeanbieter auf dem Vormarsch. Frankfurt a. M., http://www.gew.de/Binaries/Binary28673/07_11_08_GEWPriva-5.pdf [11.12.2009].

Gove, M. (2009): Schools are the front line in the economic war. In: Telegraph, 19.02., http://www.telegraph.co.uk/comment/4700128/ Schools-are-the-front-line-in-the-economic-war.html [11.12.2009].

Handelsblatt (2007): Mehr als New Economy. Die 50 interessantesten Gründer. 19.04., http://www.handelsblatt.com/_b=1256549,_t=ft;printpage [11.12.2009].

Höhne, Th. (2007): Der Leitbegriff ›Kompetenz‹ als Mantra neoliberaler Bildungsreformer. In: Pongratz, L. u. a. (Hg.): Bildung – Wissen – Kompetenz. Bielefeld, 30–43, duepublico.uni-duisburg-essen.de/servlets/DerivateServlet/Derivate-16159 [11.12.2009].

Jahrbuch für Pädagogik 2009 (2009): Entdemokratisierung und Gegenaufklärung. Frankfurt a. M.

Liesner, A. (2006): Schulsponsoring und staatliche Bildungsautonomie – die Sicht der Pädagogik. In: Verbraucherzentralen Bundesverband (Hg.): Werbung und Sponsoring in der Schule. Berlin, 63–70.

Lohmann, I. (2002): After Neoliberalism. Können nationalstaatliche Bildungssysteme den ›freien Markt‹ überleben? In: dies./Rilling, R. (Hg.): Die verkaufte Bildung. Opladen, 89–107, http://www.erzwiss.uni-hamburg.de/Personal/Lohmann/Publik/AfterNeo.htm [11.12.2009].

Lohmann, I. (2007a): Die ›gute Regierung‹ des Bildungswesens: Bertelsmann Stiftung. In: Wernicke, J./Bultmann, T. (Hg.): Netzwerk der Macht – Bertelsmann. Marburg, 153–169, http://www.erzwiss.uni-hamburg.de/ Personal/Lohmann/Publik/BertelsmannStiftung.pdf [11.12.2009].

Lohmann, I. (2007b): Was bedeutet eigentlich ›Humankapital‹? In: Utopie Kreativ Nr. 201/202, 618–625, http://www.erzwiss.uni-hamburg.de/ Personal/Lohmann/Publik/Lohmann_Humankapital.pdf [11.12.2009].

Morrisson, Ch. (1996): The Political Feasibility of Adjustment. OECD Policy Brief No. 13, http://www.oecd.org/dataoecd/24/24/1919076.pdf [11.12.2009].

Münch, R. (2009): Globale Eliten, lokale Autoritäten. Bildung und Wissenschaft unter dem Regime von PISA, McKinsey & Co. Frankfurt a. M.

OECD (2009): Bildung auf einen Blick 2009. Zusammenfassung http://www.oecd.org/dataoecd/41/61/43638066.pdf [11.12.2009].

Palmer (1869): Schule. In: Encyklopädie des gesammten Erziehungs- und Unterrichtswesens. Hg. von K. A. Schmid, Bd. 7. Gotha, 927–955.

Phorms (o. J.): Phorms Hamburg. Über uns, http://www.hamburg. phorms.de/ueber-uns/phorms.html [11.12.2009].

Radtke, F.-O./Weiß, M. (Hg.): Schulautonomie, Wohlfahrtsstaat und Chancengleichheit. Opladen.

Sinus-Studie (2008): Eltern unter Druck. Konrad-Adenauer-Stiftung (Hg.). Stuttgart. Zusammenfassung http://www.kas.de/wf/de/33.13023/ [11.12.2009].

Statistisches Bundesamt (2009): Schüler/innen in privaten Schulen nach Schularten, http://www.destatis.de/jetspeed/portal/cms/Sites/destatis/ Internet/DE/Content/Statistiken/BildungForschungKultur/Schulen/ Tabellen/Content75/SchuelerInPrivatenSchulen,templateId=render-Print.psml [11.12.2009].

SZ, Süddeutsche Zeitung (2008): OECD fordert mehr Investition in Bildung. 09.04., http://www.sueddeutsche.de/jobkarriere/952/438696/ text/ [11.12.2009].

Tillmann, K.-J. (1997): Ist die Schule ewig? Ein schultheoretisches Essay. In: Pädagogik, Jg. 49, H. 6, 6–10.

Weiß, M. (2009): Privatschulen sind auch nicht besser. Interview mit Peter Hanack. In: Frankfurter Rundschau online, 21.11., http://www.fr-online.de/frankfurt_und_hessen/nachrichten/hessen/ ?em_cnt=2093589& [11.12.2009].

ZDF Auslandsjournal (2009): Konkurs im Kindergarten. TV-Bericht, 14.01., Zusammenfassung http://auslandsjournal.zdf.de/ZDFde/inhalt/6/0,18 72,7504742,00.html [11.12.2009].

Zymek, B. (2005): Was bedeutet »Ökonomisierung der Bildung«? In: Berliner Debatte Initial, Jg. 16, H. 4, 3–13, http://www.linksnet.de/de/artikel/19736 [11.12.2009].

Universitäre Bildung und wirtschaftlicher Strukturwandel

*Andrea Liesner**

Der Beitrag beschäftigt sich mit der aktuellen Reform der europäischen Universitäten, dem so genannten Bologna-Prozess. Er stellt zunächst den ökonomischen Strukturwandel dar, der dem Bologna-Prozess vorausging und ihn bis heute maßgeblich beeinflusst. Im zweiten Schritt werden die Ziele, der Kontext und die bisherige Umsetzung der gegenwärtigen Hochschulreform skizziert. Der Beitrag schließt mit einem vorläufigen Resümee und einem forschungsorientierten Ausblick.

Wirtschaftlicher Strukturwandel

Der aktuellen Reform des europäischen Hochschulsystems ging ein wirtschaftlicher Strukturwandel voraus, der im letzten Drittel des 20. Jahrhunderts einsetzte. Spätestens mit dem Ende des Abkommens von *Bretton Woods*, das nach dem Zweiten Weltkrieg für die Stabilität der Wechselkurse gesorgt hatte, wurde deutlich, dass die in westlichen Industriestaaten bis dahin vorherrschende Form des kapitalistischen Wirtschaftens an ihre Grenzen gelangt war. Die Kombination von standardisierter Massenproduktion (Fordismus) und wohlfahrtsstaatlicher Steuerung (Keynesianismus) stellte längerfristig keine stabilen Unternehmensgewinne mehr in Aussicht. Unter maßgeblichem Einfluss von OECD, IWF, WTO und Weltbank setzten sich daraufhin weltweit neoliberale Strategien zur Überwindung der Krise durch. Ob mit ihnen tatsächlich »eine historisch neue kapitalistische Formation – Postfordismus genannt – entstanden ist oder die entsprechenden Prozesse nur eine Fortdauer der Fordismuskrise anzeigen«, wird

---

* Andrea Liesner, Dr. phil., ist Professorin für Erziehungswissenschaft an der Universität Hamburg mit dem Arbeitsschwerpunkt Bildungsprozesse im Kontext ökonomischer Transformationen.

wissenschaftlich bis heute kontrovers diskutiert (vgl. Hirsch 2001, 130 ff).

Die wichtigsten Merkmale des ökonomischen Strukturwandels hingegen sind weniger strittig. Zu ihnen gehört eine Veränderung der Lohn- und Arbeitsbedingungen; diese differenzieren sich aus, werden informeller und unsicherer. Gleichzeitig werden soziale Sicherungen abgebaut oder privatisiert, Gewerkschaften verlieren an Einfluss. Gemeinsam führen diese Entwicklungen zu einer Auflösung des bisherigen Verhältnisses zwischen Massenproduktion und Massenkonsum, und auch Wirtschaftswachstum und Konsumsteigerung beginnen sich zu entkoppeln. Tendenziell führen diese Entwicklungen zu einem gleichbleibenden oder sogar sinkenden Einkommen der meisten Arbeitnehmer. Den Postfordismus kennzeichnen zudem eine stärkere Abhängigkeit der Wirtschaft von den Kapital- und Finanzmärkten und eine geringere staatliche Kontrolle dieser Märkte. Gleichzeitig wächst der Einfluss unternehmerischer Oligopole, d. h. einiger weniger Großkonzerne, die global vernetzt sind und sich gegen Konkurrenz schützen (vgl. ebd., ausführlich zudem Huffschmid 2002).

Im Mittelpunkt dieses Strukturwandels steht jedoch die intensive Suche nach neuen Möglichkeiten der Kapitalverwertung. Entsprechende Anstrengungen kennzeichneten zwar auch schon frühere Formen der neuzeitlichen Marktwirtschaft; sie konzentrieren sich heute aber vor allem auf die Privatisierung jener Ressourcen, welche bislang zum Gemeinwohl gezählt wurden oder als nicht verkäuflich galten: Gene und Zellen, Wasser und Luft, Bildung und Kultur. Im Postfordismus werden Natur und Wissen zu lukrativen Zukunftsmärkten, die es zu erschließen gilt. Dementsprechend weiten sich auch die Bereiche aus, die zwecks effektiverer Verwertbarkeit rationalisiert werden: Die Organisation immaterieller Arbeit, also Arbeit z. B. in Forschung und Entwicklung, in der Produktionsvorbereitung und -steuerung oder im Dienstleistungssektor, orientiert sich zunehmend an Formen der Rationalisierung und Effizienzsteigerung, welche bereits die Informations-, Kommunikations-, Bio- und Gentechnologien profitabel nutzbar machten.

Das vorläufig letzte zu nennende Merkmal des wirtschaftlichen Strukturwandels besteht in einem veränderten Raum-Zeit-Verhältnis. Große Distanzen verlieren aufgrund der Internet-basierten technischen Möglichkeiten ebenso an Bedeutung wie lokale Zeitunterschiede und nationalstaatliche Grenzen: Es bilden sich miteinander vernetzte ökonomische Metropolregionen, und da sich deren Rhythmus immer stärker vom langsameren der Peripherie unterscheidet, wird die Steuerung und Regulation dieser Verhältnisse zu einer enormen Herausforderung (vgl. Hirsch 2001, 139).

Bologna-Prozess

Der wirtschaftliche Strukturwandel und seine massive Unterstützung durch globale Marktinstitutionen wie die Weltbank, den Internationalen Währungsfond (IWF), die Welthandelsorganisation (WTO) und die Organisation für wirtschaftliche Zusammenarbeit und Entwicklung (OECD) haben seit den 1990er Jahren die Vorstellung populär werden lassen, wir lebten in einer Wissensgesellschaft, die sich mit einer wissensbasierten Ökonomie auf einem globalen Markt behaupten muss. Diese Annahme ist zwar nicht unumstritten. Aber trotzdem entfaltet sie eine starke Wirkung. Dazu tragen vor allem die Aktivitäten der OECD bei, die sich weltweit darum bemüht, ihre Leitidee von »Bildung als Humankapital« durchzusetzen (vgl. Münch 2009). Die OECD bedient sich dabei einer Doppelstrategie: Zum einen rät sie den nationalstaatlichen Regierungen, angesichts der leeren öffentlichen Kassen die Ausgaben für den Bildungsbereich zu senken, und zum anderen plädiert sie für eine Erhöhung seiner Effizienz. Das bedeutet konkret, dass strukturell auf Privatisierungen und auf einen betriebswirtschaftlichen Umbau staatlicher Bildungseinrichtungen gesetzt wird; inhaltlich werden eine Orientierung an Grundkompetenzen und die Befähigung zum lebenslangen Lernen empfohlen.

Der Bologna-Prozess – so die Bezeichnung für die aktuellen Reformen des Hochschulwesens – ist auf komplexe Weise an der Durchsetzung dieser Strategie beteiligt. Die politische Idee eines gemeinsamen europäischen Hochschulraums war anfänglich zwar nicht ausschließlich dem Interesse an wirtschaftlicher Verwertbarkeit geschuldet. Inzwischen zeigt sich aber, dass die zentralen Ziele, der Kontext und vor allem die Umsetzung des Vorhabens für die Ökonomisierung der Universitäten, d. h. die Umgestaltung der Universitäten nach Art kapitalistischer Wirtschaftsunternehmen, ausgesprochen funktional sind.

1. Zunächst zu den *Zielen*: 1999 unterzeichneten die Bildungsminister von England, Frankreich, Deutschland und Italien die so genannte *Bologna-Erklärung*. Sie erklärten darin ihre Absicht, bis zum Jahr 2010 einen gemeinsamen Hochschulraum zu schaffen (vgl. Bologna-Erklärung 1999). Das vorrangige Ziel dieses Projekts war und ist, die internationale Wettbewerbsfähigkeit der europäischen Universitäten zu sichern. Ihm sind verschiedene andere Ziele nachgeordnet:
- die Förderung der Beschäftigungsfähigkeit von Hochschulabsolventinnen und -absolventen,
- das Erlangen einer arbeitsmarktrelevanten Qualifikation schon mit dem Abschluss des ersten Studienzyklus,
- die Erhöhung der studentischen Mobilität sowie
- die grenzüberschreitende Zusammenarbeit bei der Qualitätssicherung und der Curriculumentwicklung.

Diese Ziele sollen mit verschiedenen, in der *Erklärung* nur grob umrissenen Instrumenten erreicht werden:
- Einführung leicht verständlicher und vergleichbarer Studienabschlüsse,
- Umstellung der verschiedenen nationalen Studienstrukturen auf ein zweiphasiges Studiensystem. Die Phasen sollen aufeinander aufbauen, konkret: Das erfolgreiche Absolvieren des ersten Zyklus (*undergraduate*) ist nach frühestens drei Jahren möglich und Voraussetzung für die Zulassung zum zweiten Studienzyklus (*graduate*). Für letzteren ist keine Mindestdauer angegeben, sondern lediglich die Empfehlung, ihn mit einem Masterabschluss und/oder einer Promotion enden zu lassen,
- Einführung eines dem *European Credit Transfer System* (ECTS) ähnlichen Leistungspunktesystems,
- Abbau von Mobilitätshindernissen für Studierende, für Lehrer, Wissenschaftler und Verwaltungspersonal,
- Erarbeitung vergleichbarer Kriterien und Methoden zur Qualitätssicherung und schließlich
- Förderung europäischer Dimensionen im Hochschulbereich (vgl. ebd.).

Dieses Reformprogramm ist für die Teilnahmeländer allerdings in keinerlei Hinsicht verbindlich. Die *Bologna-Erklärung* ist weder ein Vertrag noch ein Gesetz, weder Richtlinie noch Entscheidung oder Verordnung, sie ist »noch nicht einmal eine unverbindliche Empfehlung oder Stellungnahme gemäß Art. 249 EGV« (EG-Vertrag: Vertrag zur Gründung der Europäischen Gemeinschaft), sondern »bestenfalls institutionell ortloses *soft law*« (Brunkhorst 2009, 4). Verbindlich wurden erst die verschiedenen Interpretationen der *Erklärung*, und zwar dadurch, dass die national zuständigen Ministerien den Bologna-Prozess zunächst öffentlich als einen Sachzwang präsentierten. Sodann schlossen sich die Parlamente dieser Einschätzung unumwunden an, was schließlich dazu führte, dass die Hochschulgesetze entsprechend geändert wurden. Diese Verfahrensweise ist wissenschaftlich und gesellschaftlich vor allem deshalb interessant, weil sie auf den wachsenden Einfluss informeller, demokratisch nicht oder erst nachträglich legitimierter Herrschaft verweist (vgl. ebd. sowie Münch 2009).

2. Zum *Kontext* der Universitätsreform: Das Großprojekt Bologna-Prozess ist nicht das einzige, das die Bedingungen und Möglichkeiten von Bildung zu Beginn dieses Jahrhunderts verändert. Zeitgleich wird von der Europäischen Kommission die so genannte Lissabon-Strategie verfolgt. Sie soll aus der Europäischen Union den weltweit führenden wissensbasierten Wirtschaftsraum machen. Dazu gehören u. a. die Bemühungen um einen gemeinsamen europäischen Forschungsraum, von dem eine Bündelung der Ressourcen und damit Standortvorteile erwartet werden. Und auch die GATS-Verhandlungen (*General Agreement on Trade and Services*) der WTO werden weitergeführt. Sie zielen auf den globalen Abbau von Handelshemmnissen, indem immer mehr vormals staatliche Aufgaben zu kommerziell handelbaren, warenförmigen Dienstleistungen erklärt werden, darunter auch Schul- und Hochschulbildung (vgl. Lohmann 2002). Die letzte GATS-Runde ist zwar aufgrund von Differenzen zwischen einigen WTO-Ländern vorerst gescheitert. Gleichwohl ist weltweit längst ein lukrativer Markt für Bildung als Ware entstanden. Der Bologna-Prozess ist in diesem Kontext eine ausgesprochen funktionale Angelegenheit, da europaweit vergleichbare Studienstrukturen die Entwicklung und den Verkauf z. B. von Studiengängen, Studienmaterialien, Weiterbildungsangeboten und

Aufnahmetests erleichtern. Es ist daher zu erwarten, dass die gegenwärtige Hochschulreform in Verbindung mit der Liberalisierung des Dienstleistungsmarktes »zu einer gewissen Konkurrenz unter Bildungsanbietern führen und gleichzeitig auch den Anteil der privaten Anbieter erhöhen« wird (Wallimann 2009, 187).

Die Weichen für diesen Strukturwandel der Bildung wurden aber schon lange vor der *Bologna-Erklärung* gestellt. Bereits in den 1980er Jahren führten die öffentlichen Verwaltungen europäischer Länder das so genannte *New Public Management* ein, ein betriebswirtschaftliches Management-Modell, das staatliche Dienstleistungen effizienter und gleichzeitig kostengünstiger machen soll. Man setzt dabei auf Markt- und Kundenorientierung, auf Leistungs- und Qualitätskontrollen, auf Benchmarking sowie auf das Outsourcing vormals staatlicher Aufgaben an private Anbieter.

Dieselben betriebswirtschaftlichen Steuerungsstrategien kennzeichnen heute auch die europäische Hochschulpolitik. Sie sind allerdings nichts typisch Europäisches, sondern entsprechen einem Trend, der sich weltweit und vor allem in den OECD-Ländern abzeichnet (vgl. Krücken/Musselin 2009, 269, für Europa auch Kwiek 2008, Liesner 2006).

3. Zur *Umsetzung* der Reform: Der Bologna-Prozess wird auf europäischer Ebene unter anderem über zweijährlich stattfindende Nachfolgekonferenzen koordiniert. Sie dokumentieren den Verlauf der Reformen, bilanzieren das bisher Erreichte und formulieren Empfehlungen. Für eine derart groß angelegte und mit früheren kaum vergleichbare Hochschulreform sind die bisherigen Ergebnisse in verschiedener Hinsicht bemerkenswert. Innerhalb der zehnjährigen Laufzeit haben sich 46 Staaten dem Abkommen angeschlossen. Der Europäische Hochschulraum reicht damit von Portugal bis Russland, von Island bis Griechenland. Alle Beteiligten haben ihren Willen bekundet, als Mitglieder der *European Higher Education Area* (EHEA) zweiphasige Studienstrukturen einzuführen, Leistungspunkte zu vergeben, vergleichbare Verfahren zur Qualitätssicherung zu entwickeln usw. Der jüngsten Bestandsaufnahme ist zu entnehmen, dass der Angleichungsprozess in manchen Punkten zwar recht schleppend und nur mit Schwierigkeiten in Gang kommt. Immerhin aber sei die Einführung der neuen Studiengänge weit fortgeschritten:

Nach offiziellen Angaben studieren in 31 Ländern bereits 90 % der angehenden Akademiker/innen in Studiengängen, die nach Bologna-Prinzipien zugeschnitten sind, in weiteren zehn immerhin 70–89 %, in jeweils drei Ländern 50–69 bzw. 25–49 % und nur in einem Land weniger als 25 % (vgl. Rauhvargers et al. 2009).

Diesem Eindruck einer formalen Vereinheitlichung der europäischen Studiengänge widerspricht allerdings zweierlei. Zum einen passen die Teilnahmeländer die offiziellen Reformstrategien an ihre je besonderen institutionellen Bedingungen an. »In Frankreich etwa bieten die *Grandes Écoles* keinen *Bachelor*-Abschluss an, und die IUT (*Instituts Universitaires de Technologie*/Universitären Technologie-Institute) bieten zwei Jahre nach dem Abitur einen Hochschulabschluss an, der keinen Bachelor-Abschluss darstellt. In den Niederlanden und Großbritannien können die Studierenden an der Universität den *Master*-Abschluss nach vier oder fünf Jahren machen, ein *Bachelor*-Abschluss in den niederländischen *Hogescholen* ist nach vier Jahren möglich, während in Großbritannien zusätzlich noch ein ›*subdegree level*‹ nach zwei Jahren angeboten wird« (Krücken/Musselin 2009, 271, Herv. AL). Die Vergleichbarkeit der Studienstrukturen und die Mobilität der Studierenden zwischen Hochschulen verschiedener europäischer Länder erweisen sich somit – im Vergleich mit der vorherigen Situation – als weiter in die Ferne gerückte Zielsetzungen.

Zum anderen haben zahlreiche Länder den Bologna-Prozess als Rechtfertigung für national viel weitreichendere Universitätsreformen genutzt. In Frankreich z. B. »war die Einführung der *Bachelor-Master*-Struktur eine Gelegenheit, die Autonomie der Universitäten weiterzuentwickeln, die Beziehungen zwischen Ministerium und Universität zu verändern und die Abgrenzung zwischen Universitäten und *Grandes Écoles* abzuschwächen. In Norwegen wird der Bologna-Prozess als ›Qualitätsreform‹ bezeichnet, in deren Rahmen viel breitere Ziele als lediglich eine Studienreform verfolgt werden« (ebd.).

Letzteres gilt auch für Deutschland. Hier dient die Teilnahme am Bologna-Prozess den Bildungs- und Finanzadministrationen als Anlass für massive politische Kontroll- und Steuerungsansprüche. Pikanterweise unter dem Stichwort ›Autonomie‹, also *Selbst*gesetzgebung, werden den Universitäten *von außen* Ziele zwingend vorgegeben, die eine einschneidende Veränderung ihrer

Form und ihrer Aufgaben bedeuten (vgl. Radtke 2008). Aus der als schwerfällig geltenden, bürokratisch verfassten Körperschaft des öffentlichen Rechts soll ein flexibler Dienstleistungsbetrieb werden, der sich auf dem nationalen und internationalen Markt der Bildungsanbieter behaupten kann. Die Etablierung teilweise wissenschaftsferner Hochschulräte und die Entdemokratisierung inneruniversitärer Entscheidungsstrukturen sind bereits dieser politisch vorgegebenen Neuorientierung der Hochschulen geschuldet.

Als noch wirkungsvoller erweist sich allerdings die politisch-strategische Kombination aus fortgesetzter Unterfinanzierung der Hochschulen und der gleichzeitigen Einführung umfangreicher neuer Systeme der Selbst- und Fremdsteuerung: Um wettbewerbsfähig zu sein, bewerten die Universitäten nun kontinuierlich die Qualität ihrer Lehre und Forschung und beteiligen sich an Rankings und Exzellenzinitiativen. Die Leistung des wissenschaftlichen Personals wird zudem über verschlechterte (›flexibilisierte‹) Lohn- und Arbeitsbedingungen gesteuert: Die Zahl der Vertragsbefristungen und unsicheren Beschäftigungsverhältnisse bei Hochschullehrenden nimmt zu, die Grundgehälter wurden gesenkt, und neben den allgemeinen beruflichen Aufgaben gilt es nun auch, individuell ausgehandelte so genannte Ziel- und Leistungsvereinbarungen zu erfüllen. Die Studierenden ihrerseits werden vielerorts als ›Kunden‹ der Universität umworben. Sie erhalten dafür aber meist keine größere Auswahl an möglichen Bildungswegen, sondern vielmehr stärker regulierte, vielerorts gebührenpflichtige sowie extrem prüfungslastige Kurzstudiengänge, bisher ohne Garantie auf eine Fortsetzungsmöglichkeit in Masterstudienprogrammen. (Mit Bezug auf die grundgesetzlich garantierte Freiheit der Berufswahl hat daher der Allgemeine Studierenden-Ausschuss der Universität Potsdam 2009 Klage beim Oberverwaltungsgericht Berlin-Brandenburg eingereicht, um in einem bundesweiten Musterprozess die Zulassungsbeschränkungen für Masterstudiengänge aufheben zu lassen.)

Die wettbewerbsorientierte Reform deutscher Universitäten findet bis heute zwar nur auf einem Quasi-Markt statt. Als öffentlichen Bildungseinrichtungen ist es Hochschulen gesetzlich untersagt, monetären Profit zu erwirtschaften. Die Gratwanderung zwischen dem simulierten und dem realen Markt hat allerdings bereits begonnen: So genannte *Public Private Partnerships* im Forschungs- und Personalbereich boomen. Manche von ihnen sehen vor, dass die Rechte an den Ergebnissen staatlich finanzierter Forschung an die privaten Investoren gehen, andere bestehen in so genannten Kernkompetenzzentren oder Austauschprogrammen, mit denen beide Seiten Gewinne erwirtschaften. Als ›Partnerschaft‹ wird z. B. auch bezeichnet, wenn an staatlichen Hochschulen im Auftrag von Firmen gebührenpflichtige Studiengänge eingerichtet werden oder wenn Sponsorengelder zur Umbenennung von Hörsälen mit Markennamen führen, wie 2007 im Falle des ALDI-Hörsaals der Fachhochschule Würzburg (vgl. Holland-Leetz 2008, Liesner 2009, Warde 2009). Derartige Verschiebungen zwischen dem staatlichen und dem privaten Sektor folgen nicht mehr dem Gemeinwohl, sondern Partikularinteressen. Und sie haben auch inhaltliche Auswirkungen auf universitäre Bildungsprozesse.

Vorläufiges Fazit und Ausblick

Der globale wirtschaftliche Strukturwandel und der Bologna-Prozess haben widersprüchliche Auswirkungen auf die europäischen Universitäten. Sie sind aus den oben angedeuteten Gründen zudem so komplex, dass erste Bilanzierungen des Gesamtprojekts Bologna-Prozess schwierig sind. Allgemein kann derzeit wohl lediglich festgehalten werden, dass diese Reform in den ersten zehn Jahren ihrer Laufzeit in allen Teilnehmerländern zu Veränderungen der nationalen Studienorganisation führte und sich die Studienstrukturen zumindest formal anzugleichen scheinen (vgl. Krücken/Musselin 2009). Vom angestrebten gemeinsamen Universitätssystem mit vergleichbaren Studiengängen und -abschlüssen ist Europa jedoch noch weit entfernt, und auch mit der Mobilität hapert es: »Noch immer ist der Hochschulraum für die meisten Studierenden, Hochschullehrer und Hochschulen auf die Stadt, die Region oder das Land beschränkt«, und diejenigen, welche »sich jenseits ihres regionalen und nationalen Bezugsrahmens verorten, orientieren sich primär global und sehen deshalb nicht Europa als den für sie maßgeblichen Bildungs- und Forschungsraum an« (ebd., 273).

In Deutschland ist die unter dem Stichwort ›Bologna‹ stattfindende Reform der Universitäten inzwischen weit fortgeschritten. Eine umfassende Beurteilung ihrer Wirkungen wird trotzdem erst in einigen Jahren möglich sein, wenn differenzierte vergleichende Langzeitstudien z. B. zur Entwicklung der Abbrecherquote oder zu den Beschäftigungschancen von BA-Absolventinnen und -Absolventen vorliegen. Wenn man heute die bisherigen Tendenzen zusammenfasst und die Reform lediglich an den 1999 in Bologna deklarierten Zielen misst, fällt die Bilanz jedoch schwach aus. Inzwischen werden deshalb auch von politischer Seite Korrekturen und Nachsteuerungen angekündigt.

Wissenschaftlich war die deutsche Reformvariante von Beginn an umstritten. Die Bandbreite der problematisierten Aspekte ist groß (vgl. dazu die u. g. weiterführende Literatur). Trotzdem gibt es – von studentischen Protesten und Einzelfällen abgesehen – innerhalb der Universitäten bis heute keinen nennenswertem Widerstand, im Gegenteil: Alle machen mit, und die Gründe dafür sind vielschichtig (vgl. Link-Heer 2006, Eßbach 2009). Die universitär beschäftigten Erziehungswissenschaftler/innen bilden hier keine Ausnahme. Sie sind aber stärker als Vertreter anderer wissenschaftlicher Disziplinen mit der Reform konfrontiert, da Bildungs-, Lehr- und Lernprozesse zum einen zu ihren Forschungsthemen gehören und zum anderen ihren beruflichen Alltag als Hochschullehrer/innen prägen, für sie also theoretische und praktische Aufgaben zugleich sind.

Aus pädagogischer Perspektive sind daher zahlreiche Herausforderungen mit der Umsteuerung des Hochschulbereichs verbunden. Einige von ihnen sollen hier ausblickend angedeutet werden:

1. Die Organisation der neuen Studiengänge mit Hilfe von Modulen verändert die Vorstellung von universitären Bildungsprozessen. Der Aufbau von Modulsystemen erweckt den Anschein, als sei unumstritten, was Wissen ist, wie Lernen funktioniert und wie Lehr-/Lernverhältnisse optimal arrangiert werden können. Es wird vorausgesetzt, studentische Bildungsprozesse seien ohne Probleme zu planen, abzubilden und zu überprüfen. Ein solches Verständnis von Studieren ignoriert den historischen und systematischen Forschungsstand der wissenschaftlichen Pädagogik und ist zudem den Anforderungen an ein Leben in einer

globaler werdenden Welt nicht gewachsen (vgl. Kokemohr 2005, Meyer-Drawe 2009).

2. Die Universität ist ihrer Idee gemäß der *Erkenntnis* verpflichtet, und zwar ohne Einschränkung dessen, was es zu erkennen gilt. Dabei ist der *öffentliche* und Generationen übergreifende Diskurs über die Suche nach Erkenntnis und ihre Ergebnisse bis heute ein unverzichtbarer Bestandteil des Anspruchs auf Wissenschaftlichkeit (vgl. Hügli 2004). Der Umbau der Universität in einen unternehmensförmigen Dienstleistungsbetrieb gefährdet diesen Anspruch, weil die Forschung immer stärker unter einen enggeführten ökonomischen Verwertungsdruck gerät und gleichzeitig die Tendenz besteht, sie von der Lehre abzukoppeln.

3. Die aktuellen Reformen gefährden den Charakter der Universität als *Bildungs*institution. Ökonomische Zieldimensionen finden sich im Bildungsdenken zwar schon seit seinen Anfängen, und sie sind auch unverzichtbar. So weisen z. B. gerade die klassischen idealistischen Varianten des Bildungsbegriffs nachdrücklich auf die Notwendigkeit hin, den sozialen und wirtschaftlichen Bedingungen von Bildung und Erziehung Aufmerksamkeit zu widmen. Aber der Bologna-Prozess droht, das Kind mit dem Bade auszuschütten. Zugunsten von ›Effizienz‹ und verwertbarem ›Output‹ gerieten inzwischen auch all jene Dimensionen von Bildung aus dem Blick, die gesellschaftlich rückgebunden sind und es gleichzeitig erlauben, über das Bestehende hinaus zu denken (vgl. Ruhloff 2006, Dörpinghaus 2009).

4. Befürworter der Bologna-Reform verweisen häufig darauf, dass es ihnen um eine breitere Beteiligung der Menschen an universitärer Bildung gehe. In ökonomischen Kontexten formulieren sie dieses Ziel meist als »Steigerung des Humankapitals«, in sozialen als »Verbesserung der Chancengleichheit«. Beides ist heikel. Staatliche Bildungsinstitutionen erweisen sich nämlich bereits seit Jahrzehnten als unfähig, ungleiche Bildungschancen zu kompensieren – sie verstärken sie vielmehr geradezu (vgl. Bourdieu/Passeron 1971, PISA-Konsortium Deutschland 2001, Georg 2006, Lohmann in diesem Band). Darüber hinaus ignoriert jene Argumentation, dass ein wissenschaftliches Studium heute keineswegs mehr die hohe allgemeine und auch materielle Wertschätzung genießt wie noch zu Zeiten der Eltern der heutigen Studierenden. Die Arbeitslosenquote ist bei Akademiker/innen zwar weiterhin

deutlich niedriger als bei den übrigen beruflich Qualifizierten. Der wirtschaftliche Strukturwandel mitsamt seiner krisenhaften Entwicklung erreicht inzwischen aber auch die bildungsnahen Schichten. Angesichts dessen bleibt zu fragen, ob die Verschiebungen zwischen dem staatlichen und dem privaten Sektor nicht nur Gefahren, sondern auch Chancen für ein Bildungssystem bieten, das künftig tatsächlich als ein öffentliches und allgemeines gelten kann.

Weiterführende Literatur

Bittlingmayer/Bauer 2006, Hirsch 2005, Liesner/Lohmann 2009, Pongratz 2009, Scholz/Stein 2009.

Literatur

Bittlingmayer, U./Bauer, U. (Hrsg.) (2006): Die »Wissensgesellschaft«. Mythos, Ideologie oder Realität? Wiesbaden.
Bologna-Erklärung (1999): Der Europäische Hochschulraum. Gemeinsame Erklärung der Europäischen Bildungsminister, 19. Juni, Bologna, http://www.bmbf.de/pub/bologna_deu.pdf [14.01.2010].
Bourdieu, P./Passeron, J.-C. (1971): Die Illusion der Chancengleichheit. Stuttgart.
Brunkhorst, H. (2009): Bologna oder der sanfte Bonapartismus der transnational vereinigten Exekutivgewalten. In: Zeitschrift für Philosophie und Sozialwissenschaften, http://www.uni-flensburg.de/philosophie/PDF_Daten/ZPS_2.1.pdf [14.01.2010].
Dörpinghaus, A. (2009): Bildung. Plädoyer wider die Verdummung. In: Deutscher Hochschulverband (Hrsg.): Glanzlichter der Wissenschaft. Ein Almanach. Bonn, 39–48.
Eßbach, W. (2009): Jenseits der Fassade. Die deutsche Bachelor-/Master-Reform. In: Kaube, J. (Hrsg.): Die Illusion der Exzellenz. Berlin, 14–25.
Georg, W. (Hrsg.) (2006): Soziale Ungleichheit im Bildungssystem. Eine empirisch-theoretische Bestandsaufnahme. Konstanz.
Hirsch, J. (2001): Postfordismus: Dimensionen einer neuen kapitalistischen Formation. In: ders./Jessop, B./Poulantzas, N.: Die Zukunft des Staates. Hamburg, 171–209.
Hirsch, J. (2005): Materialistische Staatstheorie. Transformationsprozesse des kapitalistischen Staatensystems. Hamburg.

Huffschmid, J. (2002): Politische Ökonomie der Finanzmärkte. Hamburg.
Holland-Letz, M. (2008): Schöne neue Hochschulwelt. GEW-Privatisierungsreport 6, Frankfurt a. M., http://www.Gew.de/Binaries/Binary 34669/080415_GEW_Priva–6–final.pdf [14.01.2010].
Hügli, A. (2004): Über das Gute in Bildung und Lehrerbildung und die Frage, wie man dies misst. In: Böhm, W./Brinkmann, W./Oelkers, J./ Soëtard, M./Winkler, M. (Hrsg.): Kritik der Evaluation von Schulen und Universitäten. Würzburg, 15–38.
Kokemohr, R. (2005): Internationalisierung der Universität, Standardisierung des Wissens und die Idee der Bildung. In: Liesner, A./Sanders, O. (Hrsg.): Bildung der Universität. Beiträge zum Reformdiskurs. Bielefeld, 101–121.
Krücken, G./Musselin, Ch. (2009): Europa und europäischer Bildungsraum. In: Andresen, S./Casale, R./Gabriel, T./Horlacher, R./Larcher-Klee, S./ Oelkers, J. (Hrsg.): Handwörterbuch Erziehungswissenschaft. Weinheim, Basel, 263–275.
Kwiek, M. (2008): Academic Entrepreneurship vs. Changing Governances and Institutional Management Structures at European Universities. In: Policy Futures in Education, Vol. 6, No. 6, 757–770.
Liesner, A. (2006): Kontrolliert autonom. Zur Architektur des Europäischen Hochschulraums. In: Weber, S./Maurer, S. (Hrsg.): Gouvernementalität und Erziehungswissenschaft. Wissen – Macht – Transformation. Wiesbaden, 121–138.
Liesner, A. (2009): Vom öffentlichen Gebrauch der Vernunft. Begrenzungen und Möglichkeiten des Denkens in der unternehmerischen Hochschule. In: Ricken, N./Röhr, H./Ruhloff, J./Schaller, K. (Hrsg.): Umlernen. München, 279–290.
Liesner, A./Lohmann, I. (Hrsg.) (2009): Bachelor bolognese. Erfahrungen mit der neuen Studienstruktur. Opladen und Farmington Hills, MI.
Link-Heer, U. (2006): Warum machen alle mit? Nach Diktat reformiert: Wir Bertelsmann-Professoren. In: Frankfurter Allgemeine Zeitung, 07. 08, 36.
Lohmann, I. (2002): Bildungspläne der Marktideologen. Ein Zwischenbericht. In: Vierteljahrsschrift für wissenschaftliche Pädagogik, 78. Jg., H. 3, 267–279.
Meyer-Drawe, K. (2009): Diskurse des Lernens. München.
Münch, R. (2009): Globale Eliten, lokale Autoritäten. Bildung und Wissenschaft unter dem Regime von PISA, McKinsey & Co. Frankfurt a. M.
PISA-Konsortium Deutschland (Hrsg.) (2001): Soziale Bedingungen von Schulleistungen. Zur Erfassung von Kontextmerkmalen durch Schüler-, Schul- und Elternfragebögen. Berlin, http://www.mpib-berlin.mpg.de/ pisa/Kontextmerkmale.pdf [14.01.2010].

Pongratz, L. A. (2009): Bildung im Bermuda-Dreieck. Bologna – Lissabon – Berlin. Eine Kritik der Bildungsreform. Paderborn.

Radtke, F.-O. (2008): Die außengeleitete Universität. In: WestEnd. Neue Zeitschrift für Sozialforschung, 5. Jg., H. 1, 117–133.

Rauhvargers, A./Deane, C./Pauwels, W. (2009): Bologna Process Stocktaking Report 2009, http://www.ond.vlaanderen.be/hogeronderwijs/bologna/conference/documents/Stocktaking_report_2009FINAL.pdf [14.01.2010].

Ruhloff, J. (2006): Bildung und Bildungsgerede. In: Vierteljahrsschrift für wissenschaftliche Pädagogik, 82. Jg., H. 3, 287–300.

Scholz, Ch./Stein, V. (Hrsg.) (2009): Bologna-Schwarzbuch. Bonn.

Wallimann, I. (2009): Über Bologna-Prozess und GATS zum privatisierten europäischen Hochschulraum. In: Liesner/Lohmann, 185–190.

Warde, I. (2009): Der Ausverkauf der Wissenschaft. Vom Marktplatz der Ideen zur marktwirtschaftlichen Universität. In: Ausverkauft. Wie das Gemeinwohl zur Privatsache wird. Edition Le Monde diplomatique, No. 6, 60–62.

Politisch-rechtliche Rahmenbedingungen von Erziehung und Bildung

Lutz R. Reuter[*]

Institutionalisierte Erziehung und Bildung sind nicht politikfrei. Sie finden unter den Bedingungen der Rechtsordnung des jeweiligen politischen Systems und unter dem Einfluss seiner politischen Akteure statt. Darum geht es im folgenden Beitrag.

Zum Verhältnis von Politik und Recht

Das Verfassungs- und das Bildungsrecht, aber auch das Wirtschafts-, Arbeits- und Sozialrecht konstituieren die Rahmenbedingungen, innerhalb welcher Lehrende und Lernende handeln und sich die Prozesse der Vermittlung und des Erwerbs von Kompetenzen vollziehen. Gesetze (Parlamentsentscheidungen, z. B. Schulgesetze), Verordnungen (Regierungsbeschlüsse, z. B. Grundschulordnung) und Verwaltungsvorschriften (Ministerialerlasse, z. B. Lehrpläne) regulieren diese Prozesse sowie die Rechte und Pflichten der daran beteiligten Personen.

Rechtsnormen sind verbindlich, erheben aber keinen Richtigkeitsanspruch. Rechtsnormen sind geronnene Politik; sie sind politische Übereinkünfte, die nach vorab festgelegten Verfahrensregeln verbindlich gemacht werden. Geltende Rechtsnormen könnten auch anders sein; sie bleiben dem Zugriff künftiger politischer Gestaltung unterworfen. Auch die verfassungsrechtlichen Vorgaben für das Bildungswesen, im Grundgesetz zur Schulaufsicht oder zum Privatschulwesen, in den Landesverfassungen beispielsweise zu den Lernzielen oder zur Schulstruktur, sind

---

[*] Lutz Rainer Reuter, Dr. jur., ist Professor für Erziehungswissenschaft unter besonderer Berücksichtigung der Bildungspolitik an der Fakultät für Geistes- und Sozialwissenschaften der Helmut-Schmidt-Universität/Universität der Bundeswehr Hamburg.

zugleich Ergebnis und Handlungsrahmen politischen Handelns. Damit sind sie auch Prüfnormen, anhand welcher die Gerichte das bildungspolitisch-administrative Handeln der Parlamente, der Regierungen und der Schulverwaltungen kontrollieren. Allerdings können die Parlamente mit verfassungsändernder Mehrheit diese Normen verändern.

Bildungspolitik

Die Bildungspolitik bestimmt die Rahmenbedingungen institutionalisierter Lehr-Lern-Prozesse, in staatlichen Einrichtungen zugleich auch die Ziele, Inhalte, Leistungsstandards, Prüfungsregelungen und Zertifikate. Über die drei Dimensionen des Politikbegriffs – Form (polity), Inhalt (policy) und Prozess (politics) – lassen sich die Funktionen der Bildungspolitik genauer beschreiben.

Mit der formalen oder institutionellen Dimension sind die rechtlichen und organisatorisch-strukturellen Rahmenbedingungen des Bildungssystems und der darin verlaufenden Bildungsprozesse gemeint. Es geht dabei um die Zuständigkeiten (EU, Bund, Länder, Gemeinden) und die Akteure (z. B. Kultusministerien, halbstaatliche und gesellschaftliche Organisationen), um die Struktur des Bildungssystems sowie die Regeln und Instrumente zur Durchsetzung und Kontrolle bildungspolitischer Entscheidungen.

Bei der inhaltlichen Dimension geht es um die bildungspolitischen Handlungsprogramme und die in diesen verkörperten gesellschaftlichen Normen, Ziele und Inhalte – wie z. B. Begabungsförderung, Chancengleichheit, Leistungssteigerung, Privatisierung oder Wettbewerb.

Die Prozessdimension betrifft die konkurrierenden Interessen, Ressourcen und Macht. Dabei geht es um die Modalitäten der Aushandlung und Durchsetzung bildungspolitischer Vorstellungen im Konflikt mit politischen Gegnern und in Konkurrenz mit anderen Politikfeldern (z. B. Schulpolitik versus Sozialpolitik). Gestaltende Bildungspolitik setzt die Formulierung eines Handlungsprogramms, die Beachtung oder Veränderung der rechtlichen Rahmenbedingungen, die Mobilisierung von Ressourcen und die Macht zur Durchsetzung im politischen Konflikt voraus.

Die Bildungspolitik reguliert mit Rechtsvorschriften unterschiedlicher Regelungsdichte alle Stufen des Bildungssystems – vom Vorschul- und Schulwesen über die außerschulische Berufsausbildung bis zum Hochschulwesen und Weiterbildungsbereich. Mit je nach Bildungsstufe unterschiedlich intensiven Bestimmungen werden auch private Bildungseinrichtungen gesetzlich reguliert (stärker Privatschulen und Hochschulen, schwächer Vorschulen und Weiterbildungseinrichtungen). Seit den 1970er Jahren ist das Bildungssystem durch Berufung auf das Demokratieprinzip (politisch wichtige Entscheidungen sind dem Parlament vorbehalten) und das Rechtsstaatsprinzip (für die Grundrechte der Lehrenden und Lernenden wichtige Entscheidungen müssen eine gesetzliche Grundlage haben) verrechtlicht worden. Umfang und Regelungsdichte der Schul- und Hochschulgesetze haben dadurch erheblich zugenommen (vgl. Avenarius 2000).

Verfassungsrecht und Bildungssystem

Das Grundgesetz (GG) der Bundesrepublik Deutschland weist den Bundesländern die Zuständigkeit für die Bildungsgesetzgebung und -verwaltung zu (Kulturhoheit). Die Bildungsgesetze der Länder dürfen allerdings dem Bundesrecht nicht widersprechen (Art. 31 GG). Sie müssen Art. 5 und 12 GG beachten, welche die Freiheit von Studium, Lehre und Forschung, die freie Wahl weiterführender Bildungsstätten sowie die Freiheit der Berufswahl und -ausübung garantieren. Sie sind an die in Art. 7 GG getroffenen Regelungen zum Schulwesen sowie alle anderen Regelungen im Grundgesetz und die darin enthaltenen punktuellen Bildungszuständigkeiten des Bundes (z. B. Ausbildungsförderung, außerschulische Berufs- und Weiterbildung) gebunden (vgl. Niehues/Rux 2006).

Diese waren bis zur Föderalismusreform von 2006 weitergefasst. So besaß der Bund die Zuständigkeit zur Hochschulrahmengesetzgebung; die Bildungsplanung war eine Gemeinschaftsaufgabe von Bund und Ländern. Seit der Neufassung von Art.

91b GG können Bund und Länder nur noch bei der Forschungsförderung, bei Vereinbarungen über internationale Leistungsvergleichsstudien und bei der Bildungsberichterstattung zusammenwirken (vgl. Lange 2007).

Um ein Mindestmaß an Koordinierung und Übereinstimmung im Bildungssystem zu gewährleisten, richteten die Länder bereits 1948 die Ständige Konferenz der Kultusminister der Länder (KMK) ein, die alle Angelegenheiten der Bildungs-, Forschungs- und Kulturpolitik von überregionaler Bedeutung berät. Die KMK hat seither eine unübersehbare Zahl von Beschlüssen gefasst (vgl. KMK 2009). Allerdings kann sie mangels verfassungsrechtlicher Legitimation ihre Beschlüsse nicht durchsetzen; denn die Zuständigkeit jedes einzelnen Landes bleibt unberührt. Eine der bekanntesten, von der KMK vorbereiteten und von den Landtagen verabschiedeten Ländervereinbarungen ist das *Hamburger Abkommen* mit Regelungen zur Vereinheitlichung auf dem Gebiet des Schulwesens (vgl. KMK 1971). Die Wirkungskraft der KMK-Beschlüsse variiert stark.

Die Übereinstimmungen des Landeshochschulrechts sind das Ergebnis des Hochschulrahmengesetzes, das im Rahmen der Föderalismusreform aufgehoben wurde. Dem Bund ist nur die (noch nicht wahrgenommene) Kompetenz geblieben, Regeln zur Hochschulzulassung und zu den Abschlüssen zu treffen.

Dass trotz der Alleinzuständigkeit der Länder das Schulrecht ein großes Maß an Gemeinsamkeit auszeichnet, ist der Effekt der sich vor allem auf das Grundgesetz beziehenden Rechtsprechung. Da bei der Abfassung des Grundgesetzes (1948/49) die bestehenden Landesverfassungen schulrechtliche Regelungen beinhalteten, beschränkte sich der Parlamentarische Rat in Art. 7 GG nur auf einige Einzelfragen und die Feststellung, dass das Schulwesen der staatlichen Aufsicht unterliegt.

Weiterhin bestimmt Art. 7 GG: Der Religionsunterricht ist ein ordentliches Unterrichtsfach, dessen Lehrpläne mit den Religionsgemeinschaften abzustimmen sind; Lehrer dürfen nicht gegen ihren Willen zum Unterricht dieses Faches verpflichtet werden; Privatschulen sind zu genehmigen, wenn sie bestimmte Standards erfüllen und nicht eine »Sonderung nach den Besitzverhältnissen der Eltern« fördern; die Gründung privater Grundschulen wird durch die Bindung an ein besonderes pädagogisches

Konzept erheblich erschwert; und Vorschulen, die direkt zum Gymnasium führten, bleiben aufgehoben.

Ob sich die Schulpflicht schon unmittelbar aus der umfassenden staatlichen Zuständigkeit nach Art. 7 GG ergibt, also Verfassungsrang hat, ist umstritten. Nach Auffassung des Bundesverfassungsgerichts (BVerfG) ist die Schulpflicht Teil des staatlichen Erziehungsauftrags. Die Frage ist im Zusammenhang mit der Hausunterrichts- oder *home schooling*-Bewegung, deren Vertreter sich entweder auf das Elternrecht oder die Religionsfreiheit berufen, von Bedeutung. Einige Länderverfassungen und im Übrigen die Schulgesetze regeln die Schulpflicht. Sie beginnt mit dem sechsten Lebensjahr, gliedert sich in die mindestens neunjährige Vollzeitschulpflicht an allgemeinbildenden sowie die in der Regel dreijährige Teilzeitschulpflicht an beruflichen Schulen. Die Schulpflicht dient der Einlösung des Rechts auf Bildung und der Integration aller Kinder und Jugendlichen in einem gemeinsamen Schulsystem – unabhängig von Geschlecht, sozialer Herkunft, Erstsprache oder ethnisch-kultureller Herkunft. Diese Integrationsaufgabe gilt als die wichtigste Begründung für die Schulpflicht (vgl. Niehues/Rux 2006).

Der erwähnte vereinheitlichende Einfluss des Grundgesetzes auf das Landesschulrecht ist eine Folge seiner Kernprinzipien (demokratischer und sozialer Rechtsstaat, Grundrechte) einerseits und der Rechtssprechung des BVerfG andererseits. Schulpolitik, Schulverwaltung und Schulwesen sind den Regeln des Rechtsstaates unterworfen. Jeder, der sich in seinen Rechten verletzt sieht, kann Rechtsschutz beanspruchen. Gegen grundrechtsrelevante Entscheidungen der einzelnen Schule, der Schulverwaltung und ggf. des Schulgesetzgebers können die Gerichte und gegen dessen Entscheidungen auch das BVerfG angerufen werden. Die Urteile des BVerfG, auch wenn sie in der Regel nur für den entschiedenen Einzelfall gelten, haben bundesweite Auswirkungen; dies gilt beispielsweise für seine Entscheidungen zum Versetzungs- und Prüfungswesen sowie zur Förderstufe, Sexualkunde und Oberstufenreform.

Die Einbettung des Schulwesens in die Demokratie bedeutet einerseits, dass alle maßgeblichen Entscheidungen dem parlamentarischen Gesetzgeber unterliegen und dass die Einzelschule und ihre Gremien bei der Wahrnehmung ihrer Selbstverwaltungsbefugnisse die Entscheidungen der demokratisch legitimierten Staatsorgane beachten müssen. Es bedeutet andererseits, dass der Gesetzgeber den Betroffenen ein Mindestmaß an Mitwirkungsrechten einräumen muss.

Aus dem Sozialstaatsprinzip folgt die Verpflichtung zu sozialer Gerechtigkeit, die auf die Verringerung der Ungleichheit der Bildungschancen, auf die Durchsetzung der Diskriminierungsverbote des Grundgesetzes sowie auf Fördermaßnahmen (wie z. B. Lernmittelfreiheit oder Unfallfürsorge) gerichtet ist.

Bildungsrecht

Bildung und Erziehung sind in der Regel an Institutionen gebunden. Diese sind soziale Institutionen wie die Familie, staatliche Bildungsstätten (wie Schule oder Hochschule) oder private Bildungseinrichtungen. Dass sie alle – wenn auch in unterschiedlich intensiver Weise – rechtlichen Regeln unterworfen sind, dokumentiert die Bedeutung, die in modernen Gesellschaften der Erziehung und Bildung über die gesamte Lebensspanne, vor allem aber im Kindes- und Jugendalter, beigemessen wird. Bildungsrecht bestimmt die institutionellen Strukturen und Prozesse, die Zulassung, Trägerschaft, Finanzierung, Verwaltung, Evaluation und Kontrolle von Bildungseinrichtungen, die Lernprogramme sowie die Qualifizierung und Beaufsichtigung der Lehrkräfte. Das gesellschaftliche Wissen um die Funktion der öffentlichen Bildungseinrichtungen als Verteilungsinstanzen von Lebenschancen ist Ursache für den Prozess der Regelungsverdichtung und verstärkten Anrufung der Gerichte (vgl. Rux 2008).

Die rechtliche Grundlage für die Kindergärten und Krippen als Einrichtungen der Jugendhilfe in privater und kommunaler Trägerschaft sind das Kinder- und Jugendhilfegesetz und ergänzende landesrechtliche Bestimmungen bzw. die Kindergartengesetze der Länder. Das Hochschulrecht besteht aus den Landeshochschulgesetzen, ergänzenden Verordnungen und dem Satzungsrecht der Hochschulen (z. B. Prüfungsordnungen). Der Weiterbildungsbereich, für dessen Regelung Bund (berufliche Weiterbildung) und Länder bzw. Gemeinden (insbesondere schulische und universitäre Weiterbildung, Volkshochschulen) zuständig sind, ist nur teilweise rechtlich geordnet. Soweit die Länder Gesetze zur Erwachsenen- oder Weiterbildung erlassen haben, geht es um die Ordnung dieses Bereichs, die Finanzierung freier Träger und die Einräumung von Bildungsurlaubsansprüchen. Das Fernunterrichtsschutzgesetz legt vertragsrechtliche Standards fest und ermöglicht die Qualitätsprüfung von Fernkursen.

Grundsätze des Schulsystems

Das *Recht auf Bildung* und der *staatliche Erziehungsauftrag* sind die Leitprinzipien des öffentlichen Schulsystems. Das Recht auf Bildung wird durch die Landesverfassungen, implizit aber auch durch das Grundgesetz garantiert (vgl. Avenarius 2009). Es ist außerdem in verschiedenen internationalen Abkommen enthalten, die auch von Deutschland unterzeichnet sind, wie z. B. die Charta der Rechte des Kindes (vgl. UN 1989) oder die Grundrechte-Charta der Europäischen Union (vgl. EU 2007a, Art. 14). Art. 7 Abs. 1 GG räumt dem Staat die Aufsicht über das gesamte Schulwesen ein, welche als umfassendes Bestimmungsrecht in organisatorischer und inhaltlicher Hinsicht verstanden wird. Kern dieser Befugnis ist der staatliche Erziehungs- und Bildungsauftrag, der in den Bildungszielkatalogen der Schulgesetze ausgestaltet wird.

Aus den beiden Leitprinzipien resultieren mehrere Aufgaben: Das öffentliche Schulsystem soll den Lernenden durch Persönlichkeitsentfaltung und Kompetenzerwerb eine selbstbestimmte Lebensgestaltung ermöglichen (Individualisierung); es soll allen Lernenden gleiche Chancen auf Teilhabe am gesellschaftlichen, wirtschaftlichen und politischen Leben vermitteln (Integration); schließlich soll es Konsens über die politisch-gesellschaftlichen Grundwerte und Verhaltensregeln vermitteln und zur Loyalität gegenüber dem Gemeinwesen erziehen (z. B. Grundrechte, Demokratie, Gewaltfreiheit).

Schulrecht

Schulrecht ist die Summe aller Rechtsnormen, die sich auf das Schulwesen beziehen bzw. für dieses Bedeutung haben. Der Regelungsbereich dieser Schulrechtsnormen erstreckt sich auf die Struktur und den Aufbau des öffentlichen und privaten Schulwesens einschließlich der Genehmigung und Beaufsichtigung privater Schulen, die Trägerschaft und Verwaltung der öffentlichen Schulen, ihre Bildungsprogramme und die Rechtsverhältnisse der an ihm beteiligten Personen. Hierzu gehören die Bildungs- und Erziehungsziele, die Mitbestimmungsrechte von Schülern und Eltern oder die Beschäftigungsverhältnisse der Lehrkräfte. In seinem Schwerpunkt ist das Schulrecht Teil des Verwaltungsrechts, mit der Folge, dass die Verwaltungsgerichte über die Anfechtung von Entscheidungen einer Schule oder der Schulaufsicht entscheiden. Doch einige seiner Teilgebiete gehören dem Zivilrecht (z. B. Privatschulverträge) oder dem Strafrecht an (z. B. Schulpflichtverletzungen); hier sind gegebenenfalls Zivil- oder Strafgerichte zuständig. Schließlich können Fälle, die für die Grundrechte der Schüler, Eltern und Lehrkräfte relevant sind, Gegenstand der Rechtsprechung der Landesverfassungsgerichte und des BVerfG sein.

Wie schon erwähnt, verpflichtet Art. 7 GG den Staat zur Aufsicht über das Bildungswesen. Aufgrund des föderativen Prinzips, wonach die Länder für die Ausübung aller staatlichen Aufgaben zuständig sind, sofern diese nicht ausdrücklich dem Bund übertragen wurden, haben die Länder die ausschließliche Verantwortung für das gesamte Schulwesen. Diese *Kulturhoheit der Länder* bedeutet, dass sie allein für die Ausgestaltung des Schulrechts zuständig sind – mit der Folge, dass es mindestens 16 verschiedene Landesschulgesetze gibt. Allerdings enthält das Grundgesetz Vorgaben, welche die Landtage bei der Schulgesetzgebung beachten müssen. Dies gilt vor allem für die Grundrechte und die Staatsstrukturbestimmungen, insbesondere das Demokratie- und Rechtsstaatsprinzip.

Die Landesschulgesetze enthalten heute in der Regel sehr ausführliche Bestimmungen zum Bildungsauftrag und zu den allgemeinen Bildungszielen der Schule. Ein Beschluss der KMK sorgt dabei zumindest für einen Konsens über Kernziele und Aufgaben:

»Die Schule soll: Wissen, Fertigkeiten und Fähigkeiten vermitteln; zu selbständigem kritischem Urteil, eigenverantwortlichem Handeln und schöpferischer Tätigkeit befähigen; zu Freiheit und Demokratie erziehen; zu Toleranz, Achtung vor der Würde des anderen Menschen und Respekt vor anderen Überzeugungen erziehen; friedliche Gesinnung im Geiste der Völkerverständigung wecken; ethische Normen sowie kulturelle und religiöse Werte verständlich machen; die Bereitschaft zu sozialem Handeln und zu politischer Verantwortlichkeit wecken; zur Wahrnehmung von Rechten und Pflichten in der Gesellschaft befähigen; über die Bedingungen der Arbeitswelt orientieren« (KMK 1973, 2 f). Konkretisiert werden diese Bildungsziele in Lehr- oder Rahmenplänen der einzelnen Fächer und Schulstufen.

Zu den weiteren Sachgebieten, die in allen Schulgesetzen geregelt werden, gehören: die rechtliche Stellung der Einzelschule (Schulautonomie, Schulprogramm, Qualitätssicherung); der Aufbau des Schulwesens (Schularten, Schulstufen); die Unterrichtsfächer (insbesondere Sexualkunde, Religionsunterricht); das Schulverhältnis (Rechte und Pflichten der Schüler); die Bewertung und Zertifizierung der Schülerleistungen; die Schulverfassung (Mitbestimmung); die Schulaufsicht und Schulträgerschaft sowie das Privatschulwesen.

Schulaufsicht und Schulverwaltung

Die staatliche Schulaufsicht im weiteren Sinne umfasst die Planung, Organisation, Finanzierung und Beaufsichtigung des Schulwesens (staatliche Schulhoheit), im engeren Sinne die Steuerung und Kontrolle des laufenden Schulbetriebs (Schulverwaltung in Gestalt der Fachaufsicht über die Unterrichtsarbeit der Schulen, der Dienstaufsicht über das unterrichtende Personal sowie der Rechtsaufsicht über die kommunalen Schulträger).

Die Aufgabenteilung zwischen Land und Gemeinden ergibt sich aus der Differenzierung in innere und äußere Schulangelegenheiten. Die staatliche Schulbehörde ist für den inneren Schulbetrieb (Lehrpläne, Stundentafeln, Lehrerzuweisungen, Gehälter, Unterrichtsarbeit etc.) zuständig, während die Gemeinden für die Finanzierung der Schulen, also Grundstücke, Gebäude, Ausstattung und Verwaltungspersonal, verantwortlich sind. Die Grenzen dieser Zuständigkeitsverteilung werden im Zuge der Erweiterung der Selbstverwaltungsrechte der Schulen zwar fließend, da Schulen zunehmend selbständig über Personal und Ausgaben entscheiden können. Doch die Letztverantwortung für Unterricht und Lehrpersonal verbleibt beim Staat (Art. 7 Abs. 1 GG).

Die Schulaufsicht ist länderweise unterschiedlich, in der Regel zweistufig organisiert. Oberste Landesbehörde ist das jeweilige Kultusministerium, dem im zweistufigen System meist staatliche Schulämter untergeordnet sind. In den Stadtstaaten ist die Schulaufsicht einstufig organisiert. Einige flächengrößere Länder haben eine dreistufige, um eine mittlere Ebene erweiterte Schulaufsicht.

Die herkömmliche Form der Steuerung und Beaufsichtigung der Unterrichtsarbeit wird heute durch neue Instrumente der Steuerung, Evaluation und Qualitätssicherung ergänzt. Hierzu gehören Bildungsstandards der einzelnen Fächer, Vergleichsarbeiten, Zentralprüfungen, Lernverlaufs- und Erfolgsuntersuchungen sowie interne und externe Evaluationen. Für diese wurden Schulinspektionen eingesetzt bzw. bestehende Landesinstitute in Qualitätsagenturen umgewandelt. Auf Bundesebene etablierte die KMK 2003 das *Institut zur Qualitätsentwicklung im Bildungswesen* (IQB) mit der Aufgabe, den Ländern mithilfe eines kontinuierlichen länderübergreifenden Bildungsmonitorings Daten über die Qualitätsentwicklung im Schulwesen zu liefern. Gemeinsam verständigten sich Bund und Länder auf eine regelmäßige, indikatorengestützte Bildungsberichterstattung.

Gremien bundesweiter Bildungszusammenarbeit

Typisch für den deutschen Föderalismus ist die bildungspolitische Zusammenarbeit von Bund und Ländern sowie zwischen diesen. Zur Beratung, Abstimmung und Steuerung in der Bildungspolitik existieren neben der KMK weitere Gremien. Zu diesen gehört die *Gemeinsame Wissenschaftskonferenz* (GWK). Sie dient der Zusammenarbeit von Bund und Ländern im Bereich der Gemeinschaftsaufgabe Forschungsförderung. Die Kooperation in anderen Bildungsbereichen, wie z. B. beim Ausbau von Ganztagsschulen, wurde durch die Föderalismusreform ausgeschlossen. Dies hat

Bund und Länder jedoch nicht gehindert, Programme zur Förderung von Kindertagesstätten zu beschließen sowie Programme zur Erneuerung von Schul- und Hochschulbauten in die Wege zu leiten. Der *Wissenschaftsrat* berät die Bundes- und Landesregierungen auf dem Gebiet der Wissenschaftspolitik. Er gibt Empfehlungen zur inhaltlichen und strukturellen Entwicklung der Forschung und des Hochschulbereichs sowie zur Sicherung der internationalen Konkurrenzfähigkeit der Wissenschaft in Deutschland; er evaluiert die gemeinschaftlich finanzierten außeruniversitären Forschungsinstitute und akkreditiert im Auftrag der Sitzländer private Hochschulen. Der *Akkreditierungsrat* schließlich bestimmt die Regelungen für die Akkreditierung von Studiengängen und Qualitätsmanagementsystemen in den Hochschulen.

Europäisches Bildungsrecht

Die Europäische Union beeinflusst viele Politikfelder; für den Bildungsbereich gilt allerdings das Prinzip der Nachrangigkeit (Subsidiarität). Der Europäische Gerichtshof beförderte die Entwicklung eines bildungsrelevanten Gemeinschaftsrechts, indem er allen EU-Bürgern den gleichberechtigten Zugang zu den Bildungsstätten der Gemeinschaft zusprach. Seit 1997 enthält der Vertrag über die Europäische Gemeinschaft (vgl. EGV 1997) ein eigenes Bildungskapitel: Art. 149 EGV erlaubt Fördermaßnahmen und Empfehlungen auf dem Gebiet der allgemeinen und der Hochschulbildung; Art. 150 EGV räumt der Gemeinschaft Gestaltungsspielräume in der beruflichen Bildung ein. Im Mittelpunkt der bildungspolitischen Gemeinschaftsaktivitäten stehen Programme zur Förderung der Mobilität von Lehrenden und Lernenden. Im Zuge der Lissabon-Strategie zur Entwicklung der EU zu einem dynamischen wissensbasierten Wirtschaftsraum (vgl. EU 2007b) wurden Zielvorgaben für den Bildungsbereich, z. B. eine Verringerung der Zahl der Schulabbrecher, und Qualifikationsrahmen zunächst für Teilbereiche des Bildungssystems mit dem Ziel der Koordinierung der nationalen Bildungssysteme entwickelt.

Weiterführende Literaturhinweise

Avenarius 2000; Avenarius/Füssel 2008; Cortina 2008; Dickhaus/Scherrer 2006; Niehues/Rux 2006.

Literatur

Autorengruppe Bildungsberichterstattung (2008): Bildung in Deutschland 2008. Paderborn.

Avenarius, H. (2009): Das Recht auf chancengleiche Bildung – revisited. In: Sylvester, I./Sieh, I./Menz, M. u. a. (Hg.): Bildung – Recht – Chancen. Rahmenbedingungen, empirische Analysen und internationale Perspektiven zum Recht auf chancengleiche Bildung. Münster u. a., 19–29.

Avenarius, H./Füssel, P. (2008): Schulrecht im Überblick. Darmstadt.

Avenarius, H./Heckel, H. (2000): Schulrechtskunde. Ein Handbuch für Praxis, Rechtsprechung und Wissenschaft. Neuwied.

Cortina, K. S./Baumert, J./Leschinsky, A. u. a. (Hg.) 2008: Das Bildungswesen in der Bundesrepublik Deutschland: Strukturen und Entwicklungen im Überblick. Reinbek bei Hamburg.

Dickhaus, B./Scherrer, C. (2006): Die potentiellen Auswirkungen der aktuellen GATS-Verhandlungen sowie der europäischen Dienstleistungsrichtlinie auf den Bildungssektor in Deutschland. Gutachten für die Max-Traeger-Stiftung. Kassel; online verfügbar: http://www.uni-kassel.de/fb5/globalization/pdf/GATS_DLRL.pdf [14.8.2009].

EGV, Vertrag über die Europäische Gemeinschaft (1997): Vertrag von Amsterdam. In: Amtsblatt der Europäischen Gemeinschaften Nr. C 340 vom 10. 11., Tit. XI, Kap. 3, Art. 149–150; online verfügbar: http://eur-lex.europa.eu/de/treaties/dat/11997M/htm/11997M.html#0145010077 [14.8.2009].

EU, Europäische Union (2007a): Charta der Grundrechte der Europäischen Union. In: Amtsblatt der Europäischen Union C 303/1 vom 14.12.; online verfügbar: http://eur-lex.europa.eu/LexUriServ/LexUriServ.do?uri=OJ:C:2007:303:0001:0016:DE:PDF [14.8.2009].

EU, Europäische Union (2007b): Vertrag von Lissabon. In: Amtsblatt der Europäischen Union C 306 vom 17.12.; online verfügbar: http://eur-lex.europa.eu/JOHtml.do?uri=OJ:C:2007:306:SOM:DE:HTML [14.8.2009].

KMK, Kultusministerkonferenz (1971): Abkommen zwischen den Ländern der Bundesrepublik zur Vereinheitlichung auf dem Gebiete des Schulwesens (Hamburger Abkommen); online verfügbar: http://www.kmk.org/

fileadmin/veroeffentlichungen_beschluesse/1964/1964_10_28_Hamburger_Abkommen.pdf [14.8.2009].
KMK, Kultusministerkonferenz (1973): Zur Stellung des Schülers in der Schule. Beschluss Nr. 824 vom 25.5.; online verfügbar: http://www.kmk.org/fileadmin/veroeffentlichungen_beschluesse/1973/1973_05_25_Stellung_Schueler.pdf [14.8.2009].
KMK, Kultusministerkonferenz (Hg.) (2009): Sammlung der Beschlüsse der Ständigen Konferenz der Kultusminister der Länder in der Bundesrepublik Deutschland. Köln, Neuwied (8 Bde., Loseblattsammlung); teilweise online verfügbar: http://www.kmk.org/dokumentation/veroeffentlichungen-beschluesse.html [14.8.2009].
Lange, H. (2007): Föderales Handeln in einer nicht-föderalen Gesellschaft? Föderalismusreform und Bildungspolitik. In: Erziehungswissenschaft. Mitteilungen der Deutschen Gesellschaft für Erziehungswissenschaft, Jg. 18, H. 35, 137–164; online verfügbar: http://dgfe.pleurone.de/zeitschrift/heft35/beitrag15.pdf [14.8.2009].
Menz, M./Reuter, L. R. (2009): Das Schulwesen in der Bundesrepublik Deutschland. In: Mertens, M./Frost, U. u. a. (Hg.): Handbuch der Erziehungswissenschaft, Bd. II/1: Schule. Paderborn, 139–154.
Niehues, N./Rux, J. (2006): Schul- und Prüfungsrecht, Bd. 1: Schulrecht. München.
Rux, J. (2008): Aktiv mit dem Schulrecht umgehen. Bad Heilbrunn.
UN, United Nations (1989): Convention on the Rights of the Child. Adopted and opened for signature, ratification and accession by General Assembly resolution 44/25, 20 November; online verfügbar: http://www.un-documents.net/crc.htm [14.8.2009].

7 Bildungsforschung

Internationale Vergleichsuntersuchungen oder: Was wir von anderen lernen können – und was nicht

*Knut Schwippert**

In diesem Beitrag werden Ansätze Internationaler und Vergleichender Erziehungswissenschaft überblicksartig dargestellt und deren unterschiedliche Wege der Erkenntnisgewinnung beschrieben. Zur Konkretisierung der verschiedenen Perspektiven werden internationale empirisch-*quantitative* sowie *vergleichende* Untersuchungen vorgestellt. Dabei wird auf Möglichkeiten, aber auch auf Grenzen von Vergleichen hingewiesen. Der Darstellung liegt nicht zuletzt die Frage zugrunde, woher wir über ›gesellschaftliche Bedingungen von Bildung und Erziehung‹ Bescheid wissen – und was wäre, wenn sich zeigte, dass wir in Deutschland weniger darüber wissen als möglich wäre? Der Beitrag plädiert somit auch für eine verstärkte Kenntnisnahme und Nutzung der empirischen Bildungs- und insbesondere Schulforschung, um unser Wissen über gesellschaftliche Bedingungen von Bildung und Erziehung zu erweitern.

Vergleiche in der Erziehungswissenschaft

Die Bezeichnung ›Vergleichsuntersuchung‹ kann als Obergriff für eine Familie von Untersuchungen genommen werden, die unterschiedliche Fragestellungen und Perspektiven haben und auch in unterschiedlichen Forschungstraditionen wurzeln. In Deutschland ist in der vergleichenden Forschung traditionell ein geisteswissenschaftlich geprägtes Wissenschaftsverständnis maßgeblich gewesen; es greift insbesondere auf empirisch-*qualitative* und auf *hermeneutische* Methoden zurück. Die vergleichende For-

---

* Knut Schwippert, Dr. phil., ist Professor für Erziehungwissenschaft mit dem Schwerpunkt Internationales Bildungsmonitoring und Bildungsberichterstattung an der Universität Hamburg. Seine Arbeits- und Forschungsschwerpunkte sind: Systemmonitoring, Large Scale-Untersuchungen und deren Methoden, Evaluation sowie ›effektive‹ Schulen.

schung speziell im angelsächsischen Raum orientiert sich demgegenüber bereits seit längerem am Wissenschaftsverständnis des kritischen Rationalismus, das der österreichisch-britische Philosoph Karl Popper (1902–1994) begründete, und basiert auf empirisch-*quantitativen* und *analytischen* Methoden. Diese Gegenüberstellung ist selbstverständlich holzschnittartig (zur näheren Charakterisierung vgl. Koller 2009, 177 ff).

Um einen Eindruck davon zu bekommen, welche verschiedenen Perspektiven bei einem Vergleich eingenommen werden können, sei auf die schematische Darstellung eines Rahmenmodells für Vergleichsuntersuchungen bei Bray und Thomas (1995) hingewiesen: Die Autoren unterscheiden einerseits geographisch bzw. lokal zu beschreibende Analyseebenen, ferner demographische Gruppen, die ebenfalls einen Vergleich erlauben, und schließlich Bereiche der Gesellschaft, die Auswirkungen auf das Erziehungssystem haben.

Bei den *lokalen Gruppierungen* unterscheiden Bray und Thomas sieben mögliche Vergleichsebenen: vom Individuum über den Klassenraum, die Schulen, Distrikte, (Bundes-) Staaten bzw. Provinzen und die Länder bis hin zu einer Weltregion. Für *demographische Gruppen* geben sie exemplarisch ethnische Unterschiede, Altersunterschiede, religiöse Unterschiede bzw. Geschlechtsunterschiede an. Als Herausforderung für das Bildungssystem, als Reaktion auf die Bedürfnisse einer Gesellschaft, beschreiben sie Kategorien wie: Curriculum, Lehrmethoden, Finanzierung des Schulsystems, Management, politische Veränderungen, Arbeitsmarkt und auch weitere Gruppierungen.

Stellt man diese verschiedenen Facetten eines möglichen Vergleichs einander gegenüber, so ergeben sich zahlreiche unterschiedliche Kombinationsmöglichkeiten der genannten Gruppierungen. Möchte man jetzt *einen* dieser Aspekte vertiefend betrachten, so sollte man sich jederzeit bewusst sein, dass man jeweils die anderen Aspekte nicht mit der gleichen Präzision einbeziehen kann – oder sich zumindest bewusst sein, dass auch die nicht untersuchten *anderen* Aspekte möglicherweise einen Effekt auf den zu betrachtenden Gegenstand ausüben können. In der Tradition der Vergleichenden Erziehungswissenschaft wird dieser Sachverhalt als *Tertium Comparationis* bezeichnet, als der dritte Blick auf den Forschungsgegenstand.

In der Vergleichenden Erziehungswissenschaft werden verschiedene Motive für die Entstehung der vergleichenden Forschung genannt. Zum einen entstand sie aus einem *wissenschaftsexternen*, politisch-praktisch begründeten Interesse an Wissen und Informationen über andere Bildungssysteme. Zum anderen bildete sie sich aus dem *wissenschaftsinternen* Bedürfnis und der Notwendigkeit heraus, vergleichend gewonnene, heterogene Wissensbestände verschiedener akademischer Disziplinen zu systematisieren und in einem eigenen Wissenschaftszweig zu bündeln; die historische Geburtsstunde der Vergleichenden Erziehungswissenschaft als dem Ort für systematisch-vergleichende Forschung geht auf den französischen Gelehrten Marc Antoine Jullien (1775–1848) zurück, der 1817 in einer programmatischen Schrift erstmals den Terminus *science de l'éducation* verwendete (vgl. Kaelble/Schriewer, 14).

Die gegen Ende des 19. Jahrhunderts in Deutschland begründete geisteswissenschaftliche Tradition, die – in Abgrenzung vom naturwissenschaftlichen Erklären – auf *Verstehen* zielt, findet sich in der Vergleichenden Erziehungswissenschaft z. B. in der Konzentration auf möglichst umfassende Beschreibungen der Bildungsbedingungen in den jeweiligen Ländern wieder. Hierbei geht es mehr um das Verstehen und *ganzheitliche Aufnehmen* des beschriebenen Gegenstandes als um eine Darstellung einzelner Aspekte.

In der international vergleichenden Forschung werden heute demgegenüber insbesondere sogenannte *Large Scale*-Untersuchungen durchgeführt. Bei diesen geht es um die empirisch-quantitative Überprüfung *ausgewählter Merkmale* verschiedener Länder bzw. Bildungssysteme. Erschließende Bestandsaufnahmen, die mit der geisteswissenschaftlichen Richtung eine gewisse Verwandtschaft haben, sind z. B. in Forschungsgebieten sinnvoll, die eine neue Herausforderung für das Bildungssystem darstellen, oder in Forschungsgebieten, die sich neu konstituieren. In jedem Fall macht es die Orientierung an bestimmten theoretischen Rahmenkonzeptionen erforderlich, jeweils einen interessierenden *Ausschnitt* des Bildungssystems in den Blick zu nehmen und nicht den Anspruch zu haben, das *gesamte* Bildungssystem mit all seinen Bedingungen und Facetten vollständig empirisch zu erfassen. Quantitative empirische Forschung orientiert sich dabei an Theorien unterschiedlicher Reichweite und Traditionen, die aus der Psychologie, der Erziehungswissenschaft und der Soziologie stammen; in zunehmendem Maße werden neuerdings auch ökonomische Ansätze einbezogen.

Internationale und regionale Vergleichsuntersuchungen

Welche Bedeutung haben internationale Vergleichsuntersuchungen? Exemplarisch zu nennen sind hier jene Studien, die unter der Federführung der *International Association for the Evaluation of Educational Achievement* (IEA) seit inzwischen mehr als 50 Jahren durchgeführt werden. Deutschland hat sich, wenn auch nicht mit repräsentativen Stichproben, bereits Ende der 1960er, Anfang der 1970er Jahre an solchen Untersuchungen beteiligt. Die erste Teilnahme Deutschlands an internationalen Vergleichsuntersuchungen *mit* einer repräsentativen Stichprobe erfolgte 1970 im Rahmen der *Six Subject*-Studie (vgl. Walker 1976). In den darauf folgenden Jahren nahm Deutschland entweder gar nicht oder nur in stark eingeschränktem Umfang an solchen Untersuchungen teil. Erst 1991, bei der Durchführung der *International Reading Literacy*-Studie der IEA, war Deutschland mit einer repräsentativen Stichprobe sowohl für das Schulwesen in den alten als auch für das Schulwesen in den neuen Bundesländern beteiligt. Die Befunde dieser Untersuchung spiegelten interessanterweise schon zu jener Zeit Sachverhalte wider, die aber erst durch die rund ein Jahrzehnt später durchgeführten Studien den sogenannten PISA-Schock auslösten.

Mitte der 1990er Jahre nahm Deutschland an der *Third International Mathematics and Science Study* (TIMSS) teil. Das nur mäßige Abschneiden in dieser Studie führte dazu, dass die Kultusministerkonferenz (KMK) nunmehr beschloss, im Weiteren regelmäßig an internationalen Schulvergleichsstudien teilzunehmen. Dies schloss fortan die Beteiligung am von der OECD angebotenen *Programme for International Student Assessment* (PISA) ein. Seitdem nimmt Deutschland kontinuierlich an den entsprechenden internationalen Schulvergleichsstudien teil.

Aber nicht nur im Bereich der *internationalen* Vergleichsuntersuchungen stellten sich Interesse und Nachholbedarf an empirisch belastbaren Informationen über das Bildungssystem dar. Initiiert durch den Bildungsforscher Rainer H. Lehmann wurde Mitte der 1990er Jahre in Hamburg die flächendeckende *regionale* Untersuchung zur Lernausgangslage (LAU) aus der Taufe gehoben (vgl. exemplarisch Lehmann u. a. 2002). Grundlage dieser Untersuchung waren alle Fünftklässler im Hamburger Schulsystem, die in zweijährigem Abstand untersucht werden sollten. Weitere regionale Untersuchungen – wie zum Beispiel VERA (Vergleichsarbeiten), ULME (Untersuchung von Leistungen, Motivation und Einstellungen) oder KESS (Kompetenzen und Einstellungen von Schülerinnen und Schülern) – folgten später der Idee regional vertiefter Untersuchungen.

Über lange Zeit haftete den empirischen Untersuchungen das Vorurteil der Theorielosigkeit an, dem jedoch klar zu widersprechen ist. Beispielhaft sei auf die Rahmenkonzeption der *Internationalen Grundschul-Lese-Untersuchung* (IGLU) von 2001 hingewiesen (vgl. Bos u. a., 2003). Darin wird aufgezeigt, welche Aspekte des Schullebens und des Lernens von Schülerinnen und Schülern ineinander greifen und wie dies empirisch überprüft werden soll. Hierbei wird auf Theorien unterschiedlicher Forschungstraditionen zurückgegriffen: Aspekte des sozialen und kulturellen Hintergrunds des Elternhauses (Makro-Ebene: Soziologie), schulische Rahmenbedingungen, Unterricht (Meso-Ebene: Erziehungswissenschaft), aber auch individuelle Voraussetzungen der Schülerinnen und Schüler (Mikro-Ebene: Psychologie) werden ebenso berücksichtigt wie außerschulische sowie bildungspolitische Rahmenbedingungen. Auch wenn in diesen Untersuchungen die Überprüfung der erworbenen Kompetenzen oder der Schülerleistungen einen breiten Raum einnimmt, so ist dies doch nur ein Aspekt von vielen, die insgesamt in das Analysemodell aufgenommen werden.

Bei der Konzeption neuer international vergleichender Forschungen ist es zum einen wichtig, in der Tradition der Vergleichenden Erziehungswissenschaft Erkenntnisse der historisch-vergleichenden Forschung, die Wissen über die geschichtliche Entstehung und kulturelle Prägung eines Bildungssystems zur Verfügung stellt, einzubeziehen. Zum anderen sind gegenwartsbezogene Erkenntnisse aus systematischen Vergleichen ergänzend heranzuziehen und bei der Planung und Durchführung der Forschung sowie bei der Interpretation der Ergebnisse zu berücksichtigen.

Systemmonitoring und Vergleichende Untersuchungen

Im Folgenden werden einige Befunde aus einer international vergleichenden Untersuchung vorgestellt (vgl. Döbert/Klieme u. a. 2004), die auf das Forschungsinteresse zurückgeht, herauszufinden, warum einzelne Länder in der PISA-Studie aus dem Jahr 2000 besonders erfolgreich abgeschnitten haben. Als Ausgangspunkt der Untersuchung diente die Frage: Was geschieht in anderen Ländern? Hierbei wurde der Blick auf Finnland, Frankreich, Großbritannien, Kanada, die Niederlande und Schweden gerichtet. In der Untersuchung wurden zunächst Länder identifiziert, in denen im Rahmen der PISA 2000-Studie ein erfolgreiches Leseverständnis nachgewiesen werden konnte (vgl. Baumert u. a. 2001) und die zugleich Erfahrung im Umgang mit Evaluationsstudien entweder auf nationaler oder auf internationaler Ebene hatten. Grundlage des Vergleichs war jedoch nicht eine Re-Analyse der vorliegenden PISA-Daten, sondern eine vertiefende Untersuchung von weiteren, qualitativ erhobenen Informationen. Ziel der Studie war eine Gegenüberstellung von nationalen Berichten, die einer einheitlichen Systematik folgten. Hierbei wurde mit den Ländern die Einführung spezifischer Fragestellungen für die Untersuchung diskutiert und von nationalen Länderexperten in Bezug auf diese Leitfragen Antworten erbeten.

Als Vergleichsschwerpunkte wurden das Verhältnis von soziokulturellem Kontext und der Qualität der Schule sowie die Organisation und Steuerung des Schulsystems und der Einzelschule gewählt. Darüber hinaus wurde das Verhältnis von geplanten *und* tatsächlichen Bildungsgängen in den Blick genommen, um die Organisation von Unterstützungssystemen zu beschreiben. Bezogen auf den Unterricht wurden die Gestaltung pädagogischer Prozesse und die Entwicklung von Kompetenzen im Unterricht betrachtet. Einen wesentlichen Schwerpunkt bildeten dabei Fragen nach Maßnahmen zur Integration von Schülerinnen und Schülern mit Migrationshintergrund sowie nach dem Verständnis und dem Umgang mit Standards in der Schule.

Von besonderem Interesse war außerdem die Frage, inwieweit die Länder Erfahrungen mit nationalen oder internationalen Systemmonitoring-Studien haben und inwieweit sie deren Befunde – über die Forschungszwecke hinweg – auf der administrativen wie auf der Schulebene auch für die tatsächliche Entwicklung des Bildungssystems zu nutzen wissen. Schließlich wurden in den Ländern noch Strategien für Reform und Innovation im Bildungssystem abgefragt. Für die Darstellung der Befunde wurde der Fokus auf die Frage des Umgangs mit Systemmonitoring-Studien gelegt, die wiederum in sechs Leitfragen untergliedert war, zu denen die Länder um Informationen gebeten wurden:
1. Welche Erfahrungen mit groß angelegten Schulvergleichsuntersuchungen hat Ihr Land? Wie wurden Befunde früherer Untersuchungen von der Öffentlichkeit, von Forschern, Praktikern und Politikern aufgenommen? 2. Was für regelmäßige Kompetenztests wurden auf verschiedenen Ebenen des Schulsystems durchgeführt? Unterscheiden Sie hierbei bitte Bildungspolitik, Bildungsadministration, empirische Bildungsforschung und Einzelschulen. 3. Wie werden die Ergebnisse der Untersuchungen genutzt? Welche Form der Ergebnisrückmeldung erhalten die Teilnehmer und wie wird mit diesen umgegangen? 4. Werden die Ergebnisse veröffentlicht? Werden auch Erwartungswerte (*value-added*) publiziert? 5. In welchem Verhältnis stehen nationale Bildungsstandards zu internationalen? 6. Wie werden die Befunde der Schulvergleichsuntersuchungen bei Ihnen interpretiert und welche Erklärungen werden gegeben?

Im Rahmen der Untersuchung selbst wurde schließlich eine zusammenfassende Darstellung der nationalen Länderberichte in Form einer Juxtaposition dokumentiert. Im Anschluss wurden aus Sicht der deutschen Bildungsforschung markante Befunde herausgearbeitet und mögliche Perspektiven für das deutsche Schulsystem skizziert. Diese aus der Dokumentation abgeleiteten Ideen zur Veränderung des Bildungssystems basieren auf plausiblen Annahmen, aber nicht auf einer empirischen Evidenz, da der Vergleich von lediglich sechs Ländern eine empirische Absicherung von Empfehlungen nicht zulässt.

Aus deutscher Sicht auffällige Befunde aus dem Vergleich zum Schwerpunkt Systemmonitoring waren: Die besonders frühe Diagnostik in *Kanada*, die schon im Kindergarten anfängt. Ein zentraler Satz für die Evaluation oder die Anwendung von Systemmonitoring in *England* ist »zero tolerance for underperformance«. In *Finnland* hat man sich zum Zeitpunkt der Expertisenerstellung über die Einhaltung gesetzlicher Mindeststandards verständigt. Aus heutiger Sicht ist bemerkenswert, dass man sich von der Einhaltung dieser Mindeststandards in Finnland, zumindest im Sprachgebrauch, wieder verabschiedet hat – eine interessante Entwicklung, wenn man bedenkt, dass in Deutschland sowohl für die Fächer als auch für Lehrkräfte erst seit einigen Jahren eine Orientierung an Bildungsstandards vereinbart wurde. In *Frankreich* werden einerseits Evaluationen der Schulleistungen insgesamt und andererseits Evaluationen zum Zwecke der Diagnostik unterschieden. Entsprechende Instrumente unterschiedlicher Anwendungsfälle werden von den Ministerien zur Verfügung gestellt. In den *Niederlanden* ist ein Schwerpunkt der Bildungspolitik auf Kompensation für sozial Benachteiligte gerichtet. In *Schweden* schließlich fällt das besondere Bewertungssystem auf, was deshalb bemerkenswert erscheint, weil dort keine Schülerin, kein Schüler aufgrund schlechter schulischer Leistungen sitzenbleiben kann. Hier gibt es als schlechtestes Leistungsniveau »not passed« – ein »failed« gibt es im Selbstverständnis des schwedischen Schulsystems nicht. Die schwedische Grundphilosophie lässt sich vielmehr in folgendem Satz zusammenfassen: »It is assumed in the system that ›passed‹ is a matter of time. Given time all students could pass.«

Zusätzlich zu den langjährigen Erfahrungen mit *internationalen* Systemmonitoring-Studien zeigt sich in den teilnehmenden Ländern, dass sie regelmäßig auch *nationale* Evaluationsstudien durchführen und dass die Beteiligten (Lehrkräfte und Schulleitungen) – abweichend von der bisher an deutschen Schulen üblichen Praxis – die Befunde auch als Hilfe für die eigene professionelle Weiterentwicklung nutzen. D. h., die Beteiligten in den Bildungssystemen der genannten anderen Länder verstehen diese Untersuchungen als Mittel der Qualitätssicherung und nicht als Akt der Fremdkontrolle.

Welche Perspektiven ergeben sich hieraus für Deutschland? Bei der Anlage und Durchführung von zukünftigen Studien sollte in Deutschland bei Systemmonitoring-Studien der Fokus auf die Untersuchung von Rückmeldestrategien gerichtet werden. Insbesondere Grenzen und Möglichkeiten der Rückmeldung sollten hierbei näher betrachtet werden, damit es nicht zu einem Konflikt zwischen *Erwartungen* an empirische Untersuchungen, die überzogen sein können, und ihren *Grenzen* kommt.

Als ein zentraler Befund aus der Vergleichsstudie zeigt sich, dass sich in Deutschland eine neue Testkultur etablieren muss. Hierzu ist es wichtig, der empirischen Untersuchung als Mittel und Möglichkeit, das eigene professionelle Handeln zu reflektieren, mehr Akzeptanz zu verschaffen. Darüber hinaus sollten Möglichkeiten geboten werden, die Identifizierung förderungsbedürftiger Schülerinnen und Schüler auf empirisch solide Füße zu stellen, wobei der Beleg von »failing schools«, Klassen oder Schülern nicht als Indikator für das Scheitern der pädagogischen Bemühungen zu interpretieren ist, sondern als Beleg für die Notwendigkeit der Akquisition von externer Hilfe gelten sollte.

Das Angebot an Befunden aus Studien im Bildungsbereich und damit einhergehend das Angebot an etablierten objektiven, reliablen und validen Instrumenten zur Erfassung der Schul- und Unterrichtsrealität nimmt zu. Die Folgerung liegt auf der Hand, dass die Kompetenz, solche empirischen Untersuchungen bzw. Instrumente zur Entwicklung, Überprüfung und Erreichung der eigenen Ziele nutzen zu können, in Deutschland stärker entwickelt werden sollte. Denn der Feststellung ist zuzustimmen, »dass bei stimmigen Rahmenbedingungen die Leistungsfähigkeit der empirischen Bildungsforschung *auch in der Breite* offenbar erheblich größer ist als angenommen und dass eine strukturelle Stärkung und Entwicklung dieses hochgradig interdisziplinär strukturierten Forschungsfeldes in wenigen Jahren gelingen kann – vorausgesetzt, die entsprechenden Ressourcen stehen dafür zur Verfügung. Ein solches Ergebnis wäre ein wichtiger Schritt zur internationalen Konkurrenzfähigkeit Deutschlands im Bereich der empirischen Bildungsforschung. Es wäre aber auch ein wichtiger Schritt auf dem Weg zu einer empirisch informierten Bildungsreformpolitik, die um Rahmen- und Transferbedingungen sowie um beabsichtigte Effekte und unbeabsichtigte Nebeneffekte in weit höherem Maße weiß, als dies in der Vergangenheit der Fall war« (Buchhaas-Birkholz 2009, 32 f).

Was können wir von anderen lernen und was nicht?

Es zeigt sich, dass ein einfacher, holzschnittartiger Vergleich von Befunden und eine Gegenüberstellung von Daten zur Weiterentwicklung des Bildungssystems nicht ausreichend sind. Die Konzentration auf nur wenige Datenpunkte und eine Ableitung genereller Schlussfolgerungen aus diesen Befunden ist empirisch nicht haltbar und sollte folglich unterlassen werden. Wenn Befunde z. B. aus Untersuchungen wie PISA oder IGLU vorgestellt werden, kommt es dennoch immer wieder vor, dass manche reagieren, indem sie sagen, ihre persönlichen Erfahrungen sähen an dieser Stelle aber ganz anders aus: »Aber bei *mir* in der Klasse ...«, »... aber in der Klasse *meines* Kindes...« usw.

Jedoch erlauben weder solche Alltagsbeobachtungen noch selbst gut geplante Untersuchungen, die sich aber nur *einigen* Schulklassen zuwenden, eine inhaltliche Relativierung der Befunde aus groß angelegten Schulvergleichsuntersuchungen. Die im Rahmen von Einzelbeobachtungen oder Untersuchungen einzelner Klassen gemachten Erfahrungen sind richtig und wichtig. Aber sie können empirisch fundierte Aussagen, die mitunter auf tausenden von Einzelinformationen basieren, nicht prinzipiell widerlegen. Daher ist ein gegeneinander Ausspielen von Befunden aus Untersuchungen solch unterschiedlicher Reichweiten nicht zielführend.

Was können wir aus den vorgestellten Befunden lernen? Wir brauchen die Entwicklung einer Testkultur und einer entsprechend ausgebildeten Expertise der Personen, die in den Bildungssystemen beruflich tätig sind. Dieser Hinweis richtet sich insbesondere an die Lehrerausbildung in den Universitäten, aber auch an die Lehrerweiterbildung in den entsprechenden Landesinstituten; sie sollten die Basis einer Ausbildung z. B. in empirischer Diagnostik legen, so dass sich Lehrkräfte erprobte Testinstrumente zu Nutze machen und diese inhaltlich korrekt anwenden und die Ergebnisse angemessen interpretieren können.

International vergleichende Untersuchungen, aus denen Innovationen abgeleitet werden, sollten auch *nach* der Implementation der entsprechenden Innovation auf jeden Fall nochmal überprüft werden. Hier ist an den von dem Schulforscher Hans Günter Rolff geprägten Satz »keine Innovation ohne Evaluation«

zu erinnern, der darauf hinweist, dass in die Wege geleitete Veränderungen im Bildungssystem ihre Wirkung entgegen den besten Absichten entfalten können und daher jederzeit wieder auf den Prüfstand gehören.

Reformen zu initiieren, bedeutet nicht, Merkmale oder Maßnahmen, die in gut abschneidenden Bildungssystemen anderer Länder zu beobachten sind, in Deutschland einfach zu übernehmen oder zu imitieren. Dieses Bedürfnis war bei der Dritten Internationalen Mathematik- und Naturwissenschaftsstudie (TIMSS) Mitte der 1990er Jahre noch wenig ausgeprägt, da die Spitzenländer aus dem fernen Osten in ihrer Kultur als zu unterschiedlich wahrgenommen wurden. Mit den im wahrsten Sinne des Wortes näher gelegenen Gewinnerländern aus PISA – wie zum Beispiel Schweden und Finnland – sieht dies anders aus. Hier sind die Überlegungen, diese Systeme oder zumindest Teile davon zu übernehmen, wesentlich deutlicher zu vernehmen. Aber auch hier ist Vorsicht geboten, da es sich auf der Systemebene wiederum um singuläre bzw. nur wenige Beobachtungen handelt, die als Fundierung für weitreichende Reformvorhaben empirisch nicht ausreichend belastbar sind. Darüber hinaus gibt es historische und kulturelle Unterschiede zwischen den Ländern, die einer einfachen Übertragung entgegenstehen können.

Auch *unbequeme* Befunde zu akzeptieren, muss eine Selbstverständlichkeit werden, d. h. auch den Mut zu haben, zieloffen zu evaluieren und möglicherweise einen ursprünglich als gut angesehenen Weg oder eine mutig angegangene Innovation empirisch auf ihre tatsächliche Wirksamkeit hin zu überprüfen, den eingeschlagenen Weg gegebenenfalls zu verbessern oder eine vorgenommene Innovation notfalls wieder abzuschaffen. Diese Forderung richtet sich insbesondere an die Bildungspolitik, die empirische Evidenz vor parteipolitische Interessen stellen sollte. Aus dem Ausland wird die deutsche Bildungspolitik immer wieder mit Kopfschütteln zur Kenntnis genommen, da dort nicht nachvollzogen werden kann, warum nach Regierungswechseln stets wieder grundlegend strukturelle Veränderungen im Bildungssystem vorgenommen werden. Solches politisch motivierte Handeln vermittelt im Ausland den Eindruck, als ob es in Deutschland kein gesichertes Wissen über ein leistungsfähiges Bildungssystem gäbe. Bildungspolitik und Bildungsadministration täten gut daran, empirische Befunde zu akzeptieren und ihnen gemäß zu handeln.

Weiterführende Literaturhinweise

Arbeitsgruppe Internationale Vergleichsstudie 2003, 2007; Döbert/Sroka 2004, Husén/Postlethwaite 1996; Tuijnman/Postlethwaite 1994.

Literatur

Arbeitsgruppe Internationale Vergleichsstudie (2003): Vertiefender Vergleich der Schulsysteme ausgewählter PISA-Teilnehmerstaaten. Bonn.

Arbeitsgruppe Internationale Vergleichsstudie (2007): Schulleistungen und Steuerung des Schulsystems im Bundesstaat. Kanada und Deutschland im Vergleich. Münster u. a.

Baumert, J./Klieme, E./Neubrand, M./Prenzel, M./Schiefele, U./Schneider, W./Stanat, P./Tillmann, K.-J./Weiß, M. (Hg.) (2001): PISA 2000. Basiskompetenzen von Schülerinnen und Schülern im internationalen Vergleich. Opladen.

Bos, W./Lankes, E.-M./Prenzel, M./Schwippert, K./Walther, G./Valtin, R. (Hg.) (2003): Erste Ergebnisse aus IGLU. Schülerleistungen am Ende der vierten Jahrgangsstufe im internationalen Vergleich. Münster u. a.

Bray, M./Thomas, R. M. (1995): Levels of Comparison in Educational Studies: Different Insights from Different Literatures and the Value of Multilevel Analysis. In: Harvard Educational Review, Jg. 65, H. 3, 472–490.

Buchhaas-Birkholz, D. (2009): Die ›empirische Wende‹ in der Bildungspolitik und in der Bildungsforschung: In: Erziehungswissenschaft, Jg. 20, H. 39, 27–33.

Döbert, H./Klieme, E./Sroka, W. (Hg.) (2004): Conditions of School Performance in Seven Countries. Münster u. a.

Döbert, H./Sroka, W. (Hg.) (2004): Features of Successful School Systems. Münster u. a.

Husén, T./Postlethwaite, T. N. (1996): A brief history of the international association for the evaluation of educational achievement (IEA). In: Assessment in Education, Jg. 3, H. 2, 129–141.

Kaelble, H./Schriewer, J. (2003): Vergleich und Transfer: Komparatistik in den Sozial-, Geschichts- und Kulturwissenschaften. Frankfurt a. M., New York.

Koller, H.-C. (2009): Grundbegriffe, Theorien und Methoden der Erziehungswissenschaft. 4. Aufl., Stuttgart.

Lehmann, R. H./Peek, R./Gänsfuß, R./Husfeldt, V. (2002): LAU 9. Aspekte der Lernausgangslage und der Lernentwicklung – Klassenstufe 9. Ergebnisse einer längsschnittlichen Untersuchung in Hamburg. Hamburg; online verfügbar: http://www.hamburger-bildungsserver.de/schulentwicklung/lau/lau9.pdf [17.8.2009].

Tuijnman, A. C./Postlethwaite, T. N. (1994): Monitoring the Standards of Education. Oxford.

Walker, D. A. (1976): The IEA Six Subject Survey: An Empirical Study of Education in Twenty-One Countries. New York.

Grundzüge einer Theorie transformatorischer Bildungsprozesse

*Hans-Christoph Koller**

Gegenstand dieses Beitrags ist ein Versuch zur Neubestimmung des Bildungsbegriffs, der Bildung als Prozess der Transformation von Welt- und Selbstverhältnissen versteht, die dadurch ausgelöst wird, dass Menschen mit Problemen konfrontiert werden, für deren Bearbeitung ihnen keine angemessenen Mittel zur Verfügung stehen. Dieser Vorschlag knüpft an die Tradition des Bildungsgedankens an, wie er u. a. von Wilhelm von Humboldt um 1800 konzipiert wurde, versucht diesen aber so weiterzuentwickeln, dass Bildungsprozesse in ihrer gesellschaftlichen Bedingtheit erfasst und empirisch erforscht werden können.

Vom klassischen Bildungsbegriff zu neuen Forschungsansätzen

Der Bildungsbegriff gilt noch immer als zentrale Kategorie der Erziehungswissenschaft und theoretischer Bezugspunkt für die Begründung, Zielbestimmung und Kritik pädagogischen Handelns. Gegen die klassische Formulierung des Bildungsgedankens, wie sie u. a. in den bildungstheoretischen Schriften Wilhelm von Humboldts vorliegt (vgl. Humboldt 1980), werden allerdings immer wieder zwei Einwände vorgebracht: Zum einen wird dem Bildungsbegriff vorgeworfen, er nehme aufgrund seiner philosophischen Herkunft die *gesellschaftlichen* Bedingungen des Aufwachsens zu wenig in den Blick und sei deshalb ungeeignet, dem pädagogischen Handeln in gegenwärtigen sozialen Kontexten als Orientierung zu dienen. Zum andern gilt der Bildungsbegriff

---

* Hans-Christoph Koller, Dr. phil., ist Professor für Allgemeine Erziehungswissenschaft an der Universität Hamburg. Seine Arbeits- und Forschungsschwerpunkte liegen im Bereich der Bildungstheorie und der qualitativen Bildungsforschung.

manchen Kritikern als unzeitgemäß, da er aufgrund seiner normativen Ausrichtung der Tendenz zu einer bloßen ›Postulatepädagogik‹ Vorschub leiste und nicht in der Lage sei, die geforderte *empirische* Erforschung tatsächlicher Bildungsprozesse anzuleiten.

Das Konzept transformatorischer Bildungsprozesse, das hier vorgestellt werden soll, versucht, beiden Kritikpunkten Rechnung zu tragen, indem es die gesellschaftliche Bedingtheit von Bildungsprozessen fokussiert und eine Verbindung theoretischer Reflexionen mit der empirischen Analyse tatsächlicher Bildungsprozesse anstrebt. Dieses Konzept knüpft an die Tradition des Bildungsdenkens an, indem Bildung hier ebenso wie bei Humboldt als Prozess gedacht wird, der sich auf das Verhältnis von Subjekt und Welt bezieht. Verstand Humboldt Bildung als möglichst umfassende und ausgewogene Entfaltung aller menschlichen Kräfte, die »allein durch die Verknüpfung unsres Ichs mit der Welt zu der allgemeinsten, regesten und freiesten Wechselwirkung« zu erreichen sei (Humboldt 1980, 235 f), so wird diese Wechselwirkung in der Konzeption transformatorischer Bildungsprozesse als Antwort auf neuartige gesellschaftliche Herausforderungen gedacht. Die skizzierte Neufassung des Bildungsbegriffs geht jedoch über die bildungstheoretische Tradition hinaus, indem sie anders als Humboldt, der von einem gleichsam natürlichen Bestreben des Menschen nach Entfaltung seiner Kräfte auszugehen scheint, Bildungsprozesse als Reaktion auf eine bestimmte Art von Krisenerfahrungen versteht: Bildungsprozesse werden demzufolge durch die Konfrontation mit Problemen ausgelöst, für deren Bewältigung die Figuren des bisherigen Welt- und Selbstverhältnisses nicht mehr ausreichen. Außerdem unterscheidet sich die Konzeption transformatorischer Bildungsprozesse von traditionellen Fassungen des Bildungsbegriffs dadurch, dass sie beansprucht, Bildungsprozesse nicht nur theoretisch zu reflektieren, sondern mit den Methoden qualitativer Sozialforschung auch empirisch zu untersuchen.

Veränderte Rahmenbedingungen

Diese Neufassung des Bildungsbegriffs reagiert nicht nur auf die erwähnte Kritik am klassischen Bildungsgedanken, sondern auch auf die Veränderung der sozialen und historischen Rahmenbedingungen des Nachdenkens über Bildung, die sich gegenüber der Zeit um 1800 vollzogen haben. Zwei solche Veränderungen scheinen in diesem Kontext besonders wichtig: die Beschleunigung des sozialen Wandels, die dazu führt, dass die Lebens- und Arbeitsbedingungen der Menschen sich in immer kürzeren Abständen grundlegend verändern, sowie die damit verbundene Pluralisierung von Lebensstilen, Wertvorstellungen und Deutungsmustern.

Die Zunahme der Geschwindigkeit, mit der sich soziale Verhältnisse verändern, lässt sich etwa anhand des Begriffs der ›Gegenwartsschrumpfung‹ illustrieren. Damit ist gemeint, dass der Zeitraum, für den »Erfahrungen und Lernprozesse eine handlungsorientierende Kraft [haben], weil ein bestimmtes Maß an Erwartungssicherheit besteht« (Rosa 2005, 131), immer kleiner wird. Während ›Gegenwart‹ in früheren Zeiten noch einer oder sogar mehreren Generationen Erwartungssicherheit bot, hat sich der soziale Wandel in der Spätmoderne so beschleunigt, dass ›Gegenwart‹ kürzer ist als das Leben einer Generation (vgl. ebd., 176 ff) – mit entsprechenden Folgen für Bildung als »Wechselwirkung« von Ich und Welt (Humboldt). Denn wenn die ›Welt‹ sich im Laufe eines individuellen Lebens mehrfach radikal verändert, kann Bildung nicht mehr als fortschreitende Aneignung dieser Welt im Zuge der Entfaltung menschlicher ›Kräfte‹ gedacht, sondern muss mit Blick auf die zunehmende Verfallsgeschwindigkeit kultureller Selbstverständlichkeiten neu bestimmt werden.

Das neue Verständnis von Bildung, durch das sich die Konzeption transformatorischer Bildungsprozesse auszeichnet, lässt sich am besten erläutern, indem man Bildungs- von Lernprozessen unterscheidet (vgl. Marotzki 1990, 19 ff). *Lernprozesse* bestehen demnach darin, dass neue Informationen angeeignet werden, ohne dass sich der Modus der Informationsverarbeitung grundlegend verändert. Dagegen werden *Bildungsprozesse* als höherstufige Lernprozesse verstanden, in denen nicht nur neue Inhalte angeeignet werden, sondern auch die Art und Weise, in der Menschen sich zur Welt, zu anderen Menschen und zu sich selbst verhalten, einer Transformation unterliegt.

Ein Bildungsprozess im Sinne einer solchen Transformation von Welt- und Selbstverhältnissen kann zustande kommen, wenn

Menschen mit Problemen konfrontiert werden, für deren Bearbeitung keine etablierten Routinen zur Verfügung stehen. Dabei handelt es sich allerdings keineswegs um einen Automatismus: Auf Scheitern etablierter Bearbeitungsmuster können Menschen mit der Entwicklung neuer Figuren der Problembearbeitung reagieren – aber auch mit dem Versuch, ihr bisheriges Welt- und Selbstverhältnis dadurch zu (re-)stabilisieren, dass neue Herausforderungen verleugnet bzw. umdefiniert werden.

Eine Theorie solcher transformatorischer Bildungsprozesse muss mindestens folgende Fragen beantworten: 1. Mit Hilfe welcher begrifflichen Konzepte und Theorien können die Welt- und Selbstverhältnisse sich bildender Subjekte angemessen erfasst und empirisch untersucht werden? 2. Wie kann man die Problemlagen näher bestimmen, die zum Anlass für solche Bildungsprozesse werden? Gibt es typische Erfahrungen oder Problemkonstellationen, die Bildungsprozesse erforderlich machen? 3. Welche Bedingungen sind ausschlaggebend dafür, dass es angesichts der Konfrontation mit neuartigen Problemen zu Bildungsprozessen im genannten Sinn und nicht zur Restabilisierung etablierter Welt- und Selbstbezüge kommt? Und wie vollzieht sich im Falle gelingender Bildungsprozesse die Entstehung *neuer* Figuren des Welt- und Selbstverhältnisses?

Im Folgenden soll versucht werden, auf diese Fragen exemplarisch einzugehen, indem jeweils *ein* theoretisches Konzept vorgestellt und erläutert wird, das es erlaubt, die jeweilige Frage zu beantworten und zugleich die gesellschaftliche Bedingtheit individueller Bildungsprozesse herauszuarbeiten.

Bourdieus Konzept des Habitus

Die Art und Weise, in der ein Mensch sich zur Welt, zu anderen und zu sich selbst verhält, ist keineswegs ein bloß individuelles Phänomen, sondern vielfach gesellschaftlich vermittelt. Wie immer man Welt- und Selbstverhältnisse begrifflich näher zu bestimmen versucht (ob sprach- und diskurstheoretisch, psycho- oder soziologisch), stets wird man die gesellschaftliche Bedingtheit dieses Bezugs mitdenken müssen. Einen besonders interessanten Ansatz in dieser Hinsicht stellt das Habitus-Konzept

Pierre Bourdieus dar (vgl. Bourdieu 1987, 97–121, Koller 2009a). Unter *Habitus* versteht Bourdieu ein System relativ stabiler Dispositionen des Wahrnehmens, Denkens und des Handelns, die das Welt- und Selbstverhältnis der Akteure grundlegend strukturieren, aber diesen Akteuren ähnlich wie die Regeln einer Sprache nicht bewusst zu sein brauchen. Dieser Habitus entsteht Bourdieu zufolge durch die »Verinnerlichung« äußerer Strukturen (ebd., 102) im Laufe eines längerfristigen Prozesses, der bei Akteuren, die derselben gesellschaftlichen Klasse angehören, ähnliche Resultate hervorbringt. Die kollektive Dimension des Habitus beruht demzufolge auf der Homogenität der objektiven Existenzbedingungen und der damit verbundenen sozialen Konditionierungen der Mitglieder dieser Gruppe. Zwar gesteht Bourdieu durchaus zu, dass es »Unterschiede zwischen den individuellen Habitusformen« gibt (ebd., 113), doch handle es sich dabei nur um individuelle Varianten eines Grundmusters, die sich aus der Vielzahl möglicher Kombinationen derselben Elemente ergeben.

Die Funktion des Habitus, zwischen objektiven Existenzbedingungen und subjektivem Handeln zu vermitteln, kommt etwas umständlich, aber treffend in der Bezeichnung der Habitusformen als ›strukturiert-strukturierenden Strukturen‹ zum Ausdruck: Selbst durch die objektiven Existenzbedingungen strukturiert, wirke der Habitus seinerseits strukturierend auf das individuelle und kollektive Handeln ein (vgl. ebd., 98). Die Wirkung der objektiven Strukturen auf die Praktiken der Akteure ist dabei allerdings nicht im Sinne einer völligen Festlegung (Determination) zu verstehen, sondern eher als Begrenzung (Limitierung): Der Habitus legt das Handeln der Individuen nicht in allen Einzelheiten fest, sondern schließt nur bestimmte, mit den objektiven Existenzbedingungen unvereinbare Handlungsweisen aus.

Die theoretische Leistung des Habitus-Konzepts besteht vor allem darin, dass es die relative Konstanz und Regelmäßigkeit sozialer Praktiken besser zu erklären vermag als andere Modelle. Statt auf den Einfluss formaler Regeln, expliziter Normen oder bewusster Strategien führt es diese Stabilität auf die Wirksamkeit gesellschaftlich bedingter und von den Akteuren verinnerlichter Habitusformen zurück. Die relative Stabilität individueller Denk- und Verhaltensweisen beruht demzufolge vor allem auf der lebensgeschichtlichen Dimension des Habitus, seiner allmählichen Verfestigung im Zuge eines langfristigen Sozialisationsvorgangs.

Bourdieus Interesse gilt dabei insgesamt eher der Bedeutung des Habitus für die Aufrechterhaltung und Reproduktion objektiver Strukturen – weniger Phänomenen sozialen Wandels oder individuellen Transformationsprozessen. Vor diesem Hintergrund liegt die Bedeutung, die das Habituskonzept für eine Theorie transformatorischer Bildungsprozesse hat, zunächst vor allem darin, dass es die Trägheit individueller Welt- und Selbstverhältnisse und damit die Schwierigkeiten betont, die deren Veränderung im Wege stehen. Die durch frühere Erfahrungen gestiftete Struktur des Welt- und Selbstverhältnisses wirkt Bourdieu zufolge als eine Art Selektionsinstanz im Blick auf nachfolgende Erfahrungen. Indem der Habitus tendenziell nur solche Wahrnehmungen zulässt, die im Einklang mit seinem Verarbeitungsmodus stehen, bewahrt er sich vor krisenhaften Erfahrungen und daraus potentiell resultierenden Veränderungen (vgl. ebd., 113 f.). Bourdieus Theorie stellt, so gesehen, eine Erklärung weniger für die *Möglichkeit* als vielmehr für die relative *Unwahrscheinlichkeit* transformatorischer Bildungsprozesse dar.

Andererseits finden sich bei Bourdieu aber auch Formulierungen, die eine Veränderung von Habitusformen mindestens als denkbar erscheinen lassen. So ist z. B. davon die Rede, dass zwar der Habitus »mit den Strukturen aus früheren Erfahrungen jederzeit neue Erfahrungen strukturieren« könne, dass diese neuen Erfahrungen jedoch ihrerseits auch umgekehrt die »alten Strukturen in den Grenzen ihres Selektionsvermögens beeinflussen« (ebd., 113). Es gibt also für Bourdieu auch die Möglichkeit einer Rückwirkung neuer Erfahrungen auf alte Strukturen und damit einer Veränderung des Habitus. Die Frage ist dann, wie eine solche Konstellation beschaffen sein muss, die eine Veränderung des Habitus bzw. von Welt- und Selbstverhältnissen hervorruft. Damit sind wir bei der zweiten Frage an eine Theorie transformatorischer Bildungsprozesse: Welche typischen Problemkonstellationen gibt es, die solche Transformationen herausfordern?

Die Frage der Anlässe für transformatorische Bildungsprozesse

Als Anlass für Bildungsprozesse im hier vorgestellten Sinn lassen sich vor allem solche Situationen verstehen, in denen Menschen mit Problemen konfrontiert werden, für deren Bearbeitung sich die eingespielten Figuren ihres Welt- und Selbstbezugs als unzulänglich erweisen. Solche Krisenerfahrungen können durch *gesellschaftlich* bedingte Problemlagen verursacht sein, für deren Bearbeitung keine bewährten Strategien zur Verfügung stehen. Das lässt sich verdeutlichen, wenn wir noch einmal auf Bourdieus Habitus-Konzept zurückkommen.

Welt- und Selbstverhältnisse sich bildender Subjekte sind – wie gezeigt – als Habitusformen aufzufassen, die auf dem Wege der Verinnerlichung objektiver Existenzbedingungen erworben werden und sich in lebensgeschichtlich eingeschliffenen Dispositionen des Wahrnehmens, Denkens und Handelns niederschlagen. Die Entstehung solcher Dispositionen durch die Verinnerlichung der jeweiligen Existenzbedingungen in der Primärsozialisation macht den Habitus relativ unabhängig von aktuellen Gegebenheiten. Entscheidend für die Erklärung aktueller Handlungsweisen sind für Bourdieu deshalb weder die *gegenwärtigen* noch die *vergangenen* objektiven Lebensbedingungen; ausschlaggebend sei vielmehr das *Verhältnis* zwischen beiden, d. h. die Relation zwischen den Entstehungs- und den Anwendungsbedingungen des Habitus (vgl. Bourdieu 1987, 104 f).

Damit ist aber auch die Möglichkeit einer Diskrepanz zwischen aktuellen Existenzbedingungen und Habitus gegeben, d. h. die Möglichkeit, dass Subjekte im Laufe ihrer Sozialisation bestimmte Wahrnehmungs-, Denk- und Handlungsschemata erworben haben, die den *damaligen* Lebensverhältnissen angepasst waren, aber aufgrund gesellschaftlicher Veränderungen ihren *gegenwärtigen* Existenzbedingungen nicht mehr entsprechen. Exemplarisch dafür sind soziale Wandlungsprozesse aufgrund technologischer Veränderungen (wie etwa die Veränderung von Arbeitsanforderungen und Freizeitgewohnheiten durch den Computer) oder gesellschaftliche Umbrüche, wie sie sich in Deutschland im Zuge der Wiedervereinigung nach 1989 vollzogen haben. Ein anderes Beispiel für die gesellschaftliche Bedingtheit solcher Krisenerfahrungen ist die weltweit zunehmende Migration, die Menschen, die unter bestimmten soziokulturellen Bedingungen aufgewachsen sind, in gesellschaftliche Umgebungen mit ganz anderen Anforderungen und Lebensweisen bringt.

Anlässe für Transformationen des Welt- und Selbstverhältnisses können allerdings auch *individuelle* Krisenerfahrungen sein, wie sie z. B. mit der Adoleszenz oder anderen Statuspassagen im Lebenslauf einhergehen. In solchen Fällen sind die Irritationen bisher wirksamer Wahrnehmungs-, Denk- und Handlungsweisen auf körperliche Veränderungen (wie in der Pubertät) und neue soziale Erwartungen zurückzuführen, die sich aus der Zugehörigkeit zu einer bestimmten Alters- oder Statusgruppe ergeben. Doch auch dann sind individuelle Krisenerfahrungen, die zum Anlass für Bildungsprozesse werden können, in ihrem Verlauf von sozialen Bedingungen abhängig, die den Umgang mit Statuspassagen und kritischen Lebensereignissen betreffen. So kann z. B. die Adoleszenz als »psychosozialer Möglichkeitsraum« für das Experimentieren mit neuen Beziehungsformen verstanden werden, dessen Ausgestaltung von sozial sehr ungleich verteilten Ressourcen abhängig ist (vgl. King 2002).

Zur theoretischen Erfassung der Grundstruktur solcher Irritationen des Welt- und Selbstverhältnisses bieten sich Konzepte der *negativen Erfahrung* bzw. der *Fremderfahrung* an, die auf den philosophischen Erfahrungsbegriff Edmund Husserls zurückgehen (vgl. Buck 1981, Waldenfels 1997). Deren Ausgangspunkt stellt Husserls These von der Horizontstruktur aller Erfahrung dar, die besagt, dass wir Erfahrungen mit einem neuen, uns fremden Gegenstand nur innerhalb eines bereits vorhandenen Horizontes machen können. Als »negative Erfahrung« kann man mit Günter Buck (1981, 54) die Konstellation bezeichnen, dass ein solches Vorverständnis enttäuscht wird, weil eine bestimmte Antizipation, die mit dem bisherigen Erwartungshorizont verbunden ist, sich als nichtig erweist. Bildung vollzieht sich dann als Prozess eines Horizontwandels, in dem ›hinter‹ dem bisherigen, negierten Horizont ein neuer, weiterer Horizont auftaucht, der einen angemesseneren Rahmen für das Verständnis des Gegenstandes bietet.

In ähnlicher Weise fasst Bernhard Waldenfels die Erfahrung des Fremden als paradoxes Geschehen auf, bei dem eine etablierte

Ordnung an ihre Grenzen gerät (vgl. Waldenfels 1997, Kokemohr 2007, Koller 2009b). Der Begriff der Erfahrung verweist so auf eine bestimmte, aber jeweils kontingente Ordnung, die dafür sorgt, dass uns »*etwas als etwas*, also in einem bestimmten Sinn, einer bestimmten Gestalt, Struktur oder Regelung erscheint« (Waldenfels 1997, 19). Eine solche Ordnung ist stets selektiv und exklusiv, sie bevorzugt bestimmte Erfahrungsmöglichkeiten und schließt andere aus. Vor diesem Hintergrund kann das Fremde als dasjenige verstanden werden, was sich »dem Zugriff der Ordnung entzieht« (ebd., 20). Da solche Ordnungen gesellschaftliche Gebilde sind, ist das, was in einer gegebenen Situation als fremd erscheint, abhängig von den jeweiligen sozialen und historischen Umständen.

Die Erfahrung des Fremden besteht für Waldenfels darin, dass sich das Fremde zeigt, »indem es sich uns entzieht« (ebd., 42). Das Fremde ist demzufolge das, was nur insofern wahrgenommen werden kann, als es sich der jeweils geltenden gesellschaftlichen Ordnung verweigert. Diese Bewegung des Sich-Entziehens ist dabei als eine *Aktivität* des Fremden zu verstehen, die in unsere Ordnung einbricht und für Beunruhigung sorgt: Sie kann bedrohlich sein, aber auch verlockend, kann als Konkurrenz für das Eigene erscheinen, aber auch als Eröffnung neuer Möglichkeiten.

Bildungstheoretisch interessant ist, wie Waldenfels die möglichen Reaktionen auf die Herausforderung durch das Fremde beschreibt (vgl. ebd., 45 ff.). Wird die Beunruhigung durch das Fremde vor allem als Bedrohung wahrgenommen, so erscheint das Fremde als Feind, den es bis hin zur physischen Vernichtung auszusondern gilt. Eine zweite Form der Reaktion stellt die Aneignung des Fremden dar, die das Eigene fraglos als Norm voraussetzt, der das Fremde untergeordnet und dabei seiner Fremdheit beraubt wird. Die dritte Form der Reaktion, die das Fremde weder vernichtet noch seiner Fremdheit beraubt, besteht schließlich im »Antworten auf den Anspruch des Fremden« (ebd., 50), bei der das Eigene nicht als das Primäre vorausgesetzt wird, sondern sich gegenüber dem Anspruch, der vom Fremden ausgeht, immer schon in einer nachrangigen Position befindet. Bildung im Sinne der Transformation von Welt- und Selbstverhältnissen könnte als eine produktive Antwort auf den Anspruch des Fremden begriffen werden, die keine Leistung des Subjekts darstellt, sondern im Raum *zwischen* dem Subjekt und dem Fremden entsteht.

Offen bleibt in Waldenfels' Konzeption insbesondere, wie in Reaktion auf die Beunruhigung durch das Fremde *neue* Antworten und damit möglicherweise auch neue *Ordnungen* bzw. neue *Figuren des Welt- und Selbstverhältnisses* entstehen. Damit sind wir bei der dritten und letzten Frage an eine Theorie transformatorischer Bildungsprozesse.

Erklärungsansätze der Entstehung des Neuen

Eine theoretische Konzeption, die hier weiterhelfen könnte, stellt Ulrich Oevermanns (1991) Versuch einer sozialwissenschaftlichen Erklärung der Entstehung des Neuen dar. Ausgangspunkt dieses Versuchs ist die Auffassung von der sequenziellen Logik sozialen Handelns und der damit verbundenen zeitlichen Verlaufsstruktur von Interaktionen. Demzufolge stehen den Akteuren in intersubjektiven Handlungssituationen grundsätzlich stets mehrere Handlungsoptionen offen, von denen aber jeweils nur eine realisiert werden kann. Jede Handlung stelle deshalb eine Auswahl aus diesen Möglichkeiten dar (was nicht bedeutet, dass es sich dabei um eine bewusst getroffene Entscheidung handeln muss). Konkrete Fälle (z. B. das Handeln eines Subjekts oder die Interaktion einer Gruppe) lassen sich demnach als regelhafte Abfolge von Auswahlentscheidungen begreifen. Die von Oevermann entwickelte Objektive Hermeneutik zielt als sozialwissenschaftliche Forschungsmethode darauf ab, diese Regelhaftigkeit eines Falles, die Oevermann »Fallstruktur« nennt, zu rekonstruieren.

Das Problem der Entstehung des Neuen spielt hier insofern hinein, als im Prinzip an jeder Stelle des sequentiellen Verlaufs auch andere Selektionsentscheidungen und mithin Transformationen der Fallstruktur möglich sind. Neues entsteht Oevermann zufolge also *durch die Transformation der Regelhaftigkeit einer Fallstruktur*. Die entscheidende Frage lautet: Wie kommen solche Transformationen zustande? Als Quelle der Transformation einer Fallstruktur erscheint die »Lebenspraxis«, die Oevermann (1991, 297) als widersprüchliche Einheit von »Entscheidungszwang« und

»Begründungsverpflichtung« begreift. Im Normalfall begründen Subjekte ihre Entscheidungen durch den Verweis auf Normen bzw. Routinen. Problematisch wird dies, wenn angesichts neuartiger Bedingungen etablierte Entscheidungskriterien nicht mehr greifen. Bedingung für die Entstehung des Neuen ist also auch für Oevermann die Erfahrung einer Krise, in der ein eingeschliffener, routine-ähnlicher Handlungskreis zerbrochen ist.

Um zu erklären, wie es angesichts solcher Krisen zur Entstehung neuer Handlungsweisen kommt, beschreibt Oevermann den Prozess der Krisenbewältigung als einen Transformationsvorgang mit zwei Schritten und greift dabei auf eine frühe Schrift George Herbert Meads zurück. Den ersten dieser Schritte bildet die Produktion »innerer Bilder«, die Oevermann als intuitiven Vorgriff auf das interpretiert, was zur Krisenbewältigung fehlt. Meads Begriff des »inneren Bildes« bringt Oevermann dabei in Zusammenhang mit der Traumtheorie Freuds. Auch dort geht es ja um eine Art Krise, da der Traum Freud zufolge Unerledigtes aus dem aktuellen Leben des Träumers bearbeitet, das Beziehungen zu unbewältigten Triebwünschen aus der Vergangenheit aufweist. Und auch nach Freuds Traumtheorie erfolgt die Krisenbewältigung durch die Produktion von (Traum-)»Bildern«, in denen diese Wünsche als erfüllt dargestellt werden. Hier allerdings endet für Oevermann die Parallele, da bei Freud die träumerische Wunscherfüllung im Schlaf stattfindet, während es Mead um Krisenbewältigung durch reale Handlungen geht. Der zweite Schritt des Transformationsgeschehens besteht für ihn deshalb in der Übersetzung der »inneren Bilder« in realitätsgerechte Krisenlösungen. Dieses Geschehen vergleicht Oevermann mit künstlerischen Produktionsprozessen, in denen ebenfalls »innere Bilder« in eine materiell-symbolische Ausdrucksform gebracht würden.

Die Entstehung neuer Figuren des Welt- und Selbstverhältnisses in transformatorischen Bildungsprozessen wäre mit Oevermann mithin als kreatives Geschehen zu begreifen, das dem künstlerischen Schaffensvorgang ähnlich ist und drei Phasen aufweist: Auf die Krisenerfahrung selbst, in der eine eingespielte Routine sich als unzulänglich erweist, folgen zunächst die Produktion innerer Bilder und dann die Übersetzung dieser Bilder in realitätsadäquate Lösungen. Oevermanns Argumentation liefert darüber hinaus einige Hinweise auf Bedingungen für das Gelingen von

Bildungsprozessen im Sinne der Entstehung neuer Handlungsdispositionen. Der Bezug auf Mead und Freud legt nahe, dass solche Prozesse Freiheitsspielräume benötigen, wie sie für Traum und künstlerisches Schaffen kennzeichnend sind. Der Herabsetzung der zensierenden Aktivität des Bewusstseins durch den Schlaf im Falle des Traums entspricht in der Kunst die Ausschaltung strenger Rationalitäts- und Effizienzkriterien, wie sie in anderen gesellschaftlichen Tätigkeitsfeldern gelten. Bildung im hier vorgestellten Verständnis, so wäre daraus zu folgern, braucht Spielräume des Experimentierens jenseits ökonomischer Rationalitätsstandards, die mehr und mehr unseren Alltag bestimmen.

Weiterführende Literaturhinweise

Kokemohr 2007; Koller u. a. 2007; Koller 2009a; Koller 2009b.

Literatur

Bourdieu, P. (1987): Sozialer Sinn. Kritik der theoretischen Vernunft. Frankfurt a. M.
Buck, G. (1981): Hermeneutik und Bildung: Elemente einer vergleichenden Bildungslehre. München.
Humboldt, W. von (1980): Schriften zur Anthropologie und Geschichte. In: ders.: Werke in fünf Bänden. Hg. von A. Flitner und K. Giel, Bd. 1, 3. Aufl. Darmstadt.
King, V. (2002): Die Entstehung des Neuen in der Adoleszenz. Opladen.
Kokemohr, R. (2007): Bildung als Welt- und Selbstentwurf im Anspruch des Fremden. In: Koller u. a., 13–68.
Koller, H.-C. (2009a): Bildung als Habituswandel? Zur Bedeutung der Sozialisationstheorie Bourdieus für ein Konzept transformatorischer Bildungsprozesse. In: Budde, J./Willems, K. (Hg.): Bildung als sozialer Prozess. Heterogenitäten, Interaktionen, Ungleichheiten. Weinheim: Juventa, S. 19–34.
Koller, H.-C. (2009b): Fremdheitserfahrungen als Herausforderung transformatorischer Bildungsprozesse. In: Bartmann, S./Immel, O. (Hg.): Das Vertraute und das Fremde. Interdisziplinäre Zugänge zu Differenzerfahrung und Fremdverstehen.
Koller, H.-C./Marotzki, W./Sanders, O. (Hg.) (2007): Bildungsprozesse und Fremdheitserfahrung. Bielefeld.

Marotzki, W. (1990): Entwurf einer strukturalen Bildungstheorie. Biographietheoretische Auslegung von Bildungsprozessen in hochkomplexen Gesellschaften. Weinheim.

Oevermann, U. (1991): Genetischer Strukturalismus und das sozialwissenschaftliche Problem der Erklärung der Entstehung des Neuen. In: Müller-Dohm, S. (Hg.): Jenseits der Utopie. Theoriekritik der Gegenwart. Frankfurt a. M., 267–336.

Rosa, H. (2005): Beschleunigung. Die Veränderung der Zeitstrukturen in der Moderne. Frankfurt a. M..

Waldenfels, B. (1997): Topographie des Fremden: Studien zur Phänomenologie des Fremden 1. Frankfurt a. M., 16–53.

Lernen und Bildung

*Peter Faulstich**

›Lernen‹ ist zu einem Hauptwort der Debatte um individuelle, organisationale und gesellschaftliche Entwicklung geworden. In der Diskussion über gesellschaftliche Zukünfte hat der Begriff meist positive Konnotationen. Dies ist keineswegs selbstverständlich, und als Grundkategorie der Erziehungswissenschaft ist der Begriff des Lernens noch neu im Vergleich zu den Begriffen der Erziehung und Bildung. Der Begriff des Lernens wird heute hauptsächlich von einer verhaltenswissenschaftlich orientierten Psychologie strapaziert, die gesellschaftliche Bezüge ausblendet. Demgegenüber wird hier im Spannungsverhältnis von ›Lernen‹ und ›Bildung‹ ein Diskussionsstrang verfolgt, in dem der individualistische und am naturwissenschaftlichen Modell orientierte Begriff des Lernens in drei Schritten aufgebrochen wird: mit dem Versuch, das Handeln anderer zu verstehen, von Wilhelm Dilthey; mit dem Einbezug gesellschaftlicher Erfahrung bei John Dewey; und mit dem Rückgriff auf ›Situiertheit‹, um Lernen zu begreifen, bei Klaus Holzkamp. Von daher ist der Weg nicht weit zu den Begriffen ›Biographie‹, ›Persönlichkeit‹ und ›Identität‹, in denen man Elemente des Bildungsbegriffs finden kann. Damit wird eine erneuerte Sicht auf diesen klassischen Begriff ermöglicht.

Lernwiderstände

Nach unserer eigenen Erfahrung erzeugt Lernen durchaus ambivalente Gefühle. Einerseits kann Lernen Spaß machen und Erfolg bringen: Wir entfalten uns, wir eignen an, wir lernen lebenslang – wobei die letzte Formulierung schon ins Zwiespältige, sogar Negative kippt. Wenn man von ›lebenslangem Lernen‹ hört,

---

* Peter Faulstich, Dr. phil., ist Professor am Fachbereich Erziehungswissenschaft der Universität Hamburg mit den Arbeitsschwerpunkten: Personalentwicklung, kulturelle Bildung, Erwachsenenbildung, Bildungspolitik, berufliche und betriebliche Weiterbildung.

denken manche: »Jetzt soll ich ja schon wieder lernen.« Lernen kann also auch als Zumutung erfahren werden. Insofern schwingen andererseits Angst, Druck, Last, Überforderung, Fremdbestimmung und Anpassung mit. Die Institutionen des Lernens und ihr Personal verstärken dies nicht selten, indem sie Disziplin bis hin zu Anpasserei und Strebertum erzwingen und durch Prüfen und Auslesen Repression erzeugen. Im Unterschied zur derzeitigen, durchweg positiven Lesart z. B. in bildungspolitischen Dokumenten ist ›Lernen‹ bei uns selbst oft negativ besetzt. Wenn wir an die eigene Schulzeit denken, ist mit Lernen häufig die Erfahrung von Unsinnigkeit, Willkür, auch von Gewalt und Versagen verbunden.

Ein Abschnitt aus Bertolt Brechts *Flüchtlingsgesprächen* ist geeignet, dies zu illustrieren. Die Situation ist folgende: Zwei Deutsche befinden sich im Exil, einer ist ein Intellektueller, Ziffel, und der andere ein Vertreter der Arbeiterbewegung, Kalle. Ziffel hat seine Schulerinnerungen aufgeschrieben. Darin geht es um Schule, doch kann dies für alle Bildungseinrichtungen verallgemeinert werden: »Ich weiß, dass die Güte unserer Schulen oft bezweifelt wird. Ihr großartiges Prinzip wird nicht erkannt und nicht gewürdigt. Es besteht darin, den Menschen sofort in die Welt, wie sie ist, einzufügen. Er wird ohne Umschweife, und ohne dass ihm viel gesagt wird, in einen schmutzigen Tümpel geworfen: Schwimm oder schluck Schlamm! Die Lehrer haben die entsagungsreiche Aufgabe, Grundtypen der Menschheit zu verkörpern, mit denen es der junge Mensch später im Leben zu tun haben wird. Er bekommt Gelegenheit, vier bis sechs Stunden am Tag Rohheit, Bosheit, Ungerechtigkeit zu studieren. Für solch einen Unterricht wäre kein Schulgeld zu hoch, er wird aber sogar unentgeltlich, auf Staatskosten geliefert. Groß tritt dem Menschen in der Schule in unvergesslicher Gestaltung der Unmensch gegenüber. Dieser besitzt eine fast schrankenlose Gewalt. Ausgestattet mit pädagogischen Kenntnissen und langjähriger Erfahrung erzieht er den Schüler zu seinem Ebenbild. Der Schüler lernt alles, was nötig ist, um im Leben vorwärts zu kommen. Es ist dasselbe, was nötig ist, um in der Schule vorwärts zu kommen. Es handelt sich um Unterschleif, Vortäuschung von Kenntnissen, Fähigkeit, sich ungestraft zu rächen, schnelle Aneignung von Gemeinplätzen, Schmeichelei, Unterwürfigkeit, Bereitschaft, seinesgleichen an Höherstehende zu verraten usw. usw. Das wichtigste ist doch die Menschenkenntnis. Sie wird in Form von Lehrerkenntnis erworben« (Brecht 1940, 171 f).

Wir erinnern uns bei dieser Karikatur vielleicht an unsere eigenen Lehrer – vielleicht aber auch daran, dass unsere Lehrer ganz das Gegenteil von Unmenschen waren. Aber bei vielen Lernenden, die durch die Schule gegangen sind, gibt es ganz offensichtlich Lernwiderstände, und zwar berechtigt (vgl. Faulstich/ Grell 2005).

Gleichgültig, ob am Lernort Schule oder am Arbeitsplatz: Beim ›lebenslangen Lernen‹ spielen keineswegs alle mit. Die Zahl der Schulschwänzer ist erheblich, die der Ausbildungsabbrecher steigt, die Nicht-TeilnehmerInnen an Weiterbildung entziehen sich Lernanforderungen. Diese Lernwiderständigen sind zum einen durch fehlende Ressourcen von Zeit und Geld gekennzeichnet. Zum andern entziehen sie sich aber auch deshalb, weil sie keinen Sinn in eigenen Lernbemühungen sehen. Es gibt für sie keine positiven Erwartungen daran, was nach erfolgten Lernanstrengungen in ihren Arbeits- und Lebensbedingungen verbessert wäre. Insofern haben sie eine berechtige Zurückhaltung, da ihnen Begründungen für Lernen fehlen. Also entwickeln sie begründete Lernwiderstände. Sie werden dann als ›Benachteiligte‹ oder gar als ›Lernbehinderte‹ ausgegrenzt.

Wenn wir nach Erklärungen für Lernwiderstände suchen, müssen wir erstens einen angemessenen Begriff für menschliches Lernen und für den Stellenwert von Erfahrung finden; zweitens geht es darum, Lernprozesse in der individuellen Biographie als aufgeschichtete Erfahrungen zu verorten; und wir stoßen drittens auf gesellschaftliche Konstellationen der Herausbildung von Identität.

Lerntheorien: Verstehen von Erfahrung und gesellschaftlicher Einbindung

Obwohl ›Lernen‹ zu einer zentralen Kategorie gegenwärtiger Zeitdiagnosen im Kontext von ›Lebenslangem Lernen‹ und ›Wissensgesellschaft‹ geworden ist, besteht ein diffuser Begriffswirrwarr. Sieht man einmal ab von der Ebenenkonfusion zwischen

Psychischem und Physischem, welche die Neurophysiologie manchmal betreibt, so gibt es auch in der Lernpsychologie (vgl. den Überblick bei Mielke 2001) nach wie vor eine Vorherrschaft naturwissenschaftlich orientierter Ursache-Wirkungs- bzw. Reiz-Reaktions-Modelle, welche Instruktionsansätzen und entsprechenden Lernarrangements zugrunde liegen. In ihnen wird Lernen – bezogen auf unterschiedlichste Systeme (elektronische Schaltungen, Ratten, Menschen, Regionen, ganze Gesellschaften) – als *von außen erzeugt* angesehen.

Solche Auffassungen von Lernen werden aber den Anforderungen an eine dem menschlichen Lernen angemessene Theorie nicht gerecht. Sie beharren auf der Perspektive des externen Beobachters und tendieren zu linearen, kausalen Interpretationen des Lerngeschehens. Damit verkennen sie die grundsätzliche Freiheit menschlichen Handelns, in welchem niemals eine vollständige externe Determination besteht. Das Spezifikum menschlicher Aktivitäten ist vielmehr, dass sie *nicht* ausschließlich durch äußere Anstöße ausgelöst werden; vielmehr können Menschen auf der Grundlage von Sinn und Bedeutung handeln.

Es geht somit weniger um Beobachten als um Verstehen. Damit – und dies ist der erste Schritt, die verhaltenswissenschaftliche Engführung aufzubrechen – bezieht sich Lerntheorie zurück auf hermeneutische Konzepte der Geisteswissenschaften und deren Begründer Wilhelm Dilthey (1833–1911). Die Geisteswissenschaften konstituierten sich damals in Konfrontation mit den in der zweiten Hälfte des 19. Jahrhunderts vorherrschend werdenden beobachtenden und erklärenden Naturwissenschaften. Diltheys Absicht hingegen lag darin, die geschichtliche Welt als einen Dreiklang von Leben, Auslegen und Verstehen zu begreifen (vgl. Dilthey 1910). ›Lernen‹ war für ihn zwar kein direktes Thema; es kann aber eingeordnet werden als eine Form des *Erlebens*, das *verstanden* werden kann.

In den Konzepten der Phänomenologie, einer philosophischen Richtung, die diesem Grundansatz folgte, findet sich eine deutliche Abkehr von instrumentalistischen und bloß zweckbestimmten Interpretationen des Lernprozesses. Die Phänomene der Erfahrung und des Lernens haben für eine sich daran orientierende hermeneutische Erziehungswissenschaft vielmehr eine doppelte Bedeutung: Gemeint sind »einmal die einzelnen Erfahrungen von etwas. Die einzelnen Erfahrungen sind das erste, mit dem Wissen anfängt; mit ihnen hebt unsere Erkenntnis an. [...] Erfahrung meint zugleich einen Prozess, mit dem uns immer Neues zuwächst auf Grund schon gemachter Erfahrung. [...] Das Wort ›Erfahrung‹ weist zweitens auf eine Struktur hin, die wir die innere Rückbezüglichkeit der Erfahrung nennen wollen. Diese Rückbezüglichkeit bestimmt schon den Zuwachscharakter der Erfahrung. An jeder Erfahrung machen wir nämlich eine Erfahrung über diese Erfahrung. [...] Zugleich macht der Erfahrende auch eine Selbsterfahrung: Er erfährt etwas über seine Verhaltensweisen und lernt etwas über künftige Verhaltensweisen. Erst in dieser Rückwendung der Erfahrung auf sich selbst, die zugleich ein Wandel unseres Erfahrenkönnens ist, liegt die eigentlich belehrende Kraft der Erfahrung« (Buck 1989, 3 f).

Einen zweiten Bruch mit dem Kausalitätsdenken naturwissenschaftlicher Verhaltenswissenschaft und ihren Instruktionskonzepten vollzieht das Nachdenken über Lernen, wie es John Dewey (1859–1952) angestoßen hat. Deweys Explikation des Lernens ist eingebunden in das Konzept von Erfahren und Handeln des Pragmatismus, einer weiteren philosophischen Richtung. Demzufolge kann nichts Neues gelernt werden ohne anregende Erfahrung. Dewey betont die aktive Seite der Erfahrung durch Ausprobieren und Versuch: »Durch Erfahrung lernen heißt, das, was wir mit den Dingen tun, und das, was wir von ihnen erleiden, nach rückwärts und vorwärts miteinander in Verbindung zu bringen« (Dewey 1993, 187). Es geht nach Dewey beim Lernen um ein Orientieren des Handelns mit dem Ziel, Probleme zu lösen. Auslöser für Reflexionsprozesse – und also für Lernen – sind (a) »ein Zustand der Beunruhigung, des Zögerns, des Zweifelns« und (b) »ein Akt des Forschens oder Suchens« (ebd., 13). Im Handeln tauchen Probleme auf, welche Unsicherheit erzeugen, Erstaunen machen und Suchen anspornen. Im Denken wird Bekanntes neu geordnet oder Neues durch Lernen angeeignet. Das Lernen nimmt seinen Ausgang von einer Situation, die mehrdeutig ist, Alternativen enthält, ein Dilemma darstellt. Schwierigkeiten und Hindernisse veranlassen, anzuhalten.

Daraus erst entsteht die Möglichkeit von Handeln auf der Grundlage eines gemeinten Sinns. Denken entwickelt die Möglichkeit, rein instinktive, impulsive oder routinisierte Aktivitäten zu vermeiden bzw. auszusetzen. »Ein Wesen, das nicht die Fähigkeit zu denken besitzt, wird nur von seinen Instinkten und Begierden, von äußeren Verhältnissen und inneren Organzuständen zu Handlungen getrieben. Es handelt gleichsam, als würde es von hinten gestoßen« (Dewey 2002, 17). Menschen hingegen können überlegen, nachdenken, nach Begründungen suchen, verschiedene Möglichkeiten abwägen. »Ein denkendes Wesen kann daher auf der Basis des Nichtgegebenen und des Künftigen handeln« (ebd.).

Der Begriff der Erfahrungsorientierung ist eng mit dem Prinzip des Anschlusslernens, das in der Erwachsenenbildung verbreitet ist, verknüpft: Jedes Lernen baut auf früheren Erfahrungen auf. »Erfahrungen entstehen aus der aufmerksamen Wahrnehmung von Reizstrukturen, Sinneseindrücken, Erlebnissen, Begegnungen etc. aus der Umwelt und ihrer persönlichen Verarbeitung. Der Mensch macht Erfahrungen, d. h. er nimmt etwas, was ihm begegnet, […] was er hört, sieht, empfindet, erlebt, selektiv auf und bezieht es aktiv ein in den Zusammenhang dessen, was er bisher schon wahrgenommen […] und erfahren […] hat« (Dohmen 2001, 28).

Noch einen Schritt weiter in der Frage nach dem Verstehens- und Erfahrungsbezug von Lernen geht Klaus Holzkamp (1927–1995). Er unterscheidet zwischen ›Mitlernen‹ im Zusammenhang anderer Tätigkeiten auf der einen und Lernen als spezifischer Form menschlichen Handelns, als ›intentionales Lernen‹ auf der anderen Seite. Bei Holzkamp (vgl. 1993) ist menschliches Lernen immer mit Intentionalität verbunden: Es geht ihm um Lernen als eine besondere Handlungsform, die sich z. B. von Arbeiten oder Spielen unterscheidet. Diese Sichtweise hat erhebliche Konsequenzen für die Gegenstandskonstitution der Lerntheorie.

Bei intentionalem Lernen haben die Lernenden die Absicht, angesichts einer Irritation von Routinen im primären (bisherigen, gewohnten) Handlungsverlauf den neu auftretenden Schwierigkeiten und Problemen beizukommen und diese zu lösen. Lernen wird angestoßen von Fragen, nicht von fertigen Antworten, von Problemen, nicht von Resultaten. Es ist grundsätzlich ergebnisoffen und wahlfrei. Lernen stellt, so betrachtet, eine besondere Form von Handlungen dar, die darauf ausgerichtet ist, Weltverfügung zu erweitern.

Holzkamp hat den Ablauf von Lernhandlungen so zusammengefasst: Ausgehend von der Erfahrung einer Diskrepanz zwischen Intentionalität und vorhandener Kompetenz entstehen Lernthemen, um den im gewohnten Handlungsverlauf nicht überwindbaren Schwierigkeiten beizukommen. Solche Lernthemen beziehen sich aber nicht auf Lerngegenstände an sich, sondern auf ihre konkrete jeweilige Bedeutung für verfügungserweiterndes Lernen des Individuums. Bedeutungshaltig ist derjenige Aspekt von Welt, durch den diese für das Individuum und seine Lebensinteressen relevant und damit als Lernthematik zugänglich wird.

Wenn man, so Holzkamp weiter, nicht so kann, wie man will, wird eine Lernschleife eingebaut. Wenn man nun fragt, warum wir lernen, gibt es eine Alternative: Entweder ich treffe auf ein Problem und will es von mir aus lösen (d. h. ich will), oder aber es wird von außen – z. B. in einem Weiterbildungsprogramm – eine Aufgabe gestellt (d. h. ich soll). Damit kann der Einzelne auch wieder in doppelter Weise umgehen: Entweder er macht diese Aufgabe zu seinem eigenen Problem (d. h. er will); oder er lehnt diese Aufgabe ab, beugt sich ihr aber (d. h. er muss). Holzkamp kodiert diese beiden Möglichkeiten mit den Begriffen ›expansiv‹ und ›defensiv‹, wobei sie keine entgegengesetzten Pole, sondern unterschiedliche Grade des Umgangs mit Lernproblematiken darstellen.

Handelnde Menschen werden als Intentionalitätszentren aufgefasst, welche ihre Interessen auf Welt richten. Dies setzt ein antizipatorisches Moment voraus: Der Lernende meint ausgehend von seinen Interessen, dass nach gelungenem Lernen seine Handlungsmöglichkeit erhöht sein wird. Verfügungserweiterung ist eine aus der Sicht des Subjekts projizierte Situationsinterpretation, die neue Handlungsoptionen erschließt. *Welche* der als mögliche Handlungsalternativen gegebenen Bedeutungsaspekte das Individuum im Interessenzusammenhang seiner eigenen Lebenspraxis tatsächlich in Handlungen umsetzt, hängt von den *dafür* sprechenden Gründen ab: Sie können sie ergreifen, sich ihnen verweigern, sie unterlaufen, sie nur teilweise umsetzen oder aber auch verändern.

Alle Handlungen – auch Lernhandlungen – sind kognitive *und* emotionale Einheiten psychischer Aktivität. Holzkamp (vgl. 1993, 501–514) hat die Lerntheorie aus ihrer individualistischen

Verengung herausgeführt, und zwar durch die Vorstellung von partizipativem Lernen zwischen Meistern und Novizen sowie von kooperativem Lernen als gemeinsamer Aneignung. Damit wird der dritte, entscheidende Schritt, die Beschränktheiten traditioneller verhaltenswissenschaftlicher Lerntheorien aufzubrechen, vollzogen: Alles Lernen ist eingebunden in einen situativen Kontext innerhalb gesellschaftlicher Einbindungen; es verläuft vor dem Hintergrund eigener körperlicher Erfahrungen, sprachlicher Gebundenheit und lebensgeschichtlicher Perspektive. Holzkamp fasst diesen Zusammenhang mit dem Begriff der *Situiertheit*.

Mit *körperlicher* Situiertheit ist der Umstand gemeint, »dass mein Standort und meine Perspektive an jeweils meinen sinnlich-stofflichen Körper gebunden sind« (Holzkamp 1993, 253). »Auch meine scheinbar bloß mentalen oder verbalen Lernhandlungen werden stets an einen bestimmten Ort, zu dem ich mich irgendwie hinbewegt haben muss, von mir vollzogen; auch sind darin stets körperliche Bewegungen oder mindestens Handlungen beteiligt« (ebd., 246). Die Situiertheit durch Körperlichkeit ist durch Lernen nicht aufhebbar. Vielmehr ergeben sich Behinderungen, Grenzen der Verfügung, Undurchschaubarkeiten und Widerständigkeiten. Aber auch diese sind zu verstehen, weil Fühlen, Vorstellen und Wollen rückgebunden sind an die je eigene Körperlichkeit. Die eigene Körperlichkeit bleibt letztlich unverfügbar. Lernprozesse sind durch unseren Leib beeinträchtigt oder angeregt: Denken und Üben, Schreiben, Zuhören und Lesen beanspruchen immer auch den Körper, Sättigung, Durst und Müdigkeit hindern am Lernen usw. Eine weitere Form der Situiertheit ist die *in Sprache*. Wir kommentieren unsere Aktivitäten unaufhörlich selbst. Das bedeutet auch, dass wir beim Denken still und leise ständig unseren Wortschatz verwenden. Auf diese Weise gelingt die jeweils aktuelle Handlungssteuerung. Zur mental-sprachlichen Situiertheit des Lernens gehören auch die denkende Vorausschau auf Kommendes und das Nachdenken über Vergangenes.

Die körperliche und die sprachliche Situiertheit gehören zu den Elementen, die sich in einem Menschenleben zu einer Biographie fügen. Um Lernen zu begreifen, müssen wir mindestens diese Komplexität der körperlichen, der sprachlichen und der biographischen Situiertheit erfassen. Daher liegt es nahe, den Fokus auf das *einzelne* Individuum aufzugeben und dessen Einbezug in *soziale Kontexte* in den Mittelpunkt der Überlegungen zu stellen.

Biographie

Mit den Begriffen des Habitus, des sozialen Milieus und der sozialen Praxis verbindet der französische Soziologe Pierre Bourdieu (1930–2002) Individuum und Gesellschaft begrifflich: Im Zentrum des Individuellen findet sich bereits das Gesellschaftliche. Lernen ist unter dieser Perspektive ein Prozess des sozialen Austauschs im Rahmen von sozialen Milieus, von Praktiken, in denen sich der Habitus des Individuums formt und der es untrennbar mit dem sozialen Milieu, aus dem es stammt, verbindet. Insofern sind in jeder Biographie Individuelles und Gesellschaftliches unauflöslich miteinander verbunden.

Hieran knüpft die biographische Forschung in der Erziehungswissenschaft an. Ansetzend bei der subjektiven Sinn-Perspektive untersucht sie biographische Materialien (z. B. autobiographische Erzählungen, die auf der Basis narrativ-biographischer Interviews zustande kommen), um herauszufinden, wie Menschen Wirklichkeit konstruieren, wie sie gesellschaftliche Zuschreibungen aufnehmen, wie sie soziale Regeln und Strukturen reproduzieren oder variieren und dabei individuellen Eigensinn entwickeln. In biographischen Erzählungen *verknüpfen* sich informelle, formelle, zufällige, erfahrungsbezogene und alltagsorientierte Lernformen, denn in der Erfahrungsaufschichtung wird zwischen ihnen keine analytische Trennung vollzogen. Gleichwohl lassen sich durch die Analyse Verknüpfungsmuster und Faktoren herausarbeiten, die diese ineinandergreifenden Lernprozesse beschreibbar machen.

Genau dies macht Biographien als Untersuchungsgegenstand interessant, denn sie erweisen, wie gesellschaftliche Gegebenheiten und individuelle Erfahrungen zusammenkommen. Ein erfolgversprechender Ansatzpunkt für die Analyse sind dabei kritische Lebensereignisse. So ergeben sich z. B. beim Verlassen des Elternhauses, beim Übergang vom Bildungs- ins Beschäftigungssystem oder beim Wiedereintritt in den Beruf Risikolagen aufgrund des Statuswechsels. Solche riskanten Übergänge im Lebensablauf sind zwar oftmals durch große Handlungsautonomie, gleichzeitig aber auch durch drohenden Kontrollverlust gekennzeichnet. Herausforderungen sind dabei nicht die Ereignisse selbst, sondern die Biographie, auf die sie treffen.

Bourdieu hat in seinem anregenden Aufsatz *Die biographische Illusion* (1990) zwischen Lebensgeschichte und Laufbahn unterschieden. Er provoziert darin Misstrauen gegenüber der vertrauten Alltagsvorstellung von Lebensgeschichte, die er als »Konstruktion des perfekten sozialen Artefakts« (80) kennzeichnet. Seine Kritik führt ihn dazu, »den Begriff der Laufbahn [...] als eine Abfolge von einander durch denselben Akteur (oder eine bestimmte Gruppe) besetzten Positionen zu konstruieren, in einem ›sozialen‹ Raum, der sich selbständig entwickelt und der nicht endenden Transformationen unterworfen ist« (ebd., 80). Biographische Ereignisse bestimmen sich demnach als Platzierungen im sozialen Raum. Diese Verortungsstrategien sind Konstruktionsleistungen von Individuen im Herstellen sozialer Wirklichkeiten. D. h. Individuen lernen in verschiedenen sozialen Feldern und auf der Grundlage ihres jeweiligen Habitus.

Identität

Darauf beruht die Kontinuität der Entwicklung der Individuen über einzelne Lernereignisse hinaus. Der hierfür verwendete Begriff der Identität beruht auf der Annahme, dass menschliche Wesen ein grundsätzliches Interesse daran haben, sich selbst als Einheit zu verstehen: sowohl im Sinne einer Kontinuität ihrer Biographie als auch im Sinne der Unterschiedenheit von anderen. Auf diesem Grundgedanken konzipiert George H. Mead (1863–1931) seine Theorie von der Innerweltlichkeit des Geistes: Geist und Identität entstehen im gesellschaftlichen Prozess, was bedeutet, die Auffassung aufzugeben, »die Seele sei eine Substanz, die bereits bei der Geburt die Identität des Individuums ausmacht« (Mead 1934, 39). Mead schlägt demgegenüber vor, »die Erfahrung vom Standpunkt der Gesellschaft zu betrachten, zumindest unter dem Gesichtspunkt der Kommunikation als der Voraussetzung für eine Gesellschaftsordnung« (ebd.), und die »Entwicklung des Geistes innerhalb eines Verhaltens« – vergleichbar mit Bourdieus Habitusbegriff – herauszuarbeiten.

Der relativ stabile Kern der Identität kann mit dem Begriff der Persönlichkeit gefasst werden. »Der Mensch hat eine Persönlichkeit, weil er einer Gemeinschaft angehört, weil er die Institutionen dieser Gemeinschaft in sein eigenes Verhalten hereinnimmt. [...] Die Struktur der Identität ist also eine allen gemeinsame Reaktion, da man Mitglied einer Gemeinschaft sein muss, um eine Identität zu haben« (ebd., 204 f). Identität ist also eine zutiefst soziale Kategorie, keine feste Eigenschaft, die man hat. Identität ist nicht vorgegeben, sondern wird im Austausch mit anderen überhaupt erst erzeugt (vgl. Keupp 1997, 34). Die Chance zur Entwicklung von Identität kann allerdings durch zunehmend diffuse Lebensverhältnisse gefährdet werden: »Der offensichtlich inflationäre Gebrauch des Identitätsbegriffs« weist, so Keupp (1997, 7) darauf hin, »dass Identitätsbildung unter den gegenwärtigen gesellschaftlich-kulturellen Bedingungen prekär geworden ist«.

Resümee: Bildung

Bildung lässt sich begreifen als ein lebensgeschichtlicher Vorgang, in dessen Verlauf die Individuen sich bemühen, Identität herzustellen, sich im Lernen Kultur anzueignen und dabei ihre Persönlichkeit zu entfalten. In diesem Prozess entsteht die in der individuellen Biographie mögliche Identität. Bildung in diesem Sinn kann es nur geben in modernen Gesellschaften, in denen der Ort, die Stellung und der Lebenslauf der Einzelnen nicht festgelegt sind. Die Inhalte einer solchen Bildung bestimmen sich nicht aus einem zeitlosen Kanon, sondern historisch konkret angesichts der gegenwärtig sich stellenden Probleme. Bildung heißt demnach, diejenigen Kompetenzen zu erwerben, die nötig sind, um gesellschaftliche Probleme zu verstehen, die eigene Position dazu zu finden, entsprechende Entscheidungen zu treffen und handelnd einwirken zu können. Das zentrale Bildungsproblem, die Perspektive der Entfaltung von Persönlichkeit, ist demnach gebunden an die Gewinnung von Souveränität über das eigene

Leben, das heißt auch von Lernchancen. Um die Diskussion über Lernen an die Debatte über Bildung heranzuführen, ist die Vorstellung von Biographie als eines kumulativen sozialen Prozesses vielversprechend, in den die Entwicklung von Identität einbezogen ist – allerdings nur, wenn ›Identität‹ gleichzeitig als etwas fluides begriffen wird, das Lernprozesse immer wieder neu bündelt.

Weiterführende Literaturhinweise

Alheit/Dausien 2002; Faulstich/Ludwig 2004; Faulstich/Grell 2005; Holzkamp 1993.

Literatur

Alheit, P./Dausien, B. (2002): Bildungsprozesse über die Lebensspanne und lebenslanges Lernen. In: Tippelt, R. (Hg.): Handbuch Bildungsforschung. Opladen, 565–585.

Bourdieu, P. (1974): Der Habitus als Vermittlung zwischen Struktur und Praxis. In: ders.: Zur Soziologie der symbolischen Formen. Frankfurt a. M., 125–158.

Bourdieu, P. (1990): Die biographische Illusion. In: Bios, Jg. 3, H. 1, 75–81.

Brecht, B. (1940): Flüchtlingsgespräche. Frankfurt a. M. 1965.

Buck, G. (1989): Lernen und Erfahrung – Epagogik. Zum Begriff der didaktischen Induktion Darmstadt.

Dewey, J. (1993): Demokratie und Erziehung. Weinheim.

Dewey, J. (2002): Wie wir denken. Zürich.

Dilthey, W. (1910): Der Aufbau der geschichtlichen Welt in den Geisteswissenschaften. Frankfurt a. M. 1970.

Dohmen, G. (2001): Das informelle Lernen. Die internationale Erschließung einer bisher vernachlässigten Grundform menschlichen Lernens für das lebenslange Lernen Aller. Bonn.

Faulstich, P. (2002): Verteidigung von ›Bildung‹ gegen die Gebildeten unter ihren Verächtern. In: Siebert, H. (Hg.): Literatur und Forschungsreport Weiterbildung Nr. 49. Bielefeld, 15–25.

Faulstich, P./Ludwig, J. (Hg.) (2004): Expansives Lernen. Baltmannsweiler.

Faulstich, P./Grell, P. (2005): Widerständig ist nicht unbegründet – Lernwiderstände in der Forschenden Lernwerkstatt. In: Faulstich, P./Forneck,

H./Knoll, J. (Hg.): Lernwiderstand – Lernumgebung – Lernberatung. Bielefeld, 18–93.
Holzkamp, K. (1993): Lernen. Frankfurt a. M.
Keupp, H. (1997): Identitätsarbeit heute. Frankfurt a. M.
Mead, G. H. (1934): Geist, Identität und Gesellschaft. Frankfurt a. M. 1968.
Mielke, R. (2001): Psychologie des Lernens. Stuttgart.

Autorität als soziokulturelle Bedingung des Aufwachsens

*Michael Wimmer**

Der Begriff ›Autorität‹ bezeichnet einen ambivalenten, widersprüchlichen und umstrittenen Sachverhalt, der je nach gesellschaftlichen Bedingungen unterschiedlich interpretiert wird. Einerseits gilt Autorität als eine elementare und unverzichtbare Bedingung der psychischen, moralischen und kognitiven Entwicklung des Individuums, seiner Autonomisierung, Identitätsfindung und Sozialintegration. Andererseits ist der Begriff verbunden mit Fremdbestimmtheit und Macht, mit Herrschaft, Kontrolle und Disziplinierung, mit Unterordnung und Zwang, Repression und Gewalt – bis hin zu politischem Autoritarismus, Totalitarismus und diktatorisch-tyrannischen Staatsformen. Hat daher Autorität historisch-politisch betrachtet jede Legitimation verloren, erweist sie sich zugleich als unvermeidbare Entwicklungsbedingung. Der Artikel leuchtet solche gegensätzlichen Bestimmungen und Bewertungen von Autorität aus.

Zwischen Freiheit und Zwang

Autorität ist weder eine Eigenschaft noch ein Persönlichkeitsmerkmal, sondern sie basiert auf Anerkennungsverhältnissen. Nur wer als Autorität anerkannt wird und nur wem (z. B. aufgrund von Geburt, Erfahrung, Wissen, Leistung, Amt) eine Überlegenheit zugeschrieben wird, kann auch als eine Autorität gelten. Autorität unterscheidet sich deshalb von Zwang und Gewalt dadurch, dass sie auch auf Freiwilligkeit gründet: Der Autoritätsperson muss ein Gehorchenwollen, eine freiwillige Folgschaft

---

* Michael Wimmer, Dr. phil., ist Professor für Systematische Erziehungswissenschaft an der Universität Hamburg. Seine Arbeits- und Forschungsschwerpunkte sind: Erziehungs- und Bildungsphilosophie im Kontext gesellschaftlicher Transformationsprozesse; Differenzphilosophie und Erziehungswissenschaft; Psychoanalyse, Medientheorie und Kulturwissenschaft; das Politische und die Bildung.

entgegenkommen. Daher eignet sich der Autoritätsbegriff für die Beschreibung und Analyse aller asymmetrischen Sozial- und Interaktionsverhältnisse, in denen es 1. um Lenkung, Leitung, Führung und Regierung geht und in denen 2. die Adressaten in der Lage sind, ihre Zustimmung zu geben. Ob es um die Erziehung von Individuen geht oder um medizinische, therapeutische oder juristische Expertenhilfen, um Personalmanagement, institutionelle Steuerung oder um die politische Regierung von Bevölkerungen: Immer spielt Autorität eine zentrale Rolle, weil Menschen keine Wesen sind, die wie einfache Maschinen oder Objekte gelenkt und gesteuert werden können, sondern selbstbezügliche Individuen und potentiell freie Subjekte. Um allerdings Autonomie und Freiheit zu ermöglichen und ihren individuellen Gebrauch den jeweils geltenden Normen und Regeln entsprechend zu konfigurieren, bedarf es, so wird gesagt, der Autorität als einer Instanz, die Autonomie und Freiheit befördert, die Individuen dabei nicht direkt steuert, sondern indirekt lenkt; die sie dem Gesetz weniger unterwirft als zu dessen Achtung bewegt.

Seit der Moderne ist es die vordringliche Aufgabe der Pädagogik, die nachwachsende Generation nicht bloß an das Bestehende anzupassen, sondern die Individuen dazu zu befähigen, als freie, autonome und selbstverantwortlich handelnde Subjekte ihren Ort in der Gesellschaft selbst zu finden und ihre Zukunft eigenständig zu gestalten. Deshalb spielt Autorität gerade in pädagogischen Zusammenhängen eine zentrale Rolle. Autorität, so könnte man sagen, ist die Antwort auf die Frage Immanuel Kants, wie man Freiheit durch Disziplinierung hervorbringen könne: »Eines der größten Probleme der Erziehung ist, wie man die Unterwerfung unter den gesetzlichen Zwang mit der Fähigkeit, sich seiner Freiheit zu bedienen, vereinigen könne. Denn Zwang ist nötig! Wie kultiviere ich die Freiheit bei dem Zwange?« (Kant 1798/1978, 711). Anders formuliert, ohne Anspruch von außen, ohne Aufforderung und ohne Anregung, kurz: ohne Erziehung entwickelt sich die Vernunft im Menschen ebenso wenig wie die Fähigkeit, sich seiner Freiheit zu bedienen – eine Fähigkeit, die nach Kant keinesfalls darin bestehen kann, sich bloß von den eigenen Leidenschaften und Launen leiten zu lassen. Wie kann aber Freiheit durch Erziehung bedingt sein? Wie ist Erziehung möglich, wenn sie doch als Praxis ihrer Intention widerspricht? Vermittels der Autorität des Pädagogen, so die traditionelle Antwort, denn folgt der Zögling freiwillig, wird aus dem Sollen ganz von selbst ein Wollen.

Zwischen Affirmation und Kritik

In älterer pädagogischer Perspektive wird Autorität nicht nur als eine notwendige Bedingung der Ontogenese (Personwerdung) angesehen, sondern als positive, die Emanzipation und die Freiheit des Einzelnen fördernde Kraft verstanden. Sie lege den Grund für Sicherheit, Vertrauen und Realitätsbewusstsein. Vertrauen gilt als Voraussetzung von Sozialität, Intersubjektivität und gelingender Kommunikation; es mache die Menschen in der Welt heimisch. Erzieher müssten Stärke, Selbstsicherheit und Vertrauenswürdigkeit aufweisen, damit das Kind ihnen Vertrauen entgegen bringen könne; vor allem der Mutter falle die Funktion zu, Vertrauen zu geben und zu schaffen, weil nur unter ihrer sorgenden Obhut die Erfahrung einer sinnhaft geordneten Welt möglich werde. Die Grundgewissheiten des Ich – von der Einheit seines Körpers, der Gegenwärtigkeit der Welt und der Konstanz der Objekte – könnten sich nur in einer Interaktion konstituieren, in der Erwachsene den Orientierung gebenden, verlässlichen, wertgebundenen, Regeln, Halt und Stärke verkörpernden Part einer Autorität übernehmen. Nur auf der Basis von Sicherheit und Geborgenheit ließen sich auch Unabhängigkeit und Mündigkeit fördern (vgl. Bollnow 1958, 175–181, Erikson 1977, 62–74).

Andere Theorien heben demgegenüber eher die negativen und Herrschaftsaspekte von Autorität hervor. Ihnen zufolge beruht die Zustimmung und Folgebereitschaft nicht nur auf Vertrauen und Glauben, sondern ebenso auf Angst vor Strafe oder vor Liebesentzug oder auf Schuldgefühlen. So gründet z. B. für Sigmund Freud jegliche Autorität in der durch die anfängliche Hilflosigkeit des Kindes bedingten Abhängigkeit von den Eltern: Gelingt es dem Kind, Urvertrauen zu entwickeln, dann wird die »Gläubigkeit der Liebe [...] zu einer wichtigen, wenn nicht zur uranfänglichen Quelle der Autorität« (Freud 1905, 61). Nach

Freud ist der Vater »die älteste, erste, für das Kind einzige Autorität, aus deren Machtvollkommenheit im Laufe der menschlichen Kulturgeschichte die anderen sozialen Obrigkeiten hervorgegangen sind« (Freud 1900, 226). Dabei sieht Freud die Funktion von Autorität insbesondere in Zusammenhang mit der Entstehung des Über-Ichs; hierbei kommt dem Vater die Rolle zu, die Mutter-Kind-Dyade zu trennen und dem Kind Gehorsam gegenüber dem Verbot der Mutter als erstem Liebesobjekt abzuverlangen. Auf dem dadurch erzwungenen Triebverzicht basiere Kultur. Entstehend durch Identifikation mit dem Vater, beruhe das Über-Ich auf der Verinnerlichung äußeren Zwangs. Es werde zum Träger der Tradition, da es im Laufe der Entwicklung auch die Einflüsse jener Personen annehme, »die an die Stelle der Eltern getreten sind, also von Erziehern, Lehrern, idealen Vorbildern« (Freud 1933, 502), die als nachfolgende Repräsentanten der väterlichen Autorität fungieren.

Die frühe Kritische Theorie nimmt diesen psychoanalytischen Gedanken auf: Gesellschaftliche Gewalt wird demnach vermittels des Über-Ich zu innerer Gewalt, die Furcht vor äußeren Strafen wird in Schuldgefühle und Gewissensangst transformiert. Dabei gründe die Autorität des Vaters nicht in seiner Person, sondern in der Autoritätsstruktur der Gesellschaft, weshalb die Familie als »psychologische Agentur der Gesellschaft« (Fromm 1936/1970, 87), als »Erzeugerin autoritärer Gesinnung« (Horkheimer 1936/1970, 61) gelten müsse. Dies hänge weniger von den Erziehungsmethoden ab als von der jeweiligen Familienstruktur und deren Einbettung in der Gesellschaft.

Der Kritischen Theorie zufolge ist der sich reproduzierende Autoritätsglaube die Grundbedingung der bisherigen Geschichte als Herrschaftsgeschichte: »Die notwendige Herrschaft von Menschen über Menschen […] im Herzen der Beherrschten selbst zu befestigen, ist eine Funktion des gesamten kulturellen Apparats der einzelnen Epochen gewesen« (ebd., 22). Dabei wandele sich allerdings die Vaterfunktion in Abhängigkeit von der Sozialstruktur, die als Bedingung der väterlichen und auch der pädagogischen Autorität gilt. So könne gerade die soziale Schwächung des Vaters (z. B. durch Arbeitslosigkeit) den Wunsch nach einem imaginären Über-Vater wecken, wie etwa in der faschistischen Vorstellungswelt. In dieser gesellschaftskritischen Sicht besteht die Funktion von Autorität darin, einen bestehenden Herrschaftszusammenhang sicherzustellen. *Personale* Autorität wird dabei durch *gesellschaftliche Autoritätsverhältnisse* bedingt, die vermittels jener die Anpassung der Individuen erzwingen. Dies gelingt allerdings nur dann, wenn kein Widerstand, sondern eine affektive, bejahende Bindung entsteht, so dass der Zwang kaum als solcher empfunden wird.

Die disziplinierende Sozialintegration – Hauptgegenstand der Kritischen Theorie der Gesellschaft wie auch der emanzipatorischen Pädagogik – bildet den Kern der ›Entfremdung des Menschen‹ von sich selbst. Gemeint ist eine Entfremdung, die den äußeren Widerspruch zwischen Individuum und Gesellschaft in jenes selbst verlagert. Durch die »Introversion des Opfers« (Horkheimer/Adorno 1949/1968, 71) – angespielt wird hier auf die schon im Mythos artikulierte Widersinnigkeit, die Herrschaft über sich selbst nur vermittels eines Selbstopfers erreichen zu können – bzw. durch Triebverzicht im Sinne Freuds wird das Individuum *selbst* zum Ort der Dialektik von Freiheit und Knechtschaft. Die an die Kritische Theorie anschließende kritische Erziehungswissenschaft (vgl. Mollenhauer 1968) und kritische Bildungstheorie halten an der Vorstellung einer Rückkehr aus der Entfremdung, einer Befreiung des Menschen zu sich selbst fest.

Sowohl die ältere pädagogische Theorie als auch die Kritische Theorie verstehen die verinnerlichte moralische Wertordnung (das Über-Ich) als den Brückenkopf der Gesellschaft ins Individuum hinein. Von der älteren pädagogischen Theorie wird dies als eine notwendige Kultivierung und Zivilisierung des Menschen verstanden, als eine positiv zu bewertende Leistung der Erziehung, die ohne Autorität nicht möglich wäre. Demgegenüber sieht die Kritische Theorie darin einen Repressionszusammenhang, der nicht nur für die Entfremdung der Individuen verantwortlich sei, sondern ein Kontinuum mit totalitären Herrschaftsformen bilde; ihnen leisteten autoritäre Verhältnisse Vorschub. Bestätigt wurde die allgemeine Gefahr von Autoritätshörigkeit für die Grundlagen liberaler Gesellschaften durch die Experimente, die Stanley Milgram erstmals 1962 durchführte (vgl. Milgram 1997). Daher gelte es, jede Art von Autorität einer radikalen Kritik zu unterziehen, um eine Wiederholung des Faschismus mit seiner autoritären Forderung unbedingten Gehorsams zu vermeiden. Solange in den Bereichen gesellschaftlichen Lebens repressive und gewaltförmige Verhältnisse bestünden, begünstigten diese die fortgesetzte Entstehung des »autoritären Charakters« (vgl. Adorno 1973, Rabe-Kleberg 1989).

Zwischen Wiedererrichtung und Formwandel

Mit Verweis auf den Nationalsozialismus erklärte die Studentenbewegung der 1960er und 1970er Jahre Autorität für gefährlich. Autorität geriet dadurch zeitweilig in eine Legitimationskrise. Seit Ende des 20. Jahrhunderts lässt sich jedoch eine Rückkehr autoritärer Vorstellungen beobachten. Angesichts gesellschaftlicher Desintegrationsphänomene – wie zunehmender Disziplinlosigkeit und Gewalt an Schulen, mangelnder Leistungsbereitschaft, Missachtung aller Autoritäten – wird eine ›Erziehungskatastrophe‹, ein ›Erziehungsnotstand‹ diagnostiziert. Zurückgeführt wird dies auf eine zu nachgiebige Haltung gegenüber Kindern und Jugendlichen sowie auf mangelnde Erziehungsbereitschaft der Eltern; behauptet wird ein Mangel an Autorität, ein Versagen von Eltern und Schule; große Teile der nachwachsenden Generation hätten weder Achtung vor Erwachsenen noch vor Regeln und Normen und seien gänzlich orientierungslos.

Gefolgert wird, Kinder bräuchten Grenzen. Eine Streitschrift wie *Lob der Disziplin* (Bueb 2006) findet große Zustimmung, und als neuer Leitfaden im Umgang mit disziplinlosen, gewaltbereiten oder kriminellen Jugendlichen gilt die Parole »Null Toleranz«. Leitung und »Führung« seien unverzichtbar in sozialen Zusammenhängen und besonders in pädagogischen Verhältnissen; jemand müsse die Rolle des »Führers« übernehmen. Dererlei wird inzwischen wieder als unbezweifelbare Tatsachen vorgebracht. Beobachten lassen sich eine Bejahung hierarchischer Verhältnisse und die Akzeptanz von Ungleichheiten, eine Revitalisierung autoritärer Denkmuster und Strukturen. Für die Fürsprecher einer Rückbesinnung auf Autorität steht fest, dass die antiautoritäre (Studenten-) Bewegung Hauptursache für die Ausschreitungen Jugendlicher und die Disziplinprobleme an Schulen heute ist.

Aber weder eine Rückkehr zur traditionellen paternalen Autorität noch die Abschaffung jeglicher Ungleichheit in der Erziehung kommen als Lösungen in Frage. Wenn es statt dessen im Kern darum geht, Kinder vor zu viel Freiheit zu schützen und sie zugleich von zu viel Schutz zu befreien (vgl. Foray 2007), dann tragen die eher moralisch aufgeladenen Diskurse *für* oder *gegen* Autorität, Führung und Disziplin wenig zur Klärung der Frage bei, wie dies möglich sein könnte.

Eine andere theoretische Perspektive sieht kein Verschwinden, sondern einen Formwandel von Machtverhältnissen vor sich gehen, der die Autoritätsbeziehungen unsichtbarer mache, indem er sie entpersonalisiere. So unternimmt Bröckling (2007) eine kritische Analyse des in alle Bereiche gesellschaftlichen Lebens eingedrungenen Diskurses betriebswirtschaftlich-›managerialer‹ Menschenführung und des Selbstmanagements. Dieser Diskurs bedeute keineswegs eine Verabschiedung äußerer Leitungs- und Führungsautoritäten, er gebe ihnen jedoch ein neues Gewand. In diesem Diskurs kommt dem Individuum als *Unternehmer seiner selbst* alle Verantwortung für sein gesellschaftliches Fortkommen, für berufliche Erfolge wie Misserfolge zu; der Einzelne wird – scheinbar oder tatsächlich – nicht mehr von einer äußeren Autorität geführt, sondern muss lernen, sich selbst zu führen. Die einzige Autorität, die er anzuerkennen hat, ist der Markt.

Angesichts der Rückkehr oder Transformation autoritativer Vorstellungen ist die Frage nach dem Grund von Autorität nicht bloß akademisch, sondern hat politische Tragweite. Dessen eingedenk versuchen neuere sozialphilosophische Ansätze eine Umformulierung der Autoritätsproblematik (vgl. Wimmer 2009), jenseits der Alternative von konservativem Autoritätsglauben und radikaler Autoritätskritik. Ausgegangen wird hier von der Entdeckung der ›Dezentrierung des Subjekts‹. Sie besagt, dass entgegen dem Selbstverständnis des autonomen Subjekts dessen sozialgeschichtliches Fundament durch anonyme Regelstrukturen gebildet wird, die sogar die Widerstandsformen des Subjekts mit bedingen. Dieser Theorieansatz nimmt an, dass *die Emanzipation selbst* eine funktionale Zurichtung der Individuen für Ausbeutungs- und Verwertungszwecke ist. Wie wird dies erklärt?

Das Sprechen, die sozialen Institutionen, die Körper, die Wünsche sind formiert durch unbewusst wirksame symbolische

Ordnungen. Ohne sie würde der Mensch nicht den Status eines Subjekts, keinerlei Artikulations- und Handlungsfähigkeit erreichen. Zugleich aber untergraben diese symbolischen Ordnungen die vermeintliche Autonomie des Subjekts. Diese Spaltung des Subjekts ist konstitutiv und unvermeidlich, die ›Entfremdung‹ irreversibel, eine bruchlose Identität mit sich selbst ist unmöglich. Das Subjekt ist von Anfang an, nicht erst später durch die Erziehung oder die Gesellschaft, heteronom bestimmt: durch die Identifikation mit dem Anderen und durch die Sprache, längst bevor es ein Ich ist.

Mit diesem Erklärungsansatz verschiebt sich die Frage der Autorität von der personalen Ebene hin zur Autorität der soziokulturell bestimmten *symbolischen Ordnungen* und ihrer (unbewusst bleibenden) Gesetze: Wirklichkeit ist nur medial vermittelt über das Symbolische zugänglich. Erst durch das Symbolische entstehen Grenzziehungen und Unterschiede, Sinn und Bedeutungen. Diese – in den Sozial-, Geistes- und Kulturwissenschaften auch als *linguistic turn* bezeichnete – Einsicht besagt, dass Sprache als basale symbolische Ordnung die Wirklichkeit nicht einfach repräsentiert, sondern vor allem konstituiert. Denn ›Wirklichkeit‹ ist für uns nur als sprachlich verfasste zugänglich.

Seit in diesem Sinne klar geworden ist, dass unsere Welt eine sprachlich konstituierte ist, leben wir in einer Welt ohne letzten Grund: Ob es sich um Generationen-, Geschlechts- oder Altersdifferenzen, um ethnische, kulturelle oder gesellschaftliche Unterschiede handelt – sie alle müssen als sprachliche Interpretations- und Konstruktionsunterschiede verstanden werden, nicht mehr als Wesensunterschiede, die in einer außersprachlichen Wirklichkeit gründen. Auch vermeintliche Tatsachen stellen insofern nichts anderes dar als Interpretationen (die vorgeben, keine zu sein). Alle überindividuellen und sprachähnlich strukturierten Regelsysteme sind symbolische Ordnungen. Sie sind es, die die Einfügung der Gesellschaften in ihre Umwelten bedingen. Sie bestimmen die subjektive Identität, indem sie die Verbindung zwischen Weltauslegung und Lebensstrukturierung ermöglichen.

Um beim Beispiel der Sprache zu bleiben: Wir sind der Autorität der Sprache unterworfen. Statt die Sprache wie ein Instrument benutzen zu können (wie wir uns wohl in der Regel einbilden), werden wir weit mehr von ihr beherrscht, als dass wir sie beherrschen (vgl. Frey 1999). Wir folgen ihren Regeln, ohne diese zu kennen oder gar bewusst anzuwenden. Da man die Sprache – noch bevor man ihr oder ihrer Gabe zustimmen könnte – wie ein Gesetz empfängt, verfügt sie über eine gebieterische Autorität. Man kann sie nicht ablehnen, da jeder Einspruch gegen die Autorität der Sprache nur in der Sprache stattfinden kann. Diese muss also immer schon vorausgesetzt werden. Selbst das ›Nein‹ zur Sprache basiert auf ihrer vorherigen Bejahung und wiederholt sie. Die Autorität der Sprache erscheint wie ein Naturgesetz, ohne eines zu sein, ist es doch die Sprache, die den Unterschied zwischen Natur und Kultur erst macht.

Die Sprache fordert einen Verzicht, den das Individuum leisten muss, um zu den sprechenden Wesen gezählt werden zu können: Es muss auf den *unmittelbaren* Zugang zum Realen der Außenwelt wie auch zum Imaginären der Innenwelt verzichten. Es muss seinen Ort in und mit der Sprache finden, die die Dinge mit Sinn und Bedeutung begabt und die Welt als eine Welt von Bedeutungen strukturiert und so erst verständlich werden lässt. Die Sprache vermag, Abwesendes anwesend zu machen, da sich die symbolische Ordnung zwischen das Reale und das Imaginäre, zwischen Außen und Innen setzt und diese Unterscheidung überhaupt erst ermöglicht.

So tritt die Kultur dem Menschen als eine machtvolle und fremde Struktur entgegen, die von ihm Triebverzicht fordert und seine Wünsche nicht einfach erfüllt. Dabei gibt ihm allein die Sprache einen Ort in der Generationen- und Geschlechterordnung. Die Muttersprache zu lernen ist daher keine harmlose Operation, sondern ein Geschehen, das den Menschen selbst spaltet, der fortan nicht mehr einfach Körper *ist*, sondern außerdem einen *hat*, und dessen Bedürfnisse, um befriedigt werden zu können, durch die Sprache hindurchgehen müssen. Kurz, nur vermittels der Sprache oder allgemeiner: der symbolischen Ordnung findet der Einzelne zu einer selbstbewussten Identität, aber diese Identität ist zugleich gespalten, da sich die Sprache bis in den letzten Winkel seines Körpers in ihn eingeschrieben hat.

Jacques Lacan, der an Freud anknüpft, verlagert daher die Quelle der Autorität vom realen Vater auf die symbolische Ordnung. Diese verlangt vom Kind den Verzicht auf die Einheit mit der Mutter und nötigt es, sich mit dem dadurch entstandenen Mangel zu arrangieren. An seine Stelle tritt das Gesetz des Symbolischen. Was die Psychoanalyse Freuds als Ödipuskomplex verstand, ist genau diese Einführung des Menschen in die kulturelle Ordnung durch das Verbot des ersten Objekts und die Strukturierung der Wünsche durch die Sprache.

In soziologischer Perspektive hingegen gründet die gesellschaftliche Ordnung auf der Unterscheidung zwischen legitimer und illegitimer Herrschaft (Weber 1988). Zentrale Bedingung ist der Legitimitätsglaube, die Anerkennung der Herrschaft durch die ihr Unterworfenen. Ohne diese Legitimität, ohne den *Glauben* an die Autorität gibt es damit keine Herrschaft, ohne den Glauben an das Bestehen einer legitimen Ordnung gibt es keine Möglichkeit sozialen Friedens. So betonen gegenwärtige sozialwissenschaftliche Theorien zum einen gerade die Grundlosigkeit (Derrida 1991) und den fiktionalen Charakter dieses Glaubens (Frank u. a. 2002). Zum anderen machen sie aber unter dem Schein des Gehorchenwollens eine unkenntlich gewordene Gewalt sichtbar. Es geht um die schwer rekonstruierbaren, da zumeist unbewussten Prozesse, wie etwas zu etwas fraglos Selbstverständlichem wird, wie also Grundgewissheiten entstehen und quasi automatische Schemata des Wahrnehmens, Bewertens und Handelns.

Pierre Bourdieu (2001, 226) spricht hier von einer »Unterwerfung«, die uns »durch alle Bande des Unbewussten […] an die bestehende Ordnung kettet« und der auch die (keineswegs freie und bewusste) Anerkennung der Legitimität geschuldet ist. Diese »sanften Gewalten« produzieren »symbolische Formen des gemeinsamen Denkens, soziale Grenzen der Wahrnehmung, der Verständigung und der Erinnerung« (ebd., 224). Zugleich erzeugen sie einen Konformismus mit der vorgegebenen Ordnung, ein grundlegendes Einverständnis mit der sozialen Welt, das »weder als mechanische Unterwerfung unter eine Kraft noch als bewusste Zustimmung zu einer Ordnung verstanden werden kann« (ebd., 225). Für Bourdieu lässt sich Autorität deshalb von Macht, Zwang und Disziplinierung nicht trennen, weil sich die scheinbare Freiwilligkeit der Anerkennung nur als Resultat einer Formierung (Erziehung, Disziplinierung oder Unterwerfung) des Gehorchenden einstellen kann.

Die Frage, wie es zu Freiwilligkeit der Gefolgschaft, zu Zustimmung und Anerkennung einer Abhängigkeit überhaupt kommen kann, ist auch zentrales Thema in Michel Foucaults Erforschung der modernen Seele. In seinen Machtanalysen hat Foucault (1977) gezeigt, dass eine Erklärung der Autoritätshörigkeit nur möglich ist, wenn man *nicht* von einer Trennung zwischen Individuum und Gesellschaft ausgeht (bei der das freie Subjekt immer schon vorausgesetzt werden muss). Nach Foucault wird das Subjekt vielmehr erst durch machtförmige Subjektivierungsprozesse hervorgebracht. Ein freies und autonomes Vernunftsubjekt zu sein, ist ihm zufolge ein zwar fiktives, aber dennoch hochgradig realitätswirksames Selbstverständnis des modernen Menschen. Freiheitsbewusstsein *und* Selbstverständnis des Individuums resultieren aus Machtverhältnissen, in denen sich die Techniken der Herrschaft all jener Prozesse bedienen, in (und mit) denen das Individuum auf sich selbst einwirkt. Demnach greifen Selbst- und Fremdbestimmung, Freiheit und Zwang von Anfang an ineinander – ein Sachverhalt, für den Foucault (2005) den Begriff ›Technologien des Selbst‹ verwendet.

Macht ist daher dem Subjekt nicht äußerlich. Da jedes Sprechen und Handeln, sofern es auch nur verstanden werden will, an andere adressiert ist und auf andere einwirkt, ist Macht das, was die Individuen verbindet und ihre Freiheit voraussetzt. Erst wenn Machtbeziehungen erstarren, werden sie, so Foucault, zu Herrschaftszuständen, die die Freiheit einschränken und dauerhafte hierarchisch kodierte Asymmetrien etablieren. Der Ort von Autorität liegt hier *zwischen* Macht und Herrschaft; sie ist gebunden an Positionen in variablen Machtverhältnissen.

Fazit

Folgt man den vorgetragenen Überlegungen, dann kann man zusammenfassend sagen: Es gibt keine Chance, sich von jeder Autorität zu befreien, denn jedes Sprechen beansprucht Geltung und wird durch den Sprecher autorisiert. Der neuralgische Punkt, um den es in allen theoretischen Neueinsätzen geht, ist das problematische Verhältnis zwischen Autorität und Gewalt. Denn auch wenn Autorität nicht mit Zwang und Gewalt identifiziert werden darf, so basieren doch die Legitimität von Autorität wie die freiwillige Unterordnung auf einem unkenntlich gewordenen (vergessenen oder verdrängten), erzwungenen Verzicht. Autorität bleibt an unbedachten Orten und in sublimen Formen dem Subjekt treu und bewohnt seinen Autonomieanspruch wie ein Gespenst.

Letztlich geht es auch in pädagogischen Zusammenhängen um die Frage, wie angesichts zunehmender Pluralität und Heterogenität in einer sich globalisierenden Welt ein friedliches Zusammenleben ohne Rückkehr zu alten Formen des Autoritarismus und ohne neue Formen des Totalitarismus möglich sein kann. Dabei spielt das Verhältnis zur Autorität eine wichtige Rolle: zu der des Gesetzes und des Rechts ebenso wie zu der von Personen und Institutionen. So gilt es, gegen die allzu Autoritätsgläubigen auf ihrer Grundlosigkeit zu bestehen, gegen ihre radikalen Kritiker dagegen auf ihre symbolische Funktion und Unvermeidbarkeit. Dabei muss jedoch der Platz der Autorität leer bleiben, da weder die Wiedererrichtung alter noch die Aufrichtung neuer Autoritäten ein Zusammenleben ermöglichen, in welchem die unvermeidlichen Konflikte und Differenzen *ausgehandelt* werden können, anstatt unterdrückt oder in destruktiven Kämpfen ausgefochten werden zu müssen.

Weiterführende Literaturhinweise

Helmer/Kemper 2004; Reichwein 1988; Schäfer/Thompson 2009.

Literatur

Adorno, Th. W. (1973): Studien zum autoritären Charakter. Frankfurt a. M.
Bollnow, O. F. (1958): Wesen und Wandel der Tugenden. Frankfurt a. M.
Bourdieu, P. (2001): Meditationen. Frankfurt a. M.
Bröckling, U. (2007): Das unternehmerische Selbst. Frankfurt a. M., 19–75.
Bueb, B. (2006): Lob der Disziplin. Berlin.
Derrida, J.: Gesetzeskraft. Der »mystische Grund der Autorität«, Frankfurt/Main 1991.
Erikson, E. H. (1977): Identität und Lebenszyklus. Frankfurt a. M.

Foray, Ph.: Autorität in der Schule – Überlegungen zu ihrer Systematik im Lichte der französischen Erziehungsphilosophie. In: Zeitschrift für Pädagogik, Jg. 53, H. 5, 2007, 615–625.

Foucault, M. (1977): Überwachen und Strafen. Frankfurt a. M.

Foucault, M. (2005): Technologien des Selbst. Schriften IV. Frankfurt a. M., 966–999.

Frank, Th./Koschorke, A./Lüdemann, S./de Mazza E. M.: Des Kaisers neue Kleider. Über das Imaginäre politischer Herrschaft, Frankfurt a. M. 2002.

Freud, S. (1900/1982): Die Traumdeutung. Studienausgabe Bd. II, Frankfurt a. M.

Freud, S. (1905/1972): Drei Abhandlungen zur Sexualmoral. Studienausgabe Bd. V, Frankfurt a. M., 37–145.

Freud, S. (1933/1969): Neue Folge der Vorlesungen zur Einführung in die Psychoanalyse. Studienausgabe Bd. I, Frankfurt a. M.

Frey, H.-J.: Die Autorität der Sprache, Lana/Wien/Zürich 1999.

Fromm, E. (1936): Theoretische Entwürfe über Autorität und Familie – Sozialpsychologischer Teil. In: Horkheimer u. a. 1970, Bd. I, 77–135.

Helmer, K./Kemper, M. (2004): Autorität. In: Benner, D./Oelkers, J. (Hg.): Historisches Wörterbuch der Pädagogik. Weinheim, Basel, 126–145.

Horkheimer, M. (1936): Theoretische Entwürfe über Autorität und Familie – Allgemeiner Teil. In: Horkheimer u. a. 1970, Bd. I, 3–76.

Horkheimer, M./Adorno, Th. W.: Dialektik der Aufklärung, (1949) Amsterdam 1968.

Horkheimer, M./Fromm, E./Marcuse, H. u. a. (1970): Autorität und Familie, 2 Bde., Frankfurt a. M.

Kant, I. (1798): Über Pädagogik. In: Werkausgabe Bd. XII, hg. v. W. Weischedel, Frankfurt a. M. 1978.

Lacan, J. (1973–1980): Schriften, hg. von N. Haas. 3 Bde. Olten, Freiburg i. Br.

Lenzen, D. (Hg.) (1989): Pädagogische Grundbegriffe Bd.1, Reinbek b. Hamburg.

Milgram, St. (1997): Das Milgram-Experiment. Zur Gehorsamsbereitschaft gegenüber Autorität. 14. Aufl., Reinbek b. Hamburg 1997.

Mollenhauer, K. (1968): Erziehung und Emanzipation. München.

Rabe-Kleberg, U. (1989): Erziehung, antiautoritäre. In: Lenzen, 443–446.

Reichwein, R. (1989): Autorität. In: Lenzen, 140–147.

Schäfer, A./Thompson, Ch. (Hg.) (2009): Autorität. Paderborn.

Weber, M. (1988): Die drei reinen Typen der legitimen Herrschaft. In: Gesammelte Aufsätze zur Wissenschaftslehre, 7. Aufl., Tübingen, 475–488.

Wimmer, M. (2009): Zwischen Zwang und Freiheit: Der leere Platz der Autorität. In: Schäfer/Thompson, 85–120.

Hans-Christoph Koller

Grundbegriffe, Theorien und Methoden der Erziehungswissenschaft
Eine Einführung

4. Auflage 2009
248 Seiten. Kart. € 17,-
ISBN 978-3-17-020885-8
Urban-Taschenbuch, Band 480

Das Buch vermittelt die wichtigsten Grundbegriffe, theoretischen Ansätze und methodischen Zugriffsweisen der Erziehungswissenschaft. Im ersten Teil werden die Grundbegriffe Erziehung, Bildung und Sozialisation vorgestellt und anhand von Fallbeispielen in ihrer Bedeutung für pädagogische Handlungssituationen verdeutlicht.

Im zweiten Teil geht es um die Frage, was Aussagen über Erziehung, Bildung und Sozialisation zu wissenschaftlichen Aussagen macht. Zu diesem Zweck werden verschiedene Auffassungen von Wissenschaft vorgestellt und anhand von Beispielen auf ihre Relevanz für das pädagogische Handeln geprüft.

▶ www.kohlhammer.de

W. Kohlhammer GmbH · 70549 Stuttgart

Christiane Hof

Lebenslanges Lernen
Eine Einführung

2009. 205 Seiten. Kart. € 18,80
ISBN 978-3-17-019603-2
Grundriss der Pädagogik/
Erziehungswissenschaft Band 4
Urban-Taschenbuch, Band 664

Wie kaum ein anderes Konzept beherrscht das „Lebenslange Lernen" bildungspolitische Forderungen und pädagogische Programme. Dennoch sucht man nach einer genauen Definition, was mit diesem „Schlüsselwort" eigentlich gemeint ist, bislang oft vergeblich.

Das Buch gibt zunächst eine detaillierte Beschreibung des Konzepts und fokussiert dabei das Lernen der Menschen über die gesamte Lebensspanne – wobei die Grenzen herkömmlicher Bildungsstrukturen und die Einteilung in strikt aufeinanderfolgende Abschnitte des Bildungsweges durchbrochen werden. Des Weiteren werden empirische Forschungsergebnisse dargestellt, die das Lebenslange Lernen als soziales Phänomen beschreiben. Außerdem wird die Frage nach den individuellen und institutionellen Bedingungen lebenslanger Lernprozesse aufgegriffen sowie Herausforderungen für die Bildungsforschung benannt. Schließlich geht dieser Band auch auf die neuen Berufsfelder und Aufgaben ein, die sich für Pädagogen aus dem Konzept des Lebenslangen Lernens ergeben.

▶ **www.kohlhammer.de**

W. Kohlhammer GmbH · 70549 Stuttgart